Alexander Pelster

Digital Rights Management Systeme am Beispiel von robots.txt

Schriften zum Informations-, Telekommunikations- und Medienrecht

Herausgegeben von

Thomas Hoeren und Bernd Holznagel

Institut für Informations-, Telekommunikations- und Medienrecht (ITM) der Westfälischen Wilhelms-Universität

Band 56

LIT

Digital Rights Management Systeme am Beispiel von robots.txt

von

Alexander Pelster

LIT

D 6

Gedruckt auf alterungsbeständigem Werkdruckpapier entsprechend
ANSI Z3948 DIN ISO 9706

Bibliografische Information der Deutschen Nationalbibliothek
Die Deutsche Nationalbibliothek verzeichnet diese Publikation in der Deutschen Nationalbibliografie; detaillierte bibliografische Daten sind im Internet über https://dnb.dnb.de abrufbar.

ISBN 978-3-643-15526-9 (br.)
ISBN 978-3-643-35526-3 (PDF)
Zugl.: Münster (Westf.), Univ., Diss., Rechtswiss. Fak., 2024

Verlagskontakt:
Fresnostr. 2 D-48159 Münster
Tel. +49 (0) 2 51-62 03 20
E-Mail: lit@lit-verlag.de https://www.lit-verlag.de

Auslieferung:
Deutschland: LIT Verlag, Fresnostr. 2, D-48159 Münster
Tel. +49 (0) 2 51-620 32 22, E-Mail: vertrieb@lit-verlag.de

Dries & Wim

Vorwort

Die vorliegende Arbeit wurde im Wintersemester 2023/2024 von der Rechtswissenschaftlichen Fakultät der Westfälischen Wilhelms-Universität Münster als Dissertation angenommen. Literatur und Rechtsprechung wurden bis August 2023 berücksichtigt.

Mein aufrichtiger Dank gilt meinem Doktorvater, Herrn Prof. Dr. Hoeren, für seine aufmerksame Betreuung und die wertvollen Ratschläge. Ebenfalls möchte ich meinen herzlichen Dank an Herrn Prof. Dr. Nikolas Guggenberger, L.L.M. (Stanford), für die zügige Erstellung des Zweitgutachtens aussprechen.

Darüber hinaus möchte ich Dr. Moritz Indenhuck, Dr. Jan Sorge, L.L.M. (UCL) und Prof. Dr. Michael Bohne für ihren steten Zuspruch danken.

Zu großem Dank verpflichtet bin ich meiner Familie für die uneingeschränkte Unterstützung und die Ermöglichung der benötigten Freiräume, die für die Erstellung einer Dissertation nötig waren. Ihnen ist diese Arbeit gewidmet.

Berlin, im April 2024

Alexander Pelster

Inhaltsverzeichnis

Abkürzungsverzeichnis

a. A.	anderer Auffassung
Abs.	Absatz
AcP	Archiv für die Civilistische Praxis
AfP	Zeitschrift für das gesamte Medienrecht (früher: Archiv für Presserecht)
AGB	Allgemeine Geschäftsbedingungen
AI	Artificial Intelligence
AOL	America Online
AöR	Archiv des öffentlichen Rechts
Art.	Artikel
Aufl.	Auflage
Az.	Aktenzeichen
B2B	Business-to-Business
B2C	Business-to-Consumer
B2G	Business-to-Government
BB	Betriebs Berater
Bd.	Band
BeckOK	Beck'sche Online-Kommentare
BGB	Bürgerliches Gesetzbuch
BITKOM	Bundesverband Informationswirtschaft, Telekommunikation und neue Medien
BMJV	Bundesministerium der Justiz und für Verbraucherschutz
BT	Bundestag
BT-Drucks.	Bundestagsdrucksache
BVerfG	Bundesverfassungsgericht
BVPA	Bundesverband professioneller Bildanbieter
CC REL	Creative Commons Rights Expression Language

CR	Computer und Recht
d. h.	das heißt
DAR	Deutsches Autorecht
Datenbank-RL	Datenbank Richtlinie
DDB	Deutsche Digitale Bibliothek
DFN	Deutsches Forschungsnetz
DI-RL	Digitale Inhalte Richtlinie
DRM	Digital Rights Management
DSGVO	Datenschutz-Grundverordnung
DSM-RL	Richtlinie (EU) 2019/790 des Europäischen Parlaments und des Rates vom 17. April 2019 über das Urheberrecht und die verwandten Schutzrechte im digitalen Binnenmarkt und zur Änderung der Richtlinien 96/9/EG und 2001/29/EG
DTD	Dokumententypdefinition
e. V.	eingetragener Verein
EG	Europäische Gemeinschaft
EGovG	Gesetz zur Förderung der elektronischen Verwaltung
Einl.	Einleitung
et al.	et alii (und andere)
EU	Europäische Union
EuGH	Europäischer Gerichtshof
EWiR	Entscheidungen zum Wirtschaftsrecht
EWS	Europäisches Wirtschafts- und Steuerrecht
FACTS	Field Actions Science Reports
f.	folgend
ff.	fortfolgend
Fn.	Fußnote
gem.	gemäß
GG	Grundgesetz
GRUR	Gewerblicher Rechtsschutz und Urheberrecht

GRUR Int.	Gewerblicher Rechtsschutz und Urheberrecht, Internationaler Teil
GRUR-Beilage	Gewerblicher Rechtsschutz und Urheberrecht – Beilage
GRUR-Prax	Gewerblicher Rechtsschutz und Urheberrecht in der Praxis
GRUR-RR	Gewerblicher Rechtsschutz und Urheberrecht Rechtsprechungs-Report
Hrsg.	Herausgeber
HTML	Hypertext Markup Language
ID	Identification
IETF	Internet Engineering Task Force
IIC	International Review of Intellectual Property and Competition Law
InfoSoc-RL	Richtlinie 2001/29/EG des Europäischen Parlaments und des Rates vom 22. Mai 2001 zur Harmonisierung bestimmter Aspekte des Urheberrechts und der verwandten Schutzrechte in der Informationsgesellschaft
IPR	Intellectual Property Rights
IT	Informationstechnik
JA	Juristische Arbeitsblätter
JIPITEC	Journal of Intellectual Property, Information Technology and Electronic Commerce Law
JuS	Juristische Schulung
JZ	Juristen Zeitung
K&R	Kommunikation & Recht
KI	Künstliche Intelligenz
LG	Landgericht
lit.	littera (Buchstabe)

Ltd	Limited
m. w. N.	Mit weiteren Nachweisen
ML	Machine Learning
MMR	Multimedia und Recht
MMR-Aktuell	Multimedia und Recht Aktuell
MMR-Beil.	Multimedia und Recht-Beilage
N.Y.U.	New York University
NJW	Neue Juristische Wochenschrift
No.	Number (Nummer)
Nr.	Nummer
NZM	Neue Zeitschrift für Miet- und Wohnungsrecht
OdW	Ordnung der Wissenschaft
OLG	Oberlandesgericht
PC	Personal Computer
RBÜ	Revidierte Berner Übereinkunft
RDi	Recht Digital
RefE.	Referentenentwurf
REL	Rights Expression Language
REP	Robots Exclusion Protocol
RFC	Request for Change
RL	Richtlinie
Rn.	Randnummer
RuZ	Recht und Zugang
S.	Seite oder Satz
SaaS	Software-as-a-Service
SSRN	Social Science Research Network
StGB	Strafgesetzbuch
TCP	Transmission Control Protocol
TDM	Text und Data Mining
TRIPS	Trade-Related Aspects of Intellectual Property Rights
u. a.	unter anderem

UK	United Kingdom (Vereinigtes Königreich)
UrhDaG	Urheberrechts-Diensteanbieter-Gesetz
UrhG	Urheberrechtsgesetz
UrhG-E	Urheberrechtsgesetz-Entwurf
UrhWissG	Urheberrechts-Wissensgesellschafts-Gesetz
URL	Uniform Resource Locator
USA	United States of America (Vereinigte Staaten von Amerika)
UTF	Unicode Transformation Format
UWG	Gesetz gegen den unlauteren Wettbewerb
v.	versus
vgl.	vergleiche
Vol.	Volume (Band)
VuR	Verbraucher und Recht
W3C	World Wide Web Consortium
WCT	WIPO Copyright Treaty
WD	Wissenschaftlicher Dienst
WIPO	World Intellectual Property Organization
WM	Wertpapier-Mitteilungen / Zeitschrift für Wirtschafts- und Bankrecht
WPPT	WIPO Performances and Phonograms Treaty
WRP	Wettbewerb in Recht und Praxis
WWW	World Wide Web
XML	eXtensible Markup Language
XrML	eXtensible rights Markup Language
z. B.	Zum Beispiel
ZfdG	Zeitschrift für digitale Geisteswissenschaften

ZfPW	Zeitschrift für die gesamte Privatrechtswissenschaft
ZGE	Zeitschrift für Geistiges Eigentum
ZKDSG	Gesetz über den Schutz von zugangskontrollierten Diensten und von Zugangskontrolldiensten
ZUM	Zeitschrift für Urheber- und Medienrecht
ZUM-RD	Zeitschrift für Urheber- und Medienrecht – Rechtsprechungsdienst

Einführung

I. Einleitung

Die Anzahl der Webseiten wächst stetig und liegt heute bei etwa 1,1 Milliarden.[1] Auf Webseiten findet sich eine Fülle von digitalen Inhalten in Form von Texten, Bildern, Grafiken und Videos. Diese Inhalte fallen zum großen Teil unter den Urheberrechtsschutz; ihre Verwertung ist somit dem Rechtsinhaber vorbehalten.

Neben natürlichen Personen wird das World Wide Web (WWW) zu über 50 Prozent von *Robots* genutzt.[2] Hierbei handelt es sich um Softwareprogramme, die unter anderem zur Sammlung und Indexierung von Online-Inhalten programmiert wurden.[3]

Die digitale Transformation hat die Art und Weise der Werknutzung verändert. Rechtsinhaber und Nutzer treten nun direkt in Beziehung zueinander. Dies hat zur Entwicklung eines tertiären Urhebervertragsrechts geführt.[4]

Als herausfordernd gestaltet sich die Situation, wenn nicht ein Mensch auf die digitalen Inhalte zugreift, sondern eine *Software* in Form von *Robots*, *Crawlern* oder *Scrapern*.[5] Die Automatisierung von Prozessen durch Softwareprogramme ist ein zunehmender Trend. Sie ist wünschenswert, da sie der Teil der technischen Entwicklung ist, die Datenverarbeitung er-

---

1 Statista, Anzahl der Webseiten weltweit in den Jahren 1992 bis 2023, abrufbar unter: https://de.statista.com/statistik/daten/studie/290274/umfrage/anzahl-der-webseiten-weltweit/ (zuletzt abgerufen am 10. August 2023).

2 Bot Traffic Report 2016, abrufbar unter: https://www.imperva.com/blog/bot-traffic-report-2016/ (zuletzt abgerufen am 10. August 2023); Suchacka/Iwański, Identifying legitimate Web users and bots with different traffic profiles – an Information Bottleneck approach, Knowledge-Based Systems 2020, 1, abrufbar unter: https://www.sciencedirect.com/science/article/pii/S0950705120302318 (zuletzt abgerufen am 10. August 2023).

3 *Zabriskie*, Bots, Scraper, and Other Unwanted Visitors to you Web Site: Can You Keep Them Out?, The Computer & Internet Lawyer, 2009, 1 (2); siehe auch: The Web Robots Pages, abrufbar unter: http://www.robotstxt.org/faq/what.html (zuletzt abgerufen am 10. August 2023).

4 *Specht*, Diktat der Technik, S. 245.

5 Die Begriffe sollen nachfolgend als Synonyme verstanden werden und sich auf ihre technische Funktion beziehen, also die Sammlung von Online-Daten.

leichtert und zu wirtschaftlichem Aufschwung in der Datenökonomie beitragen kann. Rechenleistungen der Computer werden immer besser und Speicherplätze sind insbesondere durch den Siegeszug von *Clouds* fast unbegrenzt verfügbar. In Zeiten von *Big Data* wird der Wert großer Datenmengen immer deutlicher.

Softwareverwender nutzen digitale Inhalte von Webseiten Dritter, um kostengünstig an eine Fülle von unterschiedlichsten Daten zu gelangen, die sie dann selbst für wirtschaftliche Zwecke nutzen.

Der BGH hat in seiner *Vorschaubilder*-Rechtsprechung[6] dargelegt, dass internettypische Nutzungen von Online-Inhalten durch eine schlichte Einwilligung gerechtfertigt sind.[7] Grundlage dieser Bewertung ist das Erfordernis einer effizienten – also Transaktionskosten-geringen – Kommunikation zwischen Menschen und (Such-)Maschinen. Damit erfährt der Empfängerhorizont eine Technisierung und wird so ausgelegt, wie eine Maschine die Erklärung verstehen muss.[8]

Doch nicht jeder Webseitenbetreiber[9] möchte die Nutzung seiner Inhalte durch Maschinen erlauben. Die Nutzung durch Suchmaschinen wird in der Regel erlaubt, da die Inhalte auf Webseiten auch für Werbezwecke veröffentlich werden. Allerdings ist dies nicht für jede Form der automatisierten Nutzung durch *Software* pauschal zu bejahen.[10] Zudem verfolgt der Softwareverwender nicht immer rechtmäßige Absichten.

Die vorliegende Arbeit widmet sich dem Spannungsverhältnis von automatisierter Datenverarbeitung im WWW und dem Schutzinteresse des Rechtsinhabers, sich gegen den Zugriff von *Software* effektiv wehren zu können.

Wenn ein Webseitenbetreiber die Nutzung seiner digitalen Inhalte unterbinden möchte, muss er dies der *Software* verständlich mitteilen. Dabei ist die Frage zu beantworten, wie ein Ausschluss der Nutzung der Daten in einem durch Technik geprägtem Umfeld auszusehen hat und wie die Interessen der betroffenen Parteien in Ausgleich gebracht werden können.

---

6 BGH, Urteil vom 29. April 2010, I ZR 69/08 – Vorschaubilder I; BGH, Urteil vom 19. Oktober 2011, I ZR 140/10 – Vorschaubilder II.

7 BGH, Urteil vom 29. April 2010, I ZR 69/08, Rn. 36 – Vorschaubilder I; in: MMR 2010, 475 (479).

8 *Specht*, Diktat der Technik, S. 53.

9 Aus Gründen der besseren Lesbarkeit wird nur das generische Maskulinum verwendet, mit dem explizit alle Geschlechter angesprochen werden sollen.

10 *Ott*, Zulässigkeit der Erstellung von Thumbnails durch Bilder- und Nachrichtensuchmaschinen?, ZUM 2007, 119 (126).

Ist ein solcher Ausschluss technisch möglich, ist ferner zu diskutieren, ob eine Versagung der Nutzung der digitalen Inhalte einschränkungslos hinzunehmen ist. Technische Schutzmittel verschieben den Interessenausgleich des Urheberrechts einseitig zugunsten der Rechtsinhaber. So erlauben die technischen Schutzmittel die Gestaltung von neuen und gesetzlich nicht geregelten Rechtspositionen.[11] Und damit gewinnt die Frage an Relevanz, ob sich der Gesetzgeber auf die Seite von *Public Choice* oder *Private Ordering* stellt.[12]

Sofern ein technischer Ausschluss der Nutzung möglich ist, stellt sich die Frage nach der Gestalt des Ausschlusses (technische Schutzmaßnahme, vertragliche Abrede oder *Smart Contract*) und ob dieser uneingeschränkt zulässig ist oder einen unrechtmäßigen Zustand perpetuiert, gegen den Abwehransprüche bestehen. Dabei kann gerade Technik die „Verwirklichungsbedingung" von Rechten begrenzen und behindern und so über die Individualbezogenheit einen Einfluss auf die hiesige Rechtsordnung haben.[13]

Im Mittelpunkt dieser Bearbeitung steht das *Robots Exclusion Protocol.* Das Protokoll enthält technische Anweisungen, um *Software* mitzuteilen, welche Inhalte einer Webseite genutzt werden dürfen.

In dieser Arbeit wird untersucht, ob das *Robots Exclusion Protocol* einen interessengerechten Ausgleich der Schutz- und Verwertungsinteressen bei automatisierten Nutzungshandlungen im Internet ermöglicht.

II. Problemstellung

Heutzutage werden Unternehmensinhalte, Produkte, persönliche Inhalte und andere digitale Inhalte wie Bilder, Videos und Texte häufig im Internet veröffentlich und so für jedermann zugänglich gemacht. Der Anstoß für diese Veröffentlichungen kann werblicher, wirtschaftlicher oder persönlicher Natur sein.

Digitalen Inhalte sind leicht und ohne Qualitätsverlust kopierbar und nicht-rivalisierend nutzbar. Die automatisierte Nutzung der digitalen In-

---

11 *Finck/Moscon*, Copyright Law on Blockchains: Between New Forms of Rights Administration and Digital Rights Management 2.0, IIC 2019, 77 (83).

12 *Dreier*, Überlegungen zur Revision des Schrankenkatalogs der Richtlinie 2001/29/EG, GRUR Int. 2015, 648 (653).

13 *Roßnagel*, Technik, Recht und Macht, MMR 2020, 222 (224).

halte von Webseiten wird von den Rechtsinhabern nur selten bemerkt. Daher werden technische Schutzmittel eingesetzt, um die Nutzung nachzuvollziehen und zu kontrollieren. Sie gehen sogar so weit, selbst *Software* zur Durchsetzung ihrer eigenen Rechtsposition zu verwenden (*Smart Contract*).

Dadurch wird der urheberrechtlich gewährte Interessenausgleich zwischen Rechtsinhaber und Nutzer gestört. Auch aus Perspektive des Rechtsinhabers sind die technischen Schutzmittel nicht immer interessengerecht: vereinzelt sind sie zu pauschal und unterscheiden nur zwischen Verbot und Erlaubnis der Nutzung (Passwortschutz) oder sie sind ausdifferenziert, aber sowohl von der technischen Gestaltung anspruchsvoll als auch kostenintensiv in der Entwicklung (*Digital-Rights-Management*-Systeme).

Nutzer möchten digitale Inhalte im WWW automatisiert nutzen, ohne dass hohe Transaktionskosten aufgrund der Dezentralität der Daten entstehen. Für die Softwareverwender muss klar sein, ob und wann welche digitalen Inhalte auf Webseiten genutzt werden dürfen.

Charles Clark hat schon in den Neunzigern gesagt: „The answer to the machine is in the machine“[14] und damit aufgezeigt, dass auf technische Prozesse mit Technik geantwortet werden könne. Doch haben technische Schutzmittel wie Passwortschutz, Kopierschutz, Wasserzeichen oder Kryptographie das Gleichgewicht zwischen Exklusivitäts- und Nutzungsinteresse im Urheberrecht sensibel gestört, denn die technischen Mittel führen dazu, dass keine Privatkopie mehr vorgenommen werden kann, sich das Schutzrecht nicht erschöpft oder der Zugang und die Nutzung des digitalen Inhalts bei ausbleibender Zahlung automatisch entzogen wird. Die damit einhergehende Möglichkeit der Aushebelung des gesetzlichen Leitbildes des Urheberrechts ist kritisch zu betrachten.

Als Reaktion auf die technischen Entwicklungen zeigt das Urheberrecht neben Prozeduralisierungs-[15] auch Technologisierungs-[16] und Privatisierungstendenzen[17]. Im Bewusstsein der steigenden Automatisierung von

---

14 *Clark*, The Answer to the Machine is in the Machine, in: Hugenholtz (Hrsg.), The Future Of Copyright In A Digital Environment, S. 139.

15 *de la Durantaye/Hofmann*, Regulierungsansätze, -defizite und -trends im Urheberrecht, ZUM 2021, 873 (875).

16 *Hofmann*, Grundsatz der Technikneutralität im Urheberrecht, ZGE 2018, 482 (484); *Specht*, Zum Verhältnis von (Urheber-)Recht und Technik, GRUR 2019, 253 (255).

17 *Specht*, Diktat der Technik, S. 197.

Datenverarbeitungen durch Softwareprogramme bedarf es eines technischen Mittels, das global verständlich ist und einen Ausgleich für die einzelnen Interessen schafft.

In § 44b III 2 UrhG findet sich bereits mit der „Maschinenlesbarkeit" ein Hinweis auf die Anforderungen der Kommunikationsform, die den Wandel in Richtung eines techniksensiblen Urheberrechts markiert.

Im Mittelpunkt der Bearbeitung steht das *Robots Exclusion Protocol*. Hiermit können Softwareprogramme Anweisungen hinsichtlich der Nutzung von Inhalten auf Webseiten erteilt werden. Dieser *Code* ist für *Software* verständlich und ermöglicht eine effiziente Mensch-zu-Maschine-Kommunikation. Die rechtliche Bewertung des *Robots Exclusion Protocol* erfordert die Berücksichtigung des urheberrechtlich zulässigen Regelungsumfangs als Leitbild für den Interessenausgleich von Rechtsinhaber und Nutzer.

III. Gang der Bearbeitung

Die vorliegende Arbeit stellt die These auf, dass das *Robots Exclusion Protocol* – unter Berücksichtigung des rechtsstaatlich gewährten Verhältnismäßigkeitsgrundsatzes und der „Freiheit zum Rechtsverstoß"[18] – einen effizienten Ausgleich im Spannungsverhältnis der Interessen zwischen Rechtsinhaber und Nutzer im Rahmen der automatisierten Datenverarbeitung von digitalen Inhalten darstellt.

Zu Beginn der Arbeit werden grundlegende Begriffe erläutert und die digitalen Inhalte als relevantes Rechtsobjekt bestimmt. Digitale Inhalte wie Bilder, Videos und Texte stellen eine relevante Quelle für die automatisierte Datenverarbeitung durch Dritte unter Verwendung von *Software* dar. Die digitalen Inhalte können unbemerkt von den Webseiten und aus den Datenbanken der Rechtsinhaber entnommen werden.

Das Urheberrecht, das als formloses Schutzrecht mit geringer Schöpfungshöhe besondere Relevanz erlangt, ist Fluch und Segen zugleich. Es soll dem Rechtsinhaber die wirtschaftliche Verwertung des Schutzrechts gewähren, gleichzeitig wirkt es hemmend auf die technologischen Entwicklungen auf Seiten der Nutzer. Gerade im digitalen Umfeld gehen den Rechtsinhabern die gesetzlichen Schutzbestimmungen oftmals nicht weit

---

18 *Beaucamp*, Rechtsdurchsetzung durch Technologie, S. 35.

genug, sodass sie zur Vorbeugung des Verlusts der Kontrolle über ihr Ausschließlichkeitsrecht dazu übergegangen sind, technische Schutzmittel zu etablieren.

Besonders eingehend werden die *Digital-Rights-Management*-Systeme betrachtet, die als komplexe Konstrukte aus verschiedenen technischen und rechtlichen Mitteln bestehen, was die Interoperabilität mit anderen Schutzmitteln limitiert. Die privaten Schutzmittel stören das Gleichgewicht der Rechtsordnung empfindlich. Dies wird durch die Verwendung von *Distributed-Ledger*-Technologie verstärkt, die es *Smart Contracts* ermöglicht, Nutzungsbestimmungen automatisch zu vollziehen.

Der Gesetzgeber und die Rechtsprechung etablieren im Umgang mit der automatisierten Datenverarbeitung von digitalen Inhalten eine Prozeduralisierung der Befugnisse, um die Rechte zu flexibilisieren und zu einem effizienten Ausgleich zu kommen.

Nach eingehender rechtlicher Qualifizierung des *Robots Exclusion Protocols* werden die Erkenntnisse aus der Untersuchung der etablierten *Digital-Rights-Management*-Systeme als Ausgangspunkt genutzt, um die Anforderungen an ein geeignetes technisches Schutzmittel bei der automatisierten Verarbeitung von digitalen Inhalten aus dem WWW zu bestimmen.

Zum Abschluss der Arbeit wird die Möglichkeit der Durchbrechung des technischen Vollzugs durch *Smart Contracts* geprüft. Hier ist zu überlegen, ob dem Nutzer der digitalen Inhalte die Möglichkeit eines possessorischen Besitzschutzes eingeräumt werden sollte, sofern der Rechtsinhaber technisch den Zugang und die Nutzung der Daten verhindert.

Am Ende werden die Erkenntnisse dieser Untersuchung noch einmal zusammenfassend dargestellt.

IV. Grenzen der Bearbeitung

Der Schwerpunkt dieser Arbeit liegt auf der automatisierten Nutzung von Daten im WWW durch *Software*. Aufgrund der raschen technischen Entwicklung wird vorliegend versucht, ein Abbild des technisch gegenwärtigen Zustands darzustellen. Dieser kann jedoch niemals vollständig oder aktuell sein.

Bei den urheberrechtlichen Betrachtungen werden maßgeblich die deutschen und europarechtlichen Bestimmungen sowie relevante Rechtsprechung berücksichtigt, die bis August 2023 veröffentlicht wurde.

Da die Arbeit keinen rechtsvergleichenden Ansatz verfolgt, ist auf eine umfassende Prüfung der Voraussetzungen des *Fair Use* gemäß dem amerikanischen Vorbild verzichtet worden. Dieses Rechtsinstitut wird nur vereinzelt erwähnt, wenn es für die Argumentation relevant ist.

Kapitel 1: Grundlagen der Untersuchung

Heute ist es jedermann möglich, eine Webseite zu gestalten und im WWW zu veröffentlichen. Diese Entwicklung – gepaart mit der Zunahme an Rechenleistung und Speicherkapazität, hat zu neuen Möglichkeiten der Erstellung und Zurverfügungstellung von digitalen Inhalten geführt.

Um die Fülle an Informationen im WWW nutzen zu können, haben Unternehmen wie Yahoo und Google Softwareprogramme entwickelt, die es ermöglichen, Inhalte von fremden Webseiten zu indexieren und – basierend auf der Relevanz der Suchanfrage – geordnet darzustellen. Um erfolgreich zu sein, musste eine Automatisierung der Prozesse geschaffen werden und damit Regeln, die entsprechend der Programmierung bestimmte Handlungen ausführen.[19]

Die verwendete *Software* ist im Laufe der Jahre immer besser geworden, sodass die Automatisierung der Datenverarbeitung mehr und mehr Industriezweige tangiert. Auch wurde der ökonomische Wert der softwarebasierten Prozesse erkannt, der es ermöglicht, Geschäftsmodelle zu entwickeln, ohne selbst Inhaber oder Hersteller der digitalen Inhalte zu sein.[20]

So notwendig die Automatisierung von Daten zu sein scheint, so bringt diese Entwicklung auch rechtliche Herausforderungen mit sich. Immer wieder mussten sich Gerichte mit Fragen zur automatisierten Datenverarbeitung befassen.[21] Mit den Vorschriften im deutschen Urheberrecht zum *Text and Data Mining* (TDM) hat die Automatisierung nun auch Einzug in den Gesetzestext gefunden (§§ 44b, 60d UrhG).

Dabei scheint klar, dass alles, was technisch möglich ist, früher oder später auch zur Anwendung kommen wird. Mit Blick auf das Urheberrecht stellt sich zudem die Frage, wie sich die Rechtsinhaber der automatisierten Nutzung ihrer digitalen Inhalte bestmöglich entgegenstellen können, also

---

19 *Kastl*, Automatisierung im Internet, S. 67.

20 Man denke an Vergleichsportale wie idealo.de oder check24.de, aber auch Unternehmen wie OpenAI; auch: *von Schönfeld*, Screen Scraping und Informationsfreiheit, S. 44 ff; *Micklitz/Schirmbacher* in: Spindler/Schuster, Recht der elektronischen Medien, § 4 UWG, Rn. 110.

21 Nicht abschließend: BGH, Urteil vom 29. April 2010, I ZR 69/08 – Vorschaubilder I; BGH, Urteil vom 19. Oktober 2011, I ZR 140/10 – Vorschaubilder II. BGH, Urteil vom 29. April 2010, I ZR 69/08 – Vorschaubilder I; BGH, Urteil vom 19. Oktober 2011, I ZR 140/10 – Vorschaubilder II; EuGH, Urteil vom 19. Dezember 2013, C-202/12 – Innoweb; EuGH, Urteil vom 15. Januar 2015, C-30/14 – Ryanair.

welche Möglichkeiten sie haben, sich der Nutzung durch *Software* zu erwehren. In diesem Zusammenhang ist zu untersuchen, ob die voranschreitende Technisierung das Ausschließlichkeitsrecht der Rechtsinhaber verändert.

Im Folgenden sollen die Grundlagen für die weitere Bearbeitung gelegt werden. Beginnend mit den relevanten Begriffserläuterungen, soll im Weiteren im Überblick ein technisches Verständnis für die Prozesse der softwarebasierten Nutzung von digitalen Inhalten im WWW geschaffen werden.

I. Begriffsbestimmung

Der Schwerpunkt dieser Bearbeitung liegt auf der automatisierten Nutzung von digitalen Inhalten im WWW durch *Software* und auf der Frage, ob und durch welche Mittel der Rechtsinhaber die technisch bedingten Nutzungsformen wirksam unterbinden kann.

Zunächst sind der Prozess, also die Automatisierung, und das Nutzungsobjekt, die digitalen Inhalte, zu definieren und ihr inhaltlicher Umfang zu bestimmen. Überblicksartig sollen die relevanten Parteien und damit Inhaber der digitalen Inhalte, Softwareersteller und Nutzer dargestellt werden. Im Fokus der Betrachtung steht die Nutzung von digitalen Inhalten im WWW

1. Automatisierung

In einem ersten Schritt kann sich dem Begriff der Automatisierung durch eine funktionale Betrachtung genähert werden: sie kann als „die Verselbständigung bestimmter technischer Prozesse“ beschrieben werden.[22]

Diese „Verselbstständigung“ deutet darauf hin, dass es zumindest für die Ausführung und Umsetzung keines menschlichen Einsatzes mehr bedarf. Anders ist dies für die Entwicklung des benötigten Prozesses, also die Beschreibung eines zu erreichenden Ziels oder Ergebnisses. Man denke zum Beispiel an die Nutzung eines 3D-Druckers. Die bedienende Person muss die technischen Daten einpflegen, nach dessen Vorgabe sich

---

22 *Kastl*, Automatisierung im Internet, S. 43.

der Drucker verhält. Nach dieser Eingabe kann der Drucker dann selbstständig den Prozess durchführen. Er arbeitet automatisch.

Das vorgenannte Beispiel verdeutlicht, dass der Automatisierung stets eine Anweisung vorauszugehen hat. Je komplexer die technischen Prozesse werden, desto umfassender hat die Anweisung zu erfolgen.

a. Algorithmus

Um die Regeln für die technischen Prozesse zu formalisieren, bedient man sich Algorithmen. Nach *Kastl* versteht man unter einem Algorithmus eine „Rechenvorschrift, die so präzise formuliert ist, dass die einzelnen Verarbeitungsschritte eindeutig daraus hervorgehen und so ein mechanisch oder elektronisch arbeitendes Gerät die Regel ausführen kann."[23]

Dies hat zur Folge, dass im obigen Beispiel mit dem 3D-Drucker Eingabe- und Ausgabedaten nicht identisch sein müssen. In Form eines Algorithmus kann eine Rechenregel geschaffen werden, die Vorgaben für den selbstständigen technischen Prozess enthält.[24]

b. Programme und *Software*

Werden die Rechenvorschriften nicht nur präzisiert, sondern auch formalisiert, dann spricht man von einem Programm. Wird eine Programmsprache benutzt, so werden natürliche Sprachbefehle in eine maschinenlesbare Sprache überführt und können dann automatisch, also technisch, verarbeitet werden.[25] Ein Programm ist ein maschinenlesbarer Algorithmus.

Der Begriff *Software* geht über ein Programm hinaus und kann eine Fülle an Programmen und Anwendungen beschreiben. In dieser Arbeit wird vornehmlich der Begriff *Software* verwendet, wodurch ein formaler Algorithmus, also verschiedene maschinenverständliche Vorschriften beschrieben werden.

In der Regel schreiben Unternehmen eigene Programme, die Grundlage der Automatisierung sind. So ist es Googles *Software*, die es dem Unternehmen ermöglicht, Inhalte von Drittwebseiten zu indexieren. Die *Software* von Preisvergleichsportalen wie Idealo u. a. befähigt diese Unterneh-

---

23 *Kastl*, Algorithmen – Fluch oder Segen?, GRUR 2015, 136.

24 *Wolff*, Algorithmen als Richter, S. 46.

25 *Beaucamp*, Rechtsdurchsetzung durch Technologie, S. 18.

men, Produkt- und Preisinformationen von Dritten auf einer eigenen Plattform darzustellen. *Software* ermöglicht es Unternehmen zudem, öffentlich verfügbare digitale Inhalte für *Big-Data*-Anwendungen nutzen zu können.

2. Zwischenergebnis: Automatisierungsprozess

Mithilfe von formalisierten Vorschriften lassen sich Prozesse verselbstständigen. Die Automatisierung machen sich Unternehmen zunutze, um den manuellen Aufwand zu verringern und eine Skalierung der Prozesse, gerade im WWW, zu erreichen.

Die Automatisierung erstreckt sich mit fortschreitenden technischen Möglichkeiten auf immer weitere Lebenssachverhalte. Anzumerken sei bereits hier, dass Technik nicht nur Prozesse vereinfachen, sondern auch Handlungsspielräume einschränken oder gar Rechte automatisch durchsetzen kann.[26]

3. Inhalte auf Webseiten

Nachdem zunächst der Prozess und die Mittel zur Automatisierung dargestellt wurden, soll nun auf die Objekte, also den Gegenstand der Nutzung durch *Software* eingegangen werden. Da Schwerpunkt der Untersuchung die automatisierte Nutzung von digitalen Inhalten durch *Software* ist, sollen vornehmlich Elemente auf Webseiten betrachtet werden. Was diese Webseiteninhalte auszeichnet und wie diese zu bestimmen sind, ergibt sich aus den folgenden Ausführungen.

a. Digitale Inhalte

Die technische Entwicklung hat dazu geführt, dass viele Gegenstände heutzutage nicht mehr analog, sondern rein digital existieren und hergestellt werden.[27] Das hat zum einem mit dem Genuss der Inhalte zu tun, der in der Regel auch rein digital erfolgt und zum anderen mit dem Entstehungsprozess. Durch Retrodigitalisierung können auch analoge Inhalte nachträglich digitalisiert werden.

---

26 *Beaucamp*, Rechtsdurchsetzung durch Technologie, S. 30.

27 *Sesing*, Verbreitung digitaler Inhalte, S. 48.

Mit Umsetzung der Digitale-Inhalte-Richtlinie[28] vom 20. Mai 2019 findet sich in § 327 II 1 BGB eine Legaldefinition der digitalen Inhalte. Nach der gesetzlichen Regelung sind „digitale Inhalte Daten, die in digitaler Form erstellt und bereitgestellt werden.“ Eine Besonderheit der Daten ist, dass diese überhaupt nicht in körperlicher Form bestehen müssen, aber durchaus einen körperlichen Träger haben können.[29] *Zech* definiert Daten als „maschinenlesbare codierte Information“.[30]

Der Begriff der Information selbst wird nicht einheitlich verstanden und unterliegt je nach wissenschaftlicher Betrachtung unterschiedlichen Facetten.[31] *Zech* bedient sich der Semiotik und unterscheidet zwischen semantischer, struktureller und syntaktischer Information.[32]

Die Unterscheidung der Ebenen der Information kann hier fruchtbar gemacht werden, um das Untersuchungsobjekt der digitalen Inhalte weiter einzugrenzen. So sind vornehmlich die syntaktische und semantische Ebene von Relevanz, also die verwendete Abfolge von Zeichen und deren Bedeutung.[33] Da die vorliegende Arbeit nicht den (semantischen) Zusammenhang von Informationen zu Personen untersuchen möchte, bleiben die datenschutzrechtlichen Bestimmungen außer Betracht.[34]

Besonders bedeutsam für die vorliegende Arbeit sind Daten in Form von digitalen Texten, Bildern und Videos. Die Darstellung der Inhalte erfolgt in der Regel durch ein Programm oder eine entsprechende *Hardware*, die die elektronische Information verarbeiten kann.[35] Auf die Schutzfähigkeit der digitalen Inhalte nach dem Urheberrecht wird im Laufe der Bearbeitung genauer einzugehen sein. Doch die Inhalte können – bei Überschreitung der Schutzuntergrenze – Werkschutz nach dem Urheberrecht erlangen.

Mit Blick auf die Eigenschaften der digitalen Inhalte zeigt sich, dass sich diese nicht verbrauchen und nicht rivalitär sind, also unbegrenzt genutzt

---

28 Richtlinie (EU) 2019/770.

29 *Kuschel*, Der Erwerb digitaler Werkexemplare zur privaten Nutzung, S. 5.

30 *Zech*, Daten als Wirtschaftsgut – Überlegungen zu einem „Recht des Datenerzeugers“, CR 2015, 137 (138).

31 *von Schönfeld*, Screen Scraping und Informationsfreiheit, S. 28.

32 *Zech*, Information als Schutzgegenstand, S. 11 ff.

33 *Hußmann*, Contra Dateneigentum, S. 6.

34 *Kuschel*, Der Erwerb digitaler Werkexemplare zur privaten Nutzung, S. 131.

35 *Sesing*, Verbreitung digitaler Inhalte, S. 39 und S. 50.

werden können.[36] Die Nutzung kann durch mehrere Nutzer und Programme gleichzeitig erfolgen, ohne dass dies zu einer Beeinträchtigung führt.[37]

Kuschel unterscheidet digitale Inhalte funktional in körperliche, digitale und geistige Ebenen, um eine bessere rechtliche Systematisierung des Erwerbs digitaler Inhalte zu ermöglichen.[38] Auf eine mögliche geschützte Rechtsposition des Dateninhabers wird zum Ende dieser Arbeit eingegangen.

b. Datenbanken

Webseitenbetreiber ordnen die verschiedenen Inhalte ihrer Onlinepräsenz oftmals nach einem bestimmten System, das es ermöglicht, strukturiert auf diese Daten zuzugreifen.[39] Gerade bei der Verwaltung von großen Datenmengen bedarf es eines Ordnungssystems, sodass jeder Online-Shop über ein Repositorium verfügt, in dem Informationen wie Produktbeschreibungen, Bilder, Produktdetails und Preise gespeichert sind. Gleiches gilt für Suchmaschinen, die im Rahmen der Indexierung der digitalen Inhalte diese in eigene Datenbanken überführen.

Auf den gesetzlichen Schutz der Datenbanken wird im Rahmen der Untersuchung der Nutzungshandlung genauer einzugehen sein.

4. Zwischenergebnis: Inhalte auf Webseiten

Aus der Legaldefinition in § 327 II 1 BGB ergibt sich, dass digitale Inhalte Daten sind. Eine präzise Trennung der beiden Begriffe ist schwierig und es wird versucht, sich dem Begriffspaar aufgrund ihrer Funktionalität und Eigenheit zu nähern.

---

36 *Sesing*, Verbreitung digitaler Inhalte, S. 48.

37 *Zech*, Daten als Wirtschaftsgut – Überlegungen zu einem „Recht des Datenerzeugers“, CR 2015, 137 (139).

38 *Kuschel*, Der Erwerb digitaler Werkexemplare zur privaten Nutzung, S. 134; in Bezug auf die *Software*: *Duden*, Digitale Sachherrschaft, S. 67 ff.

39 *Köhler*, Der Schutz von Websites gemäß §§ 87 a ff. UrhG, ZUM 1999, 548 (549); *von Schönfeld*, Screen Scraping und Informationsfreiheit, S. 188.

Eine inhaltliche Bedeutung müssen die digitalen Inhalte selbst nicht aufweisen, denn auch rein technisch zu verarbeitende Daten können entsprechende Inhalte darstellen.[40] Auf die Verkörperung der digitalen Inhalte in Form eines Speichermediums kommt es nicht an.

Sinnvoll erscheint es, dem weiten Begriff der digitalen Inhalte durch Beispiele Kontur zu verleihen. So ist – in Anlehnung an Erwägungsgrund 19 der Digitale-Inhalte-Richtlinie – von Videodateien, Audiodateien, Musikdateien, elektronischen Büchern und anderen elektronischen Publikationen auszugehen. *Duden* beschreibt digitale Inhalte „[…] als Gegenstände der Datenverarbeitung" und grenzt diese dabei von *Software*, d. h. von etwas, das „[…] die Datenverarbeitung steuert", ab.[41]

Um einen strukturierten Zugriff auf die online befindlichen Inhalte zu bewerkstelligen, nutzen Webseitenbetreiber oftmals Managementsysteme, die als Datenbanken die digitalen Inhalte systematisieren.

5. Relevante Parteien

Neben dem Prozess der Nutzung und dem Gegenstand der Untersuchung, den digitalen Inhalten, soll nun überblicksartig auf die relevanten Parteien eingegangen werden. Hierbei ist es zunächst unerheblich, auf welcher rechtlichen Grundlage die digitalen Inhalte im Rahmen des Automatisierungsprozesses genutzt werden.

Zumeist ist von einem Zweipersonen- oder Dreipersonenverhältnis auszugehen. Dies ist abhängig davon, ob der Softwareverwender als Intermediär (z. B. in Form einer Suchmaschine) agiert oder die Daten für sich selbst verarbeitet. Bei einem Dreipersonenverhältnis ist von Webseitenbetreiber, Softwareverwender und Nutzer auszugehen, bei einem Zweipersonenverhältnis von Webseitenbetreiber und Nutzer.

a. Webseitenbetreiber

Der Webseitenbetreiber verantwortet in der Regel die inhaltliche Gestaltung der Webseite. Dabei muss der Betreiber nicht auch zugleich Ersteller der digitalen Inhalte sein. Ebenso wenig muss der Ersteller der digitalen Inhalte zugleich Rechtsinhaber möglicher urheberrechtlich geschützter digitaler Inhalte sein. Auch die Digitalisierung erlaubt einen arbeitsteiligen

40 Richtlinie (EU) 2019/770, Erwägungsgrund 19.
41 *Duden*, Digitale Sachherrschaft, S. 347.

Herstellungsprozess.[42] So ist es möglich, Musikstücke, Bilder oder Texte von Webseiten zu nutzen, ohne dass der Betreiber selbst der Rechtsinhaber ist.

Um die Komplexität zu reduzieren, soll vorliegend davon ausgegangen werden, dass der Webseitenbetreiber zugleich der Rechtsinhaber (möglicher) urheberrechtlicher Rechtspositionen an den digitalen Inhalten ist. Sofern im Verlauf der Bearbeitung eine Unterscheidung der Befugnisse zwischen Webseitenbetreiber und Rechtsinhaber relevant wird, wird gesondert darauf eingegangen.

Dem Rechtsinhaber ist in der Regel daran gelegen, seine digitalen Inhalte vor einem Zugriff durch Dritte zu schützen und die Kontrolle über die Nutzung zu behalten. Zur Erreichung des Schutzes lassen sich rechtliche und technische Mittel verwenden, auf die im Verlauf der Bearbeitung genau einzugehen ist.

b. Softwareverwender

Mit der Fülle an Informationen im WWW ist auch der Bedarf nach Informationsvermittlern gewachsen, also Intermediären, die Inhalte nach spezifischen Parametern selektieren. Zur Umsetzung der Informationsbeschaffung bedienen sich natürliche oder juristische Personen Softwareanwendungen, die sie selber entwickelt haben oder für ihren Bedarf aus der Vielzahl an *SaaS*-Anwendungen ausgewählt haben.[43]

Inhaltlich kann durch die Verwendung von *Software* nach verschiedenen Dokumenttypen (z. B. Texte oder Bilder) unterschieden werden, aber auch thematisch eine Eingrenzung auf bestimmte Themen (z. B. Nachrichten) erfolgen.[44]

Unabhängig von der Zielsetzung des Softwareverwenders ist der Prozess der Datengewinnung stets derselbe. Statt einer natürlichen Person wird ein Algorithmus genutzt, der es dem Anwender technisch ermöglicht, automatisiert auf digitale Inhalte von Webseiten oder der entsprechenden dahinterliegenden Datenbanken zuzugreifen. Das Interesse des Softwareverwenders begründet sich darin, eine möglichst große Anzahl an relevanten Daten zu sammeln.

---

42 *Sesing*, Verbreitung digitaler Inhalte, S. 49.

43 *von Schönfeld*, Screen Scraping und Informationsfreiheit, S. 52.

44 *Bünemann*, Regulierung von Suchmaschinen, S. 9; *Lewandowski*, Suchmaschinen verstehen, S. 17 ff.

Die auf Webseiten befindlichen Informationen werden in eigene Datenbanken überführt und für die weitere Verwendung strukturiert und verarbeitet. Dabei sind den kommerziellen oder wissenschaftlichen Weiterverwendungen kaum Grenzen gesetzt.

In der vorliegenden Arbeit wird der Begriff des Softwareverwenders für die Person genutzt, die den automatisierten Datenverarbeitungsprozess anstößt und verantwortet. Damit erlangt der Begriff Relevanz in Zwei- und Dreipersonenverhältnissen.

c. Nutzer

Je nach Perspektive kann bereits der Softwareverwender als Nutzer des digitalen Inhalts angesehen werden. Das Programm extrahiert entsprechend der technischen Gestaltung die Informationen von den Webseiten. Hat zum Beispiel eine natürliche Person zum Zwecke des TDM eine *Software* entwickelt, die es ermöglicht, sehr spezifische Inhalte von Webseiten zu entnehmen (Bilder und Fotografien von Verkehrszeichen), so fallen Softwareverwender und Endnutzer zusammen.

Allerdings können sich Personen auch Suchmaschinen oder – allgemeiner – *Software* bedienen, um digitale Inhalte aufzufinden, die sie erst in einem nachgelagerten Schritt nutzen. So kann man über Google zum Beispiel auch nach „Verkehrszeichen" suchen und erhält eine Fülle von digitalen Bildern.

Nutzer im Rahmen dieser Arbeit sind Personen, die die digitalen Inhalte für eigene Zwecke verwenden und diese nicht in der erhaltenen Darstellungsform an Dritte weitergeben. Ihr vornehmliches Interesse besteht in der Rezeption der Inhalte.

6. Zwischenergebnis: Relevante Parteien

In der Mehrheit der Fälle ist von einem Zwei- bzw. Dreipersonenverhältnis auszugehen. Im Rahmen dieser Untersuchung befinden sich die digitalen Inhalte auf Webseiten, die sein Betreiber öffentlich ins WWW gestellt hat. Zur Komplexitätsreduktion soll davon ausgegangen werden, dass der Inhaber der Inhalte zugleich auch Betreiber der Webseite ist.

Zu verschiedenen Zwecken werden die digitalen Inhalte von *Software* automatisiert genutzt und dabei von der Webseite oder aus der Datenbank extrahiert. Der Softwareersteller oder -dienstleister stellt die zweite Partei dar.

Sofern sich Personen den technischen Errungenschaften bedienen, um darüber an digitale Inhalte zu gelangen, stellen sie die (End-)Nutzer dar.

II. Zusammenfassung Kapitel 1

Ausgehend von den ersten Webseiten zu Beginn der 1990er Jahre hat das WWW rasant an Zuwachs und Popularität gewonnen, sodass wir aktuell ungefähr 1,1 Milliarden Webseiten verzeichnen.[45] Um die Fülle von Informationen im WWW nutzen zu können, haben Unternehmen wie Google bereits Ende der 1990er Programme entwickelt, die es ihnen ermöglichen, Inhalte von fremden Webseiten zu indexieren.

Es mussten also formalisierte Rechenregeln erstellt werden, die eine automatisierte Verarbeitung durch Computer ermöglichten, um so die dezentralen Daten im WWW effektiv nutzen zu können. Diese Softwareanwendungen werden von natürlichen oder juristischen Personen für ihre individuellen Zwecke erstellt oder sie bedienen sich einer der vielzähligen *SaaS*-Lösungen.

Mit der Verbreitung des WWW hat sich auch die Gestaltung der Inhalte geändert, sodass heute der Großteil nicht mehr analog, sondern in Form von digitalen Inhalten existiert. Nach der Legaldefinition in § 327 II 1 BGB sind digitale Inhalte „Daten, die in digitaler Form erstellt und bereitgestellt werden". Konkret umfasst dies Bilder, Texte und Videos auf Webseiten.

In Bezug auf die relevanten Parteien kann von einem Zwei – beziehungsweise Dreipersonenverhältnis ausgegangen werden. Entscheidend ist, ob ein Intermediär als Vermittler zwischen Rechtsinhaber und Nutzer berücksichtigt wird. Aus Gründen der Vereinfachung werden vorliegend der Webseitenbetreiber und (Rechts-)Inhaber der digitalen Inhalte als identisch betrachtet.

---

45 Statista, Anzahl der Webseiten weltweit in den Jahren 1992 bis 2023, abrufbar unter: https://de.statista.com/statistik/daten/studie/290274/umfrage/anzahl-der-webseiten-weltweit/ (zuletzt abgerufen am 10. August 2023).

Kapitel 2: Automatisierte Datenverarbeitung

„Can machines think?"[46] Diese Frage hat sich *Turing* bereits 1950 gestellt und seinen bis heute berühmten „Turing-Test" entwickelt. Auch wenn fast 75 Jahre verstrichen sind, so ist diese Frage heute wohl aktueller und schwerer zu beantworten als jemals zuvor.

Sind es doch aktuell die technische Entwicklung wie ChatGPT[47] oder Googles Bard[48], die die Schlagzeilen füllen. Medial überschlagen sich die Neuigkeiten über die Fähigkeiten der „KI", also der künstlichen Intelligenz, die in Sekundenschnelle jede Frage beantworten kann und im Stile prominenter Vorlagen eigene (kreative) Leistungen erbringe.[49]

Was all diesen Neuerungen zugrunde liegt, ist die massenhafte Nutzung von Informationen und hier vornehmlich von digitalen Inhalten, die sich zu jedem Thema in Unmengen öffentlich im WWW auffinden lassen.[50]

In diesem Kapitel soll der technische Prozess der automatisierten Datennutzung dargestellt werden und ausgeführt werden, warum die digitalen Inhalte des WWW eine besonders gute Datengrundlage für softwarebasierte Datenverarbeitungen darstellen.

Mit Blick auf den Gegenstand der Nutzung beschreibt das Gesetz die digitalen Inhalte selbst als „[…] Daten, in digitaler Form […]".[51] Der Definition von *Zech* folgend sind Daten „maschinenlesbare codierte Information".[52] Dies gibt Rückschluss auf die Anforderung einer automatisierten Verarbeitung von digitalen Inhalten. Diese müssen also formalisiert sein, um so von *Software* verarbeitet werden zu können.[53] Was genau die Formalisierung umfasst, was das für die Kommunikation mit *Software* bedeutet und ob auch Gesetze formalisiert werden können, ist Teil dieses Kapitels.

---

46 *Turing*, Computing Machinery and Intelligence, MIND 1950, 433.

47 OpenAI, Introducing ChatGPT, abrufbar unter: https://openai.com/blog/chatgpt (zuletzt abgerufen am 10. August 2023).

48 Google Bard, abrufbar unter: https://bard.google.com (zuletzt abgerufen am 10. August 2023).

49 *von Welser*, ChatGPT und Urheberrecht, GRUR-Prax 2023, 57 (59).

50 *Hoeren*, „Geistiges Eigentum" ist tot – lang lebe ChatGPT, MMR 2023, 81; *von Welser*, ChatGPT und Urheberrecht, GRUR-Prax 2023, 57.

51 Legaldefinition in § 327 II 1 BGB.

52 *Zech*, Daten als Wirtschaftsgut – Überlegungen zu einem „Recht des Datenerzeugers", CR 2015, 137 (138).

53 *Beaucamp*, Rechtsdurchsetzung durch Technologie, S. 17.

I. Technische Grundlagen

Der Begriff der „Automatisierung" wird in verschiedenen gesetzlichen Vorschriften genannt, doch existiert keine Legaldefinition, die sich heranziehen ließe.[54] Wie im vorherigen Kapitel bereits dargestellt, lässt sich unter der Automatisierung „die Verselbständigung bestimmter technischer Prozesse" verstehen.[55]

Damit etwas selbstständig, also ohne das Zutun des Verwenders und ohne Kontrolle des Betroffenen erfolgt, muss zuvor bestimmt worden sein, wie der zu erfolgende Prozess auszusehen hat.[56] Diese technische Beschreibung übernehmen die Algorithmen, also Vorschriften, die einzelne Schritte zur Lösung eines Problems präzise festlegen.[57]

Oftmals werden die Begriffe Algorithmus und *Software* synonym verwendet. Doch Algorithmen sind Rechenregeln, also Ablaufpläne. *Software* basiert auf einem oder mehreren Algorithmen und führt diese aus.

Vorliegend von Interesse ist *Software*, die genutzt wird, um Webseiten zu *crawlen*, um die darauf befindlichen Daten zu extrahieren. So hat zum Beispiel Google einen Algorithmus entwickelt, der die Grundlage für die Relevanz der Suchergebnisse darstellt und nutzt dafür eine eigene *Crawl-Software*, die Webseiten im WWW indexiert.[58]

Unabhängig vom konkreten Einsatz der *Software* läuft der technische Prozess der automatisierten Datenverarbeitung stets ähnlich ab und lässt sich in drei bis vier einzelne Prozessphasen unterteilen.[59] Jede Anwendung von automatisierter Datenverarbeitung durchläuft die ersten beiden Prozessphasen: Datensammlung und Datenaufbereitung. Phase drei und vier stellen Besonderheiten je nach Anwendungsfall dar. So ist für die Suchmaschinen nur noch die Datenausgabe entscheidend, während beim TDM das Datenmodell trainiert werden muss, bevor es zur Anwendung kommen kann.

---

54 Beispielhaft: Art. 13 II f) DSGVO, Art. 15 I h) DSGVO, § 44b II UrhG.

55 *Kastl*, Automatisierung im Internet, S. 43.

56 *Beaucamp*, Rechtsdurchsetzung durch Technologie, S. 11; *Kastl*, Automatisierung im Internet, S. 78.

57 *Kastl*, Algorithmen – Fluch oder Segen, GRUR 2015, 136; *Martini*, Algorithmen als Herausforderung für die Rechtsordnung, JZ 2017, 1017.

58 Google Search Central, Umfassender Leitfaden zur Funktionsweise der Google Suche, abrufbar unter: https://developers.google.com/search/docs/fundamentals/how-search-works?hl=de (zuletzt abgerufen am 10. August 2023).

59 BT-Drucks. 18/12329, S. 40; *Dreier/Schulze/Dreier* UrhG § 44b Rn. 1; *Specht*, Die neue Schrankenregelung für Text und Data Mining und ihre Bedeutung für die Wissenschaft, OdW 2018, 285.

In der Folge sollen die ersten beiden Prozessphasen anhand von zwei Anwendungsbeispielen dargestellt werden: der automatisierten Nutzung von Daten durch Suchmaschinen und die automatisierte Nutzung von digitalen Inhalten zum Zwecke des TDM.

1. Automatisierte Nutzung durch Suchmaschinen

Die digitalen Inhalte im WWW werden über die unzähligen angeschlossenen Computer veröffentlicht, weshalb man von einer „dezentralen Struktur des WWW“ spricht.[60] Ohne Suchmaschinen wäre es für die Nutzer nahezu unmöglich, zur gesuchten Information zu gelangen.[61] So schrieb *Hoeren* schon 1999: „Ohne Suchmaschinen ist das Internet nichts“[62].

Das Herz einer Suchmaschine ist die eigene Datenbank, der sogenannte Index. Vereinfacht kann man diese als Abbild des WWW beschreiben, dessen Umfang sich stets ändert, da täglich unzählige neue Webseiten und Daten hinzukommen.[63] Damit die Daten in die Datenbanken gelangen, müssen diese zunächst gesammelt werden. Dazu nutzen die Suchmaschinen *Software*, die als „robots, crawler oder spider“ bezeichnet wird.[64] Bei Google sind das *Googlebot* (textbasiert), *Googlebot-Image* (Bilder) und *Googlebot-News* (Nachrichten).[65]

Die beim *Crawlen* gefundenen Informationen werden im nächsten Schritt in die Datenbank überführt und dort verarbeitet. Durch die Nutzung einer Indexierungssoftware wird eine Struktur der gefundenen Informationen in der Datenbank geschaffen. Dieses sogenannte *Information Retrieval System* vereinfacht das Auffinden der angefragten Daten innerhalb des Repositoriums. So muss nicht bei jeder Eingabe einer Suchanfrage das gesamte WWW aufs Neue durchsucht werden, sondern nur die Datenbank

---

60 *Conrad/Schubert*, How to Do Things with Code, GRUR 2018, 350 (351).

61 *Bünemann*, Regulierung von Suchmaschinen, S. 14.

62 *Hoeren*, Suchmaschinen, Navigationssysteme und das Wettbewerbsrecht, MMR 1999, 649.

63 *Lewandowski*, Suchmaschinen verstehen, S. 32.

64 LG Berlin, Urteil vom 19. Februar 2016, 92 O 5/14 Kart, in GRUR-RR 2016, 426, Keine Diskriminierung von Presseverlagen durch Google – Google Snippets; *Herrmann*, Das Recht der Suchmaschinen, S. 34; *von Schönfeld*, Screen Scraping und Informationsfreiheit, S. 41.

65 Google Search Central, Übersicht über Google-Crawler und -Fetcher (User Agents), abrufbar unter: https://developers.google.com/search/docs/advanced/crawling/overview-google-crawlers (zuletzt abgerufen am 10. August 2023).

der Suchmaschine.[66] Dies ermöglicht eine schnelle Bereitstellung von Informationen.

Die Datenausgabe stellt eine eigene Prozessphase der Datenverarbeitung speziell für die Suchmaschinen dar. Die Herausforderung besteht darin, möglichst relevante Informationen, basierend auf der Suchanfrage, bereitzustellen. Um dem Anspruch der Nutzer gerecht zu werden, hat Google einen Algorithmus entwickelt, wonach „die relevantesten Seiten diejenigen sind, auf die am häufigsten verlinkt wird“[67]. Daneben werden noch weitere Parameter zur Bemessung der Relevanz herangezogen, wie die Anzahl der Aufrufe einer Seite, die Qualität der Webseite, ob sich der gesuchte Begriff im Titel der Webseite und der URL befindet und der Pagerank.[68]

2. Automatisierte Nutzung beim TDM

Als zweites Beispiel für die automatisierte Verarbeitung von digitalen Inhalten soll das TDM betrachtet werden. Mit § 60d UrhG[69] existierte bereits eine Verankerung von TDM im deutschen Urheberrecht. Diese Vorschrift wurde durch die DSM-RL[70] angepasst und um § 44b UrhG erweitert. Damit hat die Europäische Kommission eine einheitliche Regelung im europäischen Binnenmarkt geschaffen, um Rechtssicherheit für den Bereich der automatisierten Datenanalysen zu gewährleisten.[71]

Dabei wurde berücksichtigt, dass TDM nicht nur für die Wissenschaften bedeutsam ist, sondern auch für private Unternehmen.[72] So sind nach

---

66 *Herrmann*, Das Recht der Suchmaschinen, S. 33.

67 *Bünemann*, Regulierung von Suchmaschinen, S. 16; Google Search, How Search Works, abrufbar unter: https://www.google.com/search/howsearchworks/how-search-works/ranking-results/ (zuletzt abgerufen am 10. August 2023).

68 Google Blog, Wie funktioniert die Google-Suche?, abrufbar unter: https://www.google.com/intl/de/search/howsearchworks/ (zuletzt abgerufen am 10. August 2023).

69 Am 1. März 2018 durch das Gesetz zur Angleichung des Urheberrechts an aktuelle Erfordernisse der Wissensgesellschaft (UrhWissG) in Kraft getreten; *Kleinkopf/Pflüger*, Digitale Bildung, Wissenschaft und Kultur – Welcher urheberrechtliche Reformbedarf verbleibt nach Umsetzung der DSM-RL durch das Gesetz zum Urheberrecht im digitalen Binnenmarkt, ZUM 2021, 643 (645).

70 RL 2019/790/EG; konkret basieren die Schranken auf Art. 3 und 4 der DSM-RL.

71 *Raue*, Rechtssicherheit für datengestützte Forschung, ZUM 2019, 684 (685).

72 *Raue*, Rechtssicherheit für datengestützte Forschung, ZUM 2019, 684 (685).

§ 60d UrhG Forschungsorganisationen zum TDM berechtigt und nach § 44b UrhG ist dies jeder.[73]

Der Begriff des TDM wird – zurückgehend auf Art. 2 Nr. 2 DSM-RL – in § 44b II UrhG legaldefiniert und umfasst „[…] die automatisierte Analyse von einzelnen oder mehreren digitalen oder digitalisierten Werken, um daraus Informationen insbesondere über Muster, Trends und Korrelationen zu gewinnen".

TDM wird oftmals als eine einheitliche technische Disziplin wahrgenommen. Streng genommen ist zwischen *Data Mining* und *Text Mining* zu unterscheiden. Grundlage für die Trennung sind unterschiedliche Datenformate.[74] Zu differenzieren ist zwischen strukturierten (*Data Mining*) und unstrukturierten (*Text Mining*) Daten.[75] Strukturierte Daten sind typisiert und folgen einem Schema, während unstrukturierte Daten nicht in einer formalisierten Struktur vorliegen.[76]

Technisch nutzt man zur Sammlung von Daten aus dem WWW zum Zwecke des TDM das sogenannte *Web Scraping*.[77] Beim *Web Scraping* wird eine *Software* so programmiert, dass diese über den HTML-*Code* einer Webseite auf die dahinter befindlichen Informationen in den Datenbanken zugreifen kann und diese extrahiert.[78] Solche technischen Anwendungen können von Programmierern selbstständig und für individuelle Zweck entwickelt werden oder man bedient sich eines der vielzähligen *SaaS*-Angebote.[79]

---

73 *Raue*, Rechtssicherheit für datengestützte Forschung, ZUM 2019, 684 (685).

74 *Käde*, Kreative Maschinen und Urheberrecht, S. 58.

75 *Hoeren/Sieber/Holznagel* MultimediaR-Hdb/*Bitter* Teil 15.4 Rn. 5.

76 *Auer-Reinsdorff/Conrad/Sarre/Pruß* § 2 Rn. 44, 45.

77 *Golla/von Schönfeld*, Kratzen und Schürfen im Datenmilieu – Web Scraping in sozialen Netzwerken zu wissenschaftlichen Forschungszwecken, K&R 2019, 15 (16).

78 *Boonk/de Groot/Oskamp/Brazier*, Agent Exclusion on Websites, in: Oskamp/Cevenini (Hrsg.), Proceedings of the 4th Workshop on the Law and Electronic Agents, S. 16, abrufbar unter: https://research.vu.nl/ws/portalfiles/portal/2123663/Agent+Exclusion+Clauses.pdf (zuletzt abgerufen am 10. August 2023); *Golla/von Schönfeld*, Web Scraping in sozialen Netzwerken, K&R 2019, 15 (16).

79 *Software-as-a-Service*, Beispiele: webscraper.io; brightdata.com; parsehub.com (zuletzt abgerufen am 10. August 2023).

Sind eine oder mehrere Webseiten als Quelle für die Datensammlung gefunden worden, müssen in der nächsten Prozessphase die digitalen Inhalte verarbeitet werden, was konkret bedeutet, diese in ein maschinenlesbares Format zu überführen.[80]

Der Begriff Maschinenlesbarkeit findet in § 44b III 2 UrhG Erwähnung. Er wird dort als Voraussetzung für die wirksame Erklärung des Nutzungsvorbehalts verlangt, die Vorschrift lässt aber keinen Rückschluss auf seine inhaltliche Gestaltung zu. In § 12 I 2 EGovG findet sich ebenfalls eine Verankerung des Begriffs. Dort heißt es: „Ein Format ist maschinenlesbar, wenn die enthaltenen Daten durch *Software* automatisiert ausgelesen und verarbeitet werden können.“ Diese Definition ist weitaus aufschlussreicher und legt dar, dass eine Datei maschinenlesbar ist, wenn diese durch *Software* verarbeitet werden kann. Dies setzt die Strukturiertheit der Daten voraus.[81] Es gibt Daten, die sowohl menschen- als auch maschinenlesbar sind (HTML), und Daten, die nur von Maschinen gelesen werden können (JSON).[82] Bei manchen Dateien wie Bildern oder Musik setzt die Überführung in die Maschinenlesbarkeit eine Zerlegung und Umwandlung voraus.[83]

Nur auf Grundlage von maschinenlesbaren Daten kann in den weiteren Prozessphasen des TDM – die für die vorliegende Arbeit unerheblich sind – ein Trainingsmodell aufgebaut und genutzt werden.

3. *Big Data*: *Volume*, *Velocity*, *Variety*

Den Anwendungsfällen der automatisierten Datenverarbeitung ist gemein, dass diese großen Mengen von Daten verwerten. Dabei kann der Schwerpunkt der Verarbeitung auf bestimmten Dokumenttypen oder Inhalten liegen. Aufgrund der schier unfassbaren Menge an Daten spricht man vom Zeitalter des *Big Data*. *Big Data* beschreibt im Wesentlichen die durch die

---

80 Deutscher Bundestag, Wissenschaftlicher Dienst, Künstliche Intelligenz und Machine Learning, WD 10 – 3000 – 67/18, S. 6; *Kuschel*, Urheberrecht und Forschungsdaten, OdW 2020, 43 (51).

81 *Benoliel*, Have Disclosures Kept Up With The Big Data Revolution?, Boston College Law Review 2022, 1914 (1921), abrufbar unter: https://papers.ssrn.com/sol3/papers.cfm?abstract_id=3970843 (zuletzt abgerufen am 10. August 2023).

82 Wikipedia, Machine-readable medium and data, abrufbar unter: https://en.wikipedia.org/wiki/Machine-readable_data (zuletzt abgerufen am 10. August 2023).

83 *Käde*, Kreative Maschinen und Urheberrecht, S. 66.

dauerhafte Vernetzung entstandenen großen Datenmengen.[84] Die automatisierten Softwareprozesse wie TDM und die Verwendung von *Crawl-Software* durch die Suchmaschinen sind eine Reaktion auf *Big Data*.[85]

Eine pauschale Antwort auf die benötigte Menge an Daten, um ein robustes Datenmodell zu entwickeln, kann nicht gegeben werden. Stattdessen haben sich drei Hauptmerkmale für große Datensätze etabliert.[86] *Laney* hat im Jahre 2001 das Modell der drei Vs entwickelt.[87] Danach bedarf es für eine erfolgreiche Datenverarbeitung der folgenden Voraussetzungen: *Volume*, *Velocity* und *Variety*. Oftmals werden die drei Merkmale heute um ein weiteres, nämlich *Veracity* ergänzt.[88] Bedeutsam ist ein ausreichender Datensatz insbesondere, um Verzerrungen der Ergebnisse entgegenzuwirken.[89]

4. Zusammenfassung

Da nur wenige Unternehmen über eigene große und vielfältige Datensätze verfügen, wird auf digitale Inhalte von Webseiten Dritter zurückgegriffen. Technisch nutzen die Verwender dabei *Software*, die im ersten Schritt die Daten sammelt und in der Folge verarbeitet, also in die nötige Struktur für die weiteren Prozessphasen bringt. Dies setzt die Übertragung der Daten in ein maschinenlesbares Format voraus.

---

84 *Hoeren/Uphues*, Annäherung an den Begriff Big Data, in: Frenz (Hrsg.), Handbuch Industrie 4.0: Recht, Technik, Gesellschaft, S. 114.

85 *Geiger/Frosio/Bulayenko*, Text and Data Mining in the Proposed Copyright Reform: Making the EU Ready for an Age of Big Data?, IIC 2018, 814 (816).

86 *Hoeren/Sieber/Holznagel* MultimediaR-Hdb/*Kolany-Raiser* Teil 15.1 Rn. 1.

87 *Hoeren/Uphues*, Annäherung an den Begriff Big Data, in: Frenz (Hrsg.), Handbuch Industrie 4.0: Recht, Technik, Gesellschaft, S. 114; *Hoffmann-Riem*, Verhaltenssteuerung durch Algorithmen – Eine Herausforderung für das Recht, AöR 2017, 2 (7).

88 *Gervais*, Exploring the Interfaces Between Big Data and Intellectual Property Law, JIPITEC 2019, 3 (4), abrufbar unter: https://www.jipitec.eu/issues/jipitec-10-1-2019/4875/JIPITEC_10_1_2019_3_Gervais_Big_Data_IP (zuletzt abgerufen am 10. August 2023); *Zech*, Data as a Tradeable Commodity – Implications for Contract Law, in: Drexl (Hrsg.), Proceedings of the 18th EIPIN Congress 2017, S. 3.

89 *Leistner/Antoine/Sagstetter*, Big Data, S. 7, *Wachter/Mittelstadt*, A right to reasonable inferences: Re-thinking data protection law in the age of Big Data and AI, Columbia Business Law Review 2019, S. 5, abrufbar unter: https://papers.ssrn.com/sol3/papers.cfm?abstract_id=3248829 (zuletzt abgerufen am 10. August 2023).

Zur Veranschaulichung sind die technischen Prozesse der automatisierten Datenverarbeitung im Rahmen von Suchmaschinen und TDM dargestellt worden.

II. Formalisierung

Damit digitale Inhalte durch *Software* automatisiert verarbeitet werden können, müssen nicht nur die Daten selbst maschinenlesbar sein[90], sondern auch der dem Prozess zugrundeliegende Algorithmus.[91]

Die Handlungsanweisung an die *Software* zur Datengewinnung muss einer formalen Logik entsprechen. Die Ausführung durch Maschinen setzt Befehle voraus, die keinen Interpretationsspielraum wie bei natürlichen Sprachen offenlassen, sondern standardisiert sind.[92]

In diesem Abschnitt sollen die formalen Anforderungen an die *Software* herausgearbeitet werden, die zugleich die Grenzen des technisch Möglichen abstecken.

1. Abstraktion

Die Sammlung von digitalen Inhalten durch die Nutzung von *Software* mit entsprechenden Handlungsanweisung der Algorithmen, erfolgt schneller als durch den Menschen, da eine Maschine nicht interpretiert, also die Bedeutung der Inhalte verstehen muss.[93] *Software* ist in der Lage, die digitalen Inhalte zu abstrahieren. Diese Abstraktion ermöglicht es, Prozesse zu schaffen, die sich von der Notwendigkeit der Einzelfallbetrachtung lösen. So muss nicht je ein Programm für jedes einzelne Bild geschrieben werden, das gesammelt werden soll, sondern es wird eine technische Regel entwickelt, die alle im WWW verfügbaren Bilder nach bestimmten Parametern extrahiert. Die komplexen Daten werden auf eine einfachere Darstellung reduziert, die leichter zu verarbeiten und zu analysieren sind.

---

90 *Zech*, Daten als Wirtschaftsgut – Überlegungen zu einem „Recht des Datenerzeugers“, CR 2015, 137 (138).

91 *Beaucamp*, Rechtsdurchsetzung durch Technologie, S. 17.

92 *Conrad/Schubert*, How to Do Things with Code, GRUR 2018, 350 (354).

93 *Beaucamp*, Rechtsdurchsetzung durch Technologie, S. 19; *Martini*, Blackbox Algorithmus – Grundfragen einer Regulierung Künstlicher Intelligenz, S. 58.

Für einen erfolgreichen Automatisierungsprozess ist es notwendig, sich von dem konkreten Gegenstand der Datensammlung zu lösen. Der Algorithmus beschreibt eine abstrakte Regel für die Datensammlung, die maschinenverständlich ist und sich nicht auf konkrete Gegenstände bezieht.

2. Formale Anweisung

Softwareanwendungen folgen Befehlen, die als Anweisungen in den Algorithmen beschrieben sind. Diese Regeln müssen so formuliert sein, dass diese von *Software* eindeutig verarbeitet werden können. Damit eine Anweisung maschinenverständlich ist, muss diese formalisiert sein. *Beaucamp* beschreibt die Formalisierung als die „Transformation natürlicher Sprache in maschinenlesbare Sprache“.[94]

Abzugrenzen ist die formale von der natürlichen Sprache. Natürliche Sprache beschreibt in Rechtssätzen, wie sich Menschen verhalten sollen, während Algorithmen anweisen und damit technisch die Verhaltensfreiheit einschränken können.[95] *Software* führt nur die technischen Regeln aus und ist dabei auf die mechanische Umsetzung der exakt bestimmten Algorithmen beschränkt.[96] Konsequenterweise kommt eine Softwareanwendung bei den gleichen technischen Eingangswerten auch immer zu demselben Ergebnis.[97] Der Determinismus lässt keinen Raum für Ermessen. Der Verlust der Bewertung ist der Preis für die Maschinenverständlichkeit. Und der Vorteil einer global verständlichen (formalen) Sprache.

Es sind die Computersprachen, als Teil der formalen Sprachen, die die Kommunikation von Menschen und Maschine ermöglichen.[98] Natürliche Sprache lässt sich nicht ohne Weiteres formalisieren, denn für den Menschen ist der Kontext entscheidend.[99] Auch wenn die deutsche Sprachlehre klaren Regeln folgt, so käme die Übertragung von Rechtssätzen in einen

---

94 *Beaucamp*, Rechtsdurchsetzung durch Technologie, S. 18.

95 *Hassan/De Filippi*, The Expansion of Algorithmic Governance: From Code is Law to Law is Code, FACTS First Monday 20167, 88 (89), abrufbar unter: https://journals.openedition.org/factsreports/pdf/4518 (zuletzt abgerufen am 10. August 2023).

96 *Exner*, Smart Contracts im Spannungsfeld zwischen Automatisierung und Verbraucherschutz, S. 133.

97 *Exner*, Smart Contracts im Spannungsfeld zwischen Automatisierung und Verbraucherschutz, S. 149.

98 *Conrad/Schubert*, How to Do Things with Code, GRUR 2018, 350.

99 *Buchholtz*, Legal Tech. Chancen und Risiken der digitalen Rechtsanwendung, JuS 2017, 955 (958).

Algorithmus nicht zuletzt wegen der für die Subsumtion notwendigen Wertung an seine Grenzen.[100]

Gerade im Bereich von *Legal-Tech*-Anwendungen und *Smart Contracts* ist diese Diskussion bedeutsam und wird im weiteren Verlauf dieser Bearbeitung erneut aufgenommen.

3. Formalisierung des Rechts

Formale Sprachen weisen eine Starrheit auf, die die Deduktion erfordert und dadurch die Regel vom Inhalt abstrahiert.[101] Wie im Absatz zuvor bereits beschrieben, beruht das Recht auf einer natürlichen Sprache, die einer syntaktischen Struktur entspricht, aber nicht unmittelbar maschinenverständlich ist.

Sollen Rechtssätze automatisiert werden, müssen diese „[…] so präzise formuliert sein, dass die einzelnen Verarbeitungsschritte eindeutig daraus hervorgehen und so ein mechanisch oder elektronisch arbeitendes Gerät die Regel ausführen kann.“[102] Rechtssätze müssten maschinenlesbar sein.

Es ist hilfreich, sich die Grenze der Formalisierung zu verdeutlichen, da diese einen Rückschluss auf die dem Nutzer verfügbaren Mittel zur Unterbindung der automatisierten Datenverarbeitung zulassen. Sofern sich die Rechtsanwendung in die digitale Welt übertragen lässt, bedarf es gegebenenfalls keiner Verwendung von anderweitigen technischen Mitteln.

Unstrittig ist, dass Recht auch auf Sachverhalte mit digitalem Bezug anzuwenden ist. Die Herausforderung besteht maßgeblich in der Formalisierung der Rechtsvorschriften selbst.

Ließen sich die gesetzlichen Bestimmungen des Urheberrechts in *Code* übertragen und damit die Entstehung, Einschränkung und Durchsetzung des Urheberrechts automatisieren, gälte „the answer to the machine is in the machine“.[103]

---

100 *Buchholtz*, Legal Tech. Chancen und Risiken der digitalen Rechtsanwendung, JuS 2017, 955 (958).

101 *Beaucamp*, Rechtsdurchsetzung durch Technologie, S. 19.

102 *Kastl*, Algorithmen – Fluch oder Segen?, GRUR 2015, 136.

103 *Clark*, The Answer to the Machine is in the Machine, in: Hugenholtz (Hrsg.), The Future Of Copyright In A Digital Environment, S. 139.

a. Automatisierung der Rechtsanwendung

Auch die rechtswissenschaftliche Arbeitspraxis ist geprägt von einem logischen Schluss und bedient sich der Subsumtion als juristischem Syllogismus. Ein Syllogismus ist ein deduktives Argument, bei dem aus zwei Prämissen eine Schlussfolgerung gezogen wird. Bei konsequenter Anwendung der Subsumtion und damit dem Bezug von Norm und Sachverhalt, sollte eine weitestgehend gleiche Schlussfolgerung ergehen.[104]

Durch die Verwendung von unbestimmten Rechtsbegriffen ist das Recht offen für Wertungen und gesellschaftliche Entwicklungen, die notwendig sind, um einen interessengerechten Ausgleich herzustellen.[105] Oft wird in diesem Zusammenhang *Engisch* zitiert, der für die Prämissenbildung von einem „Hin- und Herwandern des Blickes" spricht.[106] Die Kontextabhängigkeit prägt die Rechtsanwendung, die durch die formale Logik der Automatisierung untergraben würde.[107] Der Determinismus von *Software* als eindeutige Beschreibung von technischen Anwendungen kann nicht auf die Wertungsoffenheit von Rechtsnormen übertragen werden.[108]

Auch die Entstehung von Gesetzen ist eine andere als die Erstellung von *Software*. Während das Gesetzgebungsverfahren nach vorgegebenen Prozessen erfolgt und mehrere Organe involviert, kann *Software* grundsätzlich von jedermann geschrieben werden. Vergleicht man die Wirkung von Recht und Automatisierung, so zeigen sich Vergleichbarkeiten in Bezug auf die Möglichkeit, Einfluss auf menschliches Verhalten zu nehmen.[109] „Code is Law"[110] als Dogma von *Lessig* beschreibt *Software* als eine weitere Regulierungsmacht von Verhalten.[111] Gleiches gilt für die richterliche

---

104 *Hähnchen/Schrader/Weiler/Wischmeyer*, Legal Tech. Rechtsanwendung durch Menschen als Auslaufmodell?, JuS 2020, 625 (627); *Honsell/Mayer-Maly*, Rechtswissenschaft, S. 101.

105 *Beaucamp*, Rechtsdurchsetzung durch Technologie, S. 22; *Hoffmann-Riem*, Verhaltenssteuerung durch Algorithmen – Eine Herausforderung für das Recht, AöR 2017, 2 (17).

106 *Engisch*, Logische Studie zur Gesetzesanwendung, S. 15.

107 *Hoffmann-Riem*, Verhaltenssteuerung durch Algorithmen – Eine Herausforderung für das Recht, AöR 2017, 2 (17).

108 *Hoffmann-Riem*, Verhaltenssteuerung durch Algorithmen – Eine Herausforderung für das Recht, AöR 2017, 2 (27).

109 *Reidenberg*, Lex Informatica: The Formulation of Information Policy Rules through Technology, Texas Law Review 1998, 553 (554).

110 *Lessig*, Code and Other Laws of Cyberspace, S. 6.

111 *Lessig*, Code and Other Laws of Cyberspace, S. 123 ff.

Entscheidungsfindung, die ebenfalls eine Bewertung und Abwägung sämtlicher Aspekte verlangt.[112] Ein automatisierter Prozess trifft binäre Entscheidungen, kommt also zu dem Schluss, dass etwas richtig oder falsch ist.[113]

Mit *Legal-Tech*-Anwendungen zeichnen sich Tendenzen ab, in denen Recht der Formalisierung zugänglich zu sein scheint. Doch bei genauer Betrachtung sind nur Rechtsbereiche berührt, die keiner Auslegung und Bewertung von unbestimmten Rechtsbegriffen bedürfen, also dort wo keine Kontextualisierung notwendig ist.[114] Prominentes Beispiel sind die Fluggastrechte[115], die einen gesetzlich klar abgesteckten Rahmen haben, der es erlaubt, bei Abfrage relevanter Parameter auch „automatisch" zu juristisch plausiblen Entscheidungen zu kommen.[116]

b. Automatisierung der Rechtsdurchsetzung

Neben der Formalisierung der Rechtsfindung wird auch die Automatisierung der Rechtsdurchsetzung diskutiert. Dabei geht es um die Nutzung von Algorithmen, um Rechtspositionen nicht mehr auf dem gerichtlichen Weg, sondern durch Technologie unmittelbar zu vollziehen. Die Funktionssperren basieren in der Regel auf *Software*, die dann so verändert wird, dass der Nutzer keinen Zugriff mehr auf den Inhalt oder das Gerät hat oder es wird eine bereits in der *Software* vorgesehene Sperre aktiviert.[117]

Während bei *Legal-Tech*-Anwendungen in der Regel die Prüfung der Anspruchsvoraussetzungen automatisiert wird, geht es hier um den technischen Vollzug des Anspruchs. Besonders bei Nutzungen von Immaterialgüterrechten im WWW und der dabei anfallenden massenhaften Verar-

---

112 *Buchholtz*, Legal Tech. Chancen und Risiken der digitalen Rechtsanwendung, JuS 2017, 955 (959).

113 *Hähnchen/Schrader/Weiler/Wischmeyer*, Legal Tech. Rechtsanwendung durch Menschen als Auslaufmodell?, JuS 2020, 625 (626).

114 *Buchholtz*, Legal Tech. Chancen und Risiken der digitalen Rechtsanwendung, JuS 2017, 955 (959).

115 Beispielhaft zu nennen sind: flighright.de und euflight.de.

116 *Hähnchen/Schrader/Weiler/Wischmeyer*, Legal Tech. Rechtsanwendung durch Menschen als Auslaufmodell?, JuS 2020, 625 (627); *Hofman*, Smart Contracts und Overenforcement, in: Fries/Paal (Hrsg.), Smart Contracts, S. 126.

117 *Duden*, Digitale Sachherrschaft, S. 57.

beitung durch *Software* kommt es zu einer Erschwerung der Rechtsdurchsetzung, also einem „underenforcement“.[118] Die Rechtsinhaber sind selten in der Lage, die Nutzung ihrer Rechte überhaupt zu realisieren. Eine zwingende Durchsetzung der Rechte durch *Software* kann zu einem „overenforcement“ führen. Dies kann Nutzer davon abhalten, Nutzungshandlungen vorzunehmen.[119] Wie *Hofmann* ausführt, ist die gesamtheitliche Betrachtung von materiellem Recht und Rechtsdurchsetzung erforderlich, um eine „interessengerechte Ausgestaltung“ des Rechts zu ermöglichen.[120] Bleibt nun das materielle Recht unberührt, aber der Vollzug wird durch die Automatisierung (*Smart Contracts*) verstärkt, so verschiebt sich die Balance des Rechts unverhältnismäßig zugunsten der Durchsetzung.[121]

In Umsetzung des Art. 17 DSM-RL ist das UrhDaG ergangen, das Diensteanbietern auferlegt, von Nutzern hochgeladene Inhalte auf ihre Urheberrechtskonformität zu prüfen. Dies erfolgt in der Regel automatisch durch sogenannte *Uploadfilter*.[122] De facto kann es passieren, dass bestimmte Inhalte technisch nicht hochgeladen werden können oder sich an einen Verstoß eine automatische Rechtsfolge knüpft.[123]

Ferner gewinnt die Diskussion um sogenannte *Smart Contracts* an Relevanz, also „[…] der automatisierten Durchführung bzw. dem automatisierten Vollzug vertraglicher Bedingungen […].“[124] *Szabo* gilt hier gemeinhin als Begründer der Idee von *Smart Contracts* und hat diese 1994 beschrieben als: „A smart contract is a computerized transaction protocol that executes the terms of a contract“.[125] Der *Smart Contract* vollzieht die

---

118 *Hofman*, Smart Contracts und Overenforcement, in: Fries/Paal (Hrsg.), Smart Contracts, S. 132; Specht, Zum Verhältnis von (Urheber-)Recht und Technik, GRUR 2019, 253 (257).

119 *Hofman*, Smart Contracts und Overenforcement, in: Fries/Paal (Hrsg.), Smart Contracts, S. 132.

120 *Hofman*, Smart Contracts und Overenforcement, in: Fries/Paal (Hrsg.), Smart Contracts, S. 130.

121 *Hofman*, Smart Contracts und Overenforcement, in: Fries/Paal (Hrsg.), Smart Contracts, S. 140.

122 *Beaucamp*, Rechtsdurchsetzung durch Technologie, S. 79 ff.

123 Google, YouTube, Was ist ein Content ID-Anspruch?, abrufbar unter: https://support.google.com/youtube/answer/6013276 (zuletzt abgerufen am 10. August 2023).

124 *Exner*, Smart Contracts im Spannungsfeld zwischen Automatisierung und Verbraucherschutz, S. 28.

125 *Szabo*, Smart Contracts, abrufbar unter: https://www.fon.hum.uva.nl/rob/Courses/InformationInSpeech/CDROM/Literature/LOTwinterschool2006/szabo.best.vwh.net/smart.contracts.html (zuletzt abgerufen am 10. August 2023).

zuvor vertraglich bestimmten Bedingungen automatisch, also nicht wie sonst durch eine Vertragspartei.[126] Auch hier ist die technische Grundlage die Verwendung von *Software*, womit formalisiert die Vertragsinhalte umschrieben werden, die sich dann selbstständig vollziehen sollen.[127]

Die *Smart Contracts* werden häufig im Zusammenhang von *Blockchain*-Technologie erwähnt. Notwendig ist die Kombination der beiden Technologien jedoch nicht.[128] Doch die *Blockchain* erlaubt als dezentrale und öffentliche Datenbank die Verteilung von Daten auf eine Vielzahl von individuellen Computern, die als *Peer-to-Peer*-Netzwerk zusammengeschlossen sind, und innerhalb dessen einen Konsens zu erreichen, der so vor Manipulation der Inhalte schützt.[129]

Mit einem aktuellen Fall von „Fernsperrung" hatte sich zuletzt der BGH zu befassen. Dort hatte sich die Vermieterin von Autobatterien vertraglich die Fernsperrung der Auflademöglichkeit vorbehalten, sollte der Mieter Anlass zu einer außerordentlichen Kündigung geben.[130] Ohne an dieser Stelle bereits zu vertieft auf die Entscheidungsgründe einzugehen, hat der BGH die Herausforderungen durch Automatisierung der Rechtsdurchsetzung für die hiesige Rechtsordnung herausgestellt.

Der automatisierte Vollzug nimmt dem Betroffenen die Möglichkeit der rechtlichen Auseinandersetzung. So wird durch die *Software* die gesetzliche Risikoverteilung übergangen und auch die Klagelast einseitig auf den Betroffenen (hier den Mieter) übertragen.[131] Statt der Möglichkeit Ansprüche gerichtlich und damit ex-post durchzusetzen, ermöglicht Technologie

---

[126] *Kaulartz*, Smart Contract Dispute Resolution, in: Fries/Paal (Hrsg.) Smart Contracts, S. 73; *Exner*, Smart Contracts im Spannungsfeld zwischen Automatisierung und Verbraucherschutz, S. 31.

[127] *Riehm*, Smart Contracts und verbotene Eigenmacht, in Fries/Paal (Hrsg.) Smart Contracts, S. 87.

[128] *Finck*, Grundlagen und Technologie von Smart Contracts, in: Fries/Paal (Hrsg.), Smart Contracts, S. 5.

[129] *Pesch*, Blockchain, Smart Contracts und Datenschutz, in: Fries/Paal (Hrsg.), Smart Contracts, S. 15; *Specht*, Zum Verhältnis von (Urheber-)Recht und Technik, GRUR 2019, 253 (258); *Tresise/Goldenfein/Hunter*, What Blockchain Can and Can't Do for Copyright, Australian Intellectual Property Journal 2018, 144, abrufbar unter: https://ssrn.com/abstract=3227381 (zuletzt abgerufen am 10. August 2023).

[130] BGH, Urteil vom 26. Oktober 2022 – XII ZR 89/21, in: MMR 2023, 120.

[131] BGH, Urteil vom 26. Oktober 2022 – XII ZR 89/21, in: MMR 2023, 120 (122).

einen Vollzug ex-ante.[132] Die für einen fairen Ausgleich so wichtige Trennung von materiellem Recht und Vollzug, die der „Feinjustierung" der Interessenlagen dient, wird aufgehoben.[133]

Auch in Bezug auf die Nutzung von Urheberrechten durch *Software* kann der automatisierte Vollzug von *Smart Contracts* relevant sein, beispielsweise um die Vergütung oder den Genuss des Werks zu regulieren.[134] Darauf soll im Verlauf dieser Arbeit ausführlich eingegangen werden.

4. Zwischenergebnis: Formalisierung des Rechts

Die Möglichkeiten der Formalisierung des Rechts lassen sich in die Ebenen der Rechtsanwendung und Rechtsdurchsetzung unterteilen. Mit der Formalisierung soll eine Anpassung des Rechts an die technischen Entwicklungen vorgenommen werden und auf die Automatisierung der Datennutzung reagiert werden.

Die Übertragung von Rechtsanwendungen auf *Software* kann theoretisch zu einer Entlastung der Gerichte führen und Transaktionskosten senken, doch zeigen sich auch Gefahren, wie in Bezug auf die rechtliche Risikoverteilung und Gewährleistung des Interessenausgleichs der Parteien, wenn *Software* einen unmittelbaren Vollzug des Rechts ermöglicht. So gilt nicht *Code is Law*, sondern *Law is Code* und damit der Versuch, Recht in eine formale Logik zu übertragen.[135]

Mit der vermehrten Nutzung von *Software* oder Technologie im Allgemeinen, zeichnet sich auf Seiten der Rechtsinhaber eine Privatisierung des Rechts als Reaktion auf die Schwäche der Rechtsdurchsetzung von Urheberrecht im WWW ab.

---

132 *Finck/Moscon*, Copyright Law on Blockchains: Between New Forms of Rights Administration and Digital Rights Management 2.0, IIC 2019, 77 (99); *Reidenberg*, Lex Informatica: The Formulation of Information Policy Rules through Technology, Texas Law Review 1998, 553 (581).

133 *Hofmann*, Kontrolle oder nachlaufender Rechtsschutz – wohin bewegt sich das Urheberrecht, GRUR 2018, 21 (22).

134 *Specht*, Zum Verhältnis von (Urheber-)Recht und Technik, GRUR 2019, 253 (258).

135 *Hassan/De Filippi*, The Expansion of Algorithmic Governance: From Code is Law to Law is Code, FACTS 2017, 88 (89), abrufbar unter: https://journals.openedition.org/factsreports/4518 (zuletzt abgerufen am 10. August 2023).

III. Zusammenfassung: Kapitel 2

In vielen wirtschaftlichen Bereichen wird auf *Software* zurückgegriffen, die es unter Anwendung von Algorithmen erlaubt, eine Vielzahl an technischen Prozessen zu automatisieren. Am Beispiel von Suchmaschinen und TDM wurde im Überblick gezeigt, wie die automatisierte Datensammlung funktioniert und dass in Zeiten von *Big Data* nur ein softwarebasierter Vorgang in der Lage ist, die Fülle an digitalen Inhalten zu verarbeiten.

Computerprozesse basieren auf abstrakten Regeln, den Algorithmen, die ohne Einlassung auf den Einzelfall die technischen Bestimmungen anwenden. Hierbei ist die Formalisierung Voraussetzung für die Maschinenverständlichkeit der Anweisung durch die *Software*. Es zeigt sich bereits an dieser Stelle der Determinismus von Technik und wie herausfordernd es ist, die Formalisierung – als Voraussetzung von Automatisierung – auf die Wertungsoffenheit des Rechts zu übertragen. Die Anwendung des Rechts kommt zu interessengerechten Ergebnissen durch die Verwendung von unbestimmten Rechtsbegriffen und die Möglichkeit der Bezugnahme auf die konkrete Sachlage. Aufgrund der Offenheit des Rechts für Interpretation und Kontextualisierung, lässt es sich nicht auf formale Regeln reduzieren.

Vereinzelt kommt es zu Automatisierungen (*Legal Tech*), wenn die Rechtslage keiner Auslegung bedarf und damit zu eindeutigen Ergebnissen kommen kann. Auch im Bereich der Rechtsdurchsetzung zeichnen sich erste Tendenzen ab, auf *Software* und dadurch die Verwendung von *Smart Contracts*, zurückzugreifen.

Soll ein interessengerechter Ausgleich zwischen dem Rechtsinhaber und dem Nutzer gewährleistet werden, dürfen die Ebenen des materiellen Rechts und der Rechtsdurchsetzung nicht isoliert, sondern müssen gesamtheitlich betrachtet werden. Daraus ergibt sich die Frage, welche technischen Mittel die Rechtsinhaber zum Schutz ihrer Rechtsposition einsetzen dürfen und welche Anforderung sich auf Seiten des Nutzers daraus ergeben.

Kapitel 3: Automatisierte Datenverarbeitung und Urheberrecht

Das Urheberrecht befindet sich in einem Dilemma.[136] Fortwährend entwickeln sich die technologischen Möglichkeiten weiter und mehr Softwareverwender greifen auf Daten im WWW zu, wobei viele der aufzufindenden digitalen Inhalte dem Urheberrechtsschutz unterliegen.[137] Der Großteil der Rechtsinhaber bekommt die automatisierte Nutzung ihrer Inhalte überhaupt nicht mit. Diesem Umstand schulden wir, dass das WWW despektierlich auch als „giant, out of control copying machine" bezeichnet.[138]

Dem Urheberrecht kommt die Aufgabe zu, die Interessen der Rechtsinhaber und Nutzer in Ausgleich zu bringen.[139] Dabei darf weder das Schutzinteresse der Rechtsinhaber noch das Zugangsinteresse der Nutzer übersehen werden.[140] Andernfalls reagieren die Parteien auf die Ungleichverteilung und erwägen verstärkt private Schutzmittel, wie technische Schutzmaßnahmen oder *Digital-Rights-Management*-Systeme (DRM) oder sind verunsichert über die Rechtmäßigkeit der Benutzung der digitalen Inhalte.[141] Wollen sich die Rechtsinhaber effektiv gegen die automatisierte Datenverarbeitung schützen, müssen die gewählten Mittel von der verwendeten *Software* verstanden werden.

Zu Beginn dieses Kapitels soll auf die Besonderheiten des Urheberrechts und seine wirtschaftsrechtliche Schutzrichtung eingegangen werden. In diesem Zusammenhang kommt dem Urheberrechtsschutz die Funktion zu, dem Rechtsinhaber eine angemessene Vergütung zu gewährleisten.[142] So hebt Erwägungsgrund 10 der InfoSoc-RL hervor: „Nur wenn die Rechte des geistigen Eigentums angemessen geschützt werden, kann

---

136 *Amini*, Digitale Kultur zum Pauschaltarif?, S. 82.

137 *Lemley/Casey*, Fair Learning, Texas Law Review 2020, 101 (133), abrufbar unter: https://papers.ssrn.com/sol3/papers.cfm?abstract_id=3528447 (zuletzt abgerufen am 10. August 2023).

138 *Shapiro/Varian*, Information Rules – A Strategic Guide to the Network Economy, S. 83.

139 *Peukert*, Das Urheberrecht und die zwei Kulturen der Online-Kommunikation, GRUR-Beilage 2014, 77 (78).

140 *Hofmann*, Kontrolle oder nachlaufender Rechtsschutz – wohin bewegt sich das Urheberrecht?, GRUR 2018, 21.

141 *Mittenzwei*, Informationen zur Rechtewahrnehmung im Urheberrecht, S. 25.

142 *Grünberger*, Vergütungsansprüche im Urheberrecht, ZGE 2017, 188; *Hofmann*, Kontrolle oder nachlaufender Rechtsschutz – wohin bewegt sich das Urheberrecht?, GRUR 2018, 21 (23).

eine angemessene Vergütung der Rechtsinhaber gewährleistet und ein zufrieden stellender Ertrag dieser Investitionen sichergestellt werden.“ Damit zeigt sich, dass ein effektiver Schutz und die Durchsetzung des Schutzrechts zur Sicherstellung einer angemessenen Vergütung eine zentrale Motivation des Rechtsinhabers ist.

Darauffolgend wird die Ausweitung des Urheberrechtsschutzes dargestellt. Die Entwicklung des Urheberrechts wird in diesem Zusammenhang unter Berücksichtigung der Auswirkung des technologischen Fortschritts beschrieben. Auch in der höchstrichterlichen Rechtsprechung und den Diskussionen in der Literatur zeigt sich, welchen Einfluss die technische Entwicklung auf das Urheberrecht hat und dass sich noch vieles in der Entstehung befindet.

I. Besonderheiten von immateriellen Gütern

Der immaterielle Gehalt des Urheberrechts ist ein öffentliches Gut, das nicht rivalitär und nicht exklusiv ist.[143] Die immateriellen Güter können von mehreren Personen gleichzeitig genutzt werden, ohne dass sich diese verbrauchen.[144]

In Bezug auf die öffentlich verfügbaren digitalen Inhalte im WWW bedeutet dies, dass jeder die Daten nutzen kann, ohne den Rechtsinhaber dafür angemessen vergüten zu müssen. Gerade bei urheberrechtlich geschützten digitalen Inhalten kann dies dazu führen, dass die Werke zum Preis der Grenzkosten verfügbar sind.[145] Dies hat den Effekt, dass es zu einer optimalen Ausschöpfung der Nutzung des Werks kommt, doch führt diese *Tragedy of the Commons* in der Folge dazu, dass es keine Anreize zur Schaffung der Immaterialgüter mehr gibt, also eine Unterproduktion entsteht.[146] Um den Eigenschaften des (immateriellen) Werks als öffentli-

---

143 *Stieper*, Rechtfertigung, Rechtsnatur und Disponibilität der Schranken des Urheberrechts, S. 75.

144 *Nazari-Khanachayi*, Rechtfertigungsnarrative des Urheberrechts im Praxistest, S. 75; *Stieper*, Rechtfertigung, Rechtsnatur und Disponibilität der Schranken des Urheberrechts, S. 75.

145 *Stieper*, Rechtfertigung, Rechtsnatur und Disponibilität der Schranken des Urheberrechts, S. 77.

146 *Nazari-Khanachayi*, Rechtfertigungsnarrative des Urheberrechts im Praxistest, S. 77; *Sucker*, Der digitale Werkgenuss im Urheberrecht, S. 24.

ches Gut entgegenzuwirken, gewährt das Urhebergesetz Ausschließlichkeitsrechte, die der Unterproduktion durch Übernutzung entgegentreten (*Property Right*).[147] Der Rechtsinhaber ist durch die Einräumung des Ausschließlichkeitsrechts in der Lage, eine Preisgestaltung oberhalb der Grenzkosten zu erzielen.[148] Nur die gesetzliche Zuweisung der Rechtsposition ermöglicht eine Verhandlungslösung zwischen Rechtsinhaber und Nutzer.[149]

II. Wirtschaftliche Betrachtung des Urheberrechts

Nach der monistischen Theorie setzt sich das Urheberrecht aus persönlichkeits- und vermögensrechtlichen Elementen zusammen (§ 11 UrhG). Mit Blick auf die wirtschaftlichen Interessen des Rechtsinhabers zeigt sich, dass dieser für sein geistiges Schaffen ein Ausschließlichkeitsrecht erhält, das es ihm ermöglicht, für seine geleisteten Investitionen angemessen vergütet zu werden.[150]

Dem Gesetzgeber obliegt es, durch Verbots- und Vergütungsregeln ein interessengerechtes System zu gestalten.[151] Wie oben aufgezeigt, drohen Wohlfahrtsverluste, wenn der Urheberrechtsschutz und die damit entstandenen Ausschließlichkeitsrechte zu weit gehen.[152] Wirtschaftlich (pareto-)optimal ist ein Zustand, der die Wohlfahrt eines Markteilnehmers erhöht, ohne zugleich die Position eines anderen Marktteilnehmers zu verschlechtern.[153] So betrachtet, kommt dem Urhebergesetz eine Steuerungsfunktion zu, um eine effiziente Verwertung zu gewährleisten und die Funktionsfähigkeit des Marktes zu fördern.[154]

---

147 *Sucker*, Der digitale Werkgenuss im Urheberrecht, S. 24.

148 *Specht*, Diktat der Technik, S. 182; *Sucker*, Der digitale Werkgenuss im Urheberrecht, S. 26.

149 *Sucker*, Der digitale Werkgenuss im Urheberrecht, S. 27.

150 Richtlinie 2001/29/EG, Erwägungsgrund 10.

151 *Hofmann*, Kontrolle oder nachlaufender Rechtsschutz – wohin bewegt sich das Urheberrecht?, GRUR 2018, 21 (24).

152 *Specht*, Diktat der Technik, S. 182.

153 *Eidenmüller*, Effizienz als Rechtsprinzip, S. 49.

154 *Sucker*, Der digitale Werkgenuss im Urheberrecht, S. 27; *Hansen/Schmidt-Bischoffshausen*, Ökonomische Funktionen von Verwertungsgesellschaften – Kollektive Wahrnehmung im Lichte von Transaktionskosten- und Informationsökonomik, GRUR Int. 2007, 461 (464).

Der Effizienzthese nach *Coase* folgend ist davon auszugehen, dass die Verhandlung zwischen Rechtsinhaber und Nutzer zu einer optimalen Ressourcenallokation führe.[155] Dieser Ansatz sei damit effizienter als die Etablierung gesetzlicher Regelungen.[156] Um unter Berücksichtigung der Besonderheiten von Immaterialgütern Verhandlungslösungen zu provozieren, bedarf es *Property Rules*, also der Begründung von Ausschließlichkeitsrechten auf Seiten der Rechtsinhaber, die dann auf Nutzerseite ein Aushandeln der Nutzungsbedingungen erfordern und so zu einer Marktlösung führen.[157]

In der Theorie können die Transaktionskosten[158] unberücksichtigt bleiben, doch soll es zu einer realen Marktlösung kommen, bewertet der Nutzer die Nutzenmaximierung, wägt also den Aufwand (maßgeblich die Kosten) mit den zu erwartenden Vorteilen ab.[159]

Transaktionskosten bei automatisierten Nutzungen von digitalen Inhalten im WWW wirken prohibitiv[160], was wiederum zu einem Marktversagen führen kann. Diesen Umstand gleichen *Liability Rules* aus und gewähren eine Nutzung gegen Vergütung.[161] So hat sich der Gesetzgeber zur Durchsetzung der angemessenen Vergütung des Rechtsinhabers für ein flexibles System von *Property Rules* und *Liability Rules* entschieden. Es

---

155 *Eidenmüller*, Effizienz als Rechtsprinzip, S. 61; *Hansen/Schmidt-Bischoffshausen*, Ökonomische Funktionen von Verwertungsgesellschaften – Kollektive Wahrnehmung im Lichte von Transaktionskosten- und Informationsökonomik, GRUR Int. 2007, 461 (464).

156 *Hansen/Schmidt-Bischoffshausen*, Ökonomische Funktionen von Verwertungsgesellschaften – Kollektive Wahrnehmung im Lichte von Transaktionskosten- und Informationsökonomik, GRUR Int. 2007, 461 (466).

157 *Hofmann*, Kontrolle oder nachlaufender Rechtsschutz – wohin bewegt sich das Urheberrecht?, GRUR 2018, 21 (24).

158 *Eidenmüller*, Effizienz als Rechtsprinzip, S. 97 ff.; *Hansen/Schmidt-Bischoffshausen*, Ökonomische Funktionen von Verwertungsgesellschaften – Kollektive Wahrnehmung im Lichte von Transaktionskosten- und Informationsökonomik, GRUR Int. 2007, 461 (467).

159 *Nazari-Khanachayi*, Rechtfertigungsnarrative des Urheberrechts im Praxistest, S. 75; *Hansen/Schmidt-Bischoffshausen*, Ökonomische Funktionen von Verwertungsgesellschaften – Kollektive Wahrnehmung im Lichte von Transaktionskosten- und Informationsökonomik, GRUR Int. 2007, 461 (467).

160 *Eidenmüller*, Effizienz als Rechtsprinzip, S. 97; *Rostam*, Das Erfordernis technikverständlichen Verhaltens im Urheberrecht, S. 115, in: Kuschel/Asmussen/Golla (Hrsg.), Intelligente Systeme – Intelligentes Recht.

161 *Rostam*, Das Erfordernis technikverständlichen Verhaltens im Urheberrecht, S. 116, in: Kuschel/Asmussen/Golla (Hrsg.), Intelligente Systeme – Intelligentes Recht; *Hofmann*, Kontrolle oder nachlaufender Rechtsschutz – wohin bewegt sich das Urheberrecht?, GRUR 2018, 21 (24).

wird sich zeigen, dass damit eine Möglichkeit geschaffen wurde, auch bei der massenhaften Nutzung von digitalen Inhalten durch *Software* das Funktionieren des Marktes zu gewährleisten.[162]

Im weiteren Verlauf der Bearbeitung erfolgt eine Auseinandersetzung mit dem Umfang und der Einschränkungsmöglichkeit der Urheberrechte, wobei die hier aufgeführten Ansätze vertieft werden.

III. Ausweitung des Urheberrechtsschutzes

Die Digitalisierung und damit auch das digitale Werkschaffen fordern das Urheberrechts fortwährend heraus.[163] Dies liegt an den neuartigen Herstellungsarten, der Existenz von digitalen Inhalten ohne analoge Verkörperung, der ubiquitären Verfügbarkeit und der Möglichkeit der Nutzung und Vervielfältigung des Werks ohne Einbußen an Qualität.[164] Dabei ist davon auszugehen, dass der Großteil der aktuell geschaffenen Werke rein digital ist, sich also durch binären *Code* darstellen lassen oder als Digitalisate zuvor analog waren und in ein digitales Werk umgewandelt worden sind.[165] So bezeichnet *Hoeren* das Urheberrecht als die „Magna Charta der Informationsgesellschaft".[166]

Die Ausweitung des Urheberrechts gründet maßgeblich auf dem Zusammenspiel folgender Faktoren: die Herabsenkung der Schutzuntergrenze, die Zunahme an neuen Werkarten, einem extensiven Verständnis der Verwertungsrechte, dem Einfluss durch die Harmonisierung des EU-Rechts, einer engen Auslegung der Schrankenbestimmung und einer Vertiefung des Schutzes durch die Verwendung von technischen Schutzmitteln.

162 *Hansen/Schmidt-Bischoffshausen*, Ökonomische Funktionen von Verwertungsgesellschaften – Kollektive Wahrnehmung im Lichte von Transaktionskosten- und Informationsökonomik, GRUR Int. 2007, 461 (467).

163 *Grynberg*, Property is a two-way street: Personal copyright use and implied authorization, Fordham Law Review Vol. 79, No. 2, 2010, S. 435 (441), abrufbar unter: https://papers.ssrn.com/sol3/papers.cfm?abstract_id=1729411 (zuletzt abgerufen am 10. August 2023).

164 *Kreutzer*, Das Modell des deutschen Urheberrechts und Regelungsalternativen, S. 259.

165 *Duppelfeld*, Das Urheberrecht der Bibliotheken im Informationszeitalter, S. 49.

166 *Hoeren*, Urheberrecht 2000 – Thesen für eine Reform des Urheberrechts, MMR 2000, 3.

Nazari-Khanachayi erkennt die Ausweitung des Urheberrechts in drei Dimensionen: „in die Breite (neue Schutzgegenstände), in die Länge (längere Schutzfristen) und in die Tiefe (intensivere Rechtsdurchsetzung)“.[167]

Die Ausweitung des Urheberrechtsschutzes kann ein Hemmnis für die automatisierte Datenverarbeitung darstellen. Dies begründet sich insbesondere darin, dass für die Nutzer oftmals nicht ersichtlich ist, ob ein Urheberrechtsschutz besteht und gerade bei der massenhaften Nutzung von digitalen Inhalten durch Softwareanwendungen Transaktionskosten prohibitiv wirken können.

Die Entwicklung von der analogen in die digitale Werkgestaltung hat aufgrund vielzähliger Umstände zu einer Ausweitung des urheberrechtlichen Schutzes geführt.

1. Entwicklung der Gestaltungshöhe

Wann ein gemeinfreies Gut den urheberrechtlichen Schutz erlangt, wird durch die materiell-rechtlichen Voraussetzungen des Werkbegriffs bestimmt. Nur ein Werk unterliegt dem Schutz des Urheberrechts mit allen sich daraus ergebenden Befugnissen.[168]

Die Präambel in § 1 UrhG ist dabei im Zusammenhang mit § 2 UrhG zu verstehen.[169] Darin werden die „Werke der Literatur, Wissenschaft und Kunst“ durch Regelbeispiele ergänzt. In § 2 II UrhG wird bestimmt, dass Werke „persönlich geistige Schöpfungen“ voraussetzen.

Zur Bestimmung der Schutzuntergrenze bedient sich die Jurisprudenz des Begriffs der „kleinen Münze“.[170] Der Begriff alleine entbindet nicht von der materiellen Prüfung der geforderten Gestaltungshöhe. Es müsse in jedem Fall hinreichende Individualität vorhanden sein.[171] Das Werk müsse zudem Ausdruck der Persönlichkeit des Schöpfers sein.[172] Was für die

---

167 *Nazari-Khanachayi*, Rechtfertigungsnarrative des Urheberrechts im Praxistest, S. 5.

168 *Dreier/Schulze/Schulze* UrhG § 2 Rn. 1.

169 *Dreier/Schulze/Schulze* UrhG § 1 Rn. 5; *Dreier/Schulze/Schulze* UrhG § 2 Rn. 2.

170 BT-Drucks. IV/270, S. 38; *Brunn*, Cache me if you can, S. 68; *Peifer*, Individualität im Zivilrecht, S. 81; *Hoeren*, Urheberrecht in der Informationsgesellschaft – Überlegungen zu einem Rechtsgutachten von Gerhard Schricker et al., GRUR 1997, 866 (870).

171 *Kreutzer*, Das Modell des deutschen Urheberrechts und Regelungsalternativen, S. 57.

172 *Jotzo*, Der Schutz großer Textbestände nach dem UrhG, RuZ 2020, 128 (132).

schönen Künste regelmäßig vorliegt, muss bei sonstigem Schaffen eingehend geprüft werden.

Die „kleine Münze“ steckt dabei die Grenze zum Alltäglichen ab. Zur Begründung des Schutzes muss eine kreative Leistung des Schöpfers zum Ausdruck kommen. Es müssen Alternativen des Gestaltungsprozesses bestehen.[173] Das Maß an Individualität bestimmt dann den Schutzumfang.[174]

Die Gerichte bemessen die Gestaltungshöhe je nach Werk individuell.[175] Doch schon mit der Rechtsprechung des Reichsgerichts hat sich die Tendenz abgezeichnet, dass die Anforderungen an die Schöpfungshöhe herabgesetzt wurden.[176] Das Urheberrecht schützt somit auch „gewerblich eigenartige Alltagsprodukte“[177], „[…] die ein gerade ausreichendes Maß an Individualität aufweisen.“[178]

Auch wenn der Schutzumfang des Urheberrechts vom Maß der Individualität abhängt, hat die Einbeziehung der „kleinen Münze“ für die Schutzrechtsbegründung zu einer Ausweitung des Urheberrechtsschutzes geführt.[179] Dadurch schützt das Urheberrecht auch „Nebenleistungen, ohne eigene Kreativität“.[180]

2. Einfluss digitaler Werke auf die Schutzschwelle

Mit der rasanten technischen Entwicklung in den vergangenen Jahren hat sich das Werkschaffen verändert und an die digitalen Möglichkeiten angepasst[181], dadurch aber auch neue Fragestellungen provoziert und die Stimmen nach einem rechtlichen Schutz von digitalen Inhalten lauter werden

---

173 *Peifer*, Individualität im Zivilrecht, S. 82.

174 *Fromm/Nordemann*, Urheberrecht, § 2 Rn. 34; *Mezger*, Die Schutzschwelle für Werke der angewandten Kunst nach deutschem und europäischem Recht, S. 34.

175 *Dreier/Schulze/Schulze* UrhG § 2 Rn. 24; *Mezger*, Die Schutzschwelle für Werke der angewandten Kunst nach deutschem und europäischem Recht, S. 26.

176 *Dreier/Schulze/Dreier* UrhG Einleitung Rn. 16; *Hoeren*, Urheberrecht und Internet – eine Einführung für Hochschulen, in: Security, E-learning, E-Services, 17. DFN-Arbeitstagung über Kommunikationsnetze 2003, S. 45, abrufbar unter: https://subs.emis.de/LNI/Proceedings/Proceedings44/GI-Proceedings.44.innen-3.pdf (zuletzt abgerufen am 10. August 2023).

177 *Peifer*, Individualität im Zivilrecht, S. 81.

178 *Mezger*, Die Schutzschwelle für Werke der angewandten Kunst nach dem deutschen und europäischen Recht, S. 203.

179 *Peukert*, Die Gemeinfreiheit, S. 23.

180 *Kuschel*, Urheberrecht und Forschungsdaten, OdW 2020, 43.

181 *Hoeren*, Urheberrecht in der Informationsgesellschaft – Überlegungen zu einem Rechtsgutachten von Gerhard Schricker et al., GRUR 1997, 866 (867).

lassen.[182] Heutzutage basieren viele Prozesse auf Computerleistungen, was zu neuen kreativen Gestaltungen und Nutzungen geführt hat.[183] Wie bereits zuvor erläutert, zeichnet die digitalen Inhalte aus, dass diese keine dauerhafte Verkörperung oder Datenträger benötigen.[184]

Schon früh hatten sich die deutschen Gerichte mit der Urheberrechtsschutzfähigkeit von digitalen Inhalten zu befassen. Für Computerprogramme führte der BGH aus, dass die Erstellung ein vielschichtiger Prozess sei und das fertige Programm nach Prüfung der Voraussetzungen des § 2 II UrhG dem Urheberschutz zugänglich sei.[185] Auch wenn die Programmiersprache formalen Anforderungen folgt, so kann in der Art der Gestaltung hinreichende Schöpfungshöhe erkannt werden. Es bedarf dazu aber einer individuellen Prüfung, denn das Computerprogramm müsse die aus wissenschaftlich-technischen Gründen vorgegebenen Rahmenbedingungen überragen.[186]

Angetrieben von der technischen Entwicklung und dem Bestreben nach einem einheitlichen Rechtsschutz hat die EU mit der Computerprogramm-RL[187], der Datenbank-RL[188] und der Schutzdauer-RL[189] Rechtsvorschriften erlassen, die Vorgaben zur Schutzrechtsbegründung enthalten und die sich auf das Verständnis des Werkbegriffs auswirken. Das Sekundärrecht spricht hier für die Begründung des Schutzes von „eigenen geistigen Schöpfungen“.[190] In § 69a III 1 UrhG ist diese Formulierung übernommen worden. Für den Schutz der Datenbanken in § 4 I UrhG hat man die Formulierung nicht harmonisiert, da die deutsche höchstrichterliche Rechtsprechung keine verschärften Anforderungen an die Schutzrechtsbegründung vorsieht.[191] Die benannten Richtlinien erwähnen, dass keine „anderen Kriterien anzuwenden“ (Art. 1 III 2 Computerprogramm-RL) seien und Erwägungsgrund 8 der Richtlinie stellt klar, dass keine „qualitativen und ästhetischen Vorzüge“ berücksichtigt werden müssen.

---

182 *Peifer*, Individualität im Zivilrecht, S. 91.

183 *Sucker*, Der digitale Werkgenuss, S. 8.

184 *Sesing*, Verbreitung digitaler Inhalte, S. 39.

185 BGH, Urteil vom 09. Mai 1985, I ZR 52/83, Rn. 38 ff. in: GRUR 1985, 1041 (1047) – Inkasso-Programm.

186 BGH, Urteil vom 09. Mai 1985, I ZR 52/83, Rn. 38 ff. in: GRUR 1985, 1041 (1047) – Inkasso-Programm.

187 RL 2009/24/EG, Art. 1 III.

188 RL 96/9/EG, Art. 3 I.

189 RL 2006/116/EG, Art. 6.

190 *Mezger*, Die Schutzschwelle für Werke der angewandten Kunst nach dem deutschen und europäischen Recht, S. 102.

191 BT-Drucks. 13/7385, S. 43.

Sofern die oben genannten Richtlinien einen einheitlichen Werkbegriff statuieren, hat dies auch auf das Verständnis des Werkbegriffs nach deutschem Recht Einfluss. Befeuert wurde die Diskussion durch das *Infopaq*-Urteil[192] des EuGH. Auch wenn es in der Entscheidung um die Frage einer Vervielfältigungshandlung ging, so setzt die Prüfung derselben zunächst das Vorliegen eines geschützten Werks voraus.[193] Der Gerichtshof prüft mit Verweis auf die Richtlinien eine „eigene geistige Schöpfung".[194] Er verweist zudem auf die Erwägungsgründe[195] der InfoSoc-RL, die die Wichtigkeit eines harmonisierten Rechtsschutzes bekräftigen.[196]

Darin sah ein Teil der Literatur die Begründung eines einheitlichen Verständnisses des Werkbegriffs innerhalb der EU.[197] Argumentativ wurde dies auf eine Rechtsfortbildung[198], den *Effet utile*[199] oder die Umsetzung des Gleichheitssatzes[200] gestützt. Andere Teile der Literatur[201] haben sich gegen ein einheitliches Verständnis ausgesprochen und sich auf den Ausnahmecharakter der Richtlinien berufen, die lediglich bereichsspezifisch den Werkbegriff bestimmen.

Konsequenz eines einheitlichen Werkbegriffs wäre eine verringerte Gestaltungshöhe, also eine Abkehr von der strengen deutschen Schutzschwelle, die eine persönlichkeitsrechtliche Prägung verlangt und gerade bei Werken der angewandten Kunst einen hohen Maßstab angelegt hat.[202] Das einheitliche Begriffsverständnis wird von einigen Stimmen auch als eine Abkehr von der kontinentaleuropäischen Rechtstradition hin zu der

---

192 EuGH, Urteil vom 16. Juni 2009, C-5/08 – Infopaq.

193 *Starcke*, Der Schutz der Gestaltung von Gebrauchsgegenständen, S. 199.

194 EuGH, Urteil vom 16. Juni 2009, C-5/08, Rn. 5 ff., 37 – Infopaq.

195 RL 2001/29/EG, Erwägungsgründe 4, 6, 9 und 20.

196 EuGH, Urteil vom 16. Juni 2009, C-5/08, Rn. 36 – Infopaq.

197 *Leistner*, Der europäische Werkbegriff, ZGE 2013, 4 (6); *Peifer*, Kleine Münze oder Snippets? – Der urheberrechtliche Werkbegriff und das Leistungsschutzrecht, AfP 2015, 6 (9).

198 *Mezger*, Die Schutzschwelle für Werke der angewandten Kunst nach deutschem und europäischem Recht, S. 106; *Tinnefeld*, Die Einwilligung in urheberrechtliche Nutzungen im Internet, S. 32; *Leistner*, Der europäische Werkbegriff, ZGE 2013, 4 (8).

199 *Kopp*, Die Freiheit der Idee und der Schutz von Schriftwerken, S. 88.

200 EuGH, Urteil vom 16. Juni 2009, C-5/08, Rn. 27 – Infopaq.

201 *Metzger*, Der Einfluss des EuGH auf die gegenwärtige Entwicklung des Urheberrechts, GRUR 2012, 118 (121); *Schulze*, Schleichende Harmonisierung des urheberrechtlichen Werkbegriffs?, GRUR 2009, 1019 (1021).

202 *Starcke*, Der Schutz der Gestaltung von Gebrauchsgegenständen, S. 213.

angloamerikanischen verstanden, die nicht den Ausdruck der Persönlichkeit, sondern verstärkt das Werk als wirtschaftlichen Wert schützt.[203] Danach wäre eine „eigene geistige Schöpfung" und keine nach deutschem Verständnis „persönliche geistige Schöpfung" verlangt.[204]

Passender scheint es hier allerdings, die Bewertung der unterschiedlichen Stimmen als einen Kompromiss zusammenzufassen[205] und nicht als die Aufgabe der persönlichen Prägung, dafür aber als Öffnung der Schutzrechtsbegründung für alltägliche Schöpfungen[206] zu verstehen.[207]

Diese Deutung wird auch durch die weiteren Entscheidungen des EuGH bestätigt. So hat das Gericht in *Painer*[208] ausdrücklich auf den Ausdruck der Persönlichkeit hingewiesen, für dessen Vorliegen ein gewisser Gestaltungsspielraum genutzt werden müsse. Für den EuGH genügt „Originalität", die gerade dann vorliegt, wenn die Gestaltung nicht technisch-funktional erzwungen ist.[209]

Sofern ein gewisser Gestaltungsspielraum genutzt wurde, ist nach Ansicht des EuGH die Schutzfähigkeit begründet, sodass die „kleine Münze" unabhängig von der Werkart geschützt sei.[210]

Der BGH hat in seinem *Geburtstagszug*-Urteil[211] die hohe Schutzschwelle für Werke der angewandten Kunst verworfen und verlangt stattdessen eine „künstlerische Leistung", wobei ein „deutliches Überragen der Durchschnittsgestaltung" nicht mehr erforderlich ist.[212]

Die Entscheidung des BGH darf dabei weniger als Gleichlauf mit der Rechtsprechung des EuGH verstanden werden[213], als vielmehr als eine Reaktion auf die Reform des Geschmackmusterrechts.[214] So begründet der

---

203 *Kreutzer*, Das Modell des deutschen Urheberrechts und Regelungsalternativen, S. 105; *Peifer*, Individualität im Zivilrecht, S. 91.

204 *Dreier/Schulze/Schulze* UrhG § 2 Rn. 23.

205 *König*, Der Werkbegriff in Europa, S. 385; *Dreier/Leistner*, Urheberrecht im Internet: die Forschungsherausforderungen, GRUR 2013, 881 (883).

206 *Starcke*, Der Schutz der Gestaltung von Gebrauchsgegenständen, S. 213.

207 *König*, Der Werkbegriff in Europa, S. 39.

208 EuGH, Urteil vom 01. Dezember 2011, C-145/10, Rn. 88 ff., 94 – Painer.

209 EuGH, Urteil vom 02. Mai 2012, C-406/10, Rn. 67 – SAS Institute.

210 *Ziegler*, Urheberrechtsverletzungen durch Social Sharing, S. 53.

211 BGH, Urteil vom 13. November 2013, I ZR 143/12.

212 BGH, Urteil vom 13. November 2013, I ZR 143/12 – Geburtstagszug, in: GRUR 2014, 175, Leitsatz.

213 *Hoeren*, Anmerkung zum BGH, Urteil vom 13. November 2013, I ZR 143/12 – Geburtstagszug in: MMR 2014, 333 (338).

214 Richtlinie 98/71/EG; BGH, Urteil vom 13. November 2013, I ZR 143/12, Rn. 33 ff. – Geburtstagszug.

BGH seine Entscheidung zur Änderung der Rechtsprechung nämlich mit der Aufgabe des Stufenverhältnisses, wonach das „Geschmacksmusterrecht den Unterbau eines wesensgleichen Urheberrechts“ gebildet hat.[215] Weiterhin obliegt es den einzelnen Mitgliedsstaaten, die Gestaltungshöhe festzulegen (Art. 17 S.2 Geschmacksmuster-RL – zumindest für Werke der angewandten Kunst).

Auch wenn die Rechtsprechung des BGH argumentativ aus einer anderen Richtung kommt, lässt sich im Ergebnis wie beim EuGH eine Absenkung der Schutzschwelle erkennen.[216]

3. Umfassendes Verwertungsrecht und enge Schranken

Nach herrschender monistischer Lehre besteht eine Einheit des Urheberrechts von persönlichkeits- und vermögensrechtlichen Werten.[217] In Bezug auf die Vermögensrechte steht dem Urheber nach Art. 14 I 1 GG das Recht zur wirtschaftlichen Verwertung des Werks zu. Allerdings unterliegt diese Schutzposition gewissen Einschränkungen (Art. 14 I 2 GG), die sich einerseits aus dem Grundgesetz selbst ergeben (Art. 14 II und Art. 5 I GG) und andererseits einfachgesetzlich ausgestaltet sind.[218] Dabei sind die Schrankenbestimmungen in den §§ 44a ff. UrhG Ausdruck der Interessenabwägung und begrenzen die ausschließlichen Verwertungsrechte des Urhebers zugunsten von Allgemeininteressen.[219]

Dem Urheber steht nach den §§ 15 ff. UrhG die körperliche und öffentliche unkörperliche Verwertung des Werks zu.[220] Metaphorisch wird das Verhältnis der Ausnahmen in Bezug auf die Ausschließlichkeitsrechte gerne als „Insel von Freiheit in einem Meer von Exklusivität“[221] bezeichnet.

---

[215] BGH, Urteil vom 13. November 2013, I ZR 143/12, Rn. 34 – Geburtstagszug.

[216] *König*, Der Werkbegriff in Europa, S. 288; *Starcke*, Der Schutz der Gestaltung von Gebrauchsgegenständen, S. 242.

[217] *Heßeling*, Internetsuchmaschinen im Konflikt mit dem Urheberrecht, S. 94.

[218] *Gräbig*, Abdingbarkeit und vertragliche Beschränkungen urheberrechtlicher Schranken S. 40.; *Peukert*, Die Gemeinfreiheit, S. 66 ff.

[219] *Dreier/Schulze/Schulze* UrhG Vor § 44a Rn. 1; *Stieper*, Rechtfertigung, Rechtsnatur und Disponibilität der Schranken des Urheberrechts, S. 65.

[220] *Sesing*, Verbreitung digitaler Inhalte, S. 130.

[221] *Geiger*, Der urheberrechtliche Interessenausgleich in der Informationsgesellschaft – Zur Rechtsnatur der Beschränkungen des Urheberrechts, GRUR Int. 2004, 815 (818); kritisch insoweit: *Specht*, Diktat der Technik, S. 225.

Auch die InfoSoc-RL hat in ihren Erwägungsgründen (Erwägungsgrund 4 und 9) ein hohes Schutzniveau bekräftigt. Insoweit wird auch von einem „age of expansion“[222] gesprochen, denn dem Rechtsinhaber stehen mit der reinen Gestaltung des Werks umfangreiche Verwertungsrechte zu.[223] Durch die nicht abschließende Aufzählung in § 15 UrhG hat der Gesetzgeber ausreichend Flexibilität für neue Nutzungsmöglichkeiten belassen – auch im Hinblick auf die fortschreitende Digitalisierung.

Lange Zeit bestand die herrschende Auffassung, dass die Schranken des Urheberrechts eng auszulegen seien.[224] Begründet wurde dies vornehmlich mit der Systematik der Schranken als Ausnahmen im Vergleich zu den umfassenden Verwertungsrechten.[225] Dabei ist man von einem Rangverhältnis zwischen Ausschließlichkeitsrecht und Schranken ausgegangen.

Der Gesetzgeber hätte im Rahmen der Harmonisierung durch die InfoSoc-RL die Schrankenregelungen anpassen können, hat sich jedoch bewusst dagegen entschieden.[226] Auch die Übernahme einer *Fair-Use*-Schranke nach amerikanischem Vorbild wurde vielfach diskutiert, aber hat sich im deutschen und europäischen Urheberrecht schlussendlich nicht etabliert.[227] Allerdings begrenzt der „Drei-Stufen-Test“ in Art. 5 V InfoSoc-RL die Schrankenregelungen zugunsten eines umfassenden Ausschließlichkeitsrechts des Rechtsinhabers.[228]

Die pauschale Annahme der engen Schrankenauslegung verkennt, dass das Urheberrecht nicht nur persönlichen, sondern auch allgemeinen und öffentlichen Interessen dienlich ist und damit auch Belange Dritter

---

222 *Cornish*, The Expansion of Intellectual Property Rights, in: Schricker/Dreier/Kur (Hrsg.), Geistiges Eigentum im Dienst der Innovation, S. 9.

223 *Gräbig*, Abdingbarkeit und vertragliche Beschränkungen urheberrechtlicher Schranken, S. 41.

224 BGH, Urteil vom 29. April 2010, I ZR 69/08, Rn. 32 – Vorschaubilder I; BGH, Urteil vom 04. Mai 2000, I ZR 256/97, Rn. 3a – Parfumflakon; BGH, Urteil vom 10. Dezember 1998, I ZR 100/96, Rn. 34 – Elektronische Pressearchive; *Dreier/Schulze/Schulze* UrhG Vor § 44a, Rn. 7; *Arlt*, Digital Rights Management Systeme, S. 47.

225 *Stieper*, Rechtfertigung, Rechtsnatur und Disponibilität der Schranken des Urheberrechts, S. 65.

226 *Stieper*, Rechtfertigung, Rechtsnatur und Disponibilität der Schranken des Urheberrechts, S. 69.

227 *Dreier/Schulze/Schulze* UrhG Vor § 44a Rn. 6; *Förster*, Fair Use, S. 232; *Kleinemenke*, Google Books und Fair Use, GRUR Int. 2014, 892 (895).

228 *Hugenholtz*, Flexible Copyright, S. 286, in: Okediji (Hrsg.), Copyright Law in an Age of Limitations and Exceptions; *Reinbothe*, Die EG-Richtlinie zum Urheberrecht in der Informationsgesellschaft, GRUR Int. 2001, 733 (740).

schützt.[229] Methodisch lässt sich überdies keine Verpflichtung zur engen Auslegung erkennen. Vielmehr ist für die Auslegung der Schranken der jeweilige gesetzgeberische Zweck zu berücksichtigen.[230] Diese Betrachtung öffnet die Schranken für eine weite oder gar analoge Auslegung.[231] Dabei ist aber stets der gesetzgeberische Wille gegen die Schutzrechtsinteressen des Urhebers abzuwägen.[232] Dem Rechtsinhaber sollte die wirtschaftliche Verwertung seines Werks zugesprochen werden.[233] Die ökonomischen Interessen dürfen dabei nicht durch ein weites Verständnis der Schranken begrenzt werden.[234] Im Ergebnis ist festzuhalten, dass dem Rechtsinhaber die volle wirtschaftliche Verwertung seines Werkschaffens unter Einschränkung der Interessen der Allgemeinheit zugestanden wird. Ein Rangverhältnis aufgrund eines Regel-Ausnahme-Prinzips ist nicht ersichtlich.

Der BGH geht weiterhin von einer restriktiven Auslegung aus, betont jedoch, dass letztlich der gesetzgeberische Zweck entscheidend für die Auslegung der Schrankenbestimmungen sei.[235] Wobei der BGH auch nach der Art der Schranke differenziert und eine weite Auslegung bei Schranken, die zu einer gesetzlichen Lizenz führen, eher annimmt, da dies dem gesetzgeberischen und wirtschaftlichen Interesse des Urhebers entspräche.[236]

Es bleibt bei einem engen Verständnis der Schranken, von dem jedoch insbesondere durch eine verfassungskonforme Auslegung abgewichen

---

229 *Specht*, Diktat der Technik, S. 179.

230 *Dreier/Schulze/Schulze* UrhG Vor § 44a Rn. 7; *Heßeling*, Internetsuchmaschinen im Konflikt mit dem Urheberrecht, S. 118; *Zurth*, Rechtsgeschäftliche und gesetzliche Nutzungsrechte im Urheberrecht, S. 177.

231 BGH, Urteil vom 11. Juli 2002, I ZR 255/00, Rn. 3 ff. – Elektronischer Pressespiegel, in: ZUM 2002, 740.

232 *Stieper*, Rechtfertigung, Rechtsnatur und Disponibilität der Schranken des Urheberrechts, S. 71.

233 BGH, Urteil vom 17. November 2014, I ZR 177/13, Rn. 22, 23 – Möbelkatalog, hier mit Verweis auf Erwägungsgrund 44 der InfoSoc-RL und die unionsrechtskonforme Auslegung; *Brunn*, Cache me if you can, S. 130.

234 BGH, Urteil vom 17. November 2014, I ZR 177/13, Rn. 2 – Möbelkatalog, in: ZUM 2015, 569.

235 BGH, Urteil vom 11. Juli 2002, I ZR 255/00, Rn. 29 – Elektronischer Pressespiegel, in: ZUM 2002, 740.

236 BGH, Urteil vom 11. Juli 2002, I ZR 255/00, Rn. 30 – Elektronischer Pressespiegel, in: ZUM 2002, 740; *Metzger*, Urheberrechtsschranken in der Wissensgesellschaft: „Fair Use“ oder enge Einzeltatbestände?, in: Leistner (Hrsg.), Europäische Perspektiven des Geistigen Eigentums, S. 113.

werden müsse.[237] Im Rahmen dieser Auslegung ist die Dogmatik des EuGH zu berücksichtigen, der für Schranken, die keinen Auslegungsspielraum belassen, eine vollständige Harmonisierung erkennt.[238]

4. Kein Formerfordernis

Das Urheberrecht entsteht unabhängig von seiner Eintragung und ist somit ein formloses Recht.[239] Nach Art. 5 II der revidierten Berner Übereinkunft (RBÜ) wird die „Ausübung der Rechte nicht an die Erfüllung irgendwelcher Förmlichkeiten gebunden". Für alle Verbandsstaaten gelten gleichermaßen die Inländerbehandlung (Art. 5 I RBÜ) und die Mindestschutzrechte.[240] Die Eintragung in die Urheberrolle nach § 138 UrhG stellt im deutschen Urheberrecht nur einen Sonderfall für bestimmte Werkarten dar.

Allerdings fordern einige private Unternehmen wie YouTube/Google mit der *Content ID* den Nachweis der Urheberrechtsinhaberschaft.[241] Eine Tendenz in Richtung Eintragung der Urheberrechte wird von Stimmen der Literatur bereits in Art. 17 DSM-RL erkannt, der die Rechtsdurchsetzung von digitalen Inhalten vereinfachen soll.[242] Die §§ 7 I und 8 I UrhDaG verlangen entsprechende Informationen über das Werk, um es blockieren zu lassen.[243] Auch bei den Vergütungsansprüchen wird oftmals die Registrierung bei einer Verwertungsgesellschaft verlangt.[244]

---

237 BGH, Urteil vom 24. Januar 2002, I ZR 102/99, Rn. 3a – Verhüllter Reichstag, in: GRUR 2002, 605; BVerfG, Beschluss vom 29. Juni 2000, 1 BvR 825/98, Rn. 23.

238 BGH, Urteil vom 30. April 2020, I ZR 228/15, Rn. 30 – Reformistischer Aufbau II, in: NJW 2020, 2554; *Dreier/Schulze/Schulze* UrhG Vor § 44a Rn. 7.

239 *Dreier/Schulze/Schulze* UrhG § 2 Rn. 245.

240 *Dreier/Schulze/Schulze* UrhG § 2 Rn. 245; *Schmidt*, Urheberrechtsverletzungen in der digitalen Netzökonomie, S. 66.

241 *Angstwurm*, Kreativität vs. Urheberrecht im digitalen Bereich: Chancen und Grenzen vorhandener Selbstregulierungsansätze, S. 55; *Beaucamp*, Rechtsdurchsetzung durch Technologie, S. 85; *de la Durantaye*, Back to Basics – European Copyright Law after the DSM Directive, IIC 2022, 1 (3).

242 *Leistner*, European Copyright Licensing and Infringement Liability Under Art. 17 DSM-Directive, ZGE 2020, 123 (189).

243 *de la Durantaye/Hormann*, Regulierungsansätze, -defizite und -trends im Urheberrecht 2021, ZUM 2021, 873 (876).

244 *de la Durantaye/Hormann*, Regulierungsansätze, -defizite und -trends im Urheberrecht 2021, ZUM 2021, 873 (876).

Doch auch unabhängig von Art. 17 DSM-RL gilt, dass bei jeder Geltendmachung von Ansprüchen aus einer Urheberrechtsverletzung zunächst das Schutzrecht selbst vorliegen müsse[245], es also im Streitfall zur Überprüfung des Schutzrechts kommt, unabhängig von entsprechenden Formalitäten für die Begründung des Rechts.

Die Schutzfähigkeit eines Werkes ergibt sich aufgrund des Gesetzes und der darin genannten Voraussetzungen. Der bestehende Urheberschutz wird im Zweifel von Amts wegen überprüft, verlangt aber keine formellen Voraussetzungen wie die Eintragung.[246]

Der Bestand der Formlosigkeit, gepaart mit der Zunahme an Werkschöpfungen und Werkarten durch die digitale Transformation, trägt zur Ausweitung des Urheberrechtsschutzes bei.[247]

5. Individualisierung des Urheberrechtsschutzes

In Umsetzung des Art. 6 InfoSoc-RL, der wiederum auf die Vorgaben aus Art. 11 WCT und Art. 18 WPPT zurückgeht, sind die §§ 95a ff. UrhG ergangen.[248] Ohne auf die materiell-rechtlichen Voraussetzungen der technischen Schutzmaßnahmen vorzugreifen[249], müssen diese bereits hier Erwähnung finden, denn die technischen Schutzmittel erlauben einen individualisierten Rechtsschutz, der über die Grenzen der urheberrechtlichen Verwertungsrechte hinausgehen kann und so eine Ausweitung der urheberrechtlichen Ausschließlichkeitsrechte ermöglicht.[250]

---

245 *Kuschel*, Digitalisierung – Umbruch oder Fortentwicklung im Recht des geistigen Eigentums in: Eifert (Hrsg.), Digitale Disruption und Recht, S. 124; *Leistner*, European Copyright Licensing and Infringement Liability Under Art. 17 DSM-Directive, ZGE 2020, 123 (189).

246 *Dreier/Schulze/Schulze* UrhG § 2 Rn. 250.

247 *Kreutzer*, Das Modell des deutschen Urheberrechts und Regelungsalternativen, S. 496; *Dusollier*, (Re)introducing Formalities in Copyright as a Strategy for the Public Domain, in: Guibault/Angelopoulos (Hrsg.), Open Content Licensing, S. 75 und 81; *Elkin-Koren*, What Contracts Cannot Do: The Limits of Private Ordering In Facilitating A Creative Commons, Fordham Law Review, Vol. 74, 2005, 375 (388), abrufbar unter: https://ssrn.com/abstract=760906 (zuletzt abgerufen am 10. August 2023).

248 *Sesing*, Verbreitung digitaler Inhalte, S. 102 ff.; *Topal*, Die Umsetzung der InfoSoc-Richtlinie in Deutschland und in der Türkei, S. 78.

249 Kapitel 2 III 3.

250 *Arlt*, Digitale Rights Management Systeme, S. 55; *Kreutzer*, Das Modell des deutschen Urheberrechts und Regelungsalternativen, S. 303; *Specht*, Diktat der Technik, S. 197.

Anlass für die Gestaltung der technischen Schutzmaßnahmen war der Umstand, dass mit dem technologischen Fortschritt und der daraus resultierenden Zunahme an digitalen Werken auch die Möglichkeit des Kopierens ohne Einbuße an Qualität deutlich zugenommen hat.[251] Insbesondere die Unterhaltungsindustrie rang nach Maßnahmen, um die wirtschaftliche Verwertung der Werke vollumfänglich zu kontrollieren.[252]

Die technischen Schutzmaßnahmen umfassen nach § 95a II UrhG „Technologien, Vorrichtungen und Bestandteile, die im normalen Betrieb dazu bestimmt sind, geschützte Werke oder andere nach diesem Gesetz geschützte Schutzgegenstände betreffenden Handlungen, die vom Rechtsinhaber nicht genehmigt sind, zu verhindern oder einzuschränken“. Dabei flankieren die technischen Schutzmaßnahmen die urheberrechtlichen Ausschließlichkeitsrechte, schaffen jedoch kein selbstständiges Schutzrecht.[253]

Damit eine Schutzmaßnahme Umgehungsschutz nach § 95a UrhG genießt, muss zunächst ein nach dem Urhebergesetz geschütztes Recht vorliegen.[254] Trotz dieses Schutzobjektsbezugs verschieben die technischen Schutzmittel die dem Urheberrecht zugrunde liegende Güterabwägung in ein Ungleichgewicht.[255] Das liegt insbesondere daran, dass die technischen Schutzmaßnahmen über die materiellen Rechte des Schutzrechtsinhabers hinausgehen.[256]

---

251 *Hugenholtz*, Code as Code, or the End of Intellectual Property as We Know It, Maastricht Journal of European and Comparative Law 1999, S. 308 (313); *Lundblad*, Is The Answer to the Machine Really in the Machine?, in: Monteiro/Swatman/Tavares (Hrsg.), Towards The Knowledge Society, S. 735; kritisch dazu: *Rigamonti*, Schutz gegen Umgehung technischer Schutzmaßnahmen im Urheberrecht aus internationaler und rechtsvergleichender Perspektive, GRUR Int. 2005, 1 (2).

252 *Weber*, Die urheberrechtliche Zwangslizenz, S. 206; *Rigamonti*, Schutz gegen Umgehung technischer Schutzmaßnahmen im Urheberrecht aus internationaler und rechtsvergleichender Perspektive, GRUR Int. 2005, 1 (2); *Netanel*, Why Has Copyright Expanded? Analysis and Critique, in: Macmillan (Hrsg.), New Directions in Copyright Law, Vol. 6, S. 4.

253 *Mittenzwei*, Informationen zur Rechtewahrnehmung im Urheberrecht, S. 155; *Dreier/Schulze/Specht-Riemenschneider* UrhG § 95a Rn. 1; *Wandtke/Bullinger/Wandtke/Ohst* UrhG § 95a Rn. 4.

254 BGH, Urteil vom 29. April 2010 – I ZR 39/08 – Session-ID, in: GRUR 2011, 56 (58); *Stieper*, Rechtfertigung, Rechtsnatur und Disponibilität der Schranken des Urheberrechts, S. 531.

255 *Mittenzwei*, Informationen zur Rechtewahrnehmung im Urheberrecht, S. 24.

256 *Specht*, Diktat der Technik, S. 197.

Auch wenn der Satz von *Clark* sehr einprägsam ist: „the answer to the machine is in the machine“[257], so stärken die technischen Mittel die Ausschließlichkeitsrechte der Schutzrechtsinhaber, ohne die Freiheiten für die Nutzer korrespondierend auszugleichen.[258] Unabhängig davon, welche Parallelen man zum sachenrechtlichen Hausrecht zieht („lock the door“[259], „build your own fence“[260]), die technischen Schutzmaßnahmen führen zu einer Ausweitung der Ausschließlichkeitsrechte und einer Beschränkung der Schranken.[261]

Fest steht, dass der Gesetzgeber die Verwendung von technischen Schutzmaßnahmen erlaubt und sogar deren Umgehung untersagt. Um eine wirtschaftliche Verwertung des digitalen Inhalts durch den Rechtsinhaber zu gewährleisten, bedarf es gerade in technisch dominierten Umfeldern Schutzmittel, die von Maschinen, also automatisiert verstanden werden. Wie die Technik gestaltet sein muss und ob die dadurch erfolgte Einschränkung des Nutzers hinzunehmen ist, ist Gegenstand der weiteren Bearbeitung dieser Arbeit.

6. Zunahme an digitalen Inhalten

Circa 60 Prozent der Weltbevölkerung haben Zugang zum Internet.[262] Befeuert durch eine einfache Gestaltung von Weboseiten durch *Content-Management*-Systeme wie WordPress[263] die Baustein-Lösungen anbieten, gibt es heute ungefähr 1,1 Milliarden Webseiten.[264]

---

[257] *Clark*, The Answer to the Machine is in the Machine, in: Hugenholtz (Hrsg.), The Future Of Copyright In A Digital Environment, S. 139.

[258] *Hoeren*, Entwurf der EU-Richtlinie zum Urheberrecht in der Informationsgesellschaft – Überlegungen zum Zwischenstand der Diskussion, MMR 2000, 515 (520); *Specht*, Zum Verhältnis von (Urheber-)Recht und Technik, GRUR 2019, 253 (258).

[259] *Hilty*, Intellectual Property and Private Ordering, S. 929, in: Dreyfuss/Pila (Hrsg.), The Oxford Handbook of Intellectual Property Law.

[260] *Mackaay*, The Economics of Emergent Property Rights on the Internet, in: Hugenholtz (Hrsg.), The Future Of Copyright In A Digital Environment, S. 20.

[261] *Specht*, Diktat der Technik, S. 31.

[262] Statista, Schätzung zur Anzahl der Internetnutzer weltweit für die Jahre 2005 bis 2022, abrufbar unter: https://de.statista.com/statistik/daten/studie/805920/umfrage/anzahl-der-internetnutzer-weltweit/ (zuletzt abgerufen am 10. August 2023).

[263] https://wordpess.com/de/ (zuletzt abgerufen am 10. August 2023).

[264] Statista, Anzahl der Webseiten weltweit in den Jahren 1992 – 2023, abrufbar unter: https://de.statista.com/statistik/daten/studie/290274/umfrage/anzahl-der-webseiten-weltweit/ (zuletzt abgerufen am 10. August 2023).

Mit der technischen Entwicklung sind auch die Speicherkapazitäten der einzelnen Geräte rasant gestiegen, sodass heute sämtliche Daten auf Festplatten *on-premise* oder auf *Cloud-Servern* gespeichert sind. *Raue* zeigt auf, dass bis 2025 über 160 Zettabyte an Daten gespeichert sein werden.[265] So ist in der Regel jeder digitale Inhalt gespeichert, im Internet publiziert oder kann über Suchmaschinen gefunden werden.[266] Auch durch die Vernetzung von Objekten (*Internet of Things*) entstehen immerzu neue Daten.[267]

Dem Urheberrecht liegt der Gedanke der Dichotomie von Form und Inhalt zugrunde.[268] Als Ausgleich der Interessenabwägung zwischen Urheberschutz und Allgemeinheit soll nur die Form, nicht aber die zugrunde liegende Information geschützt werden, wodurch Innovation, die auf anderen Werken aufbaut, zugelassen und gefördert werden soll. Doch gerade mit der Zunahme von digitalen Inhalten ist die Dichotomie von Form und Inhalt nicht mehr stringent und wird durch die Verwendung von technischen Schutzmaßnahmen weiter transzendiert.[269]

Der Versuch, den „free flow of information“ durch die Dogmatik der Dichotomie von Inhalt und Form zu fördern, ist nicht zielführend, stattdessen wird dazu übergegangen, in Anlehnung an den Wortlaut in Art. 9 II TRIPS und § 69a II UrhG die Schutzfähigkeit anhand der Idee abzugrenzen.[270] Die Idee selbst ist im Prinzip schutzfrei.[271] Auf diese Diskussion und aktuelle Ansätze in der Literatur soll im Rahmen der Gemeinfreiheit der Schutzgüter und der Reichweite des Schutzbereichs des Urheberrechts noch genauer eingegangen werden.

Wie bereits aufgezeigt, sind es insbesondere die Inhalte von öffentlich zugänglichen Webseiten, die durch *Scraping* genutzt werden. Dabei darf aber nicht übersehen werden, dass im WWW publizierte digitale Inhalte und damit vermeintlich „freie“ Inhalte nicht grundsätzlich schutzfrei sein müssen, sondern sehr wohl dem Urheberrecht unterliegen können.

---

265 *Raue*, Free Flow of Data? The Friction Between the Commission's European Data Economy Initiative and the Proposed Directive on Copyright in the Digital Single Market, IIC 2018, 379.

266 *Sobel*, A Taxonomy of Training Data, in: Lee/Hilty/Liu (Hrsg.) Artificial Intelligence & Intellectual Property, S. 226.

267 *Hußmann*, Contra Dateneigentum, S. 1.

268 Art. 9 II TRIPS; *Dreier/Schulze/Schulze* UrhG § 2, Rn. 43; *Jacob*, Ausschließlichkeitsrechte an immateriellen Gütern, S. 177.

269 *Hilty*, Urheberrecht, Rn. 231, S. 92.

270 *Hilty*, Urheberrecht, Rn. 235, S. 93; *Kopp*, Die Freiheit der Idee und der Werkschutz, S. 139.

271 *Dreier/Schulze/Schulze* UrhG § 2, Rn. 37.

7. Zwischenergebnis

Die vorangegangenen Ausführungen haben aufgezeigt, dass von der Ausweitung des Urheberrechts nicht aufgrund eines einzelnen Umstands gesprochen werden kann, sondern dies die Folge von verschiedenen Entwicklungen ist.[272]

So ist in der europäischen und deutschen Rechtsprechung die Aufgabe der hohen Schutzschwelle für Werke der angewandten Kunst zu verzeichnen.

Dem Regel-Ausnahme-Prinzip des deutschen Urheberrechts entsprechend stehen dem Urheber weite Verwertungsrechte zu, dem begrenzend der abschließende Katalog der Schrankenbestimmungen gegenübersteht. Aus rein systematischen Argumenten ein Rangverhältnis zu begründen, welches in der Folge zu einer pauschal engen Auslegung der Schranken führen soll, kann nicht zugestimmt werden. Vielmehr bedarf es einer objektiv-teleologischen Auslegung[273], die neben dem gesetzgeberischen Zweck auch die Rechtsfolge der Schranke betrachtet. Die vermeintliche Zurückhaltung der Schrankenauslegung resultiert aus der dem Urheberrecht zugrunde liegenden Güterabwägung.

Mit Einführung der technischen Schutzmaßnahmen wurden den Rechtsinhabern Mittel an die Hand gegeben, einen individualisierten Schutz über die materiell-rechtlichen Voraussetzungen des Urheberrechts zu etablieren und damit den Schutz für digitale Inhalte zu stärken.

Die Digitalisierung hat aufgrund von Vereinfachungen bei der Werkgestaltung (Computer) und Schaffung von neuen Zugängen (WWW) eine Fülle an Inhalten hervorgebracht, die durch die zunehmenden Speicherkapazitäten dauerhaft verfügbar sind.

Aufgrund der technischen Möglichkeiten bei der Erstellung von digitalen Inhalten entstehen jeden Tag unzählig viele neue Daten. Durch die Absenkung der Schutzschwelle zur Begründung neuer Urheberrechte finden sich insbesondere im WWW eine Vielzahl an Werken. Für die Rechtsinhaber bedeutet dies eine schnelle und einfache Begründung des Werkschutzes; für Nutzer von digitalen Inhalten birgt es die Gefahr, durch ihre (automatisierten) Handlungen die Urheberrechte zu verletzen.

---

272 *Lessig*, The Creative Commons, 65 Montana Law Review 2004, 1 (4 ff.), abrufbar unter: https://scholarworks.umt.edu/mlr/vol65/iss1/1/ (zuletzt abgerufen am 10. August 2023).

273 *Stieper*, Rechtfertigung, Rechtsnatur und Disponibilität der Schranken des Urheberrechts, S. 68.

Möchte sich der Rechtsinhaber im Rahmen der massenhaft automatisierten Nutzung von digitalen Inhalten im WWW effektiv schützen, muss er Schutzmittel nutzen, die der *Software* gegenüber verständlich sind und damit die Nutzungsbedingungen seiner digitalen Inhalte formalisiert kommunizieren.

IV. Reaktion auf die technologische Entwicklung

Im Grundsatz ist das Urheberrecht technikneutral ausgestaltet.[274] Das konkret eingesetzte technische Mittel soll keinen Einfluss auf die urheberrechtliche Beurteilung haben.[275] Die Rechtsprechung folgt im Wesentlichen auch diesem Grundsatz.[276]

Es finden sich gesetzliche Ausnahmen von der Technikneutralität (§ 20 UrhG) und auch in der jüngeren Vergangenheit haben die Gerichte anklingen lassen, Praktikabilitätserwägungen und ökonomische Bewertungen für Sachverhalte mit starkem technischem Bezug einzubeziehen.

Primär zeichnen sich drei Entwicklungen ab, die in der Folge dargestellt werden sollen. Diese Ansätze versuchen die „Statik des Rechts" zu korrigieren.[277] Hierbei ist zwischen der Techniksensibilität, der Prozeduralisierung und der Privatisierung des Urheberrechts zu unterscheiden.

1. Techniksensibilität des Urheberrechts

Urheberrecht und Technik beeinflussen sich gegenseitig in ihrer Entwicklung.[278] Auch wenn das Urheberrecht im Grundsatz neutral ist, so lässt sich eine Techniksensibilität erkennen, also eine stärkere Wertungsoffenheit

---

274 *Becker*, Ein modernes Urheberrecht, ZGE 2016, 239 (267).

275 *Hofmann*, Grundsatz der Technikneutralität im Urheberrecht?, ZGE 2016, 482 (489).

276 BGH, Urteil vom 11. Juli 2002, I ZR 255/00, Rn. 3 – Elektronischer Pressespiegel, in: ZUM 2002, 740.

277 *Hofmann*, Grundsatz der Technikneutralität im Urheberrecht?, ZGE 2016, 482 (484).

278 *Linke*, „Künstliche Intelligenz" und Urheberrecht – Quo vadis?, S. 81; *Specht*, Zum Verhältnis von (Urheber-)Recht und Technik, GRUR 2019, 253.

nach technischen Gesichtspunkten.[279] *Hofmann* spricht insoweit von einem „more technical approach“.[280]

Das Urheberrecht soll das Werk und seine wirtschaftliche Verwertung schützen, unabhängig von seiner analogen oder digitalen Ausgestaltung. Dabei darf sich das Recht nicht den durch die Technik geprägten Gegebenheiten verschließen.[281]

Aktuelle Beispiele der Rechtsprechung finden sich in den *Vorschaubilder*-Urteilen[282] des BGH und anderen besonders durch Technik geprägten Nutzungsformen wie der automatisierten Datenverarbeitung im Rahmen von TDM.

a. Automatisierte Datenverarbeitung durch Suchmaschinen

Mit *Paperboy*[283] und der *Vorschaubilder*[284]-Rechtsprechung hat der BGH in Deutschland Grundsätze für die Nutzung von Inhalten im WWW entwickelt. Während in *Paperboy* klargestellt wurde, dass das Setzen von Hyperlinks keine Verwertung darstellt[285], ist in der *Vorschaubilder*-Rechtsprechung entschieden worden, dass internettypische Nutzungen von digitalen Inhalten durch eine schlichte Einwilligung gerechtfertigt sind[286], solange diese nicht durch ein technisches Mittel vor dem Zugriff gesichert werden.[287]

---

279 *Becker*, Ein modernes Urheberrecht, ZGE 2016, 239 (268).

280 *Hofmann*, Grundsatz der Technikneutralität im Urheberrecht?, ZGE 2016, 482 (486).

281 *de la Durantaye/Hofmann*, Regulierungsansätze, -defizite und -trends im Urheberrecht, ZUM 2021, 873 (877).

282 BGH, Urteil vom 29. April 2010, I ZR 69/08 – Vorschaubilder I, in: GRUR 2010, 628; BGH, Urteil vom 19. Oktober 2011, I ZR 140/10 – Vorschaubilder II, in: ZUM 2012, 477.

283 BGH, Urteil vom 17. Juli 2003, I ZR 259/00 – Paperboy, in: ZUM 2003, 855.

284 BGH, Urteil vom 29. April 2010, I ZR 69/08 – Vorschaubilder I, in: GRUR 2010, 628; BGH, Urteil vom 19. Oktober 2011, I ZR 140/10 – Vorschaubilder II, in: ZUM 2012, 477.

285 BGH, Urteil vom 17. Juli 2003, I ZR 259/00 – Paperboy; in MMR 2003, 719 (722), in: ZUM 2003, 855.

286 BGH, Urteil vom 29. April 2010, I ZR 69/08 – Vorschaubilder I; in: MMR 2010, 475 (479).

287 BGH, Urteil vom 29. April 2010 – I ZR 39/08 – Session-ID, in: ZUM 2011, 49 (51); EuGH, Urteil vom 09. März 2021 – C392/19 – Deutsche Digitale Bibliothek (DDB), in: GRUR 2021, 706 (709).

Die genannten Entscheidungen folgen dabei pragmatischen Erwägungen und haben techniksensibel auf die Wichtigkeit des WWW für die Informationsgewinnung reagiert. „Ohne Suchmaschinen ist das Internet nichts".[288] Die Bedeutung von Suchmaschinen resultiert aus der schier unfassbaren Fülle an Dokumenten im Internet. Die Suchmaschinen agieren hier als die *Gatekeeper* des WWW.[289] Sie nehmen dem Nutzer die Komplexität des Suchvorgangs ab. Dies setzt technisch die Einhaltung von bestimmten technischen Standards voraus, sodass die Indexierung von Milliarden an Webseiten möglich ist. Veranschaulichen lässt sich dies in der Nutzung von *Hypertext Markup Language* (HTML) und der damit zusammenhängenden Querverweisung von Informationen, aber auch in der automatisierten Anfrage an *Server* durch die *Crawl-Software* der Suchmaschinen.

Im Rahmen dieser automatisierten Kommunikation durch *Software* bleibt wenig Raum für Individualität. Den automatisierten *Crawlern* ist es nicht möglich, jede einzelne Webseite und jeden einzelnen Inhalt nach einer Erlaubnis für die Nutzung zu überprüfen.[290] Eine solche Anforderung würde die automatisierte Datenverarbeitung erschweren und zu prohibitiven Transaktionskosten führen.[291] Letztlich würde dies das Ende der Suchmaschinen bedeuten und den Zugang zu Informationen im WWW bedeutsam einschränken.

Die *Vorschaubilder*-Rechtsprechung kann insofern als Beispiel für einen „more technical approach" herangezogen werden, als hier mit Rücksicht auf die Belange und Interessen der Allgemeinheit eine technikorientierte Bewertung vorgenommen wurde.[292] Eine gesetzliche Schrankenbe-

---

288 *Hoeren*, Suchmaschinen, Navigationssysteme und das Wettbewerbsrecht, MMR 1999, 649; *Introna/Nissenbaum*, Shaping the Web: Why the Politics of Search Engines Matters, The Information Society 2000, 169 (171): „Without much exaggeration one could say that to exist is to be indexed by a search engine".

289 *Bünemann*, Regulierung von Suchmaschinen, S. 26.

290 *Osken*, Die schlichte Einwilligung im Urheberrecht, S. 144, *Wielsch*, Die Zugangsregeln der Intermediäre: Prozeduralisierung von Schutzrechten, GRUR 2011, 665 (666).

291 *Conrad/Schubert*, How to Do Things with Code, GRUR 2018, 350 (353).

292 BGH, Urteil vom 19. Oktober 2011, I ZR 140/10 – Vorschaubilder II, in: MMR 2012, 383 (385); *Rostam*, Das Erfordernis technikverständlichen Verhaltens im Urheberrecht, S. 109, in: Kuschel/Asmussen/Golla (Hrsg.), Intelligente Systeme – Intelligentes Recht.

stimmung hat die Nutzung der digitalen Inhalte nicht rechtfertigen können.[293] Wäre hier nicht techniksensibel von Seiten des BGH entschieden worden, sondern entsprechend der gesetzlichen Güterzuweisung vorgegangen, so müssten die Softwareverwender für jede Nutzung eine Erlaubnis des Rechtsinhabers einholen. Übersteigen die Transaktionskosten den Kooperationsgewinn, dann stellt dies ein Hemmnis für die effiziente Ressourcenallokation dar.[294] In einem solchen Fall müsse dann in den Markt eingegriffen werden, da die betroffenen Parteien nicht mehr miteinander verhandeln, sondern die Kosten prohibitiv wirken.[295]

In Konsequenz lässt sich daraus eine „Mitwirkungsobliegenheit" ableiten, die es rechtfertigt, dass der Rechtsinhaber tätig werden muss, möchte er die Nutzung seiner Rechte gegenüber dem *(Software-)*Verwender ausschließen.[296]

Für die Rechtsinhaber von digitalen Inhalten auf Webseiten ist dadurch ein „Zwang zu technikverständlichem Verhalten"[297] begründet worden. Denn die Automatisierung der Nutzung setzt eine maschinenverständliche Untersagung der Nutzung voraus.

b. Flexibilisierung des Urheberrechts als Paradigmenwechsel

Das durch das Urheberrecht begründete Ausschließlichkeitsrecht kann Einschränkungen unterworfen sein, die sich aus Gesetz (Schranken) oder Vertrag (Lizenz) ergeben.

Ein durch die Erfüllung der gesetzlichen Voraussetzungen des Urheberrechts entstandenes Ausschließlichkeitsrecht kann in eine *Property Rule* und *Liability Rule* unterscheiden werden.[298] Die Unterscheidung geht auf

---

293 BGH, Urteil vom 29. April 2010, I ZR 69/09 – Vorschaubilder I, in: MMR 2010, 475 (477).

294 *Schur*, Die Lizenzierung von Daten, S. 272.

295 *Eidenmüller*, Effizienz als Rechtsprinzip, S. 61.

296 *Rostam*, Das Erfordernis technikverständlichen Verhaltens im Urheberrecht, S. 108, in: Kuschel/Asmussen/Golla (Hrsg.), Intelligente Systeme – Intelligentes Recht.

297 *Specht*, Diktat der Technik, S. 53.

298 *Calabresi/Melamed*, Property Rules, Liability Rules, and Inalienability: One View of the Cathedral, Harvard Law Review 1972, 1089 (1092); *Bell/Parchomovsky*, Pliability Rules, Michigan Law Review 2002, 1 (2), abrufbar unter: https://ssrn.com/abstract=1282862 (zuletzt abgerufen am 10.August 2023); *Burk*, Muddy Rules For Cyberspace, Cardozo Law Review, 1999, 121 (127), abrufbar unter: https://ssrn.com/abstract=204188 (zuletzt abgerufen am 10. August 2023).

Calabresi/Melamed zurück und legt dar, dass es Aufgabe jeden Rechtssystems sei, Berechtigungen zu statuieren und damit bei Interessenskonflikten entscheiden zu können, welche Partei ihr Recht durchsetzen dürfe.[299] Dies geschehe in der Regel durch die Zuweisung von Rechtspositionen durch den Staat.[300] *Grünberger* übersetzt die Systematik auf das Urheberrecht und spricht von der Entscheidung des Vorrangs von „vertraglicher oder gesetzlicher Nutzungserlaubnis“.[301]

Mit der *Property Rule* gewährt der Staat dem Berechtigten ein Verbotsrecht und es obliegt dem Rechtsinhaber, über sein Recht zu verfügen; er kann im Zweifel staatliche Hilfe bei der Durchsetzung seiner Ansprüche bemühen.[302] Bezogen auf das Urheberrecht ist überall dort von einer *Property Rule* auszugehen, wo der Rechtsinhaber einer Beschränkung seiner Rechtsposition zustimmen muss, andernfalls die Nutzung verwehrt ist.[303] Der Staat stellt die Rechtsposition unter Schutz, doch der Wert des Anspruchs ergibt sich rein aus der Verhandlung mit Dritten (Marktlösung) oder muss durch die Gerichte festgesetzt werden.[304]

Doch nicht immer ist eine Vereinbarung der Beteiligten in Bezug auf die Nutzung von Urheberrechten möglich. In diesen Fällen bietet sich dann eine *Liability Rule* an, denn danach kann der Verwender das Schutzgut ohne Zustimmung nutzen, ist aber verpflichtet, einen Ausgleich zu zahlen.[305] Wird für die Nutzung keine Kompensation vorgesehen, spricht man von einer *Zero-Price Liability Rule*.[306]

Vergegenwärtigt man sich nun die technisch geprägten Nutzungshandlungen im Rahmen der automatisierten Datenverarbeitung durch *Software*,

---

299 *Calabresi/Melamed*, Property Rules, Liability Rules and Inalienability: One View Of The Cathedral, Harvard Law Review 1972, 1089 (1090); *Grünberger*, Vergütungsansprüche im Urheberrecht, ZGE 2017, 188 (189).

300 *Krujatz*, Open Access, S. 246.

301 *Grünberger*, Vergütungsansprüche im Urheberrecht, ZGE 2017, 188 (189).

302 *Krujatz*, Open Access, S. 246.

303 *Krujatz*, Open Access, S. 246.

304 *Calabresi/Melamed*, Property Rules, Liability Rules and Inalienability: One View Of The Cathedral, Harvard Law Review 1972, 1089 (1092); *Hofmann*, Kontrolle oder nachlaufender Rechtsschutz – wohin bewegt sich das Urheberrecht, GRUR 2018, 21 (24).

305 *Rostam*, Das Erfordernis technikverständlichen Verhaltens im Urheberrecht, S. 116, in: Kuschel/Asmussen/Golla (Hrsg.), Intelligente Systeme – Intelligentes Recht.

306 *Grages*, Verwaiste Werke, S. 95.

so wird ersichtlich, dass der Rechtsinhaber nicht jede Verwendung individuell verhandeln kann und der Nutzer nicht jede Verwendung individuell anfragen kann.[307]

Die Flexibilität, die durch ein System von *Property Rule* und *Liability Rule* entsteht, bringt rechtsökonomische Vorteile.[308] So hat *Coase* die These entwickelt, dass geringe Transaktionskosten zu einer effizienten Ressourcenallokation führen und den Ausgleich der Interessen zwischen Rechtsinhaber und Nutzer fördern, während hohe Transaktionskosten prohibitiv wirken und es nicht zu einem effizienten Austausch über die gegenseitigen Interessen kommt.[309] *Hardy* beschreibt es so: „Low transaction costs lead to property rules [and] high transaction costs to liability rules.“[310]

Eine starre *Property Rule* ist gerade im Bereich der automatisierten Datenverarbeitung durch *Software* nicht förderlich und um eine effiziente Kostenallokation zu ermöglichen, muss der Rechtsinhaber in die Pflicht genommen werden. Ihm wird eine Mitwirkungsobliegenheit auferlegt, was im Ergebnis zu einer Verringerung der Kosten führt.[311] Der Rechtsinhaber ist somit der „cheapest cost avoider“.[312]

---

307 *Hoeren*, Do not go gentle into that good night – Literatur an der Schnittstelle von Internet und Recht, in: Weber (Hrsg.), Das Recht als Rahmen für Literatur und Kunst, S. 62.

308 *Hansen/Schmidt-Bischoffshausen*, Ökonomische Funktionen von Verwertungsgesellschaften – Kollektive Wahrnehmung im Lichte von Transaktionskosten- und Informationsökonomik, GRUR Int. 2007, 461 (465).

309 *Eidenmüller*, Effizienz als Rechtsprinzip, S. 93; *Lemley/Weiser*, Should Property or Liability Rules Govern Information?, Texas Law Review, 2007, S. 783 (786), abrufbar unter: https://papers.ssrn.com/sol3/papers.cfm?abstract_id=977778 (zuletzt abgerufen am 10. August 2023).

310 *Hardy*, Property (and Copyright) in Cyberspace, University of Chicago Legal Forum 1996, 217 (231), abrufbar unter: https://chicagounbound.uchicago.edu/cgi/viewcontent.cgi?article=1205&context=uclf (zuletzt abgerufen am 10. August 2023).

311 *Rostam*, Das Erfordernis technikverständlichen Verhaltens im Urheberrecht, S. 116, in: Kuschel/Asmussen/Golla (Hrsg.), Intelligente Systeme – Intelligentes Recht.

312 *Rostam*, Das Erfordernis technikverständlichen Verhaltens im Urheberrecht, S. 124, in: Kuschel/Asmussen/Golla (Hrsg.), Intelligente Systeme – Intelligentes Recht.

c. Handlungslast des Rechtsinhabers bei automatisierter Datenverarbeitung

Die deutsche und europäische Rechtsprechung unterminiert das bestehende *Opt-in*-System, bei dem grundsätzlich der Nutzer zur Einholung der Erlaubnis beim Rechtsinhaber verantwortlich ist und geht dazu über, dem Rechtsinhaber eine Handlungslast aufzuerlegen.[313] Es zeichnet sich ab, dass in vornehmlich durch Automation geprägten Nutzungsumfeldern eine *Liability Rule* einen hinreichenden Ausgleich der Interessen darstellen könne.[314]

Im Sinne des „cheapest cost avoider“ lassen sich die benötigten Informationen für die Nutzung nämlich beim Rechtsinhaber finden.[315] Es soll diejenige Partei die Last der Informationsbeschaffung tragen, die die geringsten Kosten hat.[316] Durch die Verwendung einer *Liability Rule* und die damit einhergehende Übertragung der Handlungslast auf den Rechtsinhaber werden die Transaktionskosten gesenkt. Es erscheint als nicht sachgerecht, dem Rechtsinhaber die Versagung der Nutzung vollkommen zu entziehen.

So darf der Mechanismus nicht als starr betrachtet werden, sondern kann dynamisch zwischen *Liability Rule* und *Property Rule* wechseln.[317]

Kommt der Rechtsinhaber seiner Handlungslast nach, so kann er durch entsprechende Mitteilung die *Liability Rule* (wieder) in eine *Property Rule* umkehren.[318] Diese Möglichkeit des Wechsels komplementiert das duale *Calabresi/Melamed*-Modell und führt zu der benötigten Flexibilisierung

---

313 *Rostam*, Das Erfordernis technikverständlichen Verhaltens im Urheberrecht, S. 108, in: Kuschel/Asmussen/Golla (Hrsg.), Intelligente Systeme – Intelligentes Recht.

314 *Lemley/Weiser*, Should Property or Liability Rules Govern Information?, Texas Law Review 2007, 783 (786).

315 *Grünberger*, Medienspezifische Zugangsregeln im Internet: Framing/Embedding, ZUM 2021, 395 (399).

316 *Leistner*, Richtiger Vertrag und lauterer Wettbewerb, S. 82.

317 *Rostam*, Das Erfordernis technikverständlichen Verhaltens im Urheberrecht, S. 117, in: Kuschel/Asmussen/Golla (Hrsg.), Intelligente Systeme – Intelligentes Recht.

318 *Bell/Parchomovsky*, Pliability Rules, Michigan Law Review 2002, 1 (4), abrufbar unter: https://ssrn.com/abstract=1282862 (zuletzt abgerufen am 10. August 2023).

der Rechtsanwendung bei zunehmender Automatisierung der Verwendungen von digitalen Inhalten im WWW.[319]

2. Prozeduralisierung des Urheberrechts

Lag der Fokus zuvor auf der Darstellung der rechtsökonomischen Notwendigkeit der Flexibilisierung des Urheberrechts, so sollen in der Folge Beispiele für die Prozeduralisierung des Rechts und damit des Wechsels der Zuweisungsbefugnisse des Urheberrechts dargestellt werden.[320]

Der Begriff der Prozeduralisierung wird nicht einheitlich definiert, sondern ist als Reaktion auf die wachsenden Herausforderungen durch die technische Entwicklung der Gesellschaft zu verstehen, die es dem Gesetzgeber unmöglich macht, komplexe Sachverhalte durch materielle Gesetze zu regulieren.[321] So sollen durch die Prozeduralisierung „Steuerungsdefizite des materiellen Rechts" ausgeglichen werden.[322]

De la Durantaye/Hofmann unterscheiden zwischen der weiten und engen Prozeduralisierung, wobei für die vorliegende Arbeit lediglich das enge Verständnis von Bedeutung ist[323], welches die Umkehr des „Opt-in-Modells" in eine Erlaubnis des Urheberrechts mit Verbotsvorbehalt beinhaltet.[324]

Im Folgenden werden die Entwicklungen der Prozeduralisierung und ihre Relevanz für *Software*-Prozesse anhand von Beispielen erläutert.

---

319 *Rostam*, Das Erfordernis technikverständlichen Verhaltens im Urheberrecht, S. 117, in: Kuschel/Asmussen/Golla (Hrsg.), Intelligente Systeme – Intelligentes Recht.

320 *Rostam*, Das Erfordernis technikverständlichen Verhaltens im Urheberrecht, S. 117, in: Kuschel/Asmussen/Golla (Hrsg.), Intelligente Systeme – Intelligentes Recht.

321 *Sheplyakova*, Prozeduralisierung des Rechts, S. 1.

322 *Sheplyakova*, Prozeduralisierung des Rechts, S. 7.

323 *de la Durantaye/Hofmann*, Regulierungsansätze, -defizite und -trends im Urheberrecht, ZUM 2021, 873 (875).

324 *de la Durantaye/Hofmann*, Regulierungsansätze, -defizite und -trends im Urheberrecht, ZUM 2021, 873 (875).

a. Internetübliche Verwendungen

In der *Vorschaubilder*-Rechtsprechung[325] des BGH hatte sich der Gerichtshof mit der Nutzung von *Thumbnails*, also verkleinerten Bildern im Rahmen der Suchergebnisse der Bildersuche von Google auseinanderzusetzen. Während in *Vorschaubilder-I*[326] die geschützten Bilder mit Zustimmung der Beklagten auf die Webseite gestellt wurden, erfolgte dies in *Vorschaubilder-II*[327] ohne Berechtigung des Rechtsinhabers, wobei unstrittig war, ob der Kläger das Einstellen ins WWW nicht zuvor Dritten erlaubt hatte.[328]

Der BGH geht davon aus, dass die Anzeige von *Thumbnails* nach Eingabe des Suchbegriffs eine öffentliche Wiedergabe (§ 19a UrhG) darstellt. Google speichert die frei zugänglichen Bilder von Webseiten in seinen eigenen Datenbanken ab (Indexierung) und zeigt diese bei entsprechender Suchbegriffeingabe in der Ergebnisliste an.[329] Hierdurch wird der erforderliche Zugang zu den Bildern ermöglicht.[330]

In der *Vorschaubilder-III*-Entscheidung[331] hat der BGH die Prüfung der urheberrechtlich relevanten Nutzung allerdings in Übereinstimmung mit den Rechtsprechungsgrundsätzen des EuGH vorgenommen. Doch im Unterschied zu den bisherigen *Vorschaubilder*-Urteilen fällt auf, dass nun kein einziges Werk der Klägerin mit ihrer Zustimmung im Internet verfügbar war und darüber hinaus nicht Google, sondern AOL Beklagter war, der die Bildersuchfunktion von Google über eine Suchmaske und damit als Link eingebunden hatte.[332] Somit sind die *Vorschaubilder* nicht wie in

---

325 BGH, Urteil vom 29. April 2010, I ZR 69/08 – Vorschaubilder I, in: MMR 2010, 475; BGH, Urteil vom 19. Oktober 2011, I ZR 140/10 – Vorschaubilder II, in: ZUM 2012, 477.

326 BGH, Urteil vom 29. April 2010, I ZR 69/09 – Vorschaubilder I, in: MMR 2010, 475 (476), Rn. 20.

327 BGH, Urteil vom 19. Oktober 2011, I ZR 140/10 – Vorschaubilder II, in: MMR 2012, 383 (384), Rn. 20 ff.

328 BGH, Urteil vom 19. Oktober 2011, I ZR 140/10 – Vorschaubilder II, in: MMR 2012, 383 (385), Rn. 26.

329 *Bullinger/Garbers-von Boehm*, Google-Bildersuche: Schlichte Einwilligung des Urhebers als Lösung?, GRUR-Prax 2010, 257 (258).

330 *Höppner/Schaper*, Frame sucht Einwilligung: Die neue Google-Bildersuche auf dem Prüfstand, MMR 2017, 512 (513).

331 BGH, Urteil vom 21. September 2017 – I ZR 11/16 – Vorschaubilder III, in: GRUR 2018, 178.

332 *Conrad/Schubert*, Vom Paperboy zum Thumbnail und wieder zurück – Anmerkungen zu BGH, Urteil vom 21.9.2017 – I ZR 11/16 – Vorschaubilder III, in: ZUM 2018, 132 (133).

Vorschaubilder-I und *-II* auf den *Servern* der Beklagten abgespeichert worden. Konsequent ist der BGH hier den durch den EuGH entwickelten Grundsätzen zu den Verlinkungssachverhalten gefolgt.[333]

Die Entscheidungen im Hinblick auf *Vorschaubilder-I* und *-II* sind Beispiele für die Prozeduralisierung des Rechts. Der BGH hat sich dogmatisch der Rechtsfigur der schlichten Einwilligung bedient, die die Verletzung der urheberrechtlichen Befugnisse rechtfertigt, aber jederzeit widerruflich ist.[334] Es handelt sich um eine *(Zero-Price) Liability Rule*, die aufgrund der andernfalls prohibitiven Transaktionskosten die Nutzung der auf den Webseiten befindlichen digitalen Inhalte grundsätzlich erlaubt.[335]

Die Handlungslast liegt nun aufseiten des Rechtsinhabers. Möchte dieser die Nutzung der digitalen Inhalte untersagen, muss er dies maschinenlesbar zum Ausdruck bringen und so die fingierte (schlichte) Einwilligung entkräften.[336] Dafür muss er eine für die Maschine verständliche Form der Zugangsbeschränkung verwenden.[337] Der Rechtsinhaber hat also eine Mitwirkungsobliegenheit.[338] Möchte der Urheber die *Liability Rule* (wieder) in eine *Property Rule* umkehren, ist er angehalten, einen bestimmten Vorgang einzuhalten, diesen also zu prozeduralisieren.

---

333 *Conrad/Schubert*, Vom Paperboy zum Thumbnail und wieder zurück – Anmerkungen zu BGH, Urteil vom 21.9.2017 – I ZR 11/16 – Vorschaubilder III, in: ZUM 2018, 132 (133); *Specht*, Zum Verhältnis von (Urheber-)Recht und Technik, GRUR 2019, 253 (256).

334 *Ohly*, „Volenti non fit iniura“ – Die Einwilligung im Privatrecht, S. 144; *Ziegler*, Urheberrechtsverletzungen durch Social Sharing, S. 187.

335 *Rostam*, Das Erfordernis technikverständlichen Verhaltens im Urheberrecht, S. 116, in: Kuschel/Asmussen/Golla (Hrsg.), Intelligente Systeme – Intelligentes Recht.

336 *Specht*, Diktat der Technik, S. 53; *Ziegler*, Urheberrechtsverletzungen durch Social Sharing, S. 188; *Conrad/Schubert*, How to Do Things with Code, GRUR 2018, 350 (354); *Raue*, Kein öffentliches Zugänglichmachen eines urheberrechtlich geschützten Gegenstands durch Vorhalten auf dem eigenen Server?, ZUM 2018, 517 (518).

337 *Conrad*, Anmerkung zu BGH, Urteil vom 29. April 2010 – I ZR 69/08 – Vorschaubilder I, ZUM 2010, 585 (586).

338 *Rostam*, Das Erfordernis technikverständlichen Verhaltens im Urheberrecht, S. 108, in: Kuschel/Asmussen/Golla (Hrsg.), Intelligente Systeme – Intelligentes Recht.

Die wohl schnellste und sicherste Quelle, um Auskunft über die erlaubten Nutzungen der Inhalte zu erteilen, sind die Rechtsinhaber selbst (cheapest cost avoider).[339] Gerade mit zunehmender Automatisierung der Datenverarbeitung ist die Prozeduralisierung des Rechts – wie oben aufgezeigt – ein rechtsökonomisch gebotener Schritt, der zu einer effizienten Ressourcenallokation führt und die technische Entwicklung fördert.

b. Zuweisungsdynamik des § 44b III UrhG

Ein anderes Beispiel für die Techniksensibilität des Urheberrechts stellt § 44b UrhG dar. Unter TDM versteht man nach der Legaldefinition in § 44b I UrhG „die automatisierte Analyse von einzelnen oder mehreren digitalen oder digitalisierten Werken, um daraus Informationen insbesondere über Muster, Trends und Korrelationen zu gewinnen."

Ähnlich wie bei der automatisierten Datenverarbeitung im Rahmen der Indexierung durch Suchmaschinen würde die individuelle Einholung der Erlaubnis zur Nutzung der digitalen und gegebenenfalls urheberrechtlich geschützten Inhalte prohibitiv auf die Verwendung der automatisierten Analyse wirken.[340] Die Schranke in § 44b II 1 UrhG erlaubt die Vervielfältigung von rechtmäßig zugänglichen Werken.[341] Oftmals wird daraus der Grundsatz des „the right to read is the right to mine" abgeleitet.[342] Dies kann aber nur für frei zugängliche Informationen gelten, die nicht Gegenstand von vertraglichen Abreden sind.[343]

---

339 *Rostam*, Das Erfordernis technikverständlichen Verhaltens im Urheberrecht, S. 119, in: Kuschel/Asmussen/Golla (Hrsg.), Intelligente Systeme – Intelligentes Recht.

340 *Rostam*, Das Erfordernis technikverständlichen Verhaltens im Urheberrecht, S. 112, in: Kuschel/Asmussen/Golla (Hrsg.), Intelligente Systeme – Intelligentes Recht.

341 *Grisse*, Nutzbarmachung urheberrechtlich geschützter Textbestände für die Forschung durch Dritte, RuZ 2020, 143 (144); *Hofmann*, Update für das Urheberrecht, GRUR 2021, 895 (897).

342 *Geiger/Frosio/Bulayenko*, The Exception for Text and Data Mining (TDM) in the Proposed Directive on Copyright in the Digital Single Market – Legal Aspects, Briefing for the JURI committee of the European Parliament 2018, S. 21, abrufbar unter: https://www.europarl.europa.eu/RegData/etudes/IDAN/2018/604941/IPOL_IDA(2018)604941_EN.pdf (zuletzt abgerufen am 10. August 2023); *Raue*, Rechtssicherheit für datengestützte Forschung, ZUM 2019, 684 (686).

343 *Raue*, Free Flow of Data? The Friction Between the Commission's European Data Economy Initiative and the Proposed Directive on Copyright in the Digital Single Market, IIC 2018, 379 (381).

Mit der Regelung in § 44b UrhG möchte der Gesetzgeber aufgrund derselben Gesichtspunkte wie bei der Nutzung von *Thumbnails* durch Suchmaschinen auch hier die Handlungslast dem Rechtsinhaber aufbürden. Will dieser die Erlaubnis der Nutzung seiner Inhalte für TDM verhindern, so muss er dies nach § 44b III UrhG zum Ausdruck bringen und kann so wieder ein Verbotsrecht (*Property Rule*) begründen.[344] Das „right to read" ist infolgedessen nur dann auch das „right to mine", solange der Rechtsinhaber seinen Vorbehalt nicht prozeduralisiert hat.[345] In § 44b III UrhG ist dieser Mechanismus materiell-rechtlich verankert.

Der Gesetzgeber hat verstanden, dass das Interesse von TDM auf umfangreichen Datenbeständen beruht und notwendigerweise automatisiert erfolgt. Soll die Erlaubnis versagt werden, muss dieser Vorbehalt unter Berücksichtigung der Automatisierung, also der Verarbeitung durch *Software*, für diese verständlich sein. Durch die Notwendigkeit der Maschinenlesbarkeit des Nutzungsvorbehalts für TDM ist dieser prozeduralisiert worden, zumindest für die online zugänglichen Inhalte (§ 44b III 2 UrhG).

c. Technikverständlichkeit der Zugangsbeschränkung

Das Urheberrecht verlangt vom Rechtsinhaber bei technisch dominierten Nutzungen die Einhaltung von bestimmten Handlungen.[346] Der Rechtsinhaber kann aufgefordert sein, sich aktiv gegen die Nutzung zu wehren. Dabei wird das Ausschließlichkeitsrecht des Rechtsinhabers in ein Widerspruchsrecht verkehrt.[347]

---

344 *Rostam*, Das Erfordernis technikverständlichen Verhaltens im Urheberrecht, S. 113, in: Kuschel/Asmussen/Golla (Hrsg.), Intelligente Systeme – Intelligentes Recht.

345 *Hacker*, Digitale Marktordnung durch Urheber- und Datenschutzrecht, S. 367, in: Grundmann/Merkt/Mülbert (Hrsg.), Festschrift für Klaus J. Hopt zum 80. Geburtstag.

346 *Rostam*, Das Erfordernis technikverständlichen Verhaltens im Urheberrecht, S. 114, in: Kuschel/Asmussen/Golla (Hrsg.), Intelligente Systeme – Intelligentes Recht; *Grünberg*, Medienspezifische Zugangsregeln im Internet: Framing/Embedding, ZUM 2021, 395 (399).

347 *Grünberg*, Medienspezifische Zugangsregeln im Internet: Framing/Embedding, ZUM 2021, 395 (399).

Um seine Handlungslast auf den Nutzer zu übertragen und damit ein Verbotsrecht zu bewirken, muss sich der Rechtsinhaber maschinenverständlich, also den formalen Anforderungen der *Software* anpassen.[348] Es wird ein technikverständliches Verhalten verlangt.[349] Objektiv wird der technische Gesamtzusammenhang berücksichtigt und das Vertrauen des Verkehrs in die Funktionsfähigkeit der automatisierten Datenverarbeitung im WWW geschützt.[350]

Der BGH hatte bereits in *Vorschaubilder-I* festgelegt, dass die durch das Einstellen der Bilder erfolgte schlichte Einwilligung nicht durch einfachen Widerruf entfalle.[351] Sollen die digitalen Inhalte des Rechtsinhabers im WWW frei auffindbar bleiben, aber möchte er Nutzungshandlungen kontrollieren, ist er angehalten, den Vorbehalt so mitzuteilen, dass die *Software* diesen verstehen und verarbeiten kann. Alternativ hätte er einen Passwortschutz oder eine andere Form der Zugangsbeschränkung wählen können.[352] Diese Schutzmittel haben allerdings zur Folge, dass wesentlich weniger Besucher auf die Webseite gelangen und die Werbewirkung eingeschränkt ist. Der Ausschluss muss technikverständlich mitgeteilt werden.[353] Der Rechtsinhaber hat sich sowohl bei Einstellung der digitalen Inhalte im WWW als auch bei der Versagung der Nutzung den technisch geprägten, also formalen Anforderungen des WWW zu unterwerfen.[354]

Wielsch spricht in diesem Zusammenhang von einer „Kooperationslast".[355] Es können nur solche Erklärungen berücksichtigt werden, die durch *Software* automatisiert verarbeitet werden.[356] Die Kommunikation zwischen den Webseitenbetreibern und Softwareverwendern erfolgt dabei

---

348 *Schubert*, Anmerkung zum Beschluss des BGH vom 25. April 2019 – I ZR 113/18, in: Urheberrechtliche Einordnung von „embedded" Links unter Umgehung technischer Schutzmaßnahmen gegen Framing, MMR 2019, 436 (439).

349 *Rostam*, Das Erfordernis technikverständlichen Verhaltens im Urheberrecht, S. 120, in: Kuschel/Asmussen/Golla (Hrsg.), Intelligente Systeme – Intelligentes Recht.

350 *Wielsch*, Die Zugangsregeln der Intermediäre: Prozeduralisierung von Schutzrechten, GRUR 2011, 665 (672).

351 *Ohly*, Zwölf Thesen zur Einwilligung im Internet, GRUR 2012, 983 (990).

352 *Finck/Moscon*, Copyright Law on Blockchains: Between New Forms of Rights Administration and Digital Rights Management 2.0, IIC 2019, 77 (81).

353 *Specht*, Diktat der Technik, S. 53.

354 *Ohly*, Anmerkung zum Urteil des EuGH vom 9. März 2021 – C-392/19 – Deutsche Digitale Bibliothek, in: GRUR 2021, 706 (711), Rn. 5.

355 *Wielsch*, Die Zugangsregeln der Intermediäre: Prozeduralisierung von Schutzrechten, GRUR 2011, 665 (670).

356 *Specht*, Diktat der Technik, S. 53.

durch *Code*.[357] Nur bei Einhaltung dieser formalisierten Sprache kann die Erklärung vom Empfänger verarbeitet und befolgt werden.[358]

Durch die Notwendigkeit der technikverständlichen Kommunikation entzieht sich der Rechtsinhaber der Pflicht, jeder einzelnen Nutzungsanfrage zu widersprechen. Die Verwendung derselben Sprache wie die des Nutzers entspricht der Erwartungshaltung des Verkehrs in einem durch Automation und Technik geprägten Umfeld.[359]

Besondere Aufmerksamkeit verdient in Bezug auf die Maschinenlesbarkeit das *Robots Exclusion Protocol* (REP).[360] Hierdurch können formalisierte Erklärungen über die Nutzung von Online-Inhalten abgegeben und durch *Software* automatisiert verarbeitet werden.[361] Auf den Umfang, die Wirkung und Relevanz dieses Protokolls für die vorliegende Arbeit wird im Verlauf ausführlich einzugehen sein.

aa. Zumutbarkeit der Kooperationslast

In den zuvor beispielhaft dargestellten, technisch dominierten Nutzungshandlungen muss der Rechtsinhaber in Umkehrung des *Opt-in*-Konzepts der Verwendung seiner Online-Inhalte aktiv widersprechen. Diese „prozedurale Restrukturierung“ des Schutzrechts[362] führt zu einer effizienten Ressourcenallokation.

Mit der Veröffentlichung von Inhalten auf einer Webseite hat sich der Rechtsinhaber an der offenen Zugangskultur des WWW beteiligt.[363] Soll die Nutzung der digitalen Inhalte ausgeschlossen werden, muss der Widerspruch ausdrücklich kundgetan werden und so kommuniziert werden,

---

357 *Conrad/Schubert*, How to Do Things with Code, GRUR 2018, 350.

358 *Conrad/Schubert*, How to Do Things with Code, GRUR 2018, 350.

359 *Raue*, Das subjektive Vervielfältigungsrecht – eine Lösung für den digitalen Werkgenuss?, ZGE 2017, 514 (525).

360 *Gausling*, Kommerzialisierung öffentlich-zugänglicher Informationen im Wege des Data Scraping, CR 2021, 609 (611); *Jacobsen*, „Maschinenlesbarkeit“ des Rechtevorbehalts im neuen § 44b UrhG, MMR-Aktuell 2021, 441332, S. 7.

361 *Hürlimann*, Suchmaschinenhaftung, S. 69; *Mislove/Wilson*, A Practitioner's Guide to Ethical Web Data Collection, S. 550, in: Foucault Welles/González-Bailón (Hrsg.), The Oxford Handbook of Networked Communication, S. 550; *Tinnefeld*, Die Einwilligung in urheberrechtliche Nutzungen im Internet, S. 83; http://www.robotstxt.org/robotstxt.html (zuletzt abgerufen am 10. August 2023).

362 *Wielsch*, Die Zugangsregeln der Intermediäre: Prozeduralisierung von Schutzrechten, GRUR 2011, 665 (670).

363 *Peukert*, Das Urheberrecht und die zwei Kulturen der Online-Kommunikation, GRUR-Beilage 2014, 77 (78).

dass dieser maschinenverständlich ist. So stellt Erwägungsgrund 18 DSM-RL klar, dass „es als angemessen zu erachten" ist, für online veröffentlichte Inhalte einen maschinenlesbaren Vorbehalt zu erklären.

bb. Kritik der Technikverständlichkeit

Die Auferlegung der Handlungslast und die damit verbundene Verpflichtung zur technikverständlichen Kommunikation ist umstritten. So wird der mit diesem Prozess einhergehenden Flexibilisierung des Rechts zum einen die Abwesenheit dogmatischer Stringenz[364] und zum anderen der Umstand, dass die Erwartungen der Verkehrskreise nicht dafür ausschlaggebend sein dürfen, welche technischen Mittel einen Widerspruch begründen[365], vorgehalten. Andernfalls dominiere der technische Kontext die Rechte des Urhebers, womit der Grundsatz gelte: *Code is Law*.[366]

Es ist begrüßenswert, dass mit Umsetzung der DSM-RL die Anforderung der „Maschinenlesbarkeit" übernommen worden ist. Hierdurch besteht mehr Klarheit über die Form der Kommunikation. Diese muss so gestaltet sein, dass eine automatisierte Verarbeitung von digitalen Inhalten durch *Software* möglich ist. Damit wäre auch bei fortschreitender technischer Entwicklung und einer sich ändernden Erwartung der Verkehrskreise keine Zunahme der Rechtsunsicherheit zu befürchten.

Durch die Auferlegung der Handlungslast ist das Ausschließlichkeitsrecht für den Rechtsinhaber prozeduralisiert und hat eine Flexibilisierung erhalten, in der man eine Unbeständigkeit erkennen kann. Allerdings ist – wie zuvor dargestellt – die Möglichkeit eines dynamischen Wechsels von *Property Rule* zu *Liability Rule* notwendig, um bei automatisierten Nutzungshandlungen den Regeln der *Software* zu entsprechen und dem Rechtsinhaber die Befugnis einzuräumen, die Nutzung zu versagen oder zu erlauben.[367]

---

[364] *Raue*, Das subjektive Vervielfältigungsrecht – eine Lösung für den digitalen Werkgenuss?, ZGE 2017, 514 (519).

[365] *Rostam*, Das Erfordernis technikverständlichen Verhaltens im Urheberrecht, S. 128, in: Kuschel/Asmussen/Golla (Hrsg.), Intelligente Systeme – Intelligentes Recht.

[366] *Lessig*, Code and Other Laws of Cyberspace, S. 6.

[367] *Hofmann*, Kontrolle oder nachlaufender Rechtsschutz – wohin bewegt sich das Urheberrecht?, GRUR 2018, 21 (28).

Es stellt sich weiter die Frage, welches Maß an technischem Verständnis von einem durchschnittlichen Rechtsinhaber verlangt werden kann. In diesem Zusammenhang kollidiert das Schutzinteresse des Rechtsinhabers mit der Erwartungshaltung des Verkehrs. Eine technische Schutzmaßnahme in Form des Zugangs- und Passwortschutzes wird in der Regel nicht in seinem Interesse sein, denn damit würde zwar der digitale Inhalt weitestgehend geschützt, aber der Rechtsinhaber schneidet sich auch einen Großteil der Webseitenbesucher ab.[368] Eine den technischen Entwicklungen angepasste „prozeduralisierte *Property Rule*“[369] kann im besten Fall das Publikationsinteresse des Rechtsinhabers und das Verwertungsinteresse des Nutzers in Ausgleich bringen. Verlangt man einen Nutzungsausschluss durch *Code*, also Softwareverständlichkeit, dann sollte diese Implementierung des Ausschlusses die Rechtsinhaber nicht technisch überfordern und andererseits die Nutzer durch den Rechtsvollzug durch Technik nicht vor vollendete Tatsachen stellen. Technologie kann sich nämlich über die gesetzlichen Bestimmungen des Urheberrechts hinwegsetzen (§ 95b UrhG) und einen „Steuerungscharakter“[370] entfalten, der schützenswerte Rechtspositionen durchsetzt, aber auch rechtswidriges Verhalten perpetuiert.

Das *Robots Exclusion Protocol* bietet in diesem Zusammenhang eine brauchbare Möglichkeit, die Nutzung der digitalen Inhalte durch *Software* zu steuern.[371] Damit besteht zunächst keine „Alles-oder-nichts“-Lösung, sondern es können Regeln etabliert werden, die individuell den Zugriff für verschiedene *Software* auf bestimmte Inhalte oder Dateien bestimmen.[372]

d. Zwischenergebnis

Die Prozeduralisierung lässt sich als eine Art Korrektur verstehen, durch die der Unfähigkeit des materiellen Rechts entgegengetreten werden soll,

---

368 *Tinnefeld*, Die Einwilligung in urheberrechtliche Nutzungen im Internet, S. 93.

369 *Rostam*, Das Erfordernis technikverständlichen Verhaltens im Urheberrecht, S. 117, in: Kuschel/Asmussen/Golla (Hrsg.), Intelligente Systeme – Intelligentes Recht.

370 *Beaucamp*, Rechtsdurchsetzung durch Technologie, S. 3.

371 *Bellia*, Defending Cyberproperty, 79 N.Y.U. Law Review 2004, 2164 (2214).

372 *Brunn*, Cache me if you can, S. 39; anderer Auffassung: *Höppner/Rieger*, Moving Towards a World of Selfies?, GRUR Int. 2016, 633 (638); Google Search Central, Anleitung zum Schreiben und Einreichen einer *robots.txt*-Datei unter: https://developers.google.com/search/docs/advanced/robots/create-robots-txt?hl=de (zuletzt abgerufen am 10. August 2023).

flexibel auf die technische Entwicklung zu reagieren. Die Prozeduralisierung führt bei der automatisierten Nutzung von digitalen Inhalten durch *Software* zu einer „Mitwirkungsobliegenheit“[373], verlangt also ein aktives Tätigwerden des Rechtsinhabers, um die freie Nutzung seines digitalen Inhalts zu versagen und so zu einer effizienten Ressourcenallokation beizutragen.

Im Sinne der Verkehrssicherheit muss für technisch geprägte Umfelder ein nach außen wahrnehmbarer und formalisierter Kommunikationsvorgang erfolgen. Dabei hat der Rechtsinhaber zu berücksichtigen, dass er mit *Software* kommuniziert, der Nutzungsvorbehalt also maschinenverständlich zu erklären ist.

Ist ein Rechtsinhaber in einem technisch dominierten Umfeld wie dem WWW aktiv, so kann es ihm zugemutet werden, gewisse technische Standards einzuhalten. Dies gilt nicht nur für die Erstellung von Webseiten und die Veröffentlichung von digitalen Inhalten, sondern auch für die Versagung der Nutzung.

3. Privatisierung des Urheberrechts

Als weitere Reaktion auf die zunehmende technische Entwicklung und damit die Automatisierung von Verwendungen von digitalen Inhalten, hat sich der Einsatz von technischen Mitteln etabliert. Gerade bei digitalen Werken stellt die ausschließliche wirtschaftliche Verwertung durch den Rechtsinhaber eine große Herausforderung dar, können digitale Inhalte doch ohne Einbußen an Qualität vervielfältigt werden.[374] Es kann kaum nachvollzogen werden, wer die digitalen Inhalte zu welchem Zweck nutzt.[375]

---

373 *Rostam*, Das Erfordernis technikverständlichen Verhaltens im Urheberrecht, S. 108, in: Kuschel/Asmussen/Golla (Hrsg.), Intelligente Systeme – Intelligentes Recht.

374 *Mittenzwei*, Informationen zur Rechtewahrnehmung im Urheberrecht, S. 11; *Wand*, Technische Schutzmaßnahmen und Urheberrecht, S. 1.

375 National Research Council, Committee on Intellectual Property Rights and the Emerging Information Infrastructure, The Digital Dilemma, S. 45.

Um auf diese neue Wirklichkeit zu reagieren, wollen die Urheber ihre Ausschließlichkeitsrechte umfassender schützen und greifen auf technische Schutzmittel zurück[376], die faktisch zu einer Ausweitung des gesetzlichen Schutzes führen.[377]

In der Folge sollen die technischen Schutzmittel, ihre gesetzliche Verankerung und ihr rechtlicher Schutz dargestellt werden dargestellt werden. Ebenso soll auf aktuelle technische Entwicklungen und Kritik der technischen Schutzmittel eingegangen werden. Für die Rechtsinhaber stellen *Digital-Rights-Management*-Systeme (DRM-Systeme) eine Möglichkeit dar, mit Technik auf Technik zu reagieren.[378] DRM-Systeme stellen dabei den Oberbegriff für Technologien dar, die es ermöglichen, die Nutzung von Inhalten durch Dritte zu kontrollieren.[379] Ein DRM-System ermöglicht demgegenüber eine differenzierte Preisgestaltung und eine direkte Abrechnung („pay-per-use") mit dem Nutzer und wird auch als „elektronisches Vertriebssystem"[380] beschrieben.[381]

Wird nachfolgend von technischen Schutzmaßnahmen gesprochen, sind die gesetzlich geschützten Technologien nach § 95a II UrhG gemeint. Wird von technischen Mitteln gesprochen, sind alle technischen und rechtlichen Schutzmaßnahmen, abseits des § 95a II UrhG, gemeint.

a. Technische Schutzmaßnahmen

Die §§ 95a ff. UrhG beinhalten Regelungen über „ergänzende Schutzbestimmungen". Dabei stellen die in § 95a UrhG genannten technischen Schutzmaßnahmen einen Teilbereich der Rechteverwaltungssysteme dar. Historisch sind diese Bestimmungen auf Art. 11 WCT und Art. 18 WPPT

---

376 *Dreier/Schulze/Dreier* UrhG Einl., Rn. 24.

377 *Kreutzer*, Das Modell des deutschen Urheberrechts und Regelungsalternativen, S. 303.

378 *Arlt*, Digital Rights Management-Systeme – Begriff und rechtliche Rahmenbedingungen nach den jüngsten Änderungen des UrhG – insbesondere zum Verhältnis der §§ 95a ff. UrhG zum Zugangskontrolldiensteschutzgesetz (ZKDSG), GRUR 2004, 548.

379 *Sesing*, Verbreitung digitaler Inhalte, S. 92; *Hugenholtz*, Code as Code, or the End of Intellectual Property as We Know It, Maastricht Journal of European and Comparative Law, 1999, S. 308 (314).

380 *Specht*, Diktat der Technik, S. 176.

381 *Sosnitza*, in: Berger/Wündisch, Urhebervertragsrecht, § 5 Rn. 9; *Schulz*, Der Bedeutungswandel des Urheberrechts durch Digital Rights Management – Paradigmenwechsel im deutschen Urheberrecht, GRUR 2006, 470 (473).

zurückzuführen, die im Interesse einer einheitlichen europäischen Regelung gemäß Art. 6 und 7 InfoSoc-RL ins deutsche Urheberrecht umgesetzt wurden.[382]

Der § 95a II UrhG definiert die technischen Schutzmaßnahmen als „Technologien, Vorrichtungen und Bestandteile, die im normalen Betrieb dazu bestimmt sind, geschützte Werke oder andere nach diesem Gesetz geschützte Schutzgegenstände betreffende Handlungen, die vom Rechtsinhaber nicht genehmigt sind, zu verhindern oder einzuschränken". Die technischen Schutzmaßnahmen nach § 95a I UrhG regeln sowohl die Zugangs- als auch die Nutzungskontrolle zu den urheberrechtlich geschützten digitalen Rechtspositionen.[383] Die technischen Schutzmaßnahmen schützen den Urheberrechtsinhaber vor unberechtigten Verwertungshandlungen.[384]

Der Gesetzgeber hat basierend auf Art. 6 I InfoSoc-RL auch einen Umgehungsschutz in § 95a I UrhG eingeführt, der den Schutzzweck der Norm komplementiert, denn andernfalls könnte ein Ansporn für die Industrie gesehen werden, den technischen Schutz möglichst schnell zu dechiffrieren.[385]

Die Rechtsnatur der technischen Schutzmaßnahmen wird nicht einheitlich bewertet.[386] Sofern man sich am Schutzzweck und Wortlaut des § 95a I UrhG orientiert, soll gerade kein neues Recht geschaffen werden, sondern lediglich die existierenden Ausschließlichkeitsrechte in Bezug auf den Zugang und Nutzung des Rechts geschützt werden. Die technischen

---

382 *Dreier/Schulze/Specht-Riemenschneider* UrhG § 95a Rn. 1; *Kirmse*, Die zivilrechtlichen Rechtsfolgen der Umgehung technischer Schutzmaßnahmen nach § 95a UrhG, S. 42; *Mittenzwei*, Informationen zur Rechtewahrnehmung im Urheberrecht, S. 33 ff.

383 *Wand*, Technische Schutzmaßnahmen und Urheberrecht, S. 10 ff. (erweitert dies noch um die „Integritätskontrolle" aus urheberrechtspersönlichen Erwägungen, S. 22); *Schulz*, Der Bedeutungswandel des Urheberrechts durch Digital Rights Management – Paradigmenwechsel im deutschen Urheberrecht, GRUR 2006, 470 (471).

384 *Sesing*, Verbreitung digitaler Inhalte, S. 109.

385 *Dreier/Schulze/Dreier* UrhG Einl., Rn. 24; *Kreutzer*, Das Modell des deutschen Urheberrechts und Regelungsalternativen, S. 301; *Spindler*, Europäisches Urheberrecht in der Informationsgesellschaft, GRUR 2002, 105 (115).

386 *Gräbig*, Abdingbarkeit und vertragliche Beschränkungen urheberrechtlicher Schranken, S. 35; *Specht*, Diktat der Technik, S. 196.

Schutzmaßnahmen „flankieren“ damit den bestehenden Urheberrechtsschutz.[387] Durch die Etablierung eines eigenen Schutzsystems erfolgt eine Privatisierung des Urheberrechts.[388] Die technische Gestaltung ist für den gesetzlichen Schutz nicht entscheidend.[389]

Aufgrund ihres aktiven Schutzes sind die technischen Schutzmaßnahmen von dem repressiven Schutz der Rechtewahrnehmungssysteme nach § 95c UrhG zu unterscheiden.[390] Auch wenn Informationen zur Rechtewahrnehmung bei Verwendung der technischen Schutzmittel anfallen und damit Anspruchskonkurrenz entstehen kann, liegt der Schwerpunkt hier auf den technischen Schutzmaßnahmen und den umfassenden DRM-Systemen.

Nutzungs- und Zugangsbeschränkungen führen dazu, dass der Verwender des Schutzmittels die nicht gestattete oder unvergütete Nutzung untersagen kann.[391] Der Rechtsinhaber gibt die Nutzungsbestimmungen vor und die technischen Maßnahmen können sogar so weit reichen, dass sie die Nutzung von der Erfüllung der Vertragsbedingungen abgängig machen und sich die Nutzungsfreigabe oder -sperre automatisch vollzieht.[392] Ob der Schutz unmittelbar oder mittelbar erfolgt, also nur die Weiterverwendung von vervielfältigten digitalen Inhalten eingeschränkt wird, ist für die Wirkung der technischen Schutzmittel unerheblich.[393]

Ferner kann die Nutzung durch die technischen Schutzmaßnahmen zeitlich begrenzt werden oder der Zugang zu den digitalen Inhalten bestimmt werden (*Session-ID*).[394]

---

387 *Dreier/Schulze/Specht-Riemenschneider* UrhG § 95a Rn. 1; *Mittenzwei*, Informationen zur Rechtewahrnehmung im Urheberrecht, S. 155; *Arlt*, Ansprüche des Rechteinhabers bei Umgehung seiner technischen Schutzmaßnahmen, MMR 2005, 148 (149).

388 *Mackenrodt*, Technologie statt Vertrag?, S. 24; *Schulz*, Der Bedeutungswandel des Urheberrechts durch Digital Rights Management – Paradigmenwechsel im deutschen Urheberrecht?, GRUR 2006, 470 (474).

389 *Specht*, Diktat der Technik, S. 177.

390 *Trayer*, Technische Schutzmaßnahmen und elektronische Rechtewahrnehmungssysteme, S. 24.

391 *Sesing*, Verbreitung digitaler Inhalte, S. 87.

392 BGH, Urteil vom 26. Oktober 2022 – XII ZR 89/21, in: MMR 2023, 120 (121); *Beaucamp*, Rechtsdurchsetzung durch Technologie, S. 35; Kuschel, Digitale Eigenmacht, AcP 2020, 98 (99).

393 *Trayer*, Technische Schutzmaßnahmen und elektronische Rechtewahrnehmungssysteme, S. 58.

394 BGH, Urteil vom 29. April 2010 – I ZR 39/08 – Session-ID, in: ZUM 2011, 49.

Der Kopierschutz als eingängiges Beispiel für ein technisches Schutzmittel weist Parallelen zu dem in dieser Arbeit zu untersuchenden *Robots Exclusion Protocol* auf. Um einen Kopierschutz von digitalen Inhalten technisch zu gewährleisten, hat der Verwender des Schutzmittels Informationen in den *Header* der Datei aufzunehmen.[395] Dadurch kann bestimmt werden, ob ein Kopiervorgang vorgenommen werden kann, dieser ausgeschlossen ist oder die Kopie der Kopie untersagt wird.[396]

Wirksamkeitsvoraussetzung ist allerdings, dass die technischen Bestimmungen von den Kopiergeräten beachtet werden. Dieser Umstand führte in den USA dazu, dass ein Gesetz erlassen wurde, das auf Geheiß der Musikindustrie jedes kopierfähige Endgerät die Kopierschutzanweisung verpflichtend zu beachten hat.[397]

Allerdings lässt sich § 95a II 2 UrhG entnehmen, dass der gesetzliche Schutz der technischen Schutzmaßnahme auch bei deren Umgehungsmöglichkeit gegeben ist.[398]

b. Technische Schutzmaßnahmen in der Rechtsprechung

Mit Blick auf die Rolle der technischen Schutzmaßnahmen in der europäischen und deutschen Rechtsprechung soll das Verständnis für die Funktion und Verwendung der privaten Schutzmittel komplementiert werden.

Höchstrichterliche Rechtsprechung in Bezug auf die technischen Schutzmaßnahmen findet sich insbesondere bei Sachverhalten, in denen urheberrechtlich geschützte Werke verlinkt oder im Rahmen von *Framing* genutzt werden, maßgeblich im Zusammenhang mit der Prüfung der öffentlichen Wiedergabe. So hatte im Jahre 2003 der BGH in seiner *Paperboy*[399]-Entscheidung zu der Urheberrechtsrelevanz bei Verlinkungen von Inhalten einer Webseite geurteilt, dass die Verwendung von Hyperlinks unbedenklich sei.[400] Im Laufe der Zeit sah sich der BGH weiteren Streitigkeiten ausgesetzt und musste sich mit Sachverhalten befassen, in

---

395 *Trayer*, Technische Schutzmaßnahmen und elektronische Rechtewahrnehmungssysteme, S. 29.

396 *Specht*, Diktat der Technik, S. 192.

397 *Trayer*, Technische Schutzmaßnahmen und elektronische Rechtewahrnehmungssysteme, S. 31; mit Verweis auf den „*Home Recording Act*".

398 *Dreier/Schulze/Specht-Riemenschneider* UrhG § 95a Rn. 15.

399 BGH, Urteil vom 17. Juli 2003, I ZR 259/00 – Paperboy.

400 BGH, Beschluss vom 16. Mai 2013, I ZR 46/12 – Die Realität I, in: MMR 2013, 596 (599), Anmerkung von *Ott*.

denen zwar ein Hyperlink verwendet, bei dem aber zusätzlich zum Schutz des Inhalts eine technische Schutzmaßnahme etabliert wurde.[401]

In *Session-ID*[402] nutzte die Beklagte einen Deep-Link, der unter Umgehung der Startseite und dadurch der Schutzmaßnahme zu den entsprechenden Webseiten-Inhalten führte. Aus Sicht des Nutzers, der auf den Hyperlink klickt, ist in diesem Zusammenhang kein Unterschied zu einem Hyperlink ohne technische Schutzmaßnahme (wie in *Paperboy*) erkennbar, denn er gelangt in beiden Fällen zu den urheberrechtlich geschützten Inhalten.

Der BGH sah allerdings in dem Umstand, dass der Link die Startseite umging eine Erweiterung des Nutzerkreises, den die Rechtsinhaberin durch die Schutzmaßnahme gerade nur bestimmten Nutzern oder zu bestimmten Bedingungen eröffnen wollte und hat dies als eine öffentliche Wiedergabe bewertet.[403]

Hierdurch entstand für die Nutzer der Online-Inhalte eine Unsicherheit, denn es ist zumeist nicht ersichtlich, ob eine technische Schutzmaßnahme genutzt wird – zumal der BGH anfänglich entschied, dass die technischen Schutzmaßnahmen nicht einmal wirksam sein müssen.[404]

Der EuGH hat einen anderen Weg eingeschlagen und prüft in Übereinstimmung mit dem Ziel zur Schaffung eines hohen Schutzniveaus durch die InfoSoc-RL im Rahmen der Öffentlichkeit der Wiedergabe ein quantitatives Element und zwei qualitative Kriterien.[405] Konkret muss zunächst die Öffentlichkeit der Handlung bestimmt werden, die quantitativ „eine unbestimmte Zahl potenzieller Adressaten umfasst und zudem eine ziemlich große Zahl von Personen impliziert".[406] Kann dies bejaht werden, kommt der EuGH zur qualitativen Bewertung. Danach ist erforderlich,

---

401 BGH, Urteil vom 29. April 2010 – I ZR 39/08 – Session-ID, in: ZUM 2011, 49.

402 BGH, Urteil vom 29. April 2010 – I ZR 39/08 – Session-ID, in: ZUM 2011, 49.

403 *Bettinger*, Deep Link unter Umgehung technischer Schutzmaßnahmen ist unzulässig – „Session-ID", GRUR-Prax 2010, 534.

404 BGH, Urteil vom 29. April 2010 – I ZR 39/08, Rn. 30 – Session-ID, in: ZUM 2011, 49 (52); BGH, Beschluss vom 25. April 2019 – I ZR 113/18, in: Urheberrechtliche Einordnung von „embedded" Links unter Umgehung technischer Schutzmaßnahmen gegen Framing, Anmerkung: *Schubert*, MMR 2019, 436 (439).

405 EuGH, Urteil vom 9. März 2021 – C-392/19 – Deutsche Digitale Bibliothek, in: GRUR 2021, 706 (710); *Jones*, Die urheberrechtliche Haftung von Intermediären im Rechtsvergleich, S. 74.

406 EuGH, Urteil vom 13. Februar 2014 – C-466/12, Rn. 21 – Svensson, in: GRUR 2014, 360 (361).

dass die „[…] Wiedergabe des geschützten Inhalts unter Verwendung eines technischen Verfahrens, das sich von dem bisher verwendeten unterscheidet, oder ansonsten für ein ‚neues Publikum' erfolgt, das heißt für ein Publikum, an das der Inhaber des Urheberrechts nicht gedacht hatte, als er die ursprüngliche öffentliche Wiedergabe seines Werks erlaubte".[407]

Hier kommt dem Kriterium des „neuen Publikums" die Rolle einer „Zugangsregel"[408] zu und soll einen Ausgleich des Exklusivitäts- und Nutzungsinteresses schaffen und den Zugang zu digitalen Inhalten im WWW nicht übermäßig verhindern.

Sofern technische Schutzmaßnahmen umgangen werden, die der Rechtsinhaber getroffen hatte, um die freie Nutzung der Webseite einzuschränken, handelt es sich aus Sicht des Gerichtshofs um ein „neues Publikum".[409]

Aufbauend auf der Rechtsprechung des EuGH nutzt der BGH für die Prüfung der öffentlichen Wiedergabe auch das Kriterium des „neuen Publikums", verlangt nun aber eine „wirksame" technische Schutzmaßnahme zur Beschränkung der Online-Nutzung.[410] Ferner ist hervorzuheben, dass der BGH nun klarstellt, dass nicht ein „entsprechender Hinweis"[411] für die Beschränkung der öffentlichen Wiedergabe ausreicht. Vielmehr müsse sich der Rechtsinhaber einer Einschränkung bedienen, „um die Rechtssi-

---

[407] Beispielhaft als Beleg der ständigen Rechtsprechung: EuGH, Urteil vom 13. Februar 2014 – C-466/12 – Svensson, in: MMR 2014, 260 (261), Rn. 24; EuGH, Urteil vom 07. August 2018 – C-161/17 – Cordoba, in: GRUR 2018, 911 (912), Rn. 23, 24.

[408] *Grünberger*, Vergütungsansprüche im Urheberrecht, ZGE 2017, 188 (203); *Grünberger*, Öffentliche Wiedergabe bei der Verlinkung (Framing) und der Einsatz von technischen Schutzmaßnahmen – Unsicherheiten in Karlsruhe, ZUM 2019, 573 (578).

[409] EuGH, Urteil vom 09. März 2021 – C-392/19, Rn. 48 – Deutsche Digitale Bibliothek, in: GRUR 2021, 706 (709); BGH, Urteil vom 09. September 2021 – I ZR 113/18, Rn. 37 – Deutsche Digitale Bibliothek II, in: GRUR 2021, 1511 (1514).

[410] BGH, Urteil vom 09. September 2021 – I ZR 113/18, Rn. 38 – Deutsche Digitale Bibliothek II, in: GRUR 2021, 1511 (1514).

[411] BGH, Urteil vom 09. Juli 2015 – I ZR 46/12, Rn. 35 – Die Realität II, in: MMR 2016, 190 (193); *Grünberger*, Zugangsregeln bei Verlinkungen auf rechtswidrig zugänglich gemachte Werke, ZUM 2016, 905 (910).

cherheit und das ordnungsgemäße Funktionieren des Internets zu gewährleisten".[412] Diese müsse, wie *Schubert* es nennt, die „Sprache des Internets" berücksichtigen, also ein maschinenlesbares Mittel darstellen.[413]

c. DRM-Systeme

Digitale Inhalte lassen sich kostengünstig vervielfältigen und übertragen und ermöglichen die Eröffnung von neuen Vertriebswegen.[414] Die Übertragung körperlicher Gegenstände ist nicht mehr notwendig, auch wenn vereinzelt die digitalen Inhalte noch auf Trägermedien gespeichert werden.[415]

Damit einher geht das Risiko, dass der Rechtsinhaber um die wirtschaftliche Verwertung gebracht wird, wobei die DRM-Systeme den Versuch der Wiedergewinnung von „Körperlichkeit" darstellen.[416] Dem Kontrollverlust soll durch ein umfassendes Schutzsystem entgegengewirkt werden.

Soll ein technisches Mittel nicht nur der Zugangs- oder Nutzungskontrolle dienen, sondern werden verschiedene Schutzkonzepte miteinander kombiniert, um so eine differenzierte Rechteverwaltung zu gewährleisten, ist von einem DRM-System auszugehen.[417] Es wird zwischen DRM-Systemen im engeren Sinne und im weiteren Sinne unterschieden.[418] Schutzsysteme im weiteren Sinne umfassen alle rechtlichen, technischen und tatsächlichen Maßnahmen, die der Rechtsinhaber zum Schutz seiner

---

412 BGH, Urteil vom 09. September 2021 – I ZR 113/18, Rn. 38 – Deutsche Digitale Bibliothek II, in: GRUR 2021, 1511 (1514).

413 BGH, Beschluss vom 25. April 2019 – I ZR 113/18, in: Urheberrechtliche Einordnung von „embedded" Links unter Umgehung technischer Schutzmaßnahmen gegen Framing, Anmerkung: *Schubert*, MMR 2019, 436 (439).

414 *Sesing*, Verbreitung digitaler Inhalte, S. 58; *Specht*, Diktat der Technik, S. 176.

415 *Sesing*, Verbreitung digitaler Inhalte, S. 10.

416 *Mittenzwei*, Information zur Rechtewahrnehmung im Urheberrecht, S. 4.

417 *Vaseva*, Digital Rights Management, Institute of Computer Science 2009, 1, abrufbar unter: http://www.mi.fu-berlin.de/inf/groups/ag-tech/teaching/2008-09_WS/S_19565_Proseminar_Technische_Informatik/vaseva09digital.pdf (zuletzt abgerufen am 10. August 2023).

418 *Sesing*, Verbreitung digitaler Inhalte, S. 93 (spricht hier von „hartem" und „weichem" DRM); *Arlt*, Digital Rights Management-Systeme – Begriff und rechtliche Rahmenbedingungen nach den jüngsten Änderungen des UrhG – insbesondere zum Verhältnis der §§ 95a ff. UrhG zum Zugangskontrolldiensteschutzgesetz (ZKDSG), GRUR 2004, 548; Schulz, Der Bedeutungswandel des Urheberrechts durch Digitale Rights Management – Paradigmenwechsel im deutschen Urheberrecht?, GRUR 2006, 470 (471).

Verwertungsrechte nutzt.[419] Ein DRM-System im engeren Sinne beinhaltet lediglich technische Schutzmaßnahmen, die der Absicherung der urheberrechtlich geschützten Rechtspositionen dienen.[420]

Eine einheitliche gesetzliche Bewertung eines DRM-Systems ist aufgrund der vielfältigen Kombination der Schutzmittel nicht möglich.[421] Vorliegend steht das DRM-System im weiteren Sinne im Fokus der Bearbeitung, also vor allem die Kombination von Technik und Recht.

Wird dem Nutzer im Rahmen der Rechteverwaltung die Art und Weise der Nutzungsmöglichkeiten des urheberrechtlich geschützten Werks vorgebeben, handelt es sich um eine Nutzungsvereinbarung im Sinne des § 31 UrhG.[422] Regelt die vertragliche Komponente des DRM-Systems die tatsächliche Nutzung des digitalen Inhalts, ohne notwendigerweise eine urheberrechtsschutzfähige Rechtsposition einzuräumen, liegt keine Lizenzvereinbarung vor.[423] Die Verwender des DRM-Systems nutzen die vertraglichen Regelungen, um die Umgehung der Schutzmittel abzusichern.[424]

Aufgrund des Zusammenhangs von DRM-Systemen (im weiteren Sinne) mit vertraglichen Lizenz- und Nutzungsbestimmungen bezeichnet *Hugenholtz* die Rechteverwaltung als „conditional access systems".[425] Bedenkt man, dass die vertraglichen Nutzungsbedingungen in den Metadaten auch formalisiert, also maschinenlesbar ausgedrückt werden können[426], ist die These von *Lessig* nicht abwegig, der beschreibt, dass durch die Verwendung von „Code das Recht als primären Rechtsschutz des geistigen Eigentums im WWW abgelöst werden könne".[427] Vornehmlich werden die Metadaten selbst auch wieder technisch vor Umgehung geschützt, indem zum Beispiel digitale Wasserzeichen verwendet werden.[428]

---

419 *Schulz*, Der Bedeutungswandel des Urheberrechts durch Digitale Rights Management – Paradigmenwechsel im deutschen Urheberrecht?, GRUR 2006, 470 (471).

420 *Schulz*, Der Bedeutungswandel des Urheberrechts durch Digitale Rights Management – Paradigmenwechsel im deutschen Urheberrecht?, GRUR 2006, 470 (471).

421 *Bechtold*, Vom Urheber- zum Informationsrecht, S. 249.

422 *Sosnitza*, in: Berger/Wündisch, Urhebervertragsrecht, § 5 Rn. 44.

423 *Bechtold*, Vom Urheber- zum Informationsrecht, S. 259.

424 *Bechtold*, Vom Urheber- zum Informationsrecht, S. 259.

425 *Hugenholtz*, Code as Code, or the End of Intellectual Property as We Know It, Maastricht Journal of European and Comparative Law 1999, S. 308 (314).

426 *Bechtold*, Vom Urheber- zum Informationsrecht, S. 260.

427 *Lessig*, Code 2.0, S. 175, im englischen Original: „Code can, and increasingly will, displace law as the primary defense of intellectual property in cyberspace."

428 *Trayer*, Technische Schutzmaßnahmen und elektronische Rechtewahrnehmungssysteme, S. 42; *Lucchi*, Countering the Unfair Play of DRM Technologies, New

Sollen Nutzungshandlungen nicht nur technisch durch die Bestimmungen des DRM-Systems untersagt werden, sondern soll es auch zu einer automatisierten Rechtsdurchsetzung kommen, ist an eine Kombination des DRM-Systems mit *Smart Contracts* zu denken.[429] Darauf wird im Verlauf der Bearbeitung genauer einzugehen sein.

d. Zwischenergebnis

Stellen die technischen Schutzmittel eine Zugangs- oder Nutzungsbeschränkung in Bezug auf einen urheberrechtlich geschützten digitalen Inhalt dar, ist von einer technischen Schutzmaßnahme nach § 95a II UrhG auszugehen. Diese selbst sind vor Umgehung (§ 95a I UrhG) geschützt und können über die Schrankenbestimmungen in §§ 44a ff. UrhG hinausgehen (§ 95b UrhG).

Soll ein differenzierter Schutzmechanismus gestaltet werden, können technische, faktische und vertragliche Schutzmittel miteinander kombiniert werden, die nicht zwangsläufig einem urheberrechtlichen Werkschutz dienen müssen, und in ihrer Gesamtheit ein DRM-System bilden. Gerade in Bezug auf die automatisierte Datenverarbeitung können die Metadaten maschinenlesbare Nutzungsbestimmungen enthalten.

Soll nicht nur eine Einhaltung der technischen Anweisungen erfolgen, sondern diese auch automatisch durchgesetzt werden, kann an eine Kombination oder Erweiterung des DRM-Systems mit *Smart Contracts* gedacht werden.

4. Die Beziehung von Technik und Recht

Die Ambition der Rechtsinhaber, technische Schutzmittel zu verwenden, ist eine Reaktion auf die freie Verfügbarkeit von digitalen Inhalten im WWW. Doch darf nicht übersehen werden, dass die technischen Mittel die dem Urheberrecht zugrunde liegende Güterabwägung beeinträchtigen.

York University Public Law and Legal Theory Working Papers, 2007, 1 (7), abrufbar unter: http://papers.ssrn.com/abstract=970995 (zuletzt abgerufen am 10. August 2023).

429 *Specht*, Zum Verhältnis von (Urheber-)Recht und Technik, GRUR 2019, 253 (258).

Diese wirken in Bezug auf die Nutzungsbeschränkung ähnlich wie vertragliche Regelungen, was *Mackenrodt* als „Funktionsäquivalenz" bezeichnet.[430]

Doch geht die Wirkung von Technik über die vertraglichen Beschränkungen hinaus, denn sie begrenzt nicht nur das „rechtliche Dürfen, sondern das tatsächliche Können".[431] Die technischen Schutzmaßnahmen verabsolutieren die geschützten Rechtspositionen des Rechtsinhabers und weiten seine Befugnisse aus.[432] Dabei ist Technik „blind"[433] und folgt nur den festgelegten Regeln in den Algorithmen.

In Bezug auf das Urheberrecht zeigt sich, dass es dem Rechtsinhaber unter Verwendung von technischen Schutzmaßnahmen möglich ist, Schrankenbestimmungen, die Erschöpfung und Schutzfristen einzuschränken oder zu erweitern.[434] Lässt man diese „Privatisierung des Rechtsschutzes"[435] uneingeschränkt zu, können das Urheberrecht und die diesem zugrunde liegenden Abwägungen in der Bedeutungslosigkeit versinken, denn dann ist es nicht mehr der Gesetzgeber, sondern das technische Mittel, welches den Umfang des Rechtsschutzes bestimmt.[436] Es gilt dann wieder: „Code is Law".[437]

Die These von *Lessig* gründet jedoch nicht auf der Annahme, dass Gesetz und Technik gleichzusetzen seien, sondern geht davon aus, dass *Code* nur eine weitere Regulierungskraft neben Markt, Recht, sozialen Normen

---

430 *Mackenrodt*, Technologie statt Vertrag?, S. 23.

431 *Specht*, Diktat der Technik, S. 25.

432 *Kreutzer*, Das Modell des deutschen Urheberrechts und Regelungsalternativen, S. 303.

433 *Geiger*, Der urheberrechtliche Interessenausgleich in der Informationsgesellschaft – Zur Rechtsnatur der Beschränkungen des Urheberrechts, GRUR Int. 2004, 815 (820).

434 *Kreutzer*, Das Modell des deutschen Urheberrechts und Regelungsalternativen, S. 303; *Specht*, Zum Verhältnis von (Urheber-)Recht und Technik, GRUR 2019, 253 (258).

435 *Specht*, Diktat der Technik, S. 197; *Schulz*, Der Bedeutungswandel des Urheberrechts durch Digital Rights Management – Paradigmenwechsel im deutschen Urheberrecht?, GRUR 2006, 470 (474).

436 *Mittenzwei*, Informationen zur Rechtewahrnehmung im Urheberrecht, S. 154; *Specht*, Diktat der Technik, S. 179, 197; *Boehme-Neßler*, Die Macht der Algorithmen und die Ohnmacht des Rechts, NJW 2017, 3031 (3035).

437 *Lessig*, Code and Other Laws of Cyberspace, S. 6.

und Architektur darstellt.[438] Denn auch *Code* kann zu einem Tun oder Unterlassen bewegen.[439] Ist ein Kopierschutz wirksam, so kann der Nutzer das Werk nicht vervielfältigen, auch wenn ihm dies nach § 53 UrhG zugestanden werden muss. Die Vervielfältigung ist aufgrund der technischen Gestaltung nicht möglich. Die Handlungsmöglichkeiten des Nutzers sind technisch determiniert,[440] wobei dieser Umstand durch die Möglichkeit der automatisierten Rechtsdurchsetzung weiter verschärft wird. Es wird von der „regulation by technology" gesprochen, bei der keine Entscheidungsspielräume mehr bestehen und die Rechtsdurchsetzung zwingend erfolgt.[441]

So ist Lessigs Zitat „Code is Law"[442] ein Schlagwort für die Privatisierung des Urheberrechts durch Technik geworden. Es gibt eine Fülle an Beispielen dafür, dass die technischen Strukturen den Rahmen des Möglichen abstecken. So verlangt etwa auch das WWW die Einhaltung von Internetprotokollen als Standards der Kommunikation im Netz.

Recht und Technik bedingen einander. Mit Umsetzung der technischen Schutzmaßnahmen ins deutsche Urheberrecht wurde auf die zunehmende Komplexität des Rechtsschutzes im digitalen Umfeld reagiert, doch sind es gerade die rechtlichen Vorschriften, die vor der Umgehung der technischen Schutzmaßnahmen schützen.[443] Sollen rechtliche Entscheidungen automatisiert werden, ist eine Formalisierung notwendig, also die Übertragung von Anweisungen in eine maschinenverständliche Logik.[444]

Es besteht also nicht nur eine Interdependenz von Recht und Technik, sondern Technik unterliegt dem Recht. *Code* wird von Programmierern, also natürlichen Personen, geschrieben, die dem Gesetz unterliegen. Auch

---

438 *Lessig*, Code 2.0, S. 88; *De Filippi/Hassan*, Blockchain Technology as a Regulatory Technology: From Code is Law to Law is Code, First Monday 2016, S. 2, abrufbar unter: https://firstmonday.org/ojs/index.php/fm/article/view/7113 (zuletzt abgerufen am 10. August 2023).

439 *Gantner*, „Code Is Law" aber „Is Law Code"?, Jusletter IT, S. 1, abrufbar unter: https://publik.tuwien.ac.at/files/publik_284453.pdf (zuletzt abgerufen am 10. August 2023).

440 *Beaucamp*, Rechtsdurchsetzung durch Technologie, S. 35.

441 *Lenk*, Die neuen Instrumente der weltweiten digitalen Governance, Verwaltung & Management 2016, 227 (231).

442 *Lessig*, Code and Other Laws of Cyberspace, S. 6.

443 *De Filippi/Hassan*, Blockchain Technology as a Regulatory Technology: From Code is Law to Law is Code, First Monday 2016, abrufbar unter: https://firstmonday.org/ojs/index.php/fm/article/view/7113 (zuletzt abgerufen am 10. August 2023).

444 *Beaucamp*, Rechtsdurchsetzung durch Technologie, S. 17.

sind Gesetze erlassen worden, die die Rahmenbedingungen des WWW (Telemediengesetz) oder die Verhaltensweisen im WWW (Netzwerkdurchsetzungsgesetz) regulieren.

„Wer den Code kontrolliert, der hat die Macht", schreibt *Lobe*[445] – und ihm ist insofern beizupflichten, als Technik eine Steuerungskraft besitzt, die über die gesetzlichen Bestimmungen hinausgehen kann.

Besinnt man sich auf die *Vorschaubilder*-Rechtsprechung des BGH und die dort genannten „üblichen Nutzungshandlungen"[446], für die eine schlichte Einwilligung angenommen wird, so kann argumentiert werden, dass Programmierer zumindest einen mittelbaren Einfluss auf die Rechtsanwendung haben. Denn was „üblich" ist, hängt in diesem Fall vom *Code* ab, der die Interstandards definiert, welche von Entwicklern geschrieben werden.[447]

Gesetz und *Code* unterscheiden sich aber wesentlich. Gesetze werden in einem formellen Prozess erlassen, gelten abstrakt-generell und werden durch die Gerichte, also ex-post, entsprechend dem zugrunde liegenden Sachverhalt im Einzelfall angewandt.[448] *Code* gilt unmittelbar, lässt keine Auslegung zu und muss entsprechend seiner binären Logik für jede Anwendung (Sachverhalt) programmiert werden.[449]

Infolge des technischen Fortschritts zeichnen sich eine verstärkte Techniksensibilität und eine Prozeduralisierung des Rechts ab, die zugleich mit dem Bemühen des Gesetzgebers einhergehen, einen rechtlichen Rahmen für die Innovationen zu schaffen. In der Forschung wird zunehmend über die Formalisierung des Rechts nachgedacht und damit über die Vorteile,

---

445 *Lobe*, Speichern und Strafen, S. 42.

446 BGH, Urteil vom 29. April 2010, I ZR 69/08 – Vorschaubilder I; in: MMR 2010, 475 (479).

447 Legal Tech Expedition, Technische Universität München, Dossier #6: Code is Law & Law is Code, 2020, S. 7, abrufbar unter: https://www.legaltech-expedition.de/wp-content/uploads/2020/06/Dossier-6-code-is-law.pdf (zuletzt abgerufen am 10. August 2023); ausführlich zu den technischen Standards im WWW: *Mayer*, Selbstregulierung im Internet: Institutionen und Verfahren zur Setzung technischer Standards, K&R 2000, 13.

448 *De Filippi/Hassan*, Blockchain Technology as a Regulatory Technology: From Code is Law to Law is Code, First Monday 2016, abrufbar unter: https://firstmonday.org/ojs/index.php/fm/article/view/7113 (zuletzt abgerufen am 10. August 2023).

449 *Hugenholtz*, Code as Code, or the End of Intellectual Property as We Know It, Maastricht Journal of European and Comparative Law 1999, S. 308 (319).

die eine automatisierte Anwendung und Durchsetzung des Rechts mit sich bringe.[450]

a. Formalisierung des Rechts am Beispiel von *Smart Contracts*

Natürliche Sprache kann von Maschinen nicht verstanden werden, woraus sich ergibt, dass auch Rechtsnormen nicht ohne Weiteres maschinenlesbar sind. Möchte man erreichen, dass Nutzungsvorgaben ebenso wie gesetzliche Regelungen automatisch verarbeitet werden, müssen diese zunächst formalisiert werden.[451]

An die Entwicklung der Computer schloss sich die rechtswissenschaftliche Auseinandersetzung an und so begründete sich bereits in den Fünfzigerjahren die Rechtsinformatik und damit die Beziehung von „Informationstechnik, Datenverarbeitung und Recht".[452] Im Zuge dieser der technischen Weiterentwicklung und der Verbindung von Recht und Technologie hatte *Szabo* 1994 den Gedanken, einen computergesteuerten Vertrag zu entwickeln, der bei Vorliegen bestimmter Bedingungen („Wenn") des Vertrags diese automatisiert ausführt („Dann").[453] Unter Verwendung von *Software* setzt der *Smart Contract* die schuldrechtlichen Bestimmungen um.[454]

Besonders die automatisierte Rechtsdurchsetzung durch *Smart Contracts* birgt Gefahren, denn auch rechtswidrige Regeln werden automatisch vollzogen. Um möglichen Manipulationen vorzubeugen und Ver-

---

450 *Finck*, Grundlagen und Technologien von Smart Contracts, in: Fries/Paal (Hrsg.), Smart Contracts, S. 2.

451 *Beaucamp*, Rechtsdurchsetzung durch Technologie, S. 30; *Rollberg*, Algorithmen in der Justiz, S. 57.

452 *Wolf*, Lösungen von Rechtsfällen mit Hilfe von Computern? Bisher ungenutzte Chancen der Rechtsinformatik, in: Graul/Wolf (Hrsg.), Gedächtnisschrift für Dieter Meurer, S. 666.

453 *Szabo*, Smart Contracts, 1994, abrufbar unter: https://www.fon.hum.uva.nl/rob/Courses/InformationInSpeech/CDROM/Literature/LOTwinterschool2006/szabo.best.vwh.net/smart.contracts.html (zuletzt abgerufen am 10. August 2023).

454 *Hofmann*, Smart contracts und Overenforcement, in: Fries/Paal (Hrsg.), Smart Contracts, S. 128; *Schnell/Schwaab*, Vertragsgestaltung beim Einsatz von Smart Contracts zur Automatisierung von Lieferbeziehungen, BB 2021, 1091.

trauen in die Technologie zu gewährleisten, findet sich vielfach eine Verbindung von *Smart Contracts* mit *Digital-Ledger*-Technologie.[455] Auf dieser Technologie beruht auch die *Blockchain*, die ein „Datenbanksystem [darstellt], die eine synchronisierte Verifizierung und Speicherung von Daten in Peer-to-Peer-Netzwerken ermöglicht“, ohne dabei einen „übergeordneten Verwalter oder zentralen Datenspeicher“ zu haben.[456]

Möglich ist die technische Gestaltung von *Smart Contracts* aber auch unabhängig von der *Blockchain* und damit als einfache „computergesteuerte Wenn-Dann-Beziehung“.[457] Folgt man den Ausführungen von *Kaularzt/Heckmann*, so bedarf es zur Formalisierung des Rechts durch *Smart Contracts* folgender Voraussetzungen: „Ein digital prüfbares Ereignis, ein Programmcode, welcher das Ereignis verarbeitet, eine rechtlich relevante Handlung, welche auf Grundlage des Ereignisses ausgeführt wird“.[458]

Am Beispiel der *Smart Contracts* zeigt sich, dass Formalisierung für die Automatisierung der Rechtsanwendung eine Voraussetzung ist.[459] Anders als für die DRM-Systeme im engeren Sinne kommt es nicht nur zu einer Verhinderung der Nutzung von digitalen Inhalten, sondern der *Smart Contract* macht es möglich, rechtliche Bestimmungen automatisch zu vollziehen.[460]

Gerade durch die Entwicklung des *Internet of Things* und damit der Vernetzung von (Haushalts-)Gegenständen mit einem Netzwerk entstehen neue Daten und Schnittstellen, die zukünftig mehr Raum für einen automatisierten Rechtsvollzug geben.[461]

---

455 *Specht*, Zum Verhältnis von (Urheber-)Recht und Technik, GRUR 2019, 253 (258).

456 Bundesnetzagentur, Die Blockchain-Technologie, S. 5, abrufbar unter: https://www.bundesnetzagentur.de/DE/Fachthemen/Digitalisierung/Technologien/Blockchain/Links_Dokumente/einfuehrung_bc.pdf?__blob=publicationFile&v=12 (zuletzt abgerufen am 10. August 2023).

457 *Finck*, Grundlagen und Technologie von Smart Contracts, in: Fries/Paal (Hrsg.), Smart Contracts, S. 5.

458 *Kaularzt/Heckmann*, Smart Contracts – Anwendungen der Blockchain-Technologie, CR 2016, 618.

459 *Beaucamp*, Rechtsdurchsetzung durch Technologie, S. 30.

460 *Specht*, Zum Verhältnis von (Urheber-)Recht und Technik, GRUR 2019, 253 (258).

461 *Hofmann*, Smart contracts und Overenforcement, in: Fries/Paal (Hrsg.), Smart Contracts, S. 128.

b. Automatisierung im Urheberrecht

Das WWW wird oftmals als „giant, out of control copying machine“[462] bezeichnet, bei der in Wildwestmanier alles möglich ist, was nicht eingezäunt oder mit Schusswaffen verteidigt wird. *Lessig* hat dagegen einen anderen Blick auf den „Cyberspace“ und sieht die Herausforderung darin, dass die technologischen Möglichkeiten einen zu starken Urheberrechtsschutz ermöglichen und es zukünftig weniger um die Frage des gesetzlichen Schutzes gehen wird, als um die mögliche Pflicht des Rechtsschutzinhabers, trotz der effektiven Schutzmöglichkeiten seine Schutzrechte zugänglich zu machen.[463]

Unter Beachtung des Spannungsverhältnisses von Exklusivitäts- und Nutzungsinteresses stellt sich die Frage, wie Schutzmittel gestaltet sein müssen, um einen Kompromiss zwischen umfänglichen Schutz und gar keinem Schutz zu bewirken. Vertragliche Regelungen bieten aufgrund der Privatautonomie die notwendige Freiheit, um einen Ausgleich für die Parteiinteressen zu schaffen. Allerdings ist mit Verweis auf die obigen Ausführungen für den Bereich der automatisierten Datenverarbeitung die Maschinenlesbarkeit des Schutzmittels eine Voraussetzung. Andernfalls können hohe Transaktionskosten entstehen, die zu einem Marktversagen führen.[464]

c. Zwischenergebnis

Reidenberg hat bereits 1998 den Gedanken der *Lex Informatica* formuliert und begründet, dass die technologischen Strukturen des Internets eine vergleichbare Regelungswirkung wie das Rechtssystem darstellen können.[465] In diesem Zusammenhang verweist er bereits auf die Möglichkeit der automatisierten Durchsetzung der Nutzungsbefugnisse der Schutzrechte durch den Rechtsinhaber.[466] Dies hat nicht zuletzt *Lessig* zu seiner These „Code is Law“ inspiriert.[467]

---

462 *Shapiro/Varian*, Information Rules – A Strategic Guide to the Network Economy, S. 83.

463 *Lessig*, Code 2.0, S. 175.

464 *Förster*, Fair Use, S. 139.

465 *Reidenberg*, Lex Informatica: The Formulation of Information Policy Rules through Technology, Texas Law Review 1998, 553 (569).

466 *Reidenberg*, Lex Informatica: The Formulation of Information Policy Rules through Technology, Texas Law Review 1998, 553 (567).

467 *Lessig*, Code 2.0, S. 5.

Die technologische Entwicklung ist damit Fluch und Segen zugleich. Das WWW ermöglicht den Zugang zu einer Fülle an digitalen Inhalten und die Rechtsinhaber versuchen, die Herrschaftsgewalt über ihre Werke zu behalten beziehungsweise zurück zu gewinnen. Dafür verwenden sie selbst wiederum technische Mittel. Die technischen Schutzmittel sind zum Teil so ausgereift, dass sie nicht nur den Zugang und die Nutzung der digitalen Inhalte kontrollieren, sondern auch die Rechtsdurchsetzung selbst vollziehen können. Dadurch sind die technischen Mittel in der Lage, den Interessenausgleich des Urheberrechts in ein Ungleichgewicht zu verschieben. Ab einem gewissen Umfang entfällt sogar die Anreizwirkung für die Werkschaffenden.[468] Es besteht die Gefahr der „Flucht in die Technik“[469] und damit, dass technische Mittel zum Schutz der Werke zunehmen und sich über das Recht stellen.

5. Die Bindung von Technik an das Recht

Die Regelung des § 95a II UrhG gilt nur für „[...] geschützte Werke oder andere nach diesem Gesetz geschützte Schutzgegenstände [...]“. Der Gesetzgeber hat antizipiert, dass durch die Nutzung von technischen Schutzmaßnahmen die Güterabwägung des Urheberrechts beeinträchtigt werden könne und der Schutz des Rechtsinhabers erheblich ausgeweitet wird.[470] Technische Schutzmaßnahmen müssen verhältnismäßig sein.[471]

Als Kompromiss unterschiedlicher Auffassungen zwischen Europäischer Kommission und dem Europäischem Parlament über die Reichweite des Schutzes[472] ist schlussendlich in § 95b I UrhG vorgesehen worden, dass dem Schrankenbegünstigten die „notwendigen Mittel zur Verfügung“ zu stellen sind, die er bedarf, um von den aufgezählten Schranken Gebrauch zu machen. Weiter eingeschränkt wird der privatrechtliche Rechtsschutz durch Erwägungsgrund 48 der InfoSoc-RL, der klarstellt, dass die

---

468 *Specht*, Diktat der Technik, S. 182.

469 Anlehnend an: *Mackenrodt*, Technologie statt Vertrag?, S. 9, der von „Flucht aus der AGB-Kontrolle“ spricht.

470 BT-Drucks. 15/38, S. 27.

471 *Duden*, Digitale Sachherrschaft, S. 356.

472 Mitteilung der Kommission an das Europäische Parlament, Dokument 52000SC1734, abrufbar unter: https://eur-lex.europa.eu/legal-content/DE/TXT/?uri=CELEX%3A52000SC1734 (zuletzt abgerufen am 10. August 2023).

technischen Schutzmaßnahmen dem Verhältnismäßigkeitsgrundsatz unterliegen.[473]

Aus ökonomischer Sicht können technische Schutzmittel und DRM-Systeme dazu beitragen, die Transaktionskosten zu senken. Gerade im Bereich der automatisierten Datenverarbeitung und der damit einhergehenden Gefahr eines Kontrollverlusts der Nutzungen der digitalen Inhalte können technische Schutzmittel und *Smart Contracts* ein taugliches Mittel des Rechtsschutzes und der Rechtsdurchsetzung darstellen.

Aufgrund dessen, dass durch die technischen Mittel die Schrankenbestimmungen übergangen werden können, wird die dem Urheberrecht zugrundeliegende Güterabwägung zwischen Exklusivitäts- und Partizipationsinteresse einseitig zugunsten des Rechtsinhabers verschoben.[474]

Unter Einschränkung sind die technischen Schutzmaßnahmen gesetzlich gebilligt und geschützt. In § 95b I UrhG hat der Gesetzgeber den technischen Schutzmaßnahmen eine gesetzliche Grenze gesetzt. Doch wird darüber nur sichergestellt, dass dem rechtmäßigen Nutzer die Mittel zugestanden werden, um von den Schrankenbestimmungen Gebrauch zu machen. Daraus begründet sich kein „right to hack“.[475] Auch ein Anspruch in die andere Richtung, also ein „right to access“, lässt sich aus der Schranke nicht ableiten.[476]

Damit zeigt sich, dass eine Synchronität von materiellem Recht und technischem Schutz im Urheberrecht nicht besteht.[477] Dies hat zur Folge, dass der dem Urheberrecht zugrundeliegende Interessenausgleich sich auf Seiten der technisch stärkeren Partei verschiebt[478] und diese durch die Nutzung der technischen Mittel ihre Rechte absolut schützen kann.[479]

---

473 EuGH, Urteil vom 23. Januar 2014 – C-355/12, in: NJW 2014, 761.

474 *Geiger*, Der urheberrechtliche Interessenausgleich in der Informationsgesellschaft – Zur Rechtsnatur der Beschränkungen des Urheberrechts, GRUR Int. 2004, 815 (820); *Schulz*, Der Bedeutungswandel des Urheberrechts durch Digital Rights Management – Paradigmenwechsel im deutschen Urheberrecht, GRUR 2006, 470 (474).

475 *Dreier/Schulze/Specht-Riemenschneider* UrhG § 95b Rn. 10.

476 *Stieper*, Rechtfertigung, Rechtsnatur und Disponibilität der Schranken des Urheberrechts, S. 438.

477 *Specht*, Diktat der Technik, S. 218.

478 *Mackenrodt*, Technologie statt Vertrag, S. 24.

479 *Specht*, Zum Verhältnis von (Urheber-)Recht und Technik, GRUR 2019, 253 (259).

In der aktuellen Entwicklung hat das technisch Mögliche jedoch das rechtliche Gewollte überholt. Dabei führen die technischen Schutzmaßnahmen und DRM-Systeme zu einem „Alles-oder-Nichts“ Ansatz.[480] Dieser Umstand, so wird sich zeigen, ist nicht immer im Interesse des Verwenders und bedarf insbesondere im Anwendungsbereich der automatisierten Datenverarbeitung einer Überprüfung.

Soll die Innovationsfähigkeit durch die Verwendung von digitalen Inhalten weiter gefördert werden, bedarf es der Verwendung von technischen Mitteln, die von *Software* automatisiert verstanden und verarbeitet werden können und so dem automatisierten Prozess der Datenverarbeitung förderlich sind – auch hinsichtlich der Nutzungsversagung und Schrankendurchsetzung.

V. Zusammenfassung: Kapitel 3

Der Großteil aller Inhalte entsteht heute in digitaler Form oder wird nachträglich digitalisiert. Viele dieser digitalen Inhalte lassen sich im WWW finden und werden dort automatisiert, also durch Verwendung von *Software* – sei es durch Suchmaschinen oder andere *Crawl-Software* für kommerzielle oder wissenschaftliche Zwecke – verarbeitet.

Als Reaktion auf die technischen Nutzungsvorgänge lassen sich den Bestimmungen und Entscheidungen des Urheberrechts drei Tendenzen entnehmen: Techniksensibilität, Prozeduralisierung und Privatisierung des Rechts.

Mit der Techniksensibilität soll der Rechtsprechung mehr Wertungsspielraum eingeräumt werden. Die Prozeduralisierung ist Ausdruck der effizienten Ressourcenallokation und legt dem Rechtsinhaber eine Mitwirkungsobliegenheit auf, die nach Maßgabe des „cheapest cost avoider“ zur Reduktion von (prohibitiven) Transaktionskosten beitragen soll. Den Rechtsinhaber trifft in technisch geprägten Nutzungsumfeldern vereinzelt die Pflicht, den Ausschluss der Nutzung seiner geschützten digitalen Inhalte aktiv zu kommunizieren; andernfalls besteht ein Recht zur Nutzung.

---

480 *Kraetzig/Lennartz*, Grundrechtsschutz durch Algorithmus?, NJW 2022, 2524 (2527).

Die Rechtsprechung und der Gesetzgeber bedienen sich sogenannter *Property Rules* und *Liability Rules* und gleichen so ein bestehendes „Informationsgefälle“ im WWW aus.[481]

Die technischen Schutzmittel erlauben es dem Rechtsinhaber, individualisierte Schutzvorkehrungen zu treffen und sich über die gesetzlichen Bestimmungen des Urheberrechts hinweg zu setzen. Sie lassen aber keinen Spielraum, sondern entscheiden in der Regel binär, also erlauben oder versagen die Nutzung. Soll die Starrheit der Schutzmittel überwunden werden und eine stärkere Berücksichtigung der Interessen der unterschiedlichen Parteien, vergleichbar den gesetzlichen Regelungen des Urheberrechts, erreicht werden, bedarf es Schutzmitteln, die indeterminiert sind, also eine differenziertere Nutzung ermöglichen.[482]

Diese Ausgewogenheit erhält die Rechtsanwendung durch die Kontextualisierung und den Prozess der Rechtsfindung.[483] Brechen Rechtssubjekte mit der Rechtsordnung, so tangiert dies nicht die Geltung des Rechts per se und sich daraus ergebende Ansprüche Dritter müssen im Nachgang gerichtlich geltend gemacht werden.[484] Die Regulierungswirkung der Rechtsordnung ist ein Zusammenspiel von Rechtsfindung und Rechtsdurchsetzung, die je nach Kontext zu unterschiedlichen Ergebnissen führt und die rechtliche Verfolgung voraussetzt.[485]

Technische Schutzmittel können nicht nur private Verbotsrechte begründen, sondern unter Verwendung von *Smart Contracts* die Schutzbestimmung auch unmittelbar selbst vollziehen.[486] Voraussetzung dafür ist die Formalisierung als Grundlage für die Automatisierung der Durchsetzung.

Will der Betroffene die automatisierte Verarbeitung seiner digitalen Inhalte durch *Software* versagen oder über den Umfang der Verwendung selbst bestimmen, bedarf es ebenfalls Mitteln, die technikverständlich sind. So scheint es gar, dass technische Bestimmungen das Urheberrecht

---

481 *Rostam*, Das Erfordernis technikverständlichen Verhaltens im Urheberrecht, S. 119, in: Kuschel/Asmussen/Golla (Hrsg.), Intelligente Systeme – Intelligentes Recht.

482 *Beaucamp*, Rechtsdurchsetzung durch Technologie, S. 24.

483 *Beaucamp*, Rechtsdurchsetzung durch Technologie, S. 21 und 23.

484 *Beaucamp*, Rechtsdurchsetzung durch Technologie, S. 35.

485 *Rademacher*, Wenn neue Technologien altes Recht durchsetzen: Dürfen wir es unmöglich machen, rechtswidrig zu handeln?, JZ 2019, 702 (703).

486 *Rademacher*, Wenn neue Technologien altes Recht durchsetzen: Dürfen wir es unmöglich machen, rechtswidrig zu handeln?, JZ 2019, 702 (703).

überflüssig machen.[487] *Lessig* bringt den Gedanken auf, ob es nicht zukünftig eine Urheberrechtspflicht geben solle und damit die Notwendigkeit der Rechtsinhaber, ihre Schutzrechte für Dritte verfügbar zu machen.[488]

Wie ein mögliches Zusammenspiel von technischem Schutz, automatisierter Datenverarbeitung und Nutzungsinteresse aussehen kann, ist Gegenstand des folgenden Kapitels.

---

487 *Bodó/Gervais/Quintais*, Blockchain and smart contracts: the missinglink in copyright licensing? International Journal of Law and Information Technology, 2018, 311 (335), abrufbar unter: https://doi.org/10.1093/ijlit/eay014 (zuletzt abgerufen am 10. August 2023).

488 *Lessig*, Code 2.0, S. 175.

Kapitel 4: Urheberrechtsschutz von digitalen Inhalten im WWW

In den vorherigen Ausführungen ist auf Sachverhalte eingegangen worden, denen gemeinsam ist, dass *Software* die Nutzung der digitalen Inhalte tätigt, sei es durch *Crawler* der Suchmaschinen im Rahmen der *Vorschaubilder* oder die Indexierung von Inhalten zum Zwecke des TDM.

Herausgearbeitet wurde, dass der Rechtsinhaber, sofern er die automatisierte Nutzung untersagen möchte, aus Effizienzgründen eine Handlungslast auferlegt bekommt und seinen Nutzungsvorbehalt angemessen mitteilen muss. Die automatisierte Datenverarbeitung verlangt eine Formalisierung, die in Bezug auf die Mitwirkungsobliegenheit des Rechtsinhabers die Maschinenverständlichkeit der Kommunikation voraussetzt.

Um nicht nur eine automatisierte Verständlichkeit des Nutzungsvorbehalts zu ermöglichen, sondern auch eine automatisierte Durchsetzung eines urheberrechtlichen Schutzes zu erlangen, sind viele Rechtsinhaber dazu übergegangen, individualisierte Schutzmittel in Form von technischen Schutzmaßnahmen oder DRM-Systemen zu verwenden beziehungsweise über *Smart Contracts* auch vertragliche Bestimmungen automatisiert vollziehen zu können.

Ein geeignetes technisches Schutzmittel sollte die Interessen von Rechtsinhaber und Nutzer ausgleichen, insbesondere, wenn es sich bei den digitalen Inhalten um Urheberrechte handelt. Die gesetzlichen Schrankenbestimmungen stellen eine objektive Interessenabwägung dar, die im besten Fall auch bei der automatisierten Verarbeitung von digitalen Inhalten Berücksichtigung findet.

Das Urheberrecht ist durch zwei „Kommunikationskulturen" geprägt, die als Exklusivitäts- und Zugangskultur aus entgegengesetzter Richtung auf das Recht einwirken.[489] Durch die oben beschriebene Herabsetzung der Schutzschwelle erfährt der Urheberrechtsschutz eine Ausweitung und kann dadurch ein Hemmnis für Innovationen darstellen, denn es besteht für die Nutzer eine zum Teil unabsehbare Gefahr von Rechtsverletzungen und ein Anstieg von Transaktionskosten, was zur Bewirkung eines „chilling effects" führen kann.

Um die Interessensdisparität auszugleichen, sprechen sich Teile der Wissenschaft für eine verstärkte Gemeinfreiheit von (digitalen) Inhalten

---

[489] *Peukert*, Das Urheberrecht und die zwei Kulturen der Online-Kommunikation, GRUR-Beilage 2014, 77.

aus und argumentieren aus unterschiedlichen Perspektiven. Für *Raue* ist die Sammlung der Information aus der „urheberrechtlichen Hülle“ ein reiner Werkgenuss, für den es unerheblich sei, ob der Mensch unmittelbar rezipiert oder sich dafür eines technischen Mittels bedient.[490]

Andere Stimmen in der Literatur haben diese Betrachtung mit der Dichotomie von Form und Inhalt begründet.[491] *Lemley/Casey* stellen in diesem Zusammenhang die These von „Fair Learning“ auf und argumentieren, dass analoge Werke wie Bücher und Filme frei konsumierbar seien und dass das Urheberrecht eben nicht die Rezeption schütze, sondern dass es zum Zwecke des Lernens einen ungeschützten Teil des Rechts geben müsse[492], den man dann auch konsequenterweise im Rahmen der automatisierten Datenverarbeitung frei nutzen dürfe.

Zech bedient sich zur Klassifizierung von Informationen der Semiotik und unterscheidet nach semantischen, syntaktischen und strukturellen Informationen.[493] In diesem Rahmen schlägt er vor, nur die syntaktischen Informationen rechtlich zu schützen, nicht aber den semantischen Gehalt.[494]

Sag hat die Theorie des „non-expressive use“ entwickelt, bei dem die Nutzung von Werken erlaubt sein solle, da gerade nicht der Konsum, der Genuss oder die Auseinandersetzung mit dem Schutzrecht im Vordergrund stehe, sondern nur die Nutzung der zugrunde liegenden Daten.[495]

---

490 *Raue*, Das Urheberrecht der digitalen Wissen(schaft)sgesellschaft, GRUR 2017, 11 (13).

491 *Hugenholtz*, Against “Data Property”, in: Ullrich/Drahos/Ghidini (Hrsg.), Kritika: Essays on Intellectual Property, (Vol. 3), 2018, 48 (55); *Lemley/Casey*, Fair Learning, Texas Law Review 2020, 101 (158), abrufbar unter: https://papers.ssrn.com/sol3/papers.cfm?abstract_id=3528447 (zuletzt abgerufen am 10. August 2023).

492 *Lemley/Casey*, Fair Learning, Texas Law Review 2020, 101 (158 & 159), abrufbar unter: https://papers.ssrn.com/sol3/papers.cfm?abstract_id=3528447 (zuletzt abgerufen am 10. August 2023).

493 *Zech*, Information als Schutzgegenstand, S. 43; *Hürlimann/Zech*, Rechte an Daten, sui generis 2016, 89 (90).

494 *Hugenholtz*, Against “Data Property”, in: Ullrich/Drahos/Ghidini (Hrsg.), Kritika: Essays on Intellectual Property, (Vol. 3), 2018, 48 (63).

495 *Sag*, The New Legal Landscape for Text Mining and Machine Learning, Journal of the Copyright Society of the USA, Vol. 66, 2019, S. 291 (297), abrufbar unter: https://ssrn.com/abstract=3331606 (zuletzt abgerufen am 10. August 2023); findet auch Ausdruck in: Ticketmaster v. Tickets.com, United States District Court, C.D. California 2000: “[…] its date and time, and its ticket prices, are not subject to copyright.“

Es zeigt sich also, dass es für die (urheber-)rechtliche Bewertung von Relevanz ist, welche digitalen Inhalte durch *Software* genutzt werden. Folgt man den oben dargestellten Ansichten, so unterliegt nicht jeder Teil des Inhalts dem Urheberrechtsschutz und nicht jede Art der automatisierten Nutzung stellt einen Eingriff dar.

Der Umfang des Urheberrechtsschutzes und seine Grenzen werden im Folgenden erläutert, da dies entscheidend für die Bestimmung des Schutzumfangs der digitalen Inhalte ist.

I. Kein entgegenstehender Urheberrechtsschutz

Trotz der Ausweitung des Urheberrechtsschutzes können digitale Inhalte schutzfrei bleiben, wenn sie keine ausreichende Werkqualität besitzen oder nicht die gesetzlichen Schutzvoraussetzungen erfüllen.

Darüber hinaus kann die Nutzung von Online-Inhalten auch lizensiert werden – entweder durch einen individuellen Vertragsabschluss, durch die Verwendung von AGB oder die Nutzung von *Creative-Commons*-Lizenzen.[496]

1. Gemeinfreie Güter

Erreicht ein Werk nicht die benötigte Schöpfungshöhe, so ist es gemeinfrei. Dies ergibt sich ebenfalls mit Ablauf der Schutzdauer, die nach § 64 UrhG siebzig Jahre nach dem Tod erlischt. Für amtliche Werke wird nach § 5 UrhG der Urheberrechtsschutz versagt, damit der Zugang zu Inhalten wie Gesetzen oder Entscheidungen möglichst ungehindert erfolgen kann. Verwaiste Werke sind nicht gemeinfrei und dürfen nur unter den Bestimmungen des § 61 UrhG genutzt werden. Voraussetzung ist, dass der Rechtsinhaber auch bei sorgfältiger Suche nicht ausfindig gemacht werden

---

496 *Duden*, Digitale Sachherrschaft, S. 353; *Kop*, AI & Intellectual Property: Towards an Articulated Public Domain, Texas Intellectual Property Law Journal 2020, 297 (300), abrufbar unter: https://tiplj.org/wp-content/uploads/Volumes/v28/Kop_Final.pdf (zuletzt abgerufen am 10. August 2023).

kann.[497] Das deutsche Urheberrecht beruht auf der monistischen Theorie, sodass ein vollständiger Verzicht nicht möglich ist (§ 29 I UrhG).[498]

Die Gemeinfreiheit sorgt dafür, dass der Inhalt ohne Einschränkung genutzt werden kann und die vormals bestehenden Ansprüche des Rechtsinhabers für die Zukunft nicht mehr bestehen.[499]

Wie zuvor dargelegt, hat das Urheberrecht in den letzten Jahren eine Ausweitung durchlaufen, die besonders durch die technologische Entwicklung bestärkt wurde. Kommt es allerdings zu einem übersteigerten Schutz durch die gesetzlichen Vorschriften oder die privaten Schutzmittel, wird dem Urheberrecht seine innovationsfördernde Komponente genommen.[500] Der Ausgleich zwischen Schutz- und Freihalteinteresse ist wichtig für die Bewahrung einer Innovationskultur. Dazu gehören auch die gemeinfreien Werke.

2. Lizensierte Nutzung

Sofern der Urheberrechtsschutz besteht, kann die Nutzung durch die Einräumung von Lizenzen erlaubt werden (§§ 31 ff. UrhG). Dabei steht es dem Urheber im Rahmen der Privatautonomie grundsätzlich frei zu entscheiden, wie und in welchem Umfang er die Nutzungsrechte erteilt. Das Urheberrecht selbst verbleibt dabei nach § 29 I UrhG beim Urheber. Erteilt der Rechtsinhaber eine Lizenz, so hat er Anspruch auf eine angemessene Vergütung nach § 32 I UrhG.

Der Urheber kann auch Verwertungsgesellschaften mit der Wahrnehmung seiner Rechte betrauen.[501] Dabei sieht das Urheberrecht vereinzelt eine Verwertungsgesellschaftspflicht für die Geltendmachung von Vergütungsansprüchen vor, was für die vorliegende Arbeit jedoch nicht von Belang ist.

Gerade im WWW sind Rechtsinhaber dazu übergegangen, sogenannte *Click-through-* oder *Click-wrap*-Verträge zu verwenden.[502] Dabei müssen

---

497 *Dreier/Schulze/Dreier* UrhG § 61 Rn. 3.

498 *Dreier/Schulze/Schulze* UrhG § 11 Rn. 3; *Tinnefeld*, Die Einwilligung in urheberrechtliche Nutzungen im Internet, S. 9.

499 *Dreier/Schulze/Schulze* UrhG Vor § 64, Rn. 2.

500 *Specht*, Diktat der Technik, S. 182.

501 *Dreier/Schulze/Schulze* UrhG Vor § 31 Rn. 118.

502 *Hugenholtz*, Code as Code, or the End of Intellectual Property as We Know It, Maastricht Journal of European and Comparative Law 1999, S. 308 (311); *Spindler*, Text und Data Mining – urheber- und datenschutzrechtliche Fragen, GRUR 2016, 1112 (1116).

zunächst über die Setzung eines Häkchens die Vertragsbedingungen akzeptiert werden, unter denen die Nutzung der Inhalte erlaubt wird.[503] Besonders die großen Tech-Plattformen wie Meta oder Google verfügen über eine Fülle an lizensierten digitalen Inhalten durch ihre Nutzer, da bei Erstellung des Nutzungsprofils auch die Nutzungsbedingungen akzeptiert wurden.[504] Im Zusammenspiel mit den DRM-Systemen im weiteren Sinne haben die Rechtsinhaber somit die Möglichkeit, die Bedingungen der Nutzung zu diktieren.[505] Akzeptiert der Nutzer die Bedingungen des Inhalteanbieters nicht, bleibt der Zugang zu den digitalen Inhalten verwehrt.[506]

Mit Blick auf die technischen Schutzmaßnahmen nach § 95a II UrhG sind die Vorgaben aus § 95b UrhG und insbesondere die Bestimmung des § 95b III UrhG zu beachten, der bei Vorlage einer vertraglichen Bestimmung für die öffentliche Zugänglichmachung vereinzelt die Durchbrechung des technischen Schutzes vorsieht.[507] Im Grundsatz gilt damit ein Vorrang der vertraglichen Vereinbarung[508], der wiederum durch die in § 95b III UrhG aufgeführten Schranken eingeschränkt wird.[509]

Nach der monistischen Theorie, die dem deutschen Urheberrecht zugrunde liegt, ist eine vollständige Aufgabe des Rechts nicht möglich.[510] Allerdings kann in dem Willen der Aufgabe der Rechtsposition die Einräumung einer einfachen Lizenz zur Nutzung durch jeden gesehen werden (§ 32 III 3 UrhG).[511] Hieraus haben sich Konstruktionen wie *Copyleft* und

---

503 *Brockmeyer*, Text und Data Mining, S. 188; *Kreutz*, Der Webseitennutzungsvertrag – Fiktion oder unbekanntes Rechtsgeschäft?, ZUM 2018, 162 (165).

504 Google, Datenschutzerklärung & Nutzungsbedingungen, https://policies.google.com/terms?hl=de (zuletzt abgerufen am 10. August 2023); Facebook (Meta), Nutzungsbedingungen, https://de-de.facebook.com/terms (zuletzt abgerufen am 10. August 2023).

505 *Hugenholtz*, Code as Code, or the End of Intellectual Property as We Know It, Maastricht Journal of European and Comparative Law 1999, S. 308 (311).

506 *Hugenholtz*, Code as Code, or the End of Intellectual Property as We Know It, Maastricht Journal of European and Comparative Law 1999, S. 308 (311).

507 *Mendis*, A Copyright Gambit, S. 104.

508 *Gräbig*, Abdingbarkeit und vertragliche Beschränkungen urheberrechtlicher Schranke, S. 50; *Finck/Moscon*, Copyright Law on Blockchains: Between New Forms of Rights Administration and Digital Rights Management 2.0, IIC 2019, 77 (88).

509 *Hofmann*, Update für das Urheberrecht, GRUR 2021, 895 (901).

510 *Schmidt*, Urheberrechtsverletzungen in der digitalen Netzökonomie, S. 55.

511 *Zurth*, Rechtsgeschäftliche und gesetzliche Nutzungsrechte im Urheberrecht, S. 187.

Open Source beziehungsweise *General-Public-License*-Vereinbarungen entwickelt.[512]

a. *Creative-Commons*-Lizenzen

In gleicher Weise, wie sich der Schutz des Urheberrechts in den vergangenen Jahren ausgeweitet hat, wurden die Stimmen nach der *Public Domain* lauter, die als ein wichtiger Treiber für Innovation und einen kulturellen Austausch verstanden werden.[513]

Abseits des Alles-oder-Nichts soll es auch ein „some rights reserved“ geben.[514] *Creative-Commons*-Lizenzen können hier einen Ausgleich der beiden Lager darstellen, denn es wird das Bestehen eines urheberrechtlichen Schutzguts vorausgesetzt, wobei die Lizenzverträge Nutzungen der Werke nach vorgegebenen *Creative-Commons*-Schemata erlauben und damit die Transaktionskosten verringern.[515]

Im Wesentlichen gibt es sechs Lizenzen, die als allgemeine Geschäftsbedingungen Teil des Lizenzvertrages werden.[516] Die *Creative Commons* wird in drei Ausgestaltungen erstellt, nämlich in Form des Lizenzvertrags,

---

512 *Hoffmann-Riem*, Neue Kollektivität im World Wide Web als Herausforderung für das Recht, JZ 2012, 1081 (1084); *Kop*, AI & Intellectual Property: Towards an Articulated Public Domain, Texas Intellectual Property Law Journal 2020, 297 (302), abrufbar unter: https://tiplj.org/wp-content/uploads/Volumes/v28/Kop_Final.pdf (zuletzt abgerufen am 10. August 2023).

513 *Elkin-Koren*, What Contracts Cannot Do: The Limits of Private Ordering In Facilitating A Creative Commons, Fordham Law Review, Vol. 74, 2005, 375 (380), abrufbar unter: https://ssrn.com/abstract=760906 (zuletzt abgerufen am 10. August 2023); *Kop*, AI & Intellectual Property: Towards an Articulated Public Domain, 28 Texas Intellectual Property Law Journal 2020, 297 (324), abrufbar unter: https://tiplj.org/wp-content/uploads/Volumes/v28/Kop_Final.pdf (zuletzt abgerufen am 10. August 2023), *Raue*, Das Urheberrecht der digitalen Wissen(schaft)sgesellschaft, GRUR 2017, 11 (13).

514 *Lessig*, The Creative Commons, 65 Montana Law Review 2004, 1 (11), abrufbar unter: https://scholarworks.umt.edu/mlr/vol65/iss1/1/ (zuletzt abgerufen am 10. August 2023).

515 *Elkin-Koren*, What Contracts Cannot Do: The Limits of Private Ordering In Facilitating A Creative Commons, Fordham Law Review, Vol. 74, 2005, 375 (389), abrufbar unter: https://ssrn.com/abstract=760906 (zuletzt abgerufen am 10. August 2023).

516 Deutscher Bundestag, Wissenschaftliche Dienst, Künstliche Intelligenz und Machine Learning, WD 10 – 3000 – 67/18, S. 10.

in der menschenlesbaren sowie in der maschinenlesbaren Fassung (*Creative Commons Rights Expression Language*).[517]

Die maschinenlesbare Fassung wird als *HTML Snippet* ausgegeben, das man auf der Webseite integrieren und das somit durch *Software* automatisiert verarbeitet werden kann. Dadurch ist es möglich, über die Google-Bildersuche spezifisch nur Bilder mit einer *Creative-Commons*-Lizenz zu suchen.

In Fällen des Verstoßes gegen die Lizenzbestimmungen der *Creative Commons* rechtfertigt die Lizenz nicht mehr die jeweiligen Nutzungshandlungen.[518]

3. Zwischenergebnis: Kein entgegenstehender Urheberrechtsschutz

Gemeinfreie Güter können durch Softwareverwendungen verarbeitet werden, ohne dass der Ersteller Gefahr läuft, gegen bestehende Urheberrechte zu verstoßen.

Lizenzen bieten eine vertragliche Möglichkeit, sich die Nutzung der entsprechenden Inhalte erlauben zu lassen. Dies kann individuell, durch AGB oder *Creative Commons* erfolgen. Dabei bieten die *Creative Commons* den Vorteil der Maschinenverständlichkeit, wodurch die Lizenzbestimmungen von *Software* verarbeitet werden können.

II. Urheberrechtlich geschützte digitale Inhalte

Wie oben bereits dargestellt, ist es durch eine Fülle von Entwicklungen zu einer Ausweitung des urheberrechtlichen Schutzes gekommen.

Ohne hier bereits vertieft auf die materiell-rechtliche Prüfung der möglichen Verletzungen von Urheberrechten bei der Verwendung durch *Software* einzugehen, geht es nachfolgend um die Frage des Schutzzwecks des Urheberrechts und darum, ob die Nutzung von digitalen Werken durch *Software* überhaupt dem Rechtsschutz unterliegen und damit der Ausschließlichkeit des Rechtsinhabers unterfallen.

---

517 Creative Commons, Mehr über die Lizenz, abrufbar unter: https://creativecommons.org/licenses/?lang=de (zuletzt abgerufen am 10. August 2023).

518 OLG Köln, Urteil vom 31. Oktober 2014 – Az. 6 U 60/14, Rn. 76, 77.

1. Rezeption des Werks

Der Werkgenuss, so beschreibt es *Sucker*, „[…] ist die Benutzungshandlung […], die der Zweckbestimmung des urheberrechtlichen Schutzobjekts entspricht.“[519] Die Nutzung des Schutzrechts steht dem Urheber zu (§ 11 S. 1 UrhG) und die §§ 15 I, II UrhG unterscheiden körperliche und unkörperliche Verwertungen. Erfolgt die Verwertung durch Dritte, kann der Rechtsinhaber dafür in der Regel eine Vergütung beanspruchen.[520]

Um die wirtschaftliche Verwertung des Werks möglichst umfänglich beim Urheber zu belassen (§ 11 S. 2 UrhG), setzt das deutsche Urheberrecht an der vorgelagerten Handlung an und nutzt dafür ein „Stufensystem zur mittelbaren Erfassung des Endverbrauchers“.[521] Wird das Werk aber nur rezipiert, so ergibt sich daraus keine urheberrechtlich relevante Verwertungshandlung.[522]

Die Entwicklung der Digitalisierung hat auch dazu geführt, dass die Rechtsinhaber und Nutzer direkt miteinander kommunizieren, es also nicht zwangsläufig auf Intermediäre ankommt und die Nutzungserlaubnis durch den Rechtsinhaber differenziert gestaltet werden kann.[523] Um die digitalen Werke vor automatisierten Verarbeitungen durch *Software* abzusichern, werden Verträge und technische Schutzmittel eingesetzt oder die Einwilligung wird für die üblichen Nutzungshandlungen im WWW fingiert. So sieht *Peukert* die Onlinekultur im WWW durch diese Positionen geprägt, die den (freien) Werkgenuss verdrängt haben.[524]

Es gibt Stimmen in der Literatur, die bei der automatisierten Verarbeitung der digitalen Inhalte die Frage stellen, ob überhaupt von einem Genuss oder einer Nutzung des urheberrechtlichen Inhalts gesprochen werden kann.[525] So stellt *Sag* zutreffend fest: „Computers do not comprehend or enjoy copyrighted works in the way that humans do – they simply process them […].“[526]

---

519 *Sucker*, Der digitale Werkgenuss im Urheberrecht, S. 44.

520 *Sucker*, Der digitale Werkgenuss im Urheberrecht, S. 45.

521 *Dreier/Schulze/Schulze* UrhG § 15 Rn. 3.

522 BGH, Urteil vom 04.10.1990 – I ZR 139/89, in: GRUR 1991, 449 (453).

523 *Specht*, Diktat der Technik, S. 245.

524 *Pech*, Werkgenuss und Werknutzung in der digitalen Welt, ZUM 2015, 319 (321).

525 *Raue*, Die Freistellung von Datenanalysen durch die neuen Text und Data Mining-Schranken (§§ 44b, 60d UrhG), ZUM 2021, 793 (794).

526 *Sag*, The New Legal Landscape for Text Mining and Machine Learning, Journal of the Copyright Society of the USA, Vol. 66, 2019, S. 291 (297) abrufbar unter: https://ssrn.com/abstract=3331606 (zuletzt abgerufen am 10. August 2023).

Die Wissenschaft hat sich damit auseinandergesetzt, wie Nutzungen durch die Verwendung von *Software* aussehen können, um eine möglichst umfassende Partizipation der Nutzer an den Schutzrechten zu gewährleisten. Einen interessanten Gedanken formuliert *Schöch*, als „abgeleitete Textformate“[527] und führt dazu aus, dass es möglich sei, urheberrechtlich geschützte Texte so zu zerlegen, also zu abstrahieren, dass vom Ausgangswerk nichts mehr zu erkennen sei.[528] Die Frage, ob sich Nutzer der urheberrechtlichen Verantwortung entziehen können, indem sie den Verwendungsprozess der Schutzrechte technisch so weit vom Schutzgegenstand entfernen[529], wird im Bereich der Schranken näher untersucht.

a. Nutzungen abseits des Schutzzwecks

Neben den Überlegungen zum Werkgenuss gibt es weitere Ansätze in der Literatur, die aufgrund der Dichotomie von Inhalt und Form, zurückgehend auf Art. 9 II TRIPS[530], den Schutzzweck des Urheberrechts bei Nutzungen durch Softwareanwendungen nicht als tangiert ansehen. Nach der Dichotomie soll nur der schöpferische Ausdruck, also die Form geschützt werden, nicht aber der zugrundeliegende Inhalt. Andernfalls bestehe die Befürchtung, dass die Innovationskraft gehemmt werde und die kreativen Leistungen anderer Urheber nicht auf bekannten Werken aufbauen können.[531]

Auch wenn die aktuellen Entwicklungen des Urheberrechts zeigen, dass nicht nur die Form den Schutz begründet, sondern auch der Inhalt,[532] haben Stimmen in der Literatur die Überlegungen zur Dichotomie wieder aufgenommen und im Rahmen der Nutzung von digitalen Inhalten durch

---

527 *Schöch/Döhl/Rettinger/Gius/Trilcke/Leinen/Jannidis*, Abgeleitete Textformate: Text und Data Mining mit urheberrechtlich geschützten Textbeständen, ZfdG 2020, 1 (7).

528 *Grisse*, Nutzbarmachung urheberrechtlich geschützter Textbestände für die Forschung durch Dritte, RuZ, 2020, 143 (148).

529 *Sucker*, Der digitale Werkgenuss im Urheberrecht, S.71; so auch: *Schönberger*, Deep Copyright: Up- and Downstream Questions Related to Artificial Intelligence (AI) and Machine Learning (ML), ZGE 2018, 35 (53), „Thus, the most straightforward defense would be to argue that non-expressive uses of copyrighted material for ML purposes do not constitute a ‘reproduction’ in the first place.“

530 „Copyright protection shall extend to expressions and not to ideas.“

531 *Jacob*, Ausschließlichkeitsrechte an immateriellen Gütern, S. 177.

532 *Dreier/Schulze/Schulze* UrhG Vor § 2 Rn. 43; *Bauer*, Die Aneignung von Bildern, S. 176.

Software argumentativ herangezogen. Der Gedanke stützt sich darauf, dass Softwareverwendungen nicht die Form, sondern nur den Inhalt nutzen[533], es also im Rahmen der Datenverarbeitung gar nicht zu einer urheberrechtsrelevanten Handlung kommt. Für diesen Prozess hat *Sag* den Begriff des „non-expressive use“ geprägt.[534]

All die Dinge, die einem Werk die gestalterische und schöpferische Prägung geben, wie bei einem Bild die Belichtung, Motivauswahl und Perspektive, sind im Rahmen der automatisierten Verarbeitung durch *Software* unerheblich. Die Maschine verarbeitet nur die maschinenlesbare Repräsentationsform des Werks.[535] Bleibt man beim Beispiel der digitalen Fotografie, so verarbeitet die *Software* die RGB-Werte und Pixel des Bildes, verwendet aber keine gestalterischen Elemente.[536]

Diesen Ansichten ist gemeinsam, dass sie dem amerikanischen Rechtsraum entspringen und damit Flexibilität bei der Rechtfertigung der Softwarenutzung durch die Anwendung der *Fair-Use*-Doktrin genießen. Denn unabhängig davon, ob man die zuvor dargestellte Argumentation als „non-expressive use“[537], „fair learning“[538] oder „non-market-encroaching

---

533 *Grisse*, Nutzbarmachung urheberrechtlich geschützter Textbestände für die Forschung durch Dritte, RuZ, 2020, 143 (145); *Lemley/Casey*, Fair Learning, Texas Law Review 2020, 101 (114), abrufbar unter: https://papers.ssrn.com/sol3/papers.cfm?abstract_id=3528447 (zuletzt abgerufen am 10. August 2023); *Sag*, The New Legal Landscape for Text Mining and Machine Learning, Journal of the Copyright Society of the USA, Vol. 66, 2019, S. 10, abrufbar unter: https://ssrn.com/abstract=3331606 (zuletzt abgerufen am 10. August 2023); *Schönberger*, Deep Copyright: Up- and Downstream Questions Related to Artificial Intelligence (AI) and Machine Learning (ML), ZGE 2018, 35 (51).

534 *Sag*, The New Legal Landscape for Text Mining and Machine Learning, Journal of the Copyright Society of the USA, Vol. 66, 2019, S. 10, abrufbar unter: https://ssrn.com/abstract=3331606 (zuletzt abgerufen am 10. August 2023).

535 *Käde*, Kreative Maschinen und Urheberrecht, S. 65.

536 *Käde*, Kreative Maschinen und Urheberrecht, S. 65.

537 *Sag*, The New Legal Landscape for Text Mining and Machine Learning, Journal of the Copyright Society of the USA, Vol. 66, 2019, S. 14, abrufbar unter: https://ssrn.com/abstract=3331606 (zuletzt abgerufen am 10. August 2023).

538 *Kop*, Machine Learning & EU Data Sharing Practices, Stanford – Vienna Transatlantic Technology Law Forum, Transatlantic Antitrust and IPR Developments, Stanford University, Issue No. 1/2020, S. 5, abrufbar unter: https://ssrn.com/abstract=3409712 (zuletzt abgerufen am 10. August 2023); *Lemley/Casey*, Fair Learning, Texas Law Review 2020, 101 (112, 114), abrufbar unter: https://papers.ssrn.com/sol3/papers.cfm?abstract_id=3528447 (zuletzt abgerufen am 10. August 2023).

use"[539] beschreibt, am Ende kommt es auf die Prüfung der Voraussetzung der *Fair Use* an. *Schönberger*, der auf die europarechtlichen Vorgaben verweist, mahnt im Zusammenhang mit der Diskussion um „non-expressive use" zur Vorsicht, denn das deutsche und europäische Recht schreibt dem Urheber die Nutzung seines Werks vollumfänglich zu[540] und damit unabhängig von der Repräsentationsform.

Eine Trennung nach geschütztem und ungeschütztem Inhalt entspricht – auch im digitalen Umfeld – nicht (mehr) der Lebenswirklichkeit bei der Erstellung von Werken.[541] Stattdessen schlägt *Ulmer* vor, dass zwischen [...] den individuellen Zügen und dem in ihm enthaltenen Gemeingut" zu unterscheiden sei.[542]

Die Grundlage der Trennung der urheberrechtlichen Nutzungshandlung ist der Versuch, in den durch Automatisierung geprägten Nutzungssituationen eine „public domain" zu erhalten. Die gegenwärtigen Entwicklungen zeichnen allerdings einen anderen Weg ab, der die Privatisierung des Urheberrechts, also die Verwendung von technischen Schutzmitteln und vertraglichen Vereinbarungen zum Schutz der Rechtsposition beschreitet. Soll ein Ausgleich von Schutz- und Nutzungsinteresse hergestellt werden, ist der Ansatz, die Verwendung durch *Software* dem Schutzbereich zu entziehen, nachvollziehbar. Dabei wird das Urheberrecht aber künstlich aufgeteilt und so seine natürliche Einheit gestört.

Damit bedarf es für die Beurteilung der urheberrechtlichen Verwertungshandlung durch *Software* der Beantwortung der Frage, ob der Urheberrechtsschutz besteht, dieser verletzt wurde und eine Gestattung der Nutzung vorliegt.

III. Zusammenfassung: Kapitel 4

Das Urheberrecht gibt vor, wann die Schwelle des Schutzes erreicht ist (§§ 1, 2 UrhG) und damit, wann Schutzgüter strukturell gemeinfrei sind (§ 64 UrhG).[543] Gemeinfreie Güter dürfen von jedermann beliebig genutzt

---

539 *Sobel*, A Taxonomy of Training Data S. 233, in: Lee/Hilty/Liu (Hrsg.) Artificial Intelligence & Intellectual Property.

540 *Schönberger*, Deep Copyright: Up- and Downstream Questions Related to Artificial Intelligence (AI) and Machine Learning (ML), ZGE 2018, 35 (52/53).

541 *Ulmer*, Urheber- und Verlagsrecht, S. 120.

542 *Ulmer*, Urheber- und Verlagsrecht, S. 122.

543 *Peukert*, Die Gemeinfreiheit, S. 19.

werden.[544] Dabei muss das Urheberrecht stets den Interessenausgleich im Blick haben und das Freihaltebedürfnis mit dem Schutzinteresse in Einklang bringen.

Eine Nutzung der Schutzgüter kann sich aufgrund von Vereinbarungen in Form von Lizenzen ergeben. In diesem Fall kann der Berechtigte das Werk entsprechend den Lizenzbestimmungen nutzen und auch automatisch verarbeiten.

Gerade marktdominante Plattformen wie Facebook oder Google lassen sich die Verwendung der digitalen Nutzerinhalte (Bilder, Texte, Videos etc.) durch ihre AGB lizensieren oder verwenden sogenannte *Click-through*-Verträge, bei denen zuvor aktiv den Nutzungsbedingungen zugestimmt werden muss.

Die Verwendung von *Creative-Commons*-Lizenzen verzeichnen einen Zuwachs.[545] Dabei sollen die Standardlizenzen Inhalte zur Nutzung durch Dritte nach Maßgabe der verschiedenen Lizenzgestaltung ermöglichen und so einen Beitrag zur freien Innovationskultur leisten.

Urheberrechtlich geschützte Inhalte dürfen nur mit Zustimmung des Rechtsinhabers verwendet werden. Doch haben sich Stimmen in der Literatur gemehrt, die den Urheberrechtsschutz im Rahmen der Verarbeitung von Werken durch *Software* differenziert betrachten. Grundlage der Argumentation ist, dass *Software* das Werk nicht in seiner Form nutzt, sondern nur den nicht schutzfähigen Inhalt verarbeitet. Dieser als „non-expressive use“ bezeichnete Ansatz bezieht sich auf den Inhalt, also den Kern des Werks, der frei nutzbar sei.[546]

Entgegenhalten lassen müssen sich die Vertreter dieser Ansichten, die zumeist aus dem amerikanischem Rechtsraum entspringen und über die Flexibilität der *Fair Use* verfügen, dass das deutsche und europäische Urheberrecht auch die Nutzung des Rechts vollumfänglich dem Urheber zuschreibt (§ 11 UrhG). Zudem ist die Trennung von Inhalt und Form zwar dogmatisch nachvollziehbar, aber entspricht nicht der Lebenswirklichkeit.[547]

---

544 *Peukert*, Die Gemeinfreiheit, S. 32.

545 Creative Commons, State Of The Commons, abrufbar unter: https://stateof.creativecommons.org/ (zuletzt abgerufen am 10. August 2023); der Zuwachs beträgt: plus 22 Prozent von 2016 auf 2017.

546 *Schönberger*, Deep Copyright: Up- and Downstream Questions Related to Artificial Intelligence (AI) and Machine Learning (ML), ZGE 2018, 35 (51).

547 *Ulmer*, Urheber- und Verlagsrecht, S. 123.

Kapitel 5: Urheberrechtliche Implikationen

Im vorliegenden Kapitel wird das TDM beispielhaft für die Automatisierung der Nutzung von digitalen Inhalten dargestellt. In diesem Zusammenhang wird der automatisierte Prozess der Datensammlung in Bezug auf seine urheberrechtlichen Implikationen geprüft, d. h. insbesondere darauf, ob die automatisierte Datenverarbeitung eine Verwertung des Schutzguts darstellt, also ob eine Vervielfältigung, Bearbeitung oder öffentliche Zugänglichmachung erfolgt.

Ein Schwerpunkt dieses Kapitels liegt auf der materiellen Prüfung der relevanten Schutzrechte in Bezug auf die Datenentnahme durch *Software* und korrespondierend dazu auf den einschlägigen Schrankenbestimmungen.

Abseits der gesetzlichen Schrankenbestimmungen soll die Relevanz der schlichten Einwilligung basierend auf der *Vorschaubilder-I-* und *-II-*Rechtsprechung[548] des BGH für die Nutzung von Online-Inhalten als generelle Schranke in Bezug auf die Verarbeitung durch *Software* untersucht werden. Dies umfasst auch die Frage, inwieweit die Kommunikation im WWW aufgrund seines technischen Aufbaus und den zugrundeliegenden technischen Standards eine kooperative Kommunikation voraussetzt, die als Einwilligung der Nutzungshandlung bewertet werden kann.

Auch die Möglichkeiten der Einschränkung der Nutzung von digitalen Inhalten durch Vertrag und technische Schutzmittel sollen zum Ende dieses Kapitels wieder aufgegriffen werden.

I. TDM als Beispiel der automatisierten Datennutzung

Die Nutzung von digitalen Inhalten durch *Software* kann zu unterschiedlichen Zwecken erfolgen. Allgegenwärtig ist die Verwendung von Suchmaschinen, die digitale Inhalte im WWW mit *Software crawlen* und indexieren, also in eigene Datenbanken überführen. Bekannt sind zudem Preisvergleichsportale, die *Software* nutzen, um Datenbanken von Online-

548 BGH, Urteil vom 29. April 2010, I ZR 69/08 – Vorschaubilder I; BGH, Urteil vom 19. Oktober 2011, I ZR 140/10 – Vorschaubilder II.

Händlern automatisiert zu durchsuchen und im Ergebnis die Produkte nach Verfügbarkeit und günstigsten Preis sortieren.[549]

Bedeutsam ist in diesem Zusammenhang das TDM, das in § 60d UrhG für Zwecke der wissenschaftlichen Forschung und in § 44b UrhG für Jedermann gesetzlich geregelt ist.

Zunächst aus der Wissenschaft und Forschung, heute aber auch für Jedermann gesetzlich geregelt, ist das TDM. Nach § 44b I UrhG ist dies eine „[…] automatisierte Analyse von einzelnen oder mehreren digitalen oder digitalisierten Werken, um daraus Informationen insbesondere über Muster, Trends und Korrelationen zu gewinnen." Auch hierfür bedient sich der Verwender *Software*. Andernfalls wäre es kaum möglich, an die benötigte Menge an Daten zu gelangen.

Vorliegend soll nur auf die Prozessphase der Datensammlung eingegangen werden, bevor die Urheberrechtsrelevanz geprüft wird.

1. Datensammlung

Technisch nutzt man zur Sammlung von Daten aus dem WWW das sogenannte *Scraping*.[550] Bei dieser Form der Informationsextraktion werden Inhalte von Webseiten durch *Software* ausgelesen.[551] Die Daten werden anschließend in eine eigene Datenbank überführt beziehungsweise durch die technische Entwicklung dezentral in der *Cloud* gespeichert. *Schrenk* präzisiert die Aufgabe der *Software* wie folgt: „The most important thing a webbot does is move web pages from the Internet to your computer."[552]

Der in der Regel zweistufige Prozess des *Scraping*, bestehend aus dem Zugang zur Zielseite und der Datenextraktion, wird der Einfachheit halber hier als ein einheitlicher Vorgang betrachtet.[553]

Das WWW ist ein System von Hypertext-Dokumenten.[554] Der technische Prozess erfolgt über das *Client-Server*-Modell. Soll eine Webseite

---

549 https://www.idealo.de/.

550 *Brockmeyer*, Text und Data Mining, S. 187; *Golla/von Schönfeld*, Kratzen und Schürfen im Datenmilieu – Web Scraping in sozialen Netzwerken zu wissenschaftlichen Forschungszwecken, K&R 2019, 15 (16).

551 *von Schönfeld*, Screen Scraping und Informationsfreiheit, S. 50.

552 *Schrenk*, Webbots, Spiders and Screen Scrapers, S. 23.

553 *von Schönfeld*, Screen Scraping und Informationsfreiheit, S. 51.

554 *Lewandowski*, Suchmaschinen verstehen, S. 29 f.

aufgerufen werden, so stellt ein *Client* (*Webbrowser*) eine Anfrage bei einem *Webserver* und stellt im Anschluss die HTML-Dokumente dar.[555] Die besuchte Webseite ist also eine Darstellung von unterschiedlichen, auf verschiedenen *Servern* gespeicherten HTML-Dateien.[556]

Auch wenn sich der Besuch der Webseite durch *Software* nicht von einer natürlichen Person unterscheidet, da beide als *Client* eine Datei beim *Server* anfragen, ist für die *Software* die visuelle Gestaltung der Webseite unerheblich.[557] Beim *Web Scraping* wird die *Software* so programmiert, dass diese über den HTML-*Code* einer Webseite auf die dahinter befindlichen Informationen in den Datenbanken zugreifen kann und diese sammelt.[558] Die Extraktion der Daten erfolgt dann entweder über eine Schnittstelle (API), die von großen Datenbanken gelegentlich sogar bereitgestellt wird[559], oder im Rahmen der *Client-Server*-Kommunikation, wobei der *Webserver* nach Anfrage eine Datei zurückspielt, aus der dann die Informationen entnommen werden.[560]

Wie bedeutsam die automatisierte Datenverarbeitung ist, zeigt sich daran, dass heute schon mehr als die Hälfte des Datenverkehrs im gesamten WWW aus *Software* besteht.[561]

---

555 *von Schönfeld*, Screen Scraping und Informationsfreiheit, S. 51.

556 *Schrenk*, Webbots, Spiders and Screen Scrapers, S. 24.

557 *von Schönfeld*, Screen Scraping und Informationsfreiheit, S. 54.

558 *Boonk/de Groot/Oskamp/Brazier*, Agent Exclusion on Websites, in: Oskamp/Cevenini (Hrsg.), Proceedings of the 4th Workshop on the Law and Electronic Agents, S. 16, abrufbar unter: https://research.vu.nl/ws/portalfiles/portal/2123663/Agent+Exclusion+Clauses.pdf (zuletzt abgerufen am 10. August 2023); *Golla/von Schönfeld*, Web Scraping in sozialen Netzwerken, K&R 2019, 15 (16).

559 *Brockmeyer*, Text und Data Mining, S. 198; *Klawonn*, Urheberrechtliche Grenze des Web Scrapings, 2020, S. 1, abrufbar unter: https://papers.ssrn.com/sol3/papers.cfm?abstract_id=3491192 (zuletzt abgerufen am 10. August 2023); *Raue/Schöch*, Zugang zu großen Textkorpora des 20. und 21. Jahrhunderts mit Hilfe abgeleiteter Textformate – Versöhnung von Urheberrecht und textbasierter Forschung, RuZ 2020, 118 (121); Elsevier Developer Portal, abrufbar unter: https://dev.elsevier.com/documentation/SCIDIRSearchAPI.wadl (zuletzt abgerufen am 10. August 2023).

560 *Gausling*, Internet und E-Commerce, CR 2021, 609.

561 *Suchacka/Iwański*, Identifying legitimate Web users and bots with different traffic profiles – an Information Bottleneck approach, Knowledge-Bases Systems 2020, 1, abrufbar unter: https://www.sciencedirect.com/science/article/pii/S0950705120302318 (zuletzt abgerufen am 10. August 2023).

2. Urheberrechtsbezug

Nur im Rahmen der Datensammlung kann eine Verwertung der entnommenen Schutzrechte durch Vervielfältigungen, Bearbeitungen oder öffentliche Zugänglichmachungen in Betracht kommen.

In der Phase der Datenaufbereitung werden die Daten lediglich umgewandelt und in Form von Repräsentationen der digitalen Inhalte genutzt, aber nicht (erneut) verwertet.[562]

Für den Urheberrechtsbezug und die im Laufe dieser Arbeit vorzunehmende Bewertung der Verletzung der Ausschließlichkeitsrechte des Rechtsinhabers wird die Datensammlung den Schwerpunkt einnehmen, denn diese ist stets Teil der automatisierten Nutzung der digitalen Inhalte durch *Software*.

II. Urheberrechtsschutz

In der Folge sollen die einschlägigen Schutzrechte dargestellt werden, die durch die Nutzung der digitalen Inhalte durch *Software* verletzt sein können.

Die Digitalisierung eröffnet heute ganz andere Möglichkeiten der Werkerstellung, worauf der urheberrechtliche Schutz reagieren musste. Gegenwärtig besteht die Auffassung, dass Inhalte und Ideen den Urheberrechtsschutz begründen können; diese dürfen dann aber nicht rein abstrakt sein, sondern müssen in Form eines Werks Gestalt angenommen haben.[563]

1. Geschützte Werke und verwandte Schutzrechte

In § 2 I UrhG findet sich eine beispielhafte Aufzählung von Werkarten, die aus dem Zusammenspiel mit §§ 1, 2 II UrhG stets eine persönlich geistige Schöpfung voraussetzen.

In Bezug auf die Verwertung durch automatisierte TDM-Anwendungen sind aus dem Werkartenkatalog des § 2 I UrhG insbesondere der Schutz

---

562 *Käde*, Kreative Maschinen und Urheberrecht, S. 68.

563 *Dreier/Schulze/Dreier* UrhG Einleitung Rn. 2; *Jacob*, Ausschließlichkeitsrechte an immateriellen Gütern, S. 177; *von Schönfeld*, Screen Scraping und Informationsfreiheit, S. 184.

der Sprachwerke (§ 2 I Nr. 1 UrhG) und der Lichtbildwerke (§ 2 I Nr. 5 UrhG) von Relevanz.

Abseits der lizensierten Nutzung von Inhalten gibt es einen großen Anteil an Nutzungen, die ohne Erlaubnis erfolgen und bei denen die digitalen Inhalte von den Webseiten durch automatisierte Prozesse entnommen werden.

a. Sprachwerke

Sofern die Nutzer *Software* verwenden, die automatisiert auf Textbestände im WWW zugreift, ist die Art und Länge des Textes entscheidend.[564] Denn wie jedes andere Werk auch, wird bei den Sprachwerken ein geistig schöpferischer Gehalt verlangt, der zum Ausdruck kommen muss.[565]

Ein literarischer Text ist eher dem Urheberrecht zugänglich als wissenschaftliche Fachtexte.[566] In Bezug auf den Textumfang sind keine absoluten Umfänge bestimmbar, doch bringt ein längerer Text eher die Gedankenführung und Individualität zum Ausdruck als ein kurzer Slogan.[567] Die Textlänge als Schutzgrenze für das Urheberrecht zu verwenden, bietet sich aufgrund seiner individuellen Prüfung jedoch nicht an.[568] Zieht man hier eine Parallele zur Diskussion im Leistungsschutzrecht des Presseverlegers und der Schutzschwelle in § 87g I Nr. 4 UrhG, die „einzelne Wörter und sehr kurze Auszüge" vom Schutzbereich ausnehmen möchte, zeigt sich wie komplex die Gestaltung von einheitlichen Richtwerten ist.[569]

Die anfänglichen Überlegungen, die Ausnahmen für die Kleinteile konkreter zu bestimmen und mit Regelbeispielen zu arbeiten und damit beispielhaft Überschriften auszunehmen[570], haben sich nicht durchgesetzt.

Die Schutzuntergrenze des Leistungsschutzrechts hilft aufgrund der Ungenauigkeit in Bezug auf den Umfang nicht weiter. Vielmehr bedarf es

---

564 *Dreier/Schulze/Schulze* UrhG § 2 Rn. 83.

565 *Jotzo*, Der Schutz großer Textbestände nach dem UrhG, RuZ 2020, 128 (131).

566 *Jotzo*, Der Schutz großer Textbestände nach dem UrhG, RuZ 2020, 128 (133, 137).

567 *Raue/Schöch*, Zugang zu großen Textkorpora des 20. und 21. Jahrhunderts mit Hilfe abgeleiteter Textformate – Versöhnung von Urheberrecht und textbasierter Forschung, RuZ 2020, 118 (123).

568 *Jotzo*, Der Schutz großer Textbestände nach dem UrhG, RuZ 2020, 128 (133).

569 *Dreier/Schulze/Dreier* UrhG § 87g Rn. 10.

570 Diskussionsentwurf des BMJV, Entwurf eines Ersten Gesetzes zur Anpassung des Urheberrechts an die Erfordernisse des digitalen Binnenmarkts vom 15. Januar 2020, S. 9.

einer normativen Prüfung in Bezug auf die persönlich geistige Schöpfung.[571] Entscheidend bleibt also, gerade auch unter Berücksichtigung der Ausweitung des Schutzes auf die „kleine Münze", wann ein ausreichendes Maß an Gestaltungshöhe erreicht ist.

Dies ist sicherlich eher bei kreativen, längeren als bei kurzen, sachlich-wissenschaftlichen Texten der Fall. Es bedarf aber bei den Schriftwerken einer Betrachtung des Einzelfalls, die den Gerichten vorbehalten ist.[572]

b. Lichtbildwerke

Gerade die „Klassifikation" und „Regression" sind Anwendungsfälle des TDM.[573] Die Automatisierung erlaubt es, im Falle der Klassifikation eine Aussage darüber zu treffen, ob ein neu eingegebenes Lichtbild der festgelegten Klasse zugehörig ist.[574] Bei der Regression sind die Zielvariablen keine Klassen, sondern ein Wert.[575] So kann ein Lichtbild verarbeitet werden und unter Annäherung eine Aussage zum Inhalt gegeben werden, die wiederum anhängig von der Zielvorgabe ist.[576]

Das Urheberrecht unterscheidet in Bezug auf Bilder nach dem Werkschutz in § 2 I Nr. 5 UrhG (Lichtbildwerke) und dem verwandten Schutzrecht nach § 72 UrhG (Lichtbilder). Die Abgrenzung zwischen den beiden Rechten erfolgt anhand der Gestaltungshöhe.[577] Gerade die technischen Besonderheiten des Bildes bestimmen über den Schutz nach § 2 I Nr. 5 UrhG oder nach § 72 UrhG. Dabei kommt es auf die künstlerische Gestaltung des Bildes aufgrund von Parametern wie Motiv, Licht und Kontrast an.[578]

Im Grundsatz gilt, je stärker die Individualität des Schöpfers das Werk prägt, umso weiter ist der Schutzumfang.[579] Wie § 72 I UrhG klarstellt, gelten für die Lichtbilder „[...] in entsprechender Anwendung [die] für Lichtbildwerke geltenden Vorschriften des Teils 1" des Urheberrechts.

---

571 *Jotzo*, Der Schutz großer Textbestände nach dem UrhG, RuZ 2020, 128 (133).
572 *Jotzo*, Der Schutz großer Textbestände nach dem UrhG, RuZ 2020, 128 (134 ff.).
573 *Brockmeyer*, Text und Data Mining, S. 16.
574 *Brockmeyer*, Text und Data Mining, S. 16.
575 *Käde*, Kreative Maschinen und Urheberrecht, S. 53.
576 *Käde*, Kreative Maschinen und Urheberrecht, S. 53.
577 Deutscher Bundestag, Wissenschaftliche Dienst, Künstliche Intelligenz und Machine Learning, WD 10 – 3000 – 67/18, S. 20.
578 *von Schönfeld*, Screen Scraping und Informationsfreiheit, S. 186.
579 *Jotzo*, Der Schutz großer Textbestände nach dem UrhG, RuZ 2020, 128 (132).

Danach genießen die Lichtbildwerke und Lichtbilder einen fast gleichen Urheberrechtsschutz, bis auf die unterschiedliche Schutzdauer.[580]

c. Datenbankwerke

Datenbankwerke stellen einen Teil der Sammelwerke dar, die nach § 4 II 1 UrhG dem Werkschutz unterliegen. Voraussetzung für den Schutz der Datenbank ist, dass die Elemente „systematisch oder methodisch angeordnet“ sind und „einzeln mit Hilfe elektronischer Mittel oder auf andere Weise zugänglich sind“. Unerheblich ist, ob ein Urheberrechtsschutz für die einzelnen, in der Datenbank strukturierten Elemente besteht.[581]

Mit der systematischen oder methodischen Anordnung werden ungeordnete Rohdaten vom Schutzbereich ausgeschlossen.[582] Die Datenbank muss ein System erkennen lassen, nach dem der Zugang zu den einzelnen Elementen erfolgt.[583]

Die Voraussetzung nach § 4 I UrhG ist, dass die „[…] Auswahl oder Anordnung der Elemente eine persönlich geistige Schöpfung“ zum Ausdruck bringt. Dabei beschreibt der Vorgang der Auswahl eine Kuration von Elementen zu einem bestimmten Thema nach vorher definierten Voraussetzungen.[584] Die Anordnung beschreibt die Strukturierung von Elementen nach einer oder mehreren festgelegten Methoden.[585]

In Bezug auf die Datenbankwerke setzt § 4 II 1 UrhG weiter voraus, dass die Elemente „systematisch oder methodisch“ angeordnet sind. Durch die Formalisierung oder – weniger technisch – durch die Strukturiertheit der Inhalte sind die elektronischen Datenbanken oftmals Gegenstand der automatisierten Datennutzung. Um trotz der technischen Vorgaben eine ausreichende Schöpfungshöhe bejahen zu können, kommt es besonders auf die Gestaltung der „Verknüpfungs- und Abfragemöglichkeiten“ an.[586]

---

580 *Kleiner*, Die urheberrechtliche Wirksamkeit von Nutzungsbedingungen sozialer Netzwerke, S. 73; *Schiessel*, Reichweite und Rechtfertigung des einfachen Lichtbildschutzes gem. § 72 UrhG, S. 46.

581 EuGH, Urteil vom 01. März 2012, C-604/20, Rn. 32, 33 – Football Dataco Ltd; *Dreier/Schulze/Dreier* UrhG § 4 Rn. 9.

582 *Kuschel*, Urheberrecht und Forschungsdaten, OdW 2020, 43 (46).

583 *Dreier/Schulze/Dreier* UrhG § 4 Rn. 17.

584 *Dreier/Schulze/Dreier* UrhG § 4 Rn. 11.

585 *Dreier/Schulze/Dreier* UrhG § 4 Rn. 11.

586 *Dreier/Schulze/Dreier* UrhG § 4 Rn. 19.

Die Schöpfungshöhe ist gegeben, wenn sein Ersteller „freie und kreative Entscheidungen trifft“[587], also seinen Entscheidungsspielraum ausnutzt.[588] Ein Eingriff liegt vor, wenn die individuelle Auswahl und Anordnung der Elemente übernommen und so der geistige Gehalt durch Dritte adaptiert wird.[589] *Software*, die Daten sammelt, wird in der Regel nur Bestandteile oder einzelne Elemente der Datenbank entnehmen und die insgesamt erforderliche Datenmenge über weitere Abfragen von anderen Webseiten erreichen.[590]

§ 4 II UrhG schützt eine Datenbank als Werk aufgrund der Auswahl und Anordnung und es wird nur äußert selten vorkommen, dass durch *Software* einzelne Informationen aus öffentlich zugänglichen Datenbanken entnommen werden und nach Überführung in die neuen Datenbanken die ursprüngliche Gestalt behalten.[591]

d. Datenbankschutz sui generis

Mit § 87a UrhG wird nicht die persönliche geistige Schöpfung in Bezug auf die Anordnung und Auswahl der Elemente geschützt, sondern die getätigte Investition in die Beschaffung, Überprüfung oder Darstellung des Inhalts (Erwägungsgrund 40 der Datenbank-RL). Bei § 87a UrhG handelt es sich um ein Leistungsschutzrecht, das die Datenbank als „Wirtschaftsgut“ schützt.[592]

Zurückzuführen ist der Schutz des Datenbankherstellers auf die Umsetzung der Datenbank-Richtlinie[593], namentlich auf Art. 7 Datenbank-RL. Obwohl der deutsche Gesetzgeber in § 4 II 1 UrhG und § 87a I 1 UrhG

---

587 EuGH, Urteil vom 01. März 2012, C-604/20, Rn. 38 – Football Dataco Ltd; OLG Düsseldorf, Urteil vom 29. Juni 1999, 20 U 85/98, in: MMR 1999, 729.

588 *Dreier/Schulze/Dreier* UrhG § 4 Rn. 12; *Hacker*, Immaterialgüterrechtlicher Schutz von KI-Trainingsdaten, GRUR 2020, 1025 (1028); *Kreile*, Mode, Möbel und Mobile: Gebrauchsobjekte als urheberrechtlich geschützte Werke, ZUM 2023, 1 (2).

589 *Golla/von Schönfeld*, Kratzen und Schürfen im Datenmilieu – Web Scraping in sozialen Netzwerken zu wissenschaftlichen Forschungszwecken, K&R 2019, 15; *Jotzo*, Der Schutz großer Textbestände nach dem UrhG, RuZ 2020, 128 (140).

590 *von Schönfeld*, Screen Scraping und Informationsfreiheit, S. 190; *Jotzo*, Der Schutz großer Textbestände nach dem UrhG, RuZ 2020, 128 (140).

591 *von Schönfeld*, Screen Scraping und Informationsfreiheit, S. 190; *Jotzo*, Der Schutz großer Textbestände nach dem UrhG, RuZ 2020, 128 (140).

592 *von Schönfeld*, Screen Scraping und Informationsfreiheit, S. 205.

593 Richtlinie 96/9/EG.

jeweils eine Beschreibung des Begriffs der Datenbank vorgenommen hat, kann von einem kongruenten Verständnis ausgegangen werden.[594] Allerdings verlangt § 87a I 1 UrhG als verwandtes Schutzrecht eine wesentliche Investition und keine Schöpfungshöhe.

Die in der Datenbank befindlichen Inhalte müssen unabhängig voneinander sein. Hierdurch sollen Einzelteile vom Schutzbereich des § 87a I 1 UrhG ausgenommen werden.[595] Entscheidend für die Qualifizierung der Unabhängigkeit ist, ob bei Herauslösung eines Elements weiterhin sein eigenständiger Aussagegehalt erhalten bleibt.[596] Andernfalls ließen sich über § 87a I UrhG einzelne Wörter oder Noten schützen, die Teil eines Gedichts oder einer Musikkomposition sind.[597] Dabei ist entsprechend dem Wortlaut des § 87a I 1 UrhG unerheblich, ob es sich um Werke, Daten oder Elemente handelt. Voraussetzung ist lediglich, dass diese nicht erst durch ihre Verbindung Sinn ergeben.[598] Der EuGH sieht die Unabhängigkeit als gegeben an, sofern bei Herauslösung der Elemente diesen ein „selbständiger Informationswert" verbleibe. Der Gerichtshof betrachtet dabei die einzelnen Daten in Abhängigkeit ihres Sinnzusammenhangs.[599]

Für die systematische oder methodische Anordnung sei auf die Ausführungen zu § 4 II UrhG verwiesen, die ebenfalls für das Datenbankherstellerrecht gelten. In diesem Zusammenhang sei noch erwähnt, dass Erwägungsgrund 21 der Datenbank-RL klarstellt, dass nicht auch die physische Speicherung in geordneter Weise erfolgen muss, sondern lediglich ein System erkennbar ist, das den Zugriff und die Anordnung auf die einzelnen Elemente bestimmt.[600] Unerheblich ist, ob die Daten auf mehreren *Servern* verteilt liegen.[601]

---

594 *Dreier/Schulze/Dreier* UrhG § 87a Rn. 3; *Hacker*, Immaterialgüterrechtlicher Schutz von KI-Trainingsdaten, GRUR 2020, 1025 (1029).

595 Erwägungsgrund 17 Richtlinie 96/9/EG; *von Schönfeld*, Screen Scraping und Informationsfreiheit, S. 208; *Dreier/Schulze/Dreier* UrhG § 87a Rn. 6.

596 EuGH, Urteil vom 09. November 2004 – C-444/02, Rn. 29 – Fixtures Marketing.

597 *Kuschel*, Urheberrecht und Forschungsdaten, OdW 2020, 43 (46).

598 *Dreier/Schulze/Dreier* UrhG § 87a Rn. 6.

599 EuGH, Urteil vom 09. November 2004 – C-444/02, Rn. 33 – Fixtures Marketing, in: GRUR Int. 2005, 239; *Wiebe*, Schutz von Daten im Immaterialgüterrecht, S. 101, in: Hornung (Hrsg.), Rechtsfragen der Industrie 4.0; kritisch dazu: *Hacker*, Immaterialgüterrechtlicher Schutz von KI-Trainingsdaten, GRUR 2020, 1025 (1029).

600 *Wiebe*, Schutz von Daten im Immaterialgüterrecht, S. 102, in: Hornung (Hrsg.), Rechtsfragen der Industrie 4.0.

601 *Wiebe*, Schutz von Maschinendaten durch das sui-generis-Schutzrecht für Datenbanken, GRUR 2017, 338 (340).

Ferner wird über die Einzelzugänglichkeit der Werke, Daten oder Elemente ein Ausschluss des doppelten Urheberrechtsschutzes gewährleistet.[602] Hierbei muss man diese Voraussetzung im Zusammenhang mit Erwägungsgrund 13 der Datenbank-RL verstehen, sodass es ein technisches Mittel „ermöglicht, jedes in der Sammlung enthaltene unabhängige Element zu lokalisieren".[603] Dadurch wird der Schutz der Datenbank vom Sammelwerk abgegrenzt.[604]

Bevor auf die wesentliche Investition als letztes Tatbestandsmerkmal eingegangen wird, ist zu resümieren, dass die meisten Webseiten, die über ein strukturiertes Datenverarbeitungssystem verfügen, auf das mithilfe elektronischer Mittel zugegriffen werden kann, in der Regel Werke, Daten oder andere unabhängige Elemente enthalten, welche die Voraussetzungen des § 87a I 1 UrhG erfüllen.[605]

Der datenbankrechtliche Schutz nach § 87a I UrhG sieht neben den drei oben genannten Tatbestandsvoraussetzungen „[...] eine nach Art oder Umfang wesentliche Investition" in Bezug auf die „[...] Beschaffung, Überprüfung oder Darstellung" der Elemente vor.

Orientiert man sich am Wortlaut des Gesetzes, so spricht § 87a I 1 UrhG von einer nach „Art oder Umfang" und Art. 7 I Datenbank-RL von einer „in qualitativer oder quantitativer Hinsicht" wesentlichen Investition. Erläuternd kann auf Erwägungsgrund 40 der Datenbank-RL zurückgegriffen werden, der neben finanziellen Mitteln auch den „Einsatz von Zeit, Arbeit und Energie" berücksichtigt. Auch wenn dadurch andere als nur finanzielle Leistungen Erwägung finden, so trägt dies noch nicht zur inhaltlichen Bestimmung des Begriffs „wesentlich" bei. Die Literaturmeinungen reichen von der Forderung einer Investition von „substantiellem" Gewicht[606] bis zum Verständnis einer reinen De-minimis-Schranke[607], sodass jegliche Investition ausreiche.

---

602 *Dreier/Schulze/Dreier* UrhG § 87a Rn. 9.

603 EuGH, Urteil vom 09. November 2004 – C-444/02, Rn. 30 – Fixtures Marketing, in: GRUR Int. 2005, 239.

604 *Wiebe*, Schutz von Daten im Immaterialgüterrecht, S. 102, in: Hornung (Hrsg.), Rechtsfragen der Industrie 4.0; Wiebe, Schutz von Maschinendaten durch das sui-generis-Schutzrecht für Datenbanken, GRUR 2017, 338 (340).

605 *Klawonn*, Urheberrechtliche Grenze des Web Scrapings, 2020, S. 2, abrufbar unter: https://papers.ssrn.com/sol3/papers.cfm?abstract_id=3491192 (zuletzt abgerufen am 10. August 2023).

606 *Schack*, Die urheberrechtliche Gestaltung von Webseiten unter Einsatz von Links und Frames, MMR 2001, 9 (12).

607 *Stötzel/Wille*, Der Urheberschutz sui generis für Datenbanken, EWS 2004, 490.

Diese weite Auffassung stützt sich auf Erwägungsgrund 19 der Datenbank-RL, der von einer „ausreichend erheblichen" Investition spricht.[608] Dem BGH zufolge reicht es aus, „[...] wenn bei objektiver Betrachtung keine ganz unbedeutenden, von jedem leicht zu erbringenden Aufwendungen erforderlich waren, um die Datenbank zu erstellen".[609] Eine substantielle Investition ist nicht erforderlich.

Die Argumentation des BGH ist schlüssig, gründet sie doch in dem Schutzzweck der Datenbank-RL, der gerade in der Anreizwirkung zur Gestaltung von Datenbanken bestehe.[610] Zu hohe Anforderungen in Bezug auf die Wesentlichkeit der Investition würden den Zweck der Richtlinie konterkarieren.[611]

Bedacht werden muss aber, dass mit Ausweitung des Schutzbereichs des § 87a I 1 UrhG die Gefahr einhergeht, auch unerhebliche Leistungen unter den Datenbankschutz zu subsumieren.[612] Eine absolute Grenze wird sich aufgrund der Auslegungsbedürftigkeit des Begriffs „wesentlich" jedoch nicht beziffern lassen.

aa. Verwertungsrechte des Datenbankherstellers

Aufgrund der besonderen Regelung der Verwertungsrechte des Datenbankherstellers soll bereits an dieser Stelle darauf eingegangen werden.

„Der Datenbankhersteller [§ 87a II UrhG] hat das ausschließliche Recht, die Datenbank insgesamt oder einen nach Art oder Umfang wesentlichen Teil der Datenbank zu vervielfältigen." § 87b I 2 UrhG erweitert die Befugnisse auch auf die Versagung der Nutzung von unwesentlichen Teilen der Datenbank, „[...] sofern diese Handlungen einer normalen Auswertung der Datenbank zuwiderlaufen oder die berechtigten Interessen des Datenbankherstellers unzumutbar beeinträchtigen."

Da zwar nicht immer ganze Webseiten eigenständig die Voraussetzungen des § 87a I 1 UrhG erfüllen, aber oftmals die dahinterliegenden Datenbanken, stellt sich die Frage, wann die Datensammlung durch *Software*

---

608 *Stötzel/Wille*, Der Urheberschutz sui generis für Datenbanken, EWS 2004, 490.

609 BGH, Urteil vom 01. Dezember 2010, I ZR 196/08, Rn. 23 – Zweite Zahnarztmeinung II, in: ZUM-RD 2011, 463.

610 BGH, Urteil vom 01. Dezember 2010, I ZR 196/08, Rn. 23 – Zweite Zahnarztmeinung II, in: ZUM-RD, 2011, 463.

611 Erwägungsgründe 9, 12 der Richtlinie 96/9/EG.

612 *Dreier/Schulze/Dreier* UrhG § 87a Rn. 14.

in das ausschließliche Recht des Datenbankherstellers nach § 87b I UrhG eingreift.

Hierbei bietet es sich an, nach dem Umfang der Verwertung zu unterscheiden, also ob die Datennutzung die „Datenbank insgesamt", einen „nach Art oder Umfang wesentlichen Teil" (§ 87b I 1 UrhG) oder einen „unwesentlichen Teil" (§ 87b I 2 UrhG) betrifft, der qualitativ einer wesentlichen Verwertung gleichzusetzen ist.

Die in § 87a I UrhG genannten Verwertungsrechte müssen entsprechend den Bestimmungen in Art. 7 I, II der Datenbank-RL richtlinienkonform ausgelegt werden.[613]

Nach § 87a I 1 UrhG steht dem Datenbankhersteller das alleinige Recht zu, die gesamte Datenbank oder einen wesentlichen Teil derselben zu verwerten. Die Wesentlichkeit bemisst sich laut Art. 7 I Datenbank-RL nach qualitativen und quantitativen Gesichtspunkten und bezieht sich im Sinne des Schutzzwecks der Vorschrift rein auf die getätigte Investition.[614]

Die Forderung eines nach Art und Umfang wesentlichen Eingriffs dient dem Ausgleich zwischen der Informationsfreiheit und dem Investitionsschutzinteresse und darf nicht zu gering angesetzt werden.[615] Eine in qualitativer Hinsicht erfolgte Verwertung ist anzunehmen, wenn auf den entnommenen Teil der Datenbank ein Großteil der finanziell getätigten Leistung entfällt.[616] Für die Bemessung der Quantität wird auf das Verhältnis des entnommenen Teils zur gesamten Datenbank abgestellt.[617]

Sofern automatisiert im Rahmen der Datensammlung durch *Software* auf eine Datenbank zugegriffen wird und dabei digitale Inhalte entnommen werden (Bilder, Texte), liegt ein Eingriff vor, wenn gemessen an der Gesamtgröße der Datenbank oder in Bezug auf die geleisteten Investitionen der Teil als wesentlich anzusehen ist.

Die wiederholte und systematische Nutzung von unwesentlichen Teilen der Datenbank kann zu einer relevanten Verwertung anwachsen.[618] Bedeutsam ist die Berücksichtigung von wiederholten Eingriffen, die als

---

613 *Dreier/Schulze/Schulze* UrhG § 15 Rn. 24; *von Schönfeld*, Screen Scraping und Informationsfreiheit, S. 236; *Jotzo*, Der Schutz großer Textbestände nach dem UrhG, RuZ 2020, 128 (141).

614 Klarstellend insoweit auch: Erwägungsgrund 42 der Richtlinie 96/9/EG.

615 *Dreier/Schulze/Dreier* UrhG § 87b Rn. 5.

616 *Dreier/Schulze/Dreier* UrhG § 87b Rn. 7.

617 EuGH, Urteil vom 09. November 2004, C-203/02, Rn. 82 – British Horseracing Board, in: MMR 2005, 29.

618 *von Schönfeld*, Screen Scraping und Informationsfreiheit, S. 251.

„Umgehung“[619] die Datenbank qualitativ oder quantitativ verwerten.[620] Damit soll gewährleistet werden, dass einzelne Daten und Inhalte nicht über den Umweg des Datenbankrechts geschützt werden.[621] Schon im Grundsatz macht § 87b I 2 UrhG deutlich, dass die Nutzung unwesentlicher Teile frei sein soll.[622] Es reicht aber aus, wenn die Verletzungshandlungen darauf abzielen, die Wesentlichkeitsgrenze zu überschreiten.[623]

Der Nutzer der Datenbank muss diese nach § 87b I 2 UrhG wiederholt und systematisch verwerten. Dies erfordert ein planmäßiges Vorgehen und soll sicherstellen, dass das Interesse der Amortisation des Datenbankherstellers nicht unzumutbar beeinträchtigt wird, der Nutzer also durch den wiederholten und systematischen Eingriff keine eigene Datenbank mit vergleichbaren Inhalten erstellt.[624]

Die Nutzung unwesentlicher Teile der Datenbank ist im Rahmen der automatisierten Datenverarbeitung von besonderer Relevanz, da je nach Zielsetzung der *Software* sehr spezifische digitale Inhalte benötigt werden, die sich auf eine Fülle an unterschiedlichen Quellen verteilen können und dann einzeln entnommen werden müssen (lediglich einzelne Produkt- und Preisinformationen, Bilder oder besondere Textteile).

Auch hier verbleibt es eine Entscheidung des Einzelfalls, inwieweit die Entnahme und damit die Datensammlung eine wiederholte und systematische Nutzung darstellt, die eine signifikante Beeinträchtigung der getätigten Investition des Datenbankherstellers darstellt und so die Voraussetzung des Tatbestandes nach § 87b I 2 UrhG erfüllt.[625]

2. Zusammenfassung der relevanten urheberrechtlichen Schutzrechte

Bei den Sprachwerken nach § 2 I Nr. 1 UrhG besteht die Herausforderung, zu qualifizieren, ob ein (digitaler) Text einen geistigen schöpferischen Ge-

619 EuGH, Urteil vom 09. November 2004, C-203/02, Rn. 88 – British Horseracing Board, in: MMR 2005, 29.

620 *Kuschel*, Urheberrecht und Forschungsdaten, OdW 2020, 43(48).

621 *Dreier/Schulze/Dreier* UrhG § 87b Rn. 9.

622 *Dreier/Schulze/Dreier* UrhG § 87b Rn. 9.

623 BGH, Urteil vom 01. Dezember 2010, I ZR 196/08, Rn. 35 – Zweite Zahnarztmeinung II, in: ZUM-RD 2011, 463.

624 BGH, Urteil vom 01. Dezember 2010, I ZR 196/08, Rn. 35 – Zweite Zahnarztmeinung. II, in: ZUM-RD 2011, 463; *Dreier/Schulze/Dreier* UrhG § 87b Rn. 11.

625 *von Schönfeld*, Screen Scraping und Informationsfreiheit, S. 254.

halt aufweist und damit Werkschutz erfährt. Ähnlich wie beim Leistungsschutzrecht des Presseverlegers (§ 87g II Nr. 4 UrhG) gibt es keine starren Richtwerte. Es gilt, dass längere und nicht-wissenschaftliche Texte eher dem Werkschutz unterliegen als sachliche und kurze Texte. Doch hilft dies allenfalls zur Annäherung einer im Einzelfall vorzunehmenden Bewertung.

Die Abgrenzung des Schutzes des Bildes nach § 2 I Nr. 5 UrhG und § 72 UrhG wird anhand der Gestaltungshöhe vollzogen, hat aber lediglich für die Schutzdauer Relevanz.

Datenbankwerke nach § 4 II UrhG sind Sammelwerke, die bedingt durch „Auswahl oder Anordnung der Elemente eine persönlich geistige Schöpfung" zum Ausdruck bringen. Aufgrund der Strukturiertheit der Inhalte sind Datenbankwerke für die Nutzung durch *Software* von besonderer Relevanz. Dabei liegt ein Eingriff vor, wenn die individuelle Auswahl und Anordnung der Elemente übernommen wird, sich der Nutzer also den geistigen Gehalt zu eigen macht. Durch die automatisierte Datensammlung wird wohl nur selten eine so umfängliche Entnahme von Daten erfolgen, dass diese in Auswahl und Anordnung die Gestaltungshöhe berührt.

Das Datenbankherstellerrecht nach § 87a I UrhG schützt die geleistete Investition in Bezug auf die „[...] Beschaffung, Überprüfung oder Darstellung" der Inhalte und damit die Datenbank als „Wirtschaftsgut".[626] Für Investitionen in die Beschaffung von Daten besteht Berücksichtigungswürdigkeit, für Investitionen in die Erzeugung von Daten nicht.

Bei der Verwertung muss hinsichtlich des Umfangs der Verwertung unterschieden werden, also danach, ob die Datenbank in ihrer Gesamtheit oder ein wesentlicher Teil der Datenbank vervielfältigt wird, die einer normalen Auswertung der Datenbank zuwiderläuft.

Nach § 87b I 1 UrhG und Art. 7 I Datenbank-RL bemisst sich die Wesentlichkeit nach qualitativen und quantitativen Gesichtspunkten und muss einen Ausgleich zwischen Informationsfreiheit und Investitionsschutzinteresse gewährleisten.

Für die angeführten Schutzrechte ist letztlich eine Einzelfallbetrachtung notwendig und damit die Beantwortung der Frage, ob die Nutzung von Inhalten durch *Software* die Entnahme von Inhalten im Rahmen der Datensammlung eine Verwertung des Schutzrechts vornimmt. Versetzt man sich in die Position des Nutzers, so besteht die Herausforderung darin zu

---

626 *von Schönfeld*, Screen Scraping und Informationsfreiheit, S. 205.

qualifizieren, ob ein Schutzrecht vorliegt und ob dieses durch die automatisierte Datenverarbeitung verletzt wird. Dies führt zu hohen Transaktionskosten und einer Zunahme an Rechtsunsicherheit.

3. Verwertung der Ausschließlichkeitsrechte durch die automatisierte Softwarenutzung

Die Nutzung von digitalen Inhalten durch *Software* kann urheberrechtsrelevante Verwertungshandlungen darstellen. Nach § 15 I, II UrhG hat der Urheber das ausschließliche Recht, sein Werk in körperlicher (§ 15 I UrhG) und unkörperlicher (§ 15 II UrhG) Form zu verwerten. Dem Rechtsinhaber wird dadurch ein positives Verwertungsrecht und ein negatives Verbostrecht eingeräumt.[627]

Von besonderer Relevanz ist vorliegend die Vervielfältigung nach § 16 UrhG und die Bearbeitung nach § 23 UrhG. Beide Rechte können durch die automatisierte Nutzung der digitalen Inhalte durch *Software* berührt sein.

a. Verwertung durch Vervielfältigung

Positiv formuliert räumt § 16 I UrhG dem Urheber das Recht ein, vorübergehende oder dauerhafte Vervielfältigungstücke seines Werks herzustellen. In der amtlichen Begründung wird die Vervielfältigung als „die Herstellung jeder Art und Zahl von Vervielfältigungsstücken des Werkes, das heißt von körperlichen Festlegungen, die geeignet sind, das Werk den menschlichen Sinnen auf irgendeine Weise unmittelbar oder mittelbar wahrnehmbar zu machen“, definiert.[628] Dabei kommt es nicht darauf an, ob das zu vervielfältigende Werk in analoger oder digitaler Form existiert und ob dieses analog oder digital vervielfältigt wird.[629]

Heutzutage werden die Prozesse im WWW mit Verwendung von *Software* automatisiert und dabei die auf den Webseiten befindlichen digitalen Inhalte in Datenbanken der Softwareverwender überführt, zumindest aber

---

627 *Dreier/Schulze/Schulze* UrhG § 15 Rn. 5.

628 BT-Drucks. IV/270, S. 47; *Spindler*, Text und Data Mining – urheber- und datenschutzrechtliche Fragen, GRUR 2016, 1112 (1113).

629 *Dreier/Schulze/Schulze* UrhG § 16 Rn. 7.

vorerst auf den eigenen Arbeitsspeicher kopiert.[630] Die Übertragung erfolgt in zentrale oder dezentrale Speicher.[631] Dabei werden die entnommenen Inhalte körperlich festgelegt.[632]

Bekräftigt wird dies Auffassung durch Erwägungsgrund 21 der InfoSoc-RL, der von einem „weiten" Verständnis des Vervielfältigungsrechts spricht und so dem Hauptziel der Richtlinie dient, ein hohes Schutzniveau zugunsten der wirtschaftlichen Verwertung der Werke durch den Urheber sicherzustellen.[633]

b. Nutzungen abseits des Schutzzwecks des Urheberrechts

Auch im Zusammenhang mit der Prüfung der Vervielfältigung von digitalen Inhalten durch die automatisierte Nutzung wird die Argumentation des Schutzzwecks des Urheberrechts relevant. Der Wissenschaftliche Dienst des Bundestages betont, dass das „reine (Aus-)Lesen der Informationen als bestimmungsgemäßer Werkgenuss grundsätzlich nicht vom Urheberrecht erfasst" sei.[634]

Ähnlich argumentiert auch *Sag* und beschreibt diesen Vorgang als „non-expressive use".[635] Denn gerade bei der softwarebasierten Nutzung von Inhalten wird nicht das Werk genutzt, sondern werden nur die diesem zugrunde liegenden Daten ausgelesen, um daraus Muster zu erkennen.[636] Die Unterscheidung nach „non-expressive" und „expressive use", also urheberrechtsrelevanter Nutzung, erfolgt laut *Sag* nach dem Zweck der Verwendung und sieht die technologische Notwendigkeit einer Ausnahme der

---

630 *Duden*, Digitale Sachherrschaft, S. 351.

631 EuGH, Urteil vom 24. März 2022, C-433/20, Rn. 17; Deutscher Bundestag, Wissenschaftliche Dienst, Künstliche Intelligenz und Machine Learning, WD 10 – 3000 – 67/18, S. 7.

632 *Kuschel*, Der Erwerb digitaler Werkexemplare zur privaten Nutzung, S. 29.

633 EuGH, Urteil vom 24. März 2022, C-433/20, Rn. 16, in: GRUR 2022, 558.

634 BT-Drucks. 18/12329, S. 40.

635 *Sag*, The New Legal Landscape for Text Mining and Machine Learning, Journal of the Copyright Society of the USA, Vol. 66, 2019, S. 6, abrufbar unter: https://ssrn.com/abstract=3331606 (zuletzt abgerufen am 10. August 2023).

636 *Sag*, The New Legal Landscape for Text Mining and Machine Learning, Journal of the Copyright Society of the USA, Vol. 66, 2019, S. 6, abrufbar unter: https://ssrn.com/abstract=3331606 (zuletzt abgerufen am 10. August 2023).

Urheberrechtsrelevanz für „copy-reliant technologies".[637] Dieser Auffassung kann losgelöst von der *Fair-Use*-Doktrin und damit dem amerikanischem Rechtsverständnis nicht beigepflichtet werden.[638]

c. Verwertung durch Bearbeitung

Die automatisierte Datenverarbeitung und damit die Übertragung in ein maschinenlesbares Format kann eine Bearbeitung darstellen. Schutzzweck des § 23 I UrhG ist es, dem Urheber das Recht zur Entscheidung darüber zu bewahren, in welcher Form er das Werk an die Öffentlichkeit kommunizieren möchte.[639] Nach § 23 I 1 UrhG bedarf es der Zustimmung des Urhebers, sofern das Werk veröffentlicht oder verwertet werden soll. Nur bei der Bearbeitung oder Umgestaltung eines Datenbankwerks nach § 23 II Nr. 4 UrhG ist schon das Herstellen der Bearbeitung oder Umgestaltung zustimmungsbedürftig.[640]

Eine Bearbeitung liegt vor, wenn das benutzte Werk für weitere Nutzungsformen angepasst wird.[641] Eine Umgestaltung setzt die Nutzung des Werks in abgeänderter Form voraus.[642]

Bei der Softwareverwendung wird das Werk in ein maschinenlesbares Format übertragen, das Ausgangswerk aber nicht abgeändert.[643] Es wird gegebenenfalls um Metainformationen angereichert, je nach Zweck der sich anschließenden Verarbeitung.[644] Ähnlich sieht dies auch der Wissenschaftliche Dienst, der in der bloßen Formatänderung keine Änderung des Werks per se erkennt.[645]

---

637 *Sag*, The New Legal Landscape for Text Mining and Machine Learning, Journal of the Copyright Society of the USA, Vol. 66, 2019, S. 47, abrufbar unter: https://ssrn.com/abstract=3331606 (zuletzt abgerufen am 10. August 2023).

638 Vorschlag der Adaption für die UK: *Hargreaves*, Digital Opportunity, A Review of Intellectual Property and Growth, S. 47, abrufbar unter: https://assets.publishing.service.gov.uk/government/uploads/system/uploads/attachment_data/file/32563/ipreview-finalreport.pdf (zuletzt abgerufen am 10. August 2023).

639 *Dreier/Schulze/Schulze* UrhG § 23 Rn. 17.

640 *Dreier/Schulze/Schulze* UrhG § 23 Rn. 33.

641 *Dreier/Schulze/Schulze* UrhG § 23 Rn. 23.

642 *Dreier/Schulze/Schulze* UrhG § 23 Rn. 23.

643 *Käde*, Kreative Maschinen und Urheberrecht, S. 70.

644 *Spindler*, Text und Data Mining – urheber- und datenschutzrechtliche Fragen, GRUR 2016, 1112 (1114).

645 Deutscher Bundestag, Wissenschaftliche Dienst, Künstliche Intelligenz und Machine Learning, WD 10 – 3000 – 67/18, S. 7.

Selbst wenn man eine Bearbeitung nach § 23 I 1 UrhG annimmt, unterliegt diese nur der Zustimmung des Urhebers, wenn diese veröffentlicht oder verwertet wird. Für die Veröffentlichung wird vorausgesetzt, dass die Bearbeitung die private Sphäre des Nutzers verlässt und einer größeren Zahl an Personen zugeführt wird.[646] Sofern die Überführung in ein maschinenlesbares Format erfolgt, ist für eine außenstehende Gruppe von Menschen kein unmittelbarer Rückschluss auf das Ausgangswerk möglich.[647]

Ferner ist nach § 23 I UrhG auch die Verwertung zustimmungsbedürftig. Damit sind über § 15 UrhG hinaus auch alle gegenwärtigen und zukünftigen Nutzungshandlungen erfasst.[648] Entscheidend ist der Umfang der Datenverarbeitung. Werden lediglich Metainformationen hinzugefügt, das Werk dadurch aber in seinem Format nicht geändert, wird eine Bearbeitung zu verneinen sein.[649] Anders kann die Beurteilung ausfallen, wenn die Formatübertragung erheblich ist und damit eine Anpassung an eine neue Nutzungsform bedeutet. Mit Einführung des § 23 III UrhG ist zumindest klargestellt worden, dass für „ausschließlich technisch bedingte Änderungen eines Werkes" im Rahmen des TDM keine Zustimmung des Rechtsinhabers erforderlich ist.[650] Dies lässt den Rückschluss zu, dass es bei der automatisierten Nutzung von digitalen Inhalten nicht zu einer Bearbeitung kommt.

d. Zwischenergebnis: Ausschließlichkeitsrechte

Für die automatisierte Nutzung von digitalen Inhalten durch *Software* kann das Vervielfältigungsrecht nach § 16 I UrhG berührt sein. Eine Bearbeitung nach § 23 I UrhG wird in der Regel nicht vorliegen, da es an einer Veröffentlichung und Verwertung scheitert, sofern die Inhalte nur formalisiert werden. So macht die Vorschrift des § 23 III UrhG deutlich, dass

---

646 *Dreier/Schulze/Schulze* UrhG § 23 Rn. 34.

647 *Käde*, Kreative Maschinen und Urheberrecht, S. 73.

648 *Dreier/Schulze/Schulze* UrhG § 23 Rn. 35.

649 Deutscher Bundestag, Wissenschaftliche Dienst, Künstliche Intelligenz und Machine Learning, WD 10 – 3000 – 67/18, S. 7; *Spindler*, Text und Data Mining – urheber- und datenschutzrechtliche Fragen, GRUR 2016, 1112 (1114).

650 *Dreier/Schulze/Schulze* UrhG § 23 Rn. 85.

die technisch bedingten Änderungen des Werkes (Anreicherung mit Informationen, Normalisierung der Daten) freigestellt sind.[651]

III. Relevante Schrankenbestimmungen

Mit der Digitalisierung und der fortschreitenden Automatisierung von Prozessen im WWW sind das Urheberrecht und die Technik weiter aneinandergerückt. Dabei kann die automatisierte Datenverarbeitung – wie aufgezeigt – einen Eingriff in das Vervielfältigungsrecht des Rechtsinhabers darstellen. Der Rechtsinhaber selbst kann aufgrund der Prozeduralisierung des Urheberrechts veranlasst sein, in diesen technisch dominierten Sachverhalten technikverständlich zu handeln.[652] Was dies in Bezug auf die Schrankenbestimmungen bedeutet und welche der möglichen Einschränkungen von Relevanz sind, ist Gegenstand der nachfolgenden Ausführungen.

Es wird mit den gesetzlichen Schrankenbestimmungen (§§ 44a ff. UrhG) begonnen, bevor auf Überlegungen der Rechtsprechung zur Einwilligung bei Internetsachverhalten Bezug genommen wird; abschließend wird auf mögliche Einwilligungen aufgrund eines technischen Gesamtzusammenhangs einzugehen sein.

1. Gesetzliche Schrankenbestimmungen

Von besonderer Relevanz für einen Eingriff in das Ausschließlichkeitsrecht des Urhebers durch die automatisierte Nutzung von digitalen Inhalten sind die Schrankenbestimmungen der vorübergehenden Vervielfältigung nach § 44a UrhG und die Bestimmungen zum TDM (§§ 44b, 60d UrhG).

---

651 *Raue*, Die Freistellung von Datenanalysen durch die neue Text und Data Mining-Schranken (§§ 44b, 60d UrhG), ZUM 2021, 793 (798).

652 *Specht*, Diktat der Technik, S. 53.

a. Vorübergehende Vervielfältigung

Eine Vervielfältigung nach § 44a UrhG ist nur dann gerechtfertigt, wenn sie vorübergehend ist. Vorübergehend ist die Sicherung der digitalen Inhalte, wenn diese „nicht von längerer Dauer sind."[653] Mit Blick auf Erwägungsgrund 33 der InfoSoc-RL, der mit „Browsing" und „Caching" Beispiele für vorübergehende Vervielfältigungen aufführt, wird ersichtlich, dass Handlungen erfasst werden sollen, die bei der digitalen Nutzung von Werken im WWW anfallen und wieder automatisch gelöscht werden.[654]

Die weite Schrankenbestimmung wird durch die Voraussetzungen der flüchtigen oder begleitenden Vervielfältigung weiter begrenzt.[655] Flüchtig ist eine Handlung, wenn diese auf das „für das ordnungsgemäße Funktionieren des betreffenden technischen Verfahrens Erforderliche beschränkt ist".[656] Begleitend ist die Handlung, „wenn sie gegenüber dem technischen Verfahren, dessen Teil sie ist, weder eigenständig ist noch einem eigenständigen Zweck dient"[657], die Vervielfältigung also nebenbei erfolgt.

Ferner muss die Vervielfältigungshandlung nach § 44a UrhG einen „integralen und wesentlichen Teil eines technischen Verfahrens darstellen". Dabei geht der EuGH von zwei Merkmalen aus, die kumulativ erfüllt sein müssen: Die Handlung muss „vollständig im Rahmen der Durchführung eines technischen Verfahrens vorgenommen werden und notwendig in dem Sinne sein, dass das betreffende technischen Verfahren ohne sie nicht einwandfrei und effizient funktionieren könnte".[658] Der Zeitpunkt der Vervielfältigungshandlung wird gesetzlich nicht bestimmt, sodass die Handlung das Verfahren einleiten oder auch abschließen kann und gar eine menschliche Mitwirkung völlig unerheblich sein kann.[659]

In § 44a Nr. 1 und Nr. 2 UrhG werden Alternativen aufgeführt, die als zusätzliche Voraussetzung vorliegen müssen, um eine Nutzung des Werks durch die Schranke zu erlauben. Nach § 44a Nr. 1 UrhG muss der Zweck der Vervielfältigung die „Übertragung in einem Netz zwischen Dritten

---

653 *Dreier/Schulze/Dreier* UrhG § 44a Rn. 4.

654 EuGH, Urteil vom 16. Juli 2009, C-5/08, Rn. 63 – Infopaq, in: GRUR 2009, 1041; *Dreier/Schulze/Dreier* UrhG § 44a Rn. 4.

655 *Brunn*, Cache me if you can, S. 136.

656 EuGH, Urteil vom 16. Juli 2009, C-5/08, Rn. 64 – Infopaq, in: GRUR 2009, 1041.

657 EuGH, Urteil vom 05. Juni 2014, C-360/13, Rn. 43 – Public Relations Consultants Association, in: ZUM 2014, 681.

658 EuGH, Urteil vom 05. Juni 2014, C-360/13, Rn. 28 – Public Relations Consultants Association, in: ZUM 2014, 681.

659 EuGH, Urteil vom 17. Januar 2012, C-302/10, Rn. 31, 32 – Infopaq II.

durch einen Vermittler“ sein oder sie muss gemäß § 44a Nr. 2 UrhG „eine rechtmäßige Nutzung“ ermöglichen.

Mit der „Übertragung in einem Netz“ nach § 44a Nr. 1 UrhG soll die Funktionsfähigkeit der Webnutzung sichergestellt werden. Sie umfasst alle Online-Übertragungen, die beim Besuch von Webseiten anfallen.[660] Nach herrschender Meinung ist die Rechtmäßigkeit der Nutzung des Werks in Bezug auf § 44a Nr. 1 UrhG unerheblich.[661]

Mit § 44a Nr. 2 UrhG wird die rechtmäßige Nutzung privilegiert. Dem Erwägungsgrund 33 der InfoSoc-RL folgend ist dies der Fall, soweit die Nutzung vom Rechtsinhaber zugelassen ist und nicht gesetzlich beschränkt ist.

In Zusammenhang mit § 44a Nr. 2 UrhG ist umstritten, ob die Vervielfältigung des Werks ohne vertragliche oder gesetzliche Erlaubnis privilegiert ist, wenn die anschließende Nutzung urheberrechtsfrei ist.[662] Gerade in Bezug auf die Nutzung von digitalen Inhalten im Rahmen von TDM und Suchmaschinennutzungen werden hier Ansätze wie „non-expressive use“[663] wieder relevant. Diese Ansätze basieren darauf, dass Folgenutzungen der automatisiert gesammelten digitalen Inhalte nicht zwangsläufig den geschützten schöpferischen Teil des Urheberrechts umfassen.

In Bezug auf die Vervielfältigung von Werken aus erkennbar rechtswidrigen Quellen bei anschließender urheberrechtsfreier Nutzung kommt der EuGH zum Schluss, dass dies nicht durch die Schranke des Art. 5 I InfoSoc-RL gedeckt sei.[664]

Im Kern muss hier eine Abwägung zwischen der Exklusivitäts- und Zugangskultur des Urheberrechts stattfinden.[665] Für den Softwareverwender und Nutzer ist es unerheblich, ob das Werk aus einer rechtswidrigen Quelle stammt, denn die Nutzungsmöglichkeit wird dadurch in der Regel nicht eingeschränkt. Der Urheber hat aber ein berechtigtes Interesse, sein

---

660 *Dreier/Schulze/Dreier* UrhG § 44a Rn. 7.

661 *Dreier/Schulze/Dreier* UrhG § 44a Rn. 7; *Brunn*, Cache me if you can, S. 137; differenzierend: *Käde*, Kreative Maschinen und Urheberrecht, S. 85.

662 *Käde*, Kreative Maschinen und Urheberrecht, S. 84; *Dreier/Schulze/Dreier* UrhG § 44a Rn. 8.

663 *Sag*, The New Legal Landscape for Text Mining and Machine Learning, Journal of the Copyright Society of the USA, Vol. 66, 2019, S. 6, abrufbar unter: https://ssrn.com/abstract=3331606 (zuletzt abgerufen am 10. August 2023).

664 EuGH, Urteil vom 26. April 2017, C-527/15, Rn. 69, 70 – Stichting Brein, in: GRUR 2017, 610.

665 *Raue*, Das subjektive Vervielfältigungsrecht – eine Lösung für den digitalen Werkgenuss, ZGE 2017, 514 (517).

Werk und dessen Verwertung vor unrechtmäßigen Nutzungen zu schützen, auch innerhalb einer Verwertungskette.

Der EuGH versucht die benötigte Flexibilität durch die „Versubjektivierung des Haftungstatbestands“[666] zu erlangen und bewertet die Urheberrechtsverletzung anhand der Kenntnis des Nutzers. Damit werden subjektive Elemente der Haftung in die grundsätzlich wertungsunabhängige Prüfung der Verwertungshandlung verschoben.[667] Das subjektive Element der Offensichtlichkeit der rechtswidrigen Quelle in Bezug auf die Vervielfältigung dient dabei als Korrektiv. Es gilt, den Nutzer zu schützen, denn ihm kann es aufgrund der Transaktionskosten nicht zugemutet werden, die Rechtmäßigkeit der Quelle zu überprüfen. Für die vorübergehende Vervielfältigung rechtswidriger Quellen darf der Nutzer solange auf die Rechtmäßigkeit der Nutzung vertrauen, bis er auf das Gegenteil hingewiesen wird oder die Rechtswidrigkeit der Quelle hätte erkennen können.[668] Dieser Ansatz führt zu einem ökonomisch vertretbaren Ergebnis, das einen Ausgleich zwischen den unterschiedlichen Interessen im Urheberrecht erreicht.[669]

Tatbestandlich wird zuletzt vorausgesetzt, dass die vorübergehende Vervielfältigung, die einem in § 44a Nr. 1 oder Nr. 2 UrhG genannten Zweck dient, keine eigenständige wirtschaftliche Bedeutung hat.[670] Durch die Regelung in § 44a UrhG darf keine neue, eigenständige Nutzungsmöglichkeit eröffnet werden.[671]

b. Rechtfertigung der Datensammlung

Nachdem die Voraussetzungen des § 44a UrhG erläutert worden sind, soll überprüft werden, ob die Schrankenbestimmungen im Rahmen der automatisierten Nutzung von digitalen Inhalten einschlägig sind.

Von einer vorübergehenden sowie flüchtigen Vervielfältigung ist im Rahmen der Nutzung der Daten auszugehen, wenn die Speicherung der

---

666 *Raue*, Das subjektive Vervielfältigungsrecht – eine Lösung für den digitalen Werkgenuss, ZGE 2017, 514 (517).

667 Anmerkung *Ohly*, EuGH: Keine „öffentliche Wiedergabe“ durch Hyperlinksetzen ohne Gewinnerzielungsabsicht – GS Media/Sanoma, GRUR 2016, 1152 (1156).

668 Anmerkung *Ohly*, EuGH: Keine „öffentliche Wiedergabe“ durch Hyperlinksetzen ohne Gewinnerzielungsabsicht – GS Media/Sanoma, GRUR 2016, 1152 (1156).

669 *Raue*, Das subjektive Vervielfältigungsrecht – eine Lösung für den digitalen Werkgenuss, ZGE 2017, 514 (521, 531).

670 *Dreier/Schulze/Dreier* UrhG § 44a Rn. 10.

671 *Dreier/Schulze/Dreier* UrhG § 44a Rn. 10.

digitalen Inhalte nicht von längerer Dauer ist und automatisch wieder rückgängig gemacht werden kann. Die Entscheidung der Dauer der Speicherung hängt maßgeblich von der Gestaltung der *Software* für die Datensammlung ab und auch davon, wohin, also in welches Speichermedium, die Daten übertragen werden.

Allerdings darf nach § 44a UrhG die Nutzung von digitalen Inhalten keine eigenständige wirtschaftliche Bedeutung haben.[672] Wie der BGH in *Vorschaubilder-I* zum Ausdruck bringt, stellt die automatisierte Verarbeitung und die sich daran anschließende Darstellung von Bildern durch Suchmaschinen eine „eigenständige Nutzungsmöglichkeit mit wirtschaftlicher Bedeutung" dar.[673]

Wird die Nutzung von digitalen Inhalten durch *Software* nicht allein zu wissenschaftlichen Zwecken vorgenommen, so ist in der Regel von einer wirtschaftlichen Bedeutung auszugehen. Die Schrankenbestimmung des § 44a UrhG hat in Bezug auf die Automatisierung von Datennutzungen keine Relevanz.

c. Vervielfältigung nach § 44b UrhG

Mit § 60d a. F. UrhG[674] existierte bereits eine Verankerung von TDM im deutschen Urheberrecht, die jedoch durch die DSM-RL angepasst und um § 44b UrhG erweitert wurde.[675]

Im Gegensatz zu § 44a UrhG werden die digitalen Inhalte hier nicht nur vorübergehend vervielfältigt, sondern in eine eigene Datenbank überführt,

---

672 *Dreier/Schulze/Dreier* UrhG § 44a Rn. 10.

673 BGH, Urteil vom 29. April 2010 – I ZR 69/08, Rn. 24, in: MMR 2010, 475 (477).

674 Am 01. März 2018 durch das Gesetz zur Angleichung des Urheberrechts an aktuelle Erfordernisse der Wissensgesellschaft (UrhWissG) in Kraft getreten; *Kleinkopf/Pflüger*, Digitale Bildung, Wissenschaft und Kultur – Welcher urheberrechtliche Reformbedarf verbleibt nach Umsetzung der DSM-RL durch das Gesetz zum Urheberrecht im digitalen Binnenmarkt, ZUM 2021, 643 (645).

675 *Kleinkopf/Pflüger*, Digitale Bildung, Wissenschaft und Kultur- Welcher urheberrechtliche Reformbedarf verbleibt nach Umsetzung der DSM-RL durch das Gesetz zum Urheberrecht im digitalen Binnenmarkt, ZUM 2021, 643 (645); *Raue*, Die Freistellung von Datenanalysen durch die neuen Text und Data Mining-Schranken (§§ 44b, 60d UrhG), ZUM 2021, 793 (794).

um diese dort zu strukturieren und für die Datenanalyse nutzbar zu machen.[676] Um aufgrund der großen Schnittmenge von §§ 44a und 44b UrhG Abgrenzungsschwierigkeiten zu vermeiden, sieht die Schranke des § 44b UrhG ebenfalls keine Vergütungspflicht vor.[677]

Die im Rahmen der automatisierten Nutzung erfolgten Vervielfältigungen können gemäß § 44b II UrhG erlaubt sein, wenn rechtmäßig zugängliche Werke vervielfältigt werden. Durch die Voraussetzung der Rechtmäßigkeit des Zugangs zum urheberrechtlich geschützten Inhalt werden die Interessen des Rechtsinhabers geschützt.[678]

Erwägungsgründe 14 und 18 der DM-RL nennen beispielhaft für die Rechtmäßigkeit des Zugangs eine *Open-Access*-Strategie, vertragliche Vereinbarungen und die öffentliche Zugänglichkeit im Internet. Ein Anspruch auf Zugang zum Werk lässt sich aus § 44b UrhG aber nicht ableiten.[679] Auch hier ist der Nutzer, wie im Fall von § 44a UrhG, bezüglich der Rechtmäßigkeit des Zugangs schutzwürdig.[680]

Damit die Vervielfältigungshandlung zulässig ist, darf der Rechtsinhaber sich die Nutzung seiner Werke nicht angemessen vorbehalten haben.[681] Der Nutzungsvorbehalt nach § 44b III 1 UrhG hat wiederum keine Wirkung gegenüber eigens von Schranken gedeckten Handlungen.[682] Die Besonderheit von § 44b III UrhG besteht in der Umkehrung des Regel-Ausnahme-Konzepts des Urheberrechts.[683] Die Schrankenbestimmung ist prozeduralisiert und der Rechtsinhaber entscheidet mit Ausübung seines Nut-

---

676 *Raue*, Free Flow of Data? The Friction Between the Commission's European Data Economy Initiative and the Proposed Directive on Copyright in the Digital Single Market, IIC 2018, 379 (381).

677 BT-Drucks. 19/27426, S. 88; *Raue*, Die Freistellung von Datenanalysen durch die neuen Text und Data Mining-Schranken (§§ 44b, 60d UrhG), ZUM 2021, 793 (801).

678 *Raue*, Die Freistellung von Datenanalysen durch die neuen Text und Data Mining-Schranken (§§ 44b, 60d UrhG), ZUM 2021, 793 (798).

679 *Dreier/Schulze/Dreier* UrhG § 44b Rn. 8; *Grisse*, Nutzbarmachung urheberrechtlich geschützter Textbestände für die Forschung durch Dritte, RuZ 2020, 143 (144).

680 *Raue*, Das Urheberrecht der digitalen Wissen(schafts)gesellschaft, GRUR 2017, 11 (14); *Schack*, Schutzgegenstand, „Ausnahmen oder Beschränkungen" des Urheberrechts, GRUR 2021, 904 (907).

681 Erwägungsgrund 18 der Richtlinie 2019/790/EG.

682 BT-Drucks. 19/27426, S. 88.

683 *Rostam*, Das Erfordernis technikverständlichen Verhaltens im Urheberrecht, S. 113, in: Kuschel/Asmussen/Golla (Hrsg.), Intelligente Systeme – Intelligentes Recht.

zungsvorbehalts über die Erlaubnis der Nutzung, die bis zu diesem Zeitpunkt (Wirkung *ex nunc*) bei rechtmäßigem Zugang zum Werk als gegeben anzunehmen ist.[684] Aus rechtsökonomischer Sicht erleichtert § 44b UrhG die Datenanalyse, die sonst mit einiger Rechtsunsicherheit und hohen Transaktionskosten verbunden wäre.[685] Der Rechtsinhaber ist insoweit der „cheapest cost avoider", denn er kann als Inhaber der Daten ein mögliches Hemmnis der wohlfahrtmaximierenden Nutzung der digitalen Inhalten am einfachsten vermeiden.[686]

Für online zugängliche Werke sieht § 44b III 2 UrhG eine weitere Begrenzung vor und bestimmt, dass der Nutzungsvorbehalt nur wirksam ist, wenn er in maschinenlesbarer Form erfolgt. Diese Voraussetzung erfährt eine positive Resonanz vonseiten der Wissenschaft.[687] Die Anforderung technikverständlich zu handeln, veranschaulicht die Entwicklung hin zu einem „technologie- und umweltsensiblem Recht".[688]

aa. Maschinenlesbarkeit des Nutzungsvorbehalts

Was konkret unter der Maschinenlesbarkeit zu verstehen ist, konkretisiert § 44b III 2 UrhG nicht. Erwägungsgrund 18 der DSM-RL führt „Metadaten und Geschäftsbedingungen" einer Webseite an[689] und benennt diese als angemessene Erklärung des Vorbehalts, sofern diese maschinenlesbar sind. Es zeigt sich, dass unabhängig davon, durch welches Format oder an

---

684 *Rostam*, Das Erfordernis technikverständlichen Verhaltens im Urheberrecht, S. 113, in: Kuschel/Asmussen/Golla (Hrsg.), Intelligente Systeme – Intelligentes Recht.

685 *Raue*, Die Freistellung von Datenanalysen durch die neuen Text und Data Mining-Schranken (§§ 44b, 60d UrhG), ZUM 2021, 793 (801).

686 *Rostam*, Das Erfordernis technikverständlichen Verhaltens im Urheberrecht, S. 126, in: Kuschel/Asmussen/Golla (Hrsg.), Intelligente Systeme – Intelligentes Recht; *de la Durantaye/Hofmann*, Regulierungsansätze, -defizite und -trends im Urheberrecht, ZUM 2021, 873 (877).

687 *Rostam*, Das Erfordernis technikverständlichen Verhaltens im Urheberrecht, S. 125, in: Kuschel/Asmussen/Golla (Hrsg.), Intelligente Systeme – Intelligentes Recht; *de la Durantaye/Hofmann*, Regulierungsansätze, -defizite und -trends im Urheberrecht 2021, ZUM 2021, 873 (878); *Grünberger*, Medienspezifische Zugangsregeln im Internet: Framing/Embedding, ZUM 2021 395 (399); *Raue*, Die Freistellung von Datenanalysen durch die neuen Text und Data Mining-Schranken (§§ 44b, 60d UrhG), ZUM 2021, 793 (801).

688 *Grünberger*, Medienspezifische Zugangsregeln im Internet: Framing/Embedding, ZUM 2021 395 (399).

689 So auch: BT-Drucks. 19/27426, S. 89.

welcher Stelle der Nutzungsvorbehalt erklärt wird, dieser maschinenverständlich sein muss. In den Stellungnahmen zur Umsetzung der DSM-RL wurde angemerkt, dass es durch das weite Begriffsverständnis zu Unsicherheiten kommen kann.[690]

Mit § 44b III 2 UrhG ist expressis verbis die Formalisierung der Kommunikation bei automatisierten Prozessen geregelt.[691] Dadurch wird die Verständlichkeit des Vorbehaltes durch *Software* sichergestellt.

In diesem Zusammenhang kann auch auf § 12 I 2 EGovG verwiesen werden, der eine Legaldefinition der Maschinenlesbarkeit enthält. Danach sind „[…] Formate maschinenlesbar, wenn die enthaltenen Daten durch *Software* automatisiert ausgelesen und verarbeitet werden können." Diese Definition ist insofern hilfreich, als sie sich auf einen softwarebasierten Prozess bezieht und die Verarbeitung der Inhalte (hier des Formats) voraussetzt.

Hartmann/Jacobsen merken kritisch an, dass im Endeffekt jeglicher Text auf einer Webseite maschinenlesbar ist, sofern dieser in einem HTML-fähigen Textformat eingestellt wurde[692], denn Text kann von *Software* verstanden werden.[693] Doch mit Bedacht auf die Automatisierung von Nutzungshandlungen im WWW muss der Vorbehalt für die *Software* verständlich gemacht werden.[694] Die *Software* muss in der Lage sein, den Vorbehalt unmittelbar und automatisch zu verarbeiten. Eine eindeutige

---

690 Bitkom e. V., Stellungnahme zur Umsetzung der TDM-Schranke in der DSM-RL, vom 06. November 2020, abrufbar unter: https://www.bitkom.org/sites/default/files/2020-11/20201106_bitkom-stellungnahme_refe-urheberrecht_tdm-schranke.pdf (zuletzt abgerufen am 10. August 2023); Bundesverband professioneller Bildanbieter (BVPA), Stellungnahme vom 31. Januar 2020, abrufbar unter: https://bvpa.org/wp-content/uploads/2020/02/DSM-RL_Diskussionsentwurf_Stellungnahme_BVPA_final_2020-01-31.pdf (zuletzt abgerufen am 10. August 2023); Die Linke, Stellungnahmen Umsetzungsdebatte, Das Urheberrecht in der Richtlinie über den digitalen Binnenmarkt bestmöglich nutzen: Ein Überblick über die Chancen und Risiken der Umsetzung vom 15. November 2019, abrufbar unter: https://eu-copyright-implementation.info/studie/das-urheberrecht-in-der-richtlinie-ueber-den-digitalen-binnenmarkt-bestmoeglich-nutzen-ein-ueberblick-ueber-die-chancen-und-risiken-bei-der-umsetzung/ (zuletzt abgerufen am 10. August 2023).

691 BT-Drucks. 19/27426, S. 89.

692 *Hartmann/Jacobsen*, „Maschinenlesbarkeit" des Rechtevorbehalts im neuen § 44b UrhG, MMR-Aktuell 2021, 441332.

693 *Hartmann/Jacobsen*, „Maschinenlesbarkeit" des Rechtevorbehalts im neuen § 44b UrhG, MMR-Aktuell 2021, 441332.

694 *Beaucamp*, Rechtsdurchsetzung durch Technologie, S. 17.

formale Handlungsanweisung ist erforderlich.[695] Es reicht nicht jeder digitale Nutzungsvorbehalt aus, der sich in jeglicher Form auf der Webseite befindet. Konkret muss der maschinenlesbare Nutzungsvorbehalt dazu führen, dass die digitalen Inhalte im automatisierten Prozess des TDM oder der Nutzung durch Suchmaschinen nicht gesammelt und verarbeitet werden, es also zu keiner Vervielfältigung der urheberrechtlich geschützten Inhalte kommt. Diese Funktion kann ein (einfacher) Text auf einer Webseite nicht leisten.

bb. Inhaltliche Anforderung an die Maschinenverständlichkeit

Aufgrund der großen Menge an digitalen Inhalten, die durch *Software* im WWW automatisiert verarbeitet wird und der im Grundsatz dem Rechtsinhaber zustehenden Erlaubnisvorbehalts der Nutzungen, ist mit der Prozeduralisierung des Urheberrechts ein Weg gefunden worden, die Verwertungshandlungen durch *Software* aufgrund von § 44b UrhG zu erlauben und gleichzeitig einen „Zwang zum technikverständlichen Verhalten“[696] zu begründen, soll die Vervielfältigung versagt werden. Dieser dynamische Wechsel von „property rule“ und „liability rule“ führt rechtsökonomisch zu einer effizienteren Ressourcenallokation.[697]

Dem Rechtsinhaber als „cheapest cost avoider“ kann die Maschinenlesbarkeit des Nutzungsvorbehalts bei Softwarenutzungen zugemutet werden, der sich aus der Schutzwürdigkeit des Nutzers ergibt. Da der Nutzungsvorbehalt automatisiert verarbeitet werden können muss, bietet sich die Verwendung des *Robots Exclusion Protocols*[698] an.[699] Von Vorteil ist, dass dieser Standard[700] von den großen globalen Suchmaschinen beachtet

---

695 *Beaucamp*, Rechtsdurchsetzung durch Technologie, S. 17.

696 *Specht*, Diktat der Technik, S. 53.

697 *Rostam*, Das Erfordernis technikverständlichen Verhaltens im Urheberrecht, S. 115, in: Kuschel/Asmussen/Golla (Hrsg.), Intelligente Systeme – Intelligentes Recht.

698 Umfassende Darstellung in Kapitel 3.

699 Bitkom e. V., Stellungnahme zur Umsetzung der TDM-Schranke. In der DSM-RL, vom 06. November 2020; Bundesverband professioneller Bildanbieter (BVPA), Stellungnahme vom 31. Januar 2020.

700 Internet Engineering Task Force, RFC 9309, Robots Exclusion Protocol, abrufbar unter: https://www.rfc-editor.org/rfc/rfc9309.pdf (zuletzt abgerufen am 10. August 2023).

und von den Webseiteninhabern weitreichend genutzt wird.[701] Genau für diesen Umstand wurde das REP entwickelt, also die Ermöglichung der Kommunikation mit *Software*, um so den Zugang zu den Inhalten und deren Verarbeitung steuern zu können.[702]

cc. Rechtfertigung der Datennutzung nach § 44b UrhG

Nach § 44b II 1 UrhG ist die Vervielfältigung von Werken zulässig, sofern diese rechtmäßig zugänglich sind. Existieren keine vertraglichen Absprachen, stellt auch die freie, also unbeschränkte Nutzung im WWW einen rechtmäßigen Zugang dar.

Sofern mit einer *Software* auf Webseiten zugegriffen wird, um von diesen die digitalen Inhalte zu extrahieren, ist dies als freie Nutzung zulässig, wenn kein maschinenlesbarerer Nutzungsvorbehalt nach § 44b III 2 UrhG besteht.

Dem Rechtsinhaber steht es frei, seine digitalen Inhalte mit technischen Schutzmaßnahmen (§ 95a II UrhG) oder anderen Schutzmitteln (DRM-Systemen) zu schützen und damit den Zugang auszuschließen.[703] Möglich wäre auch ein Passwortschutz, um den Zugang zur Webseite zu regulieren. Allerdings muss der Rechtsinhaber damit in Kauf nehmen, dass seine Inhalte nur noch begrenzt wahrgenommen werden können, was oftmals nicht seinem Publikationsinteresse entspricht, das oft mit der Veröffentlichung von Inhalten im WWW einhergeht.

Hat der Nutzer der digitalen Inhalte rechtmäßigen Zugriff und besteht kein maschinenlesbarer Nutzungsvorbehalt nach § 44b III 2 UrhG, so sind die durch die Automatisierung bedingten Vervielfältigungen nach § 44b II 1 UrhG erlaubt.

d. Nutzungsvorbehalt durch AGB

Es sind Situationen denkbar, in denen sich der Rechtsinhaber beziehungsweise Webseitenbetreiber die Nutzung der digitalen Inhalte in seinen

---

701 Google Search Central, Formalizing the Robots Exclusion Protocol Specification. Hier geht Google von „half a billion websites that rely on REP" aus, abrufbar unter: https://developers.google.com/search/blog/2019/07/rep-id, (zuletzt abgerufen am 10. August 2023).

702 *Conrad/Schubert*, How to Do Things with Code, GRUR 2018, 350 (351).

703 *Dreier/Schulze/Dreier* UrhG 44b Rn. 10.

Webseiten-AGB vorbehält, jedoch keinen maschinenlesbaren Nutzungsvorbehalt erklärt. Die Frage ist, ob die AGB einen wirksamen vertraglichen Ausschluss der Nutzung darstellen, auch wenn sie nicht maschinenlesbar sind.

Unabhängig davon, ob § 44b UrhG dispositiv ist und die Webseiten-AGB eine wirksame Vertragsgrundlage bilden, ist der Wortlaut in § 44b III 2 UrhG unmissverständlich und spricht davon, dass der Nutzungsvorbehalt „nur dann wirksam" ist, wenn er in maschinenlesbarer Form erfolgt. Unter Berücksichtigung der Ausführungen der Bundesregierung[704] und des Erwägungsgrunds 18 DSM-RL ist ein Nutzungsvorbehalt in AGB für Online-Nutzungen nach § 44b III 2 UrhG unbeachtlich.

e. Zulässigkeit der Vervielfältigung nach § 60d UrhG

Der Vollständigkeit halber sollen hier überblicksartig die wichtigsten Unterschiede der Erlaubnis der automatisierten Datennutzung nach § 60d UrhG gegenüber § 44b UrhG dargestellt werden.

In § 60d IV Nr. 2 UrhG wird bestimmt, dass die Vervielfältigungen anderen Personen öffentlich zugänglich (§ 19a UrhG) gemacht werden können. Dies dient maßgeblich dem wissenschaftlichen *Peer-Review*-Prozess[705] und ist ein wesentlicher Unterschied zu § 44b UrhG, der lediglich eine Schranke für die Vervielfältigung von Inhalten darstellt.

Forschungsorganisationen und Kulturerbe-Einrichtungen sind nach § 60d V UrhG berechtigt, die im TDM-Prozess entstandenen Vervielfältigungen unter bestimmten Schutzvorkehrungen so lange aufzubewahren, wie dies „[...] für Zwecke der wissenschaftlichen Forschung oder zur Überprüfung wissenschaftlicher Erkenntnisse erforderlich [ist]."

Im Rahmen von § 60d II 3 UrhG werden sogenannte *Public-private-Partnerships* bedeutsam, bei denen eine Forschungsorganisation mit privaten Unternehmen einen gemeinsamen wissenschaftlichen Zweck verfolgt.[706] Dies setzt voraus, dass das Unternehmen keinen „[...] bestimmenden Einfluss auf die Forschungsorganisation" nimmt (§ 60d II 3 UrhG).

Die automatisierte Datenverarbeitung wird, sofern von Berechtigten im Rahmen der Vorschriften des § 60d II, III UrhG vorgenommen, wie im Fall von § 44b UrhG, erlaubt sein.

---

[704] BT-Drucks. 19/27426, S. 89.

[705] *Dreier/Schulze/Dreier* UrhG § 60d Rn. 10.

[706] *Dreier/Schulze/Dreier* UrhG § 60d Rn. 5.

2. Dreistufentest

Zurückgehend auf das internationale Urheberrecht finden sich in Art. 9 II RBÜ, Art. 13 TRIPS, Art. 10 WCT sowie Art. 5 V InfoSoc-RL Bestimmungen, die für die Anwendung bestehender Schranken und die Gestaltung neuer Schranken von Bedeutung sind.[707]

Den Vorgaben aus Art. 5 V InfoSoc-RL kommt die Aufgabe zu, unerwünschte Ergebnisse unter Abwägung der Interessen des Rechtsinhabers und des Nutzers zu korrigieren. Den drei Stufen aus den Bestimmungen des Art. 5 V InfoSoc-RL folgend, dürfen urheberrechtliche Schranken nur „[...] in bestimmten Sonderfällen angewandt werden, in denen die normale Verwertung des Werks oder des sonstigen Schutzgegenstands nicht beeinträchtigt wird und die berechtigten Interessen des Rechtsinhabers nicht ungebührlich verletzt werden".

Die Reichweite und der Umgang mit dem Dreistufentest ist in der Literatur bereits ausgiebig diskutiert worden[708], wobei zusammenfassend gilt, dass die Bestimmung eine Verhältnismäßigkeitsprüfung darstellt, mithilfe derer die Interessen des Rechtsinhabers, des Nutzers und der Allgemeinheit in einen Ausgleich gebracht werden sollen. Dies ist im Grundsatz zu begrüßen, räumt der Dreistufentest doch so auch dem deutschen Urheberrecht einen gewissen Spielraum ein, der für die technologische Entwicklung und Automatisierung hilfreich ist.

Betrachtet man die Schranken der §§ 44b und 60d UrhG, zeigt sich, dass die Schranken auf bestimmte Sonderfälle beschränkt sind. Die beiden Schrankenregelungen beschränken die Vervielfältigung der digitalen Daten auf solche, die rechtmäßig zugänglich sind und sowohl § 44b II 2 UrhG als auch § 60d V UrhG sehen eine zeitliche Beschränkung für die Löschung und Aufbewahrung der Daten vor.

---

707 BT-Drucks. 15/38, S. 15; BGH, Urteil vom 30. April 2020, I ZR 228/15, Rn. 70 – Reformistischer Aufbruch II, in: NJW 2020, 2554; *Nolte*, Informationsmehrwertdienste und Urheberrecht, S. 288; *Senftleben*, Grundprobleme des urheberrechtlichen Dreistufentests, GRUR Int. 2004, 200.

708 *Leventer*, Google Book Search und vergleichendes Urheberrecht, S. 374 ff.; *Nolte*, Informationsmehrwertdienste und Urheberrecht, S. 288 ff.; *Dreier*, Die Umsetzung der Urheberrechtslinie 2001/29/EG in deutsches Recht, ZUM 2002, 28 (35); *Senftleben*, Grundprobleme des urheberrechtlichen Dreistufentests, GRUR Int. 2004, 200 (204 ff.).

Auf der zweiten Stufe soll die Primärverwertung des Werks durch den Rechtsinhaber geschützt werden.[709] Liegt eine indirekte Verwertung vor, dann wird eine gewisse Intensität verlangt, die damit über die normale Verwertung hinausgeht.[710] Voraussetzung wäre, dass die fragliche Nutzung mit der gewöhnlichen Nutzung in Konkurrenz tritt.[711]

Um der zweiten Stufe deutlichere Konturen zu verleihen, wird vornehmlich auf die ökonomische Relevanz der Werkverwertung abgestellt.[712] *Nolte* möchte von der normalen Werkverwertung nur solche Auswertungen ausschließen, „mit denen der Rechtsinhaber vernünftiger Weise nicht zu rechnen hat".[713] Die Begründung für diesen Ansatz liegt darin, dass der Dreistufentest einen Ausgleich zwischen den Interessen fördern soll, eine rein ökonomische Bewertung aber zu stark die Perspektive des Rechtsinhabers berücksichtigt.

Werden digitale Inhalte als Teil eines automatischen Prozesses von Webseiten genutzt, so tritt dieser Prozess nicht mit der gewöhnlichen Nutzung des Werks in Konkurrenz. Auch aus ökonomischer Sicht wird der Rechtsinhaber durch die Datennutzung keiner Einnahmequelle beraubt.[714] Es steht dem Rechtsinhaber frei, Lizenzen für die Nutzung seiner Daten zu vereinbaren.

Auf der dritten und damit letzten Stufe ist eine Interessenabwägung vorzunehmen, für die keine ungebührliche Verletzung der Interessen des Rechtsinhabers durch die Schranke verlangt wird. Die Schranke wird hier auf ihre Verhältnismäßigkeit hin überprüft.[715]

Die Schrankenbestimmungen der §§ 44b und 60d UrhG verletzen die Interessen des Rechtsinhabers nicht ungebührlich, da ein rechtmäßiger Zugang zu den Werken bestehen muss, die Schranken zudem Regelungen bezüglich der Löschung und Speicherung der Daten beinhalten und im

---

709 *Heßeling*, Internetsuchmaschinen im Konflikt mit dem Urheberrecht, S. 136; *Senftleben*, Grundprobleme des urheberrechtlichen Dreistufentests, GRUR Int. 2004, 200 (208).

710 *Nolte*, Informationsmehrwertdienste und Urheberrecht, S. 299.

711 BGH, Urteil vom 28. November 2013, I ZR 76/12, Rn. 50 – Meilensteine der Psychologie, in: ZUM 2014, 524.

712 *Runge*, Die Vereinbarkeit einer Content-Flatrate für Musik mit dem Drei-Stufen-Test, GRUR Int. 2007, 130 (134); *Senftleben*, Grundprobleme des urheberrechtlichen Dreistufentests, GRUR Int. 2004, 200 (209).

713 *Nolte*, Informationsmehrwertdienste und Urheberrecht, S. 299.

714 *Senftleben*, Grundprobleme des urheberrechtlichen Dreistufentests, GRUR Int. 2004, 200 (209).

715 *Stieper*, Rechtfertigung, Rechtsnatur und Disponibilität der Schranken des Urheberrechts, S. 74.

Rahmen von § 44b III UrhG die Möglichkeit eines Nutzungsvorbehalts besteht.

Die Schrankenbestimmungen für das TDM und damit der automatisierten Nutzung von digitalen Inhalten von Webseiten, entsprechen der Bestimmung des Art. 5 V InfoSoc-RL und damit den Vorgaben des Dreistufentests.

3. Zwischenergebnis

Die Schranken des Urheberrechts dienen dem Interessenausgleich des Urhebers und der Allgemeinheit.[716] Die Vorschriften der §§ 44a ff. UrhG erlauben gesetzlich bestimmte Verwertungshandlungen und können auch eine Rechtfertigung für die automatisierte Nutzung von digitalen Inhalten darstellen. Die automatisierte Verarbeitung durch *Software* führt in der Regel zur Übertragung der Daten in eigene Datenbanken, wo die Daten dauerhaft gespeichert werden und damit § 44a UrhG nicht einschlägig ist.

Die Schranke in § 44b UrhG nimmt eine Schlüsselrolle für die automatisierte Verarbeitung von digitalen Inhalten im WWW ein. Den technischen Verfahren des TDM ist gemein, dass diese automatisch, also durch *Software* erfolgt.[717] In § 44 III UrhG wird dem Rechtsinhaber die Möglichkeit eingeräumt, einen Nutzungsvorbehalt zu kommunizieren, der nach § 44b III 2 UrhG maschinenlesbar sein muss, sofern es sich um online zugängliche Werke handelt. Die Vorschrift prozeduralisiert den Ausschluss und ist ein Beispiel dafür, wie techniksensible und rechtsökonomische Erwägungen Berücksichtigung in gesetzlichen Bestimmungen finden. Die Vorschrift des § 44b II 1 UrhG stellt eine Erlaubnis für den automatisierten Nutzungsprozess durch *Software* dar, sofern der Nutzer nicht angemessen seinen Nutzungsvorbehalt kommuniziert hat.

Als zusätzliches Korrektiv der relevanten gesetzlichen Schrankenbestimmungen und zur Vorbeugung von unerwünschten Ergebnissen werden die Schranken unter der Vorgabe des Art. 5 V InfoSoc-RL einer Verhältnismäßigkeitsprüfung unterzogen.

---

716 *Nolte*, Informationsmehrwertdienste und Urheberrecht, S. 286.

717 *Winterhalter*, Licence to Mine? Ein Überblick über Rahmenbedingungen von Text and Data Mining und den aktuellen Stand der Diskussion, Zeitschrift für Bibliothekskultur 2016, 48, abrufbar unter: https://www.researchgate.net/publication/314230399 (zuletzt abgerufen am 10. August 2023).

Dabei ist festzuhalten, dass der § 44b UrhG die Interessen des Rechtsinhabers nicht wesentlich beeinträchtigt, da für die Erlaubnis der Vervielfältigung ein rechtmäßiger Zugang zum Werk gefordert wird und die automatisierte Nutzung nicht in eine wirtschaftliche Konkurrenz zu der Zugänglichmachung durch den Rechtsinhaber tritt.

IV. Erlaubnis der Nutzung der digitalen Inhalte aufgrund des technischen Gesamtzusammenhangs

Neben den gesetzlichen Schrankenbestimmungen sollen im Folgenden Entwicklungen und Überlegungen dargestellt werden, die sich aus allgemeinen Rechtsprinzipien und den technischen Strukturen des WWW selbst ergeben und ebenfalls zu einer Erlaubnis der Nutzung von digitalen Inhalten bei automatisierten Softwareprozessen führen können.

Zunächst soll auf die *Vorschaubilder*-Rechtsprechung des BGH eingegangen und die Übertragung der Rechtsfigur der schlichten Einwilligung auf automatisierte Prozesse im WWW untersucht werden.

Anschließend wird der technische Aufbau des WWW beleuchtet und diskutiert, ob nicht bereits die technische Gestaltung des WWW mit seinen standardisierten Internetprotokollen eine konkludente Einwilligung von Nutzungen im WWW darstellt, es also keiner gesetzlichen oder vertraglichen Erlaubnis bedarf.

1. Übersicht der *Vorschaubilder*-Rechtsprechung

In der *Vorschaubilder-I*- und *-II*-Rechtsprechung[718] hatte sich der BGH mit der Nutzung von *Thumbnails*, also verkleinerten Bildern, im Rahmen der Suchergebnisse der Bildersuche von Google auseinanderzusetzen. Während in *Vorschaubilder-I*[719] die geschützten Bilder mit Zustimmung

[718] BGH, Urteil vom 29. April 2010, I ZR 69/09 – Vorschaubilder I, in: MMR 2010, 475; BGH, Urteil vom 19. Oktober 2011, I ZR 140/10 – Vorschaubilder II, in: MMR 2012, 383; BGH, Urteil vom 21. September 2017 – I ZR 11/16 – Vorschaubilder III, in: GRUR 2018, 178.

[719] BGH, Urteil vom 29. April 2010, I ZR 69/09, Rn. 20 – Vorschaubilder I, in: MMR 2010, 475 (476).

der Beklagten ins WWW, also auf der Webseite, eingestellt wurden, erfolgte dies in *Vorschaubilder-II*[720] ohne Berechtigung des Rechtsinhabers, wobei unstrittig war, dass der Kläger Dritten das Einstellen ins Internet zuvor erlaubt hatte.[721]

Die Rechtsprechung in *Vorschaubilder-III*[722] unterscheidet sich insofern von den vorherigen beiden, als hier nicht Google Beklagte war, sondern ein drittes Unternehmen (AOL), das für die Bilderrecherche auf die Bildersuchmaschine von Google zurückgriff und diesen Service über eine Verlinkung auf der eigenen Webseite eingebunden hatte.[723]

2. Relevante Verwertungsrechte

In *Vorschaubilder-I*[724] sah der BGH eine Vervielfältigung durch Google in den USA nach § 16 II UrhG als gegeben, doch musste er die Verwertung aufgrund des dem Urheberrecht zugrunde liegenden Territorialitätsprinzips ablehnen.[725]

Eine Verletzung der Verwertungsrechte des Urhebers erkennt der BGH aber in der Eröffnung des Zugangs zu den Bildern.[726] Die Anzeige von *Thumbnails* nach Eingabe des Suchbegriffs stellt eine öffentliche Wiedergabe (§ 19a UrhG) dar.[727] Dies wird damit begründet, dass Google die frei zugänglichen Bilder von Webseiten indexiert, auf seinem eigenen *Server* speichert und bei entsprechender Suchbegriffeingabe den Suchmaschinennutzern anzeigt.[728]

---

720 BGH, Urteil vom 19. Oktober 2011, I ZR 140/10, Rn. 20 ff. – Vorschaubilder II, in: MMR 2012, 383 (384).

721 BGH, Urteil vom 19. Oktober 2011, I ZR 140/10, Rn. 26 – Vorschaubilder II, in: MMR 2012, 383 (385).

722 BGH, Urteil vom 21. September 2017 – I ZR 11/16 – Vorschaubilder III, in: GRUR 2018, 178.

723 BGH, Urteil vom 21. September 2017 – I ZR 11/16, Rn. 3 – Vorschaubilder III, in: GRUR 2018, 178 (187), Anmerkungen von *Ohly*.

724 BGH, Urteil vom 29. April 2010, I ZR 69/08, Rn. 17 – Vorschaubilder I, in: MMR 2010, 475.

725 *Bullinger/Garbers-von Boehm*, Google-Bildersuche: Schlichte Einwilligung des Urhebers als Lösung? GRUR-Prax 2010, 257 (258).

726 *Höppner/Schaper*, Frame sucht Einwilligung: Die neue Google-Bildersuche auf dem Prüfstand, MMR 2017, 512 (513).

727 *Nolte*, Informationsmehrwertdienste und Urheberrecht, S. 246.

728 *Bullinger/Garbers-von Boehm*, Google-Bildersuche: Schlichte Einwilligung des Urhebers als Lösung?, GRUR-Prax 2010, 257 (258).

3. Rechtfertigung durch schlichte Einwilligung

Nach Prüfung und Ablehnung möglicher Schrankenbestimmungen gelangt der BGH zur Rechtfertigung der Nutzungshandlung über die Rechtsfigur der „schlichten Einwilligung“.[729]

Dabei bedient sich der Gerichtshof den Überlegungen von *Ohly*, der basierend auf dem Grundsatz „volenti non fit iniura“ eine Stufenleiter zur Systematisierung der Einwilligung entwickelt hat.[730] Absteigend nach der Intensität der rechtlichen Bindung unterscheidet *Ohly* die konstitutive Rechtsübertragung, die schuldrechtliche Gestattung und die einseitige, widerrufliche (schlichte) Einwilligung.[731]

Als Ausdruck der Privatautonomie stehe es dem Urheber frei, über seine Rechtsposition zu verfügen und die Nutzung des Werks zu versagen oder zu gestatten.[732] Die Einwilligung in die Nutzung sei Ausdruck der Freiheit des Rechtsinhabers und, anders als die Schrankenbestimmungen, keine Privilegierung des Nutzers.[733]

Unabhängig von der Einordnung der Einwilligung als Rechtsgeschäft oder rechtsgeschäftsähnliche Handlung gelangen die §§ 104 ff. BGB unmittelbar oder entsprechend zur Anwendung.[734] Da die Einwilligung eines Erklärungszeichens bedarf, handelt es sich bei dieser um eine Willenserklärung. Da im deutschen Zivilrecht eine Gleichstellung von ausdrücklichen und konkludenten Willenserklärungen gilt[735], ist insbesondere der Auslegungshorizont bedeutsam, der für Einwilligungen entsprechend den §§ 133, 157 BGB nach einem objektiven Empfängerhorizont erfolgt.[736]

---

729 BGH, Urteil vom 29. April 2010, I ZR 69/08, Rn. 33 – Vorschaubilder I, in: MMR 2010, 475; *Koroch*, Das Leistungsschutzrecht des Presseverlegers, S. 166.

730 BGH, Urteil vom 29. April 2010, I ZR 69/08, Rn. 34 – Vorschaubilder I, in: MMR 2010, 475; *Ohly*, „Volenti non fit iniuria“ – Die Einwilligung im Privatrecht, S. 143.

731 *Ohly*, „Volenti non fit iniuria“ – Die Einwilligung im Privatrecht, S. 146.

732 *Ohly*, Zwölf Thesen zur Einwilligung im Internet, GRUR 2012, 983 (985); *Voigt*, Die datenschutzrechtliche Einwilligung, S. 45.

733 *Brunn*, Cache me if you can, S. 168; *Ohly*, Zwölf Thesen zur Einwilligung im Internet, GRUR 2012, 983 (985).

734 *Specht*, Diktat der Technik, S. 49; *Ohly*, Zwölf Thesen zur Einwilligung im Internet, GRUR 2012, 983 (985); *von Ungern-Sternberg*, Schlichte einseitige Einwilligung und treuwidrig widersprüchliches Verhalten des Urheberberechtigten bei Internetnutzungen, GRUR 2009, 369.

735 MüKoBGB/*Armbrüster* BGB Vor § 116 Rn. 7.

736 *Tinnefeld*, Die Einwilligung in urheberrechtliche Nutzungen im Internet, S. 71.

Bei Internetsachverhalten ist in der Regel von einer konkludenten Erklärung gegenüber der Allgemeinheit auszugehen.[737]

Der BGH erkennt in der ungesicherten Veröffentlichung der Inhalte auf der Webseite im WWW einen Erklärungswert, der aus objektiver Sicht die Annahme einer Einwilligung in die nach den Umständen üblichen Nutzungshandlungen rechtfertigt.[738] Dies gilt nach Auffassung des Gerichtshofs selbst dann, wenn die Veröffentlichung der Inhalte im WWW ohne Erlaubnis des Rechtsinhabers erfolgte.[739] Möchte der Rechtsinhaber dieses Erklärungszeichen entkräften, muss er (technische) Maßnahmen ergreifen, die die Nutzung der Online-Inhalte vor dem Zugriff durch Suchmaschinen schützen.[740]

Unerheblich ist, dass sich die *Vorschaubilder*-Entscheidungen maßgeblich auf die Zugänglichmachung nach § 19a UrhG stützen, während in Bezug auf die automatisierte Datenverarbeitung die Vervielfältigung nach § 16 UrhG bedeutsam ist.[741] Die Einwilligung stellt als einseitige empfangsbedürftige Willenserklärung ein allgemeines zivilrechtliches Konzept dar und hebt die Rechtswidrigkeit der Verwertungshandlung auf.[742] Sie erlangt damit auch Relevanz als Rechtfertigungsgrund für die automatisierte Datenverarbeitung durch *Software*.

a. Technikverständliches Erklärungszeichen

Möchte der Rechtsinhaber die Nutzung seiner Werke untersagen, muss er Maßnahmen ergreifen, die für die automatisierten Prozesse der Inhaltsverarbeitung verständlich sind. Der BGH nennt in diesem Zusammenhang

---

737 *Tinnefeld*, Die Einwilligung in urheberrechtliche Nutzungen im Internet, S. 73.

738 BGH, Urteil vom 29. April 2010, I ZR 69/08, Rn. 36 – Vorschaubilder I, in: MMR 2010, 475.

739 BGH, Urteil vom 19. Oktober 2011 – I ZR 140/10, Rn. 25 ff. – Vorschaubilder II, in: MMR 2012, 383.

740 *Rostam*, Das Erfordernis technikverständlichen Verhaltens im Urheberrecht, S. 110, in: Kuschel/Asmussen/Golla (Hrsg.), Intelligente Systeme – Intelligentes Recht, *Spindler*, Bildersuchmaschinen, Schranken und konkludente Einwilligung im Urheberrecht – Besprechung der BGH-Entscheidung „Vorschaubilder“, GRUR 2010, 785 (789).

741 *Maierhofer*, Die schlichte Einwilligung in urheberrechtliche Onlinenutzungen im Internationalen Privatrecht, S. 88; *Mauelshagen*, Online-Inhalte, Internet-Suchmaschinen und Vergütungsansprüche, S. 143; *Ziegler*, Urheberrechtsverletzung durch Social Sharing, S. 187.

742 *Schwarz*, Die Beendigung urheberrechtlicher Nutzungsrechte, S. 67.

(technische) Sicherungsmaßnahmen.[743] Gemeint sind damit alle Mittel, die es dem Rechtsinhaber ermöglichen, die automatisierte Verarbeitung von digitalen Inhalten durch Suchmaschinen auszuschließen.

Specht-Riemenschneider spricht in diesem Zusammenhang vom „Zwang zu technikverständlichem Verhalten".[744] Sollen Suchmaschinen die Versagung der Nutzung der Werke auf Webseiten unterlassen, muss diese Information dergestalt kommuniziert werden, dass die Suchsoftware diese Erklärung verarbeiten kann. Der Rechtsinhaber muss sein objektiv rechtserhebliches Erklärungszeichen durch technische Mittel beschränken.[745]

b. Umgehung der Schrankenbestimmungen durch die Einwilligungslösung

Die Schrankenbestimmungen dienen im Urheberrecht dem Ausgleich des Exklusivitäts- und Zugangsinteresses und sind Ausdruck der Verpflichtung aus Art. 14 II GG. Legitimiert die schlichte Einwilligung nun eine Nutzungshandlung, die aufgrund der Schrankenbestimmungen nicht erlaubt ist, kann dies als Umgehung der gesetzgeberischen Güterabwägung gesehen werden.[746]

Um diesem Umstand entgegenzutreten, wurde eine Rückanbindung an die gesetzlichen Vorschriften der §§ 44a ff. UrhG diskutiert.[747] *Conrad* erachtet eine (analoge) Anwendung des § 44a UrhG als gesetzeskonforme Lösung, ohne sich der Rechtsfigur der schlichten Einwilligung bedienen zu müssen.[748]

Doch es ist zu konstatieren, dass der Wesensunterschied zwischen den Schranken und der schlichten Einwilligung in der Zielrichtung liegt, denn die Schranken sollen zu einem gesetzlichen Interessenausgleich führen,

---

743 BGH, Urteil vom 29. April 2010, I ZR 69/08, Rn. 37 – Vorschaubilder I, in: MMR 2010, 475.

744 *Specht*, Diktat der Technik, S. 53.

745 *Osken*, Die schlichte Einwilligung im Urheberrecht, S. 144.

746 *Sucker*, Der digitale Werkgenuss im Urheberrecht, S. 152.

747 *Tinnefeld*, Die Einwilligung in urheberrechtliche Nutzungen im Internet, S. 55 ff.; *Conrad*, Anmerkung zu BGH, Urteil vom 29. April 2010 – I ZR 69/08 – Vorschaubilder, ZUM 2010, 585 (587); *Spindler*, Bildersuchmaschinen, Schranken und konkludente Einwilligung im Urheberrecht – Besprechung der BGH-Entscheidung „Vorschaubilder", GRUR 2010, 785 (787).

748 *Conrad*, Anmerkung zu BGH, Urteil vom 29. April 2010 – I ZR 69/08 – Vorschaubilder, ZUM 2010, 585 (587).

während die Einwilligung Ausdruck der Selbstbestimmung des Rechtsinhabers ist.[749] Daraus resultiert auch, dass die Nutzungshandlung nicht verboten sein kann, wenn der Rechtsinhaber diese erlaubt – „volenti non fit inuria“.[750]

Es kommt nicht zu Wertungswidersprüchen, zumindest zu keinen, die nicht über die allgemeinen Grundsätze zu lösen sind.

4. Übertragung der schlichten Einwilligung auf die automatisierte Datennutzung

Nach Prüfung der Verwertungsrechte und möglichen Schranken für die automatisierte Datennutzung stellt sich die Frage, ob die oben dargelegten Grundsätze zur schlichten Einwilligung auch auf die automatisierte Nutzung von digitalen Inhalten durch *Software* übertragbar sind. Es ist zu untersuchen, ob die schlichte Einwilligung jede Form der Softwareverwendung von digitalen Inhalten rechtfertigt beziehungsweise ob – allgemeiner formuliert – sich die schlichte Einwilligung auch auf zukünftige, unbekannte technische Nutzungsarten erstreckt. Wichtig ist, dass die folgenden Überlegungen nur greifen, sofern der Rechtsinhaber keine technischen Mittel nutzt, die eine Erlaubnis zur Nutzung zum Ausdruck bringen, also weiterhin der objektiv zu bestimmende Wille relevant bleibt.

Der BGH spricht in seiner *Vorschaubilder-I*-Entscheidung in Anknüpfung an die *Drucker und Plotter*-Entscheidung[751] von „den nach den Umständen üblichen Nutzungshandlungen“, mit denen ein Rechtsinhaber im WWW rechnen müsse.[752] Konkret müsste also die Nutzung von geschützten digitalen Inhalten durch *Software* für Zwecke, die über die Nutzung durch Suchmaschinen hinausgehen, eine den „nach den Umständen übliche Nutzungshandlung“[753] darstellen.[754]

---

749 *Ohly*, „Volenti non fit iniuria“ – Die Einwilligung im Privatrecht, S. 64.

750 *von Zimmermann*, Die Einwilligung im Internet, S. 16.

751 BGH, Urteil vom 06. Dezember 2007, I ZR 94/05, Rn. 27 – Drucker und Plotter, in: NJW 2008, 751.

752 BGH, Urteil vom 29. April 2010, I ZR 69/08, Rn. 36 – Vorschaubilder I, in: MMR 2010, 475 (479).

753 BGH, Urteil vom 29. April 2010, I ZR 69/08, Rn. 36 – Vorschaubilder I, in: MMR 2010, 475 (479).

754 *Ziegler*, Urheberrechtsverletzung durch Social Sharing, S. 189.

Die Reaktionen der Literatur sind vielfältig und so sieht *von Ungern-Sternberg* Nutzungshandlungen von den schlichten Einwilligungen umfasst, die „mit der Internetnutzung wesensmäßig verbunden sind".[755]

Tinnefeld kritisiert das Merkmal der „Üblichkeit", da der BGH nicht auf den (mutmaßlichen) Willen des Rechtsinhabers abstelle, sondern Empirie und damit die Verbreitung von Nutzungshandlungen zum Gegenstand seiner Entscheidung mache.[756]

Andere Stimmen beziehen sich auf die Reichweite der Einwilligung und auf den Zweckübertragungsgrundsatz (§ 31 V UrhG) und beschränken den Umfang der konsentierten Nutzung auf den nach urheberrechtlichen Erwägungen notwendigen Umfang.[757] Damit soll die Intensität der Nutzung über eine (konkludente) Einwilligung entscheiden.[758] Auch ökonomische Interessen finden so Berücksichtigung, denn die Verwertung des Werks soll möglichst umfassend beim Rechtsinhaber verbleiben.[759] Durch die Beschränkung auf den erforderlichen Umfang der Nutzung wird verstärkt der mutmaßliche Wille des Urhebers in den Vordergrund gestellt, wodurch sich dieser Ansatz Ungenauigkeit vorwerfen lassen muss.

Hilfreich ist auch hier ein Rückgriff auf die allgemeinen Grundsätze (§§ 133, 157 BGB), die gerade bei konkludenten Handlungen statthaft sind. Es stellt sich die Frage, ob der Gesetzgeber bereits eine abschließende Ausnahmeregelung geschaffen hat, die die schlichte Einwilligung für die automatisierte Datenverarbeitung durch *Software* verbietet.

a. Auslegung der Einwilligung nach allgemeinen Grundsätzen

Nach §§ 133, 157 BGB sind Willenserklärungen anhand des objektiven Empfängerhorizonts auszulegen und maßgeblich ist, wie ein objektiver

---

755 *von Ungern-Sternberg*, Schlichte einseitige Einwilligung und treuwidrig widersprüchliches Verhalten des Urheberberechtigten bei Internetnutzungen, GRUR 2009, 369 (371).

756 *Tinnefeld*, Die Einwilligung in urheberrechtliche Nutzungen im Internet, S. 87; so auch: LG Hamburg, Urteil vom 03. August 2016 – 308 O 96/13, in: MMR 2017, 564 (566).

757 *Ohly*, „Volenti non fit iniuria" – Die Einwilligung im Privatrecht S. 342; *Osken*, Die schlichte Einwilligung im Urheberrecht; *Ott*, Zulässigkeit der Erstellung von Thumbnails durch Bilder- und Nachrichtensuchmaschinen? ZUM 2007, 119 (127).

758 *Fahl*, Die Bilder- und Nachrichtensuche im Internet, S. 80.

759 *Tinnefeld*, Die Einwilligung in urheberrechtliche Nutzungen im Internet, S. 90.

Dritter in der Situation des Empfängers die Erklärung unter Berücksichtigung der Verkehrssitte verstehen durfte.[760]

Da die Einwilligung eine einseitige Erklärung darstellt, die unabhängig von einer vertraglichen Verpflichtung entäußert wird, muss auf den Willen und das Motiv des Erklärenden abgestellt werden.[761] Stellt ein Rechtsinhaber seine Werke öffentlich auf eine Webseite ein, kommt damit der Wille zum Ausdruck, dass die Inhalte von anderen Nutzern im WWW betrachtet werden dürfen.[762] Dies lässt auch die Wertung eines objektiven Einverständnisses in die üblichen Nutzungshandlungen einer Suchmaschine zu.[763] Dies entspricht auch der Linie des BGH, der das ungeschützte Einstellen der digitalen Inhalte „objektiv als Einverständnis" bewertet.[764]

Das Motiv für das Einstellen der urheberrechtlich geschützten Werke ins WWW ist vielfältig, doch verfolgt der Rechtsinhaber oftmals das Ziel, Aufmerksamkeit und Reichweite zu erlangen. Limitierend wirkt hier im urheberrechtlichen Kontext allerdings § 31 V UrhG, der das Motiv des Rechtsinhabers für die (konkludente) Einwilligung auf das erforderliche Maß beschränkt[765] und der Rechtsinhaber infolgedessen nur so viel seiner Ausschließlichkeit aufgeben möchte, wie es für das Teilen seiner Inhalte im WWW notwendig ist.

Im Rahmen der Auslegung muss berücksichtigt werden, dass sich der Rechtsinhaber freiwillig in den Verkehrskreis des WWW begeben hat. Dieser Umstand führt dazu, dass sein Verhalten entsprechend der Sitte der Mechanismen des WWW typisiert werden muss.[766] Solange der Rechtsinhaber kein maschinenverständliches Erklärungszeichen verwendet, das den Ausschluss der automatisierten Datenverarbeitung zum Ausdruck bringt, ist nach §§ 133, 157 BGB objektiv von einem Einverständnis auszugehen. Dabei ist unerheblich, ob der Rechtsinhaber die technischen Prozesse im Detail nachvollziehen kann.[767]

---

760 *Ohly*, „Volenti non fit iniuria" – Die Einwilligung im Privatrecht, S. 341; *Specht*, Diktat der Technik, S. 50; *Tinnefeld*, Die Einwilligung in urheberrechtliche Nutzungen im Internet, S. 69.

761 *Tinnefeld*, Die Einwilligung in urheberrechtliche Nutzungen im Internet, S. 73.

762 BGH, Urteil vom 29. April 2010, I ZR 69/08, Rn. 31 – Vorschaubilder I, in: MMR 2010, 475 (478).

763 *Ohly*, Zwölf Thesen zur Einwilligung im Internet, GRUR 2012, 983 (987).

764 BGH, Urteil vom 29. April 2010, I ZR 69/08, Rn. 36 – Vorschaubilder I, in: MMR 2010, 475 (479); *Ziegler*, Urheberrechtsverletzung durch Social Sharing, S. 189.

765 *Dreier/Schulze/Schulze* UrhG § 31 Rn. 110; *Tinnefeld*, Die Einwilligung in urheberrechtliche Nutzungen im Internet, S. 80.

766 *Tinnefeld*, Die Einwilligung in urheberrechtliche Nutzungen im Internet, S. 75.

767 *Ohly*, Zwölf Thesen zur Einwilligung im Internet, GRUR 2012, 983 (987).

Allerdings geht es zu weit, über die schlichte Einwilligung auch Nutzungsarten zu rechtfertigen, die abseits des (mutmaßlichen) Willens des Rechtsinhabers bestehen und die erst aufgrund der technischen Entwicklung möglich geworden sind.[768] Dies lässt sich auch der Wertung des § 31 V UrhG entnehmen.

Basierend auf der Anwendung der allgemeinen Auslegungsvorschriften der §§ 133, 157 BGB zeigt sich, dass durch die Einstellung der urheberrechtlich geschützten Inhalte auf eine Webseite keine schlichte Einwilligung in die Nutzung für jegliche Softwareverarbeitung angenommen werden kann. Die schlichte Einwilligung darf nicht dazu führen, die Wertungen des allgemeinen Zivilrechts und Urheberrechts auszuhebeln. Rechtsinhaber sollen nicht befürchten, dass bei Nutzung von gängigen technischen Systemen ihre Ausschließlichkeitsrechte eingeschränkt werden. Die schlichte Einwilligung ist Ausdruck der Privatautonomie des Rechtsinhabers und nicht des Zugangsinteresses des Nutzers. Die Grundsätze der schlichten Einwilligung lassen sich nicht auf jegliche Fälle der automatisierten Datennutzung übertragen.

Mit dem Veröffentlichen von digitalen Inhalten auf Webseiten und der Nutzung durch Suchmaschinen verfolgt der Rechtsinhaber Eigeninteressen (Publikation, Werbung, Umsatz), die er mit der (konkludenten) schlichten Einwilligung zum Ausdruck bringt.[769] Steht die Nutzung durch *Software* im Widerspruch zu den Interessen des Rechtsinhabers, ist nicht nachvollziehbar, warum er in die automatisierte Datenverarbeitung konsentieren sollte.[770]

Auch die Ausführungen des EuGH in der *Soulier*-Entscheidung sind heranzuziehen.[771] Hier stellt das Gericht im Rahmen eines Vorabentscheidungsverfahrens klar, dass die konkludente Einwilligung in zukünftige Nutzungen unter Berücksichtigung des Erwägungsgrunds 9 der InfoSoc-RL eine vorherige Information durch den Dritten voraussetze, sodass der Rechtsinhaber über die Gewährung der Nutzung entscheiden könne.[772] In der fehlenden Untersagung kann damit kein Erklärungszeichen gesehen

---

768 *von Ungern-Sternberg*, Schlichte einseitige Einwilligung und treuwidrig widersprüchliches Verhalten des Urheberberechtigten bei Internetnutzungen, GRUR 2009, 369 (373).

769 *Tinnefeld*, Die Einwilligung in urheberrechtliche Nutzungen im Internet, S. 89.

770 *Tinnefeld*, Die Einwilligung in urheberrechtliche Nutzungen im Internet, S. 89.

771 EuGH, Entscheidung vom 16. November 2016, C-301/15, Rn. 37 ff. – Soulier, in: GRUR 2017, 62.

772 EuGH, Entscheidung vom 16. November 2016, C-301/15, Rn. 38, 39 – Soulier, in: GRUR 2017, 62.

werden, wenn der Urheber nicht weiß, dass sein Werk durch *Software* für unterschiedlichste Zwecke genutzt werden soll.

Dem Rechtsinhaber soll die wirtschaftliche Verwertung seines Werks erhalten bleiben. Eine Einwilligung in sämtliche (neuartige) Softwareprozesse kann in dem online stellen der digitalen Inhalte nicht erkannt werden.

b. Abschließende Schrankenbestimmung

Zu klären ist weiter, ob der Gesetzgeber mit § 44b UrhG nicht bereits eine abschließende Schrankenbestimmung eingeführt hat, die keinen Raum für eine Anwendung der schlichten Einwilligung lässt und dazu führt, dass umfassend alle automatisierten Nutzungen von digitalen Inhalten durch *Software* gesetzlich geregelt sind.

In Umsetzung des Art. 4 des DSM-RL wurde am 7. Juni 2021 der § 44b UrhG in das deutsche Urheberrecht aufgenommen. Zum Zeitpunkt der *Vorschaubilder-I-* und *-II-*Entscheidungen existierte die Ausnahme zum TDM noch nicht.

Im Grundsatz basieren die Schranken und die Einwilligung auf unterschiedlichen dogmatischen Grundlagen. Die Schranken sind Ausdruck der gesetzgeberischen Abwägung von Grundrechten, Allgemein- und Schutzinteressen, während die Einwilligung als Rechtsgeschäft Ausdruck der privatautonomen Entscheidung des Rechtsinhabers ist.

Mit Blick auf § 44b III 1 UrhG ist ersichtlich, dass der Rechtsinhaber einen Vorbehalt erklären kann. Dieser muss nach § 44b III 2 UrhG bei online zugänglichen Werken in maschinenlesbarer Form erfolgen.

Folgt man den Entscheidungsgründen des BGH in *Vorschaubilder-I*, dann hat der Gerichtshof darin einen Weg gefunden, automatisierte Nutzungen von online zugänglichen Werken in einem technischen Umfeld zu rechtfertigen. Mit der TDM-Schranke des § 44b UrhG hat der Gesetzgeber die Nutzung der Online-Inhalte grundsätzlich erlaubt, aber unter den Vorbehalt des Rechtsinhabers gestellt. In beiden Fällen wird das Einstellen von digitalen Inhalten ins WWW ohne technische Schutzmittel als eine Beschränkung des Ausschließlichkeitsrechts gewertet. Möchte sich der Rechtsinhaber die Nutzungen vorbehalten, muss er maschinenverständlich kommunizieren. Diese Prozeduralisierung ermöglichte eine Flexibilität zwischen *Property Rule* und *Liability Rule*.[773]

Ein wesentlicher Unterschied zwischen der schlichten Einwilligung und § 44b UrhG besteht hinsichtlich des betroffenen Verwertungsrechts, denn aufgrund der Verarbeitung der Rechte im Ausland hat sich der BGH auf die öffentliche Zugänglichmachung nach § 19a UrhG gestützt.[774] Die Schrankenbestimmung aus § 44b II UrhG rechtfertigt die Vervielfältigung von Werken. Die Vorschrift des § 44b UrhG macht die schlichte Einwilligung damit nicht obsolet.

Der Gesetzgeber hat sich bewusst dazu entschieden, Vervielfältigungshandlungen unter den Voraussetzungen des § 44b II 1 UrhG zu rechtfertigen. Die Gefahr von prohibitiven Transaktionskosten, die gerade auch in der *Vorschaubilder*-Rechtsprechung zum Ausdruck kommt, hat der Gesetzgeber gesehen und mit § 44b UrhG Voraussetzungen geschaffen, die Verwertungshandlungen erlauben.

5. Zwischenergebnis

Mit Anwendung der schlichten Einwilligung auf die *Vorschaubilder*-Sachverhalte hat der BGH einen Weg gefunden, techniksensibel auf die Nutzung von digitalen Inhalten durch Suchmaschinen zu reagieren.

Dabei stellt die schlichte Einwilligung im Rahmen der „Stufenleiter" der Gestattungen die geringste Intensität dar und ist Ausdruck der Privatautonomie des Rechtsinhabers.[775]

Auch in den *Vorschaubilder*-Entscheidungen ging es um die automatisierte Nutzung von Online-Inhalten durch *Software*, woraus sich die Prüfung der Übertragung der Grundsätze der schlichten Einwilligung auf jede Form der automatisierten Datennutzung ergibt. Im Rahmen der Auslegung der (konkludenten) Einwilligung sind die §§ 133, 157 BGB entscheidend, nach denen es auf den objektivierten Empfängerhorizont ankommt. Der Rechtsinhaber muss sich danach ein verkehrserhebliches Verhalten zurechnen lassen, sofern ein Dritter dies als rechtserheblich verstehen durfte.

---

773 *Rostam*, Das Erfordernis technikverständlichen Verhaltens im Urheberrecht, S. 116, in: Kuschel/Asmussen/Golla (Hrsg.), Intelligente Systeme – Intelligentes Recht.

774 BGH, Urteil vom 29. April 2010, I ZR 69/08, Rn. 17 – Vorschaubilder I, in: MMR 2010, 475.

775 *Ohly*, „Volenti non fit iniuria" – Die Einwilligung im Privatrecht, S. 143, 207.

Die Auslegungsregeln sollen in Ermangelung einer ausdrücklichen Erklärung dabei helfen, den Willen des Handelnden zu bestimmen. Die Grenze der Zurechnung ist erreicht, wenn für den Rechtsinhaber bestimmte Nutzungsformen nicht ersichtlich waren.

In § 44b UrhG findet sich eine Schranke, die dem Urheber die Möglichkeit belässt, durch Erklärung eines Vorbehalts die Nutzung zu untersagen. Die Regelung in § 44b UrhG macht die Rechtsfigur der schlichten Einwilligung nicht obsolet, insbesondere da die Einwilligung Ausdruck der Privatautonomie des Rechtsinhabers ist.

6. Informationsreduktion des Korpus

Um die Unsicherheiten in Bezug auf die Verletzung der Ausschließlichkeitsrechte des Rechtsinhabers bei automatisierter Datenverarbeitung zu reduzieren, haben *Raue* und *Schöch* die Theorie der „abgeleiteten Textformate" entwickelt.[776]

Hierbei soll die Verwendung der Werke durch eine gezielte Informationsreduktion dem Urheberrechtsschutz entzogen werden.[777] Dieser Ansatz fußt auf der technischen Möglichkeit, die Wortfolge eines geschützten Textes in ein Modell zu übertragen, das dann die Häufigkeit der einzelnen Wörter und ihre Position angibt[778], also das Werk abseits der schutzbegründenden schöpferischen Elemente nutzt.

Auch wenn der Ursprung der „abgeleiteten Textformate" auf urheberrechtlich geschützten Texten liegt, so lässt sich der Gedanke auf jede Form von Softwarenutzungen übertragen. Die *Software* kann so programmiert werden, dass die verwendeten digitalen Inhalte in andere Repräsentationsformen übertragen werden.[779]

Raue/Schöch machen die Nicht-Wiedererkennbarkeit der schutzfähigen Werke im Korpus und die Nicht-Rekonstruierbarkeit zur Voraussetzung

---

776 In Bezug auf die Verwertungsrechte: *Grisse*, Nutzbarmachung urheberrechtlich geschützter Textbestände für die Forschung durch Dritte, RuZ, 2020, 143 (146); *Raue/Schöch*, Zugang zu großen Textkorpora des 20. und 21. Jahrhunderts mit Hilfe abgeleiteter Textformate – Versöhnung von Urheberrecht und textbasierter Forschung, RuZ 2020, 118 (122).

777 *Raue/Schöch*, Zugang zu großen Textkorpora des 20. und 21. Jahrhunderts mit Hilfe abgeleiteter Textformate – Versöhnung von Urheberrecht und textbasierter Forschung, RuZ 2020, 118 (119).

778 *Grisse*, Nutzbarmachung urheberrechtlich geschützter Textbestände für die Forschung durch Dritte, RuZ, 2020, 143 (150).

779 *Käde*, Kreative Maschinen und Urheberrecht, S. 65.

für die benötigte Informationsreduktion und stützen sich dabei auf § 57 UrhG, der die Verwertung von Werken erlaubt, sofern diese ein unwesentliches Beiwerk darstellen.[780]

Doch auch für die Nutzung der digitalen Inhalte müssen zunächst auf rechtmäßige Weise die Daten gesammelt worden sein. Werden die Daten in eigenen Datenbanken auf dem Arbeitsspeicher oder dezentralen *Servern* abgespeichert, wird in der Regel eine Vervielfältigung anzunehmen sein (§ 16 I UrhG).

Die „abgeleiteten Textformate“ können eine Lösung für die wissenschaftliche Forschung darstellen, doch stellen sie keine Rechtfertigung für jede Form der automatisierten Nutzung von digitalen Inhalten dar.

7. Schutz und Zugang von Webseiten

Kommt es vermehrt zu automatisierten Nutzungen von digitalen Inhalten durch *Software*, ist ein virtuelles Hausrecht diskutiert worden, das ähnlich den sachenrechtlichen Bestimmungen dem Webseiteninhaber die Möglichkeit der Entscheidung über den Zugang und Verbleib auf der Webseite gewähren soll.

Nachdem die Überlegungen zum virtuellen Hausrecht kurz dargestellt werden, soll der Schwerpunkt auf den Diskussionen um eine generelle Einwilligung aufgrund der technischen Gestalt des WWW liegen. Hierbei sind die standardisierten technischen Protokolle des WWW entscheidend, die durch den *Client-Server*-Aufbau eine kooperative Kommunikation voraussetzen, in der vereinzelt eine generelle Einwilligung für sämtliche technische Prozesse im WWW gesehen wird.

a. Das virtuelle Hausrecht

Mit der aufkommenden Nutzung von *Software*, die sich digitaler Inhalte auf öffentlichen Webseiten bedient, kam bereits früh die Frage nach einer

---

780 *Brockmeyer*, Text und Data Mining, S. 202, 203; *Raue/Schöch*, Zugang zu großen Textkorpora des 20. und 21. Jahrhunderts mit Hilfe abgeleiteter Textformate – Versöhnung von Urheberrecht und textbasierter Forschung, RuZ 2020118 (123, 124).

rechtlichen Regulierung dieser Sachverhalte auf. Auch in Deutschland sind Entscheidungen dazu ergangen.[781]

Das virtuelle Hausrecht gründet sich, wie das sachenrechtliche Rechtsinstitut, entsprechend auf den §§ 1004, 903, 858 ff. BGB.[782] Der Rückgriff auf die sachenrechtlichen Bestimmungen resultiert aus der fehlenden vertraglichen Abrede zwischen Webseitenbetreiber und Webseitenbesucher.[783] Da das Sachenrecht allerdings die Rechtsbeziehung zu körperlichen Gegenständen (§ 90 BGB) regelt, ist eine Übertragung auf digitale Sachverhalte nicht ohne Weiteres möglich. Zum Teil wird versucht, die Brücke über den Zugriff auf die *Server* zu schlagen, doch gerade mit fortschreitender dezentralisierter Speicherung von Daten in der *Cloud*, ist diese Argumentation von geringer Relevanz.[784]

Specht-Riemenschneider abstrahiert das Hausrecht auf „Herrschaftssphären“, die ebenso für Webseiten bestehen können, da es der Webseitenbetreiber (ähnlich einem Ladenbesitzer) ist, der über Existenz, Zugang und Inhalt der Webseite bestimme.[785]

Da es beim virtuellen Hausrecht um die Abwehr von Nutzungen von auf Webseiten befindlichen digitalen Inhalten geht, lässt sich argumentieren, dass dieser Eingriff weniger intensiv als eine sachenrechtliche Substanzverletzung ist und aufgrund dessen erst recht vom sachenrechtlichen Schutz umfasst sein müsse.

In gleicher Weise kommt Kritik der Anwendung des Haurechts für Webseiten auf, denn es soll nicht der Zugriff auf die Webseite gesteuert werden, sondern hierüber ein Weg der Regulierung der Nutzungen der digitalen Inhalte gefunden werden.[786] Es wird also gegen seinen Zweck fruchtbar gemacht.

---

781 LG Bonn, Urteil vom 16. November 1999 – 10 O 457/99, in: NJW 2000, 961 (962); OLG Köln, Beschluss vom 25. August 2000 – 19 U 2/00, in: MMR 2001, 52; OLG Hamm, Urteil vom 23. Oktober 2007 – 4 U 99/07, in: MMR 2008, 175 (176).

782 *Piras*, Virtuelles Hausrecht?, S. 54.

783 *Piras*, Virtuelles Hausrecht?, S. 104; *Specht*, Diktat der Technik, S. 56; *Zieger/Smirra*, Fallstricke bei Big Data-Anwendungen – Rechtliche Gesichtspunkte bei der Analyse fremder Datenbestände, MMR 2013, 418 (421).

784 *Piras*, Virtuelles Hausrecht?, S. 95; *von Schönfeld*, Screen Scraping und Informationsfreiheit, S. 333.

785 *Specht*, Diktat der Technik, S. 58.

786 *Zieger/Smirra*, Fallstricke bei Big Data-Anwendungen – Rechtliche Gesichtspunkte bei der Analyse fremder Datenbestände, MMR 2013, 418 (421).

Die Kritiker des Instituts sehen in der Anerkennung des virtuellen Hausrechts eine Aufweichung der sachenrechtlichen Bestimmungen und verweisen auf die Möglichkeit der Nutzung von technischen Schutzmaßnahmen.[787]

Basierend auf diesen Überlegungen sind besonders in der amerikanischen Literatur Stimmen aufgekommen, die sich auf die technischen Strukturen des WWW berufen und eine sich daraus ableitende Einwilligung diskutieren. Auf diese soll in der Folge eingegangen werden und zugleich qualifiziert werden, ob die Argumente haltbar sind und sich auf die automatisierte Nutzung von Urheberrechten übertragen lassen.

b. Einwilligung als technisches Grundkonzept des WWW

Betrachtet man die Anfänge des Internets, so sollte damit der Austausch von Ideen und Informationen gefördert werden.[788] *Berners-Lee* hatte einen besseren wissenschaftlichen Austausch vor Augen.[789] Dazu hat er *Hypertext* erfunden und so eine Möglichkeit geschaffen, innerhalb eines Netzwerks auf unterschiedliche Informationen zu verweisen. Nach seinen Vorstellungen sollte das Internet kooperativ und nicht exklusiv sein.[790]

Auf Basis der technischen Strukturen des WWW hat *Feigin* die Einwilligung in die Nutzung von digitalen Inhalten erkannt und begründet diese mit zwei Argumenten: den Datenaustausch der einzelnen untereinander verbundenen Netzwerke und die *Client-Server*-Kommunikation, bei der ein *Webbrowser* die Daten von Webseiten auf dem eigenen *Desktop* darstellt, wozu dieser auf die Erlaubnis der Nutzung der Informationen angewiesen ist.[791]

787 *Specht*, Diktat der Technik, S. 59, *Zieger/Smirra*, Fallstricke bei Big Data-Anwendungen – Rechtliche Gesichtspunkte bei der Analyse fremder Datenbestände, MMR 2013, 418 (421).

788 *Jasiewicz*, Copyright Protection in an Opt-Out World: Implied License Doctrine and News Aggregators, Yale Law Journal 2012, 837 (843), abrufbar unter: https://ssrn.com/abstract=2207489 (zuletzt abgerufen am 10. August 2023).

789 *Berners-Lee/Fischetti*, Der Web-Report, S. 14; *Gruneberg*, Informationsquelle Internet versus Urheberrecht? in: Goerlich (Hrsg.) Rechtsfragen der Nutzung und Regulierung des Internet, S. 113.

790 *Lessig*, The Future of Ideas, S. 49; *McGowan*, Website Access: The Case for Consent, Loyola University Chicago Law Journal 2003, 341 (367).

791 *Feigin*, Architecture of consent: Internet protocols and their legal Implications, Stanford Law Review 2004, 901 (918).

Entscheidend für den Austausch von Informationen im WWW sind die Internetprotokolle. Diese sind der Kern des Internets und werden von Arbeitsgruppen diskutiert, erweitert und überarbeitet.[792] Dabei erfolgt ein Aufruf zur Beteiligung (Request for Comments – RFC) unter Leitung von Gremien wie dem Internet Engineering Task Force (IETF) und dem World Wide Web Consortium (W3C).[793]

Unter den standardisierten *Internet Protocol Stack* fallen vier Schichten: Der *Network Access* (*Link Layer*), *Internet Layer*, *Transport Layer* und *Application Layer*.[794] Damit die Kommunikation innerhalb des Netzwerks funktionieren kann, muss bereits auf der ersten Ebene (*Link Layer*) qualifiziert werden können, wer Absender und Empfänger der Datenpakete sein soll. Dies setzt voraus, dass alle angeschlossenen Endgeräte die übertragenen Informationen lesen, um zu qualifizieren, ob sie Empfänger sind oder nicht.[795]

Verlässt man die obere Schicht und betrachtet die Ebene der Datenübertragung und damit den *Transport Layer*, so kommt dem *Transmission Control Protocol* (*TCP*) die Aufgabe zu, Informationen vom *Client Server* anzufragen und diese in der richtigen Reihenfolge an den *Webbrowser* zu übergeben, sodass dieser – basierend auf den Daten – die Webseiten darstellen kann.[796] Bei diesem Prozess spricht man von dem „Drei-Wege-Handschlag", bei dem der Computer bei einem *Server* Datenpakete anfragt, der *Server* diese Anfrage bestätigt und Datenpakete sendet, deren Erhalt wiederum vom *Client* bestätigt wird.[797]

In dieser Übereinkunft der Datenübertragung durch das *TCP* sieht *Feigin* einen Vertragsschluss, da die Übermittlung des Willens durch eine Maschine der dahinterstehenden natürlichen Person zuzurechnen ist.[798]

---

792 *Sire*, Inclusion Excluded: Code Is a Leonine Contract Study on the Technical and Legal Value of the Robots.txt Protocol, Réseaux 2015, 187 (190).

793 *Sire*, Inclusion Excluded: Code Is a Leonine Contract Study on the Technical and Legal Value of the Robots.txt Protocol, Réseaux 2015, 187 (190).

794 World Wide Web Consortium (W3C), Internet Protocol Stack, abrufbar unter: https://www.w3.org/People/Frystyk/thesis/TcpIp.html (zuletzt abgerufen am 10. August 2023).

795 *Feigin*, Architecture of consent: Internet protocols and their legal Implications, Stanford Law Review 2004, 901 (920).

796 *Feigin*, Architecture of consent: Internet protocols and their legal Implications, Stanford Law Review 2004, 901 (923).

797 *Christian/Griffiths*, Algorithmen für den Alltag, S. 260.

798 *Feigin*, Architecture of consent: Internet protocols and their legal Implications, Stanford Law Review 2004, 901 (924).

Nach *Feigins* braucht es keiner konkludenten Einwilligung, denn er erkennt eine ausdrückliche Vereinbarung aufgrund des „Drei-Wege-Handschlags".[799]

Doch auch wenn die technische Darstellung von *Feigin* korrekt ist, eignet sie sich nicht als Rechtfertigung für die automatisierte Datennutzung durch *Software*. Die Internetprotokolle wollen die Datenübertragung im WWW sicherstellen und bedürfen dafür einer Kommunikation zwischen *Client* und *Server*, in der eine Übereinkunft gesehen werden kann. Jedoch können die Protokolle keine Einwilligung in die Speicherung der Daten darstellen, insbesondere nicht für eine dauerhafte Nutzung abseits der Darstellung im *Browser*.[800]

Zudem würde die Annahme einer Einwilligung durch technische Abläufe im Internet die Feinabstimmungen, die das Urheberrecht mit seinem Regel-Ausnahme-Prinzip vornimmt, übergehen.

Eine solche Annahme führt dazu, dass sich der Rechtsinhaber entscheiden muss, ob er generell am Netzwerk WWW teilnimmt oder nicht, da damit schon die Entscheidung fällt, in die Nutzung seiner Werke durch *Software* einzuwilligen.[801]

c. Zwischenergebnis

Werden Inhalte von Webseiten ohne Erlaubnis des Betreibers genutzt, bietet sich ein Vergleich zum sachenrechtlichen Hausrecht an. Doch hinkt einerseits die Übertragung der Grundsätze des Sachenrechts auf Fälle der automatisierten Datennutzung und andererseits auch die Schutzrichtung des Hausrechts, das – übertragen auf die digitalen Sachverhalte – lediglich den Zugang zur Webseite steuert, aber nicht die Entnahme von digitalen Inhalten durch *Software*.

Beachtlich sind die Überlegungen von *Feigin*, der aufgrund der technischen Struktur des Internets eine generelle Einwilligung in die Nutzung der Webseiten-Inhalte diskutiert.[802]

---

[799] *Feigin*, Architecture of consent: Internet protocols and their legal Implications, Stanford Law Review 2004, 901 (930).

[800] *Feigin*, Architecture of consent: Internet protocols and their legal Implications, Stanford Law Review 2004, 901 (938).

[801] *McGowan*, Website Access: The Case for Consent, Loyola University Chicago Law Journal 2003, 341 (368).

[802] *Feigin*, Architecture of consent: Internet protocols and their legal Implications, Stanford Law Review 2004, 901 (919 ff.).

Die Kommunikation im Netzwerk funktioniert im Rahmen eines *Client-Server*-Modells. Damit die Datenübertragung gewährleistet werden kann, muss jeder *Host* verstehen, welche Aufgabe ihm zukommt, die benötigten Daten zu übermitteln und deren Zugang zu bestätigen. Eine solche technische Struktur funktioniert laut *Feigin* nur, wenn eine Übereinkunft aller Parteien vorliegt.[803]

Allerdings soll durch die Internetprotokolle nur die Datenübertragung sichergestellt werden, nicht auch deren Nutzung zu anderen Zwecken und insbesondere für eine (dauerhafte) Speicherung in eigenen Datenbanken.

Im technischen Aufbau der Internetprotokolle kann damit keine allgemeine Rechtfertigung für die automatisierte Datennutzung von digitalen Inhalten auf Webseiten gesehen werden.

V. Zusammenfassung: Kapitel 5

Zu Beginn dieses Kapitels wurden die urheberrechtlichen Schutzrechte dargestellt, die durch die automatisierte Datennutzung am Beispiel des TDM verletzt sein können. Von besonderer Relevanz für die Nutzung durch *Software* sind die Sprach-, Lichtbild- und Datenbankwerke, wie auch der Datenbankschutz sui generis.

Mit der automatisierten Datensammlung werden die digitalen Inhalte in eine eigene Datenbank des Nutzers überführt, was eine Vervielfältigung und damit eine Verwertung der Schutzrechte darstellt.

Im Rahmen der möglichen Rechtfertigung aufgrund von gesetzlichen Schrankenbestimmungen sind §§ 44a und 44b UrhG geprüft worden. Aufgrund der nicht nur vorübergehenden Vervielfältigung kann sich eine Rechtfertigung nur aus § 44b UrhG ergeben. Besondere Aufmerksamkeit lag dabei auf der Maschinenlesbarkeit als angemessene Form der Kommunikation des Nutzungsvorbehalts. Hierbei bringt § 44b UrhG deutlich die Techniksensibilität des Gesetzgebers zum Ausdruck und die durch die Prozeduralisierung entstandene Möglichkeit des Wechsels zwischen Erlaubnis- und Verbotsnorm wirkt als Anstoß für einen effizienten Informationsaustausch.[804]

---

803 *Feigin*, Architecture of consent: Internet protocols and their legal Implications, Stanford Law Review 2004, 901 (932).

804 *Rostam*, Das Erfordernis technikverständlichen Verhaltens im Urheberrecht, S. 119, in: Kuschel/Asmussen/Golla (Hrsg.), Intelligente Systeme – Intelligentes Recht.

Neben der gesetzlichen Erlaubnis der automatisierten Nutzung der digitalen Inhalte von Webseiten ist die *Vorschaubilder*-Rechtsprechung des BGH und dessen mögliche Übertragung auf jegliche Formen der Softwarenutzungen im WWW geprüft worden. Der BGH spricht im Urteil von der schlichten Einwilligung für eine nach den „Umständen übliche Nutzungshandlung"[805] und zieht wegen der *Gatekeeper*-Funktion der Suchmaschinen verstärkt pragmatische Erwägungen heran. Unter Berücksichtigung der allgemeinen zivilrechtlichen Auslegungsgrundsätze hat sich gezeigt, dass eine Einwilligung durch das Einstellen der digitalen Inhalte im WWW nicht für jede (neuartige) Softwarenutzung angenommen werden kann.

Trotz der bestehenden Schranke für die automatisierte Nutzung von digitalen Inhalten in § 44b UrhG bleibt die schlichte Einwilligung in bestimmten Fällen anwendbar, wie bei der öffentlichen Zugänglichmachung nach § 19a UrhG. Ferner ist die Einwilligung, anders als die Schrankenbestimmung, Ausdruck der Privatautonomie des Rechtsinhabers

Da die *Software* im Rahmen des automatisierten Prozesses nicht das Werk in seiner schöpferischen und kreativen Gestalt nutzt, sondern es technisch möglich ist, nur Repräsentationsformen des Werks zu nutzen, haben *Raue/Schöch* die abgeleiteten Textformate[806] entwickelt. Allerdings setzt dieser Ansatz die vorherige Extraktion der Daten von den Webseiten voraus, sodass vorgelagert bereits eine Vervielfältigung stattfindet. Dieser Ansatz dient nicht zur Rechtfertigung für jegliche Formen der Softwarenutzung.

Anschließend ist auf das virtuelle Hausrecht eingegangen worden, welches allerdings bei Übertragung auf digitale Nutzungsobjekte wegen seines sachenrechtlichen Ursprungs auf Kritik stößt und dabei mehr die Abwehr des Zugriffs auf die Webseite intendiert als die Nutzung einzelner digitaler Inhalte zu steuern.

Vereinzelt wird eine Einwilligung in sämtliche automatisierte Nutzungen im WWW aufgrund der technischen Struktur angenommen. Dabei referenziert *Feigin*[807] auf die standardisierten Internetprotokolle, bei denen eine Übereinkunft die Voraussetzung für die Datenübertragung darstellt.

---

805 BGH, Urteil vom 29. April 2010, I ZR 69/08, Rn. 36 – Vorschaubilder I, in: MMR 2010, 475 (479).

806 *Raue/Schöch*, Zugang zu großen Textkorpora des 20. und 21. Jahrhunderts mit Hilfe abgeleiteter Textformate – Versöhnung von Urheberrecht und textbasierter Forschung, RuZ 2020, 118 (123, 124).

807 *Feigin*, Architecture of consent: Internet protocols and their legal Implications, Stanford Law Review 2004, 901 (924).

Ohne diesen kooperativen Charakter wäre der Datenaustausch im dezentralen Netzwerk nicht möglich. Allerdings haben die Internetprotokolle die Funktion, den Datenaustausch technisch zu ermöglichen, aber stellen keine Einwilligung für sämtliche Nutzungen von digitalen Inhalten auf Webseiten durch *Software* dar.

Kapitel 6: Interessenausgleich in durch Automatisierung geprägten Nutzungsumfeldern

Für das Urheberrecht besteht die Herausforderung, auf neue technologische Entwicklungen wie die automatisierte Verwendung von digitalen Inhalten durch *Software* zu reagieren und hier einen Ausgleich zu finden, bei dem nicht nur die Interessen des Rechtsinhabers und des Nutzers berücksichtigt werden, sondern auch das technische Umfeld bewertet wird, aus dem die Nutzungshandlungen resultieren.

Dem Urheber steht es frei, Lizenzen über die Nutzung seiner Werke zu vereinbaren, genauso wie ihm die Verwendung von technischen Mitteln offensteht. Beide Maßnahmen zeigen allerdings Schwächen auf, die besonders in der automatisierten Kommunikation im WWW und damit maßgeblich in *Software*-gesteuerten Prozessen sichtbar werden.

Die Komplexität ergibt sich aus den gegenseitigen Interessenlagen von Rechtsinhaber und Nutzer und damit aus dem Exklusivitäts- und Nutzungsinteresse. Mit der starken gesellschaftlichen Durchdringung und Relevanz des WWW hat sich die Art der Nutzung von Werken stark geändert. So möchte der Rechtsinhaber zwar seine Werke im WWW publizieren, aber dennoch sicherstellen, gewisse Arten der Nutzung auszuschließen. Für den Rechtsinhaber ist von Interesse, seine urheberrechtlichen Befugnisse in einem immer stärker automatisierten digitalen Umfeld zu bewahren. Ebenfalls müssen die Rechte des Nutzers berücksichtigt werden und damit die Herausforderungen der Dezentralität von Informationen im WWW und die damit einhergehenden (prohibitiven) Transaktionskosten für die Nutzung.

Unter Beachtung der weiteren Entwicklung von technischen Schutzmitteln, die die Rechtsinhaber nutzen, um ihre Rechtspositionen zu verabsolutieren, ist zu diskutieren, ob zum (Wieder-)Ausgleich der Interessenlagen die Nutzer einen Anspruch auf Beseitigung oder Durchbrechung des technischen Schutzmittels haben sollten.

Das Urheberrecht weist in seiner Entwicklung Technologisierungs-, Privatisierungs- und Prozeduralisierungstendenzen auf. Diese Ansätze versuchen eine Anpassung des Urheberschutzes an die sich durch die Digitalisierung verändernden Umstände zu ermöglichen. Sowohl in der *Vorschaubilder*-Rechtsprechung des BGH als auch in der Erlaubnisnorm des § 44b UrhG zeigt sich bereits die Prozeduralisierung des Urheberrechts, die zu einer Flexibilisierung der Berechtigungen führt.[808] Damit wird eine weitere Ausdifferenzierung der Rechtsposition abseits der Möglichkeiten einer vertraglichen Erlaubnis oder einer technischen Versagung der Nutzungen geschaffen.[809]

Entscheidend für alle Beteiligten ist die Etablierung von Rechtssicherheit. Dafür muss für den Rechtsinhaber verständlich sein, welches (konkludente) Verhalten rechtserheblich ist und wie er seinen Nutzungsvorbehalt angemessen kommunizieren kann, ohne die durch die Digitalisierung neu entstandenen Verwertungsmöglichkeiten einzubüßen. Aus Sicht der Softwareverwender muss Verlässlichkeit in Bezug auf die automatisierte Sammlung von digitalen Inhalten bestehen. Es muss feststehen, welche Werke er verwenden kann und welche nicht. Ein manueller Prozess in Form der individuellen Verhandlung der Nutzung oder Überprüfung der digitalen Inhalte auf ihren Urheberrechtsschutz birgt hohe Transaktionskosten.

Vor dem Hintergrund der Tatsache, dass die Nutzung von digitalen Inhalten im WWW erfolgt, sollte der Lösungsansatz unabhängig von nationalen oder europarechtlichen Rechtsvorstellungen erfolgen, sondern eine Form finden, die formal und global verständlich ist und besonders von *Software* verarbeitet werden kann.

Die Nutzung digitaler Inhalte durch *Software* ist nicht ohne Weiteres gerechtfertigt. Für § 44a UrhG scheitert es an der Vorläufigkeit der Vervielfältigung, denn die schlichte Einwilligung lässt sich nicht auf jegliche Form der automatisierten Datennutzung übertragen. Ansätze wie die Idee der „abgeleiteten Textformate" oder des „non-expressive use" setzen bereits eine Vervielfältigung voraus beziehungsweise können nicht ohne Weiteres aus dem amerikanischen Rechtsraum und damit der Anwendung von *Fair Use*, übertragen werden.

Einzig § 44b UrhG kann eine Erlaubnis für die automatisierte Datennutzung darstellen. Richtet man den Blick im Schwerpunkt auf die Voraussetzungen des § 44b III 2 UrhG, dann zeigt sich, dass der Nutzungsvorbehalt für online zugängliche Werke „[…] nur dann wirksam ist, wenn er in

---

808 *Rostam*, Das Erfordernis technikverständlichen Verhaltens im Urheberrecht, S. 116, in: Kuschel/Asmussen/Golla (Hrsg.), Intelligente Systeme – Intelligentes Recht.

809 *Rostam*, Das Erfordernis technikverständlichen Verhaltens im Urheberrecht, S. 116, in: Kuschel/Asmussen/Golla (Hrsg.), Intelligente Systeme – Intelligentes Recht.

„maschinenlesbarer“ Form erfolgt.“ Dies bedeutet also, dass der Rechtsinhaber sich dem automatisierten Prozess der Datenverarbeitung im WWW anpassen muss.[810]

Der Gesetzgeber bestätigt mit der Voraussetzung der Maschinenlesbarkeit die Techniksensibilität des Urheberrechts und damit, dass der technische Zusammenhang einer Nutzung bewertend zu berücksichtigen ist. Es wird bei ausschließlich durch *Software* gesteuerten Prozessen dem Rechtsinhaber eine Handlungslast auferlegt. Die Begründung für diese dynamische Befugnis ist vielfältig und reicht von der effizienten Kostenallokation bis zur Gewährleistung eines effizienten Informationsflusses.[811]

Es muss eine Kommunikationsform gefunden werden, die formalisiert und universell verständlich ist und anders als die technischen Schutzmaßnahmen nicht den Zugang zur Webseite und dadurch zum Werk sperrt. Eine mögliche Lösung für die automatisierte Kommunikation mit *Software* und als Ausgleich der Interessenlagen kann das *Robots Exclusion Protocol* (REP) darstellen.

Auf das Protokoll soll in der folgenden Bearbeitung eingegangen werden. Es sollen dessen Ursprung und Gestaltung, die technische Wirkung, die rechtliche Qualifikation, die Abgrenzung zu anderen technischen Mitteln und den *Smart Contracts* erfolgen und mögliche normative Beschränkungen dargestellt werden. Die Relevanz des Protokolls ist dabei immens: so geht Google davon aus, dass heute bereits über eine Milliarde Webseiten das REP nutzen.[812]

I. Das *Robots Exclusion Protocol*

Das REP wurde bereits 1994 von *Martijn Koster* entwickelt.[813] Maßgebend für seine Forschung war das aufkommende *Crawlen* von Webseiten

---

810 *Specht*, Diktat der Technik, S. 53.

811 *Rostam*, Das Erfordernis technikverständlichen Verhaltens im Urheberrecht, S. 119, in: Kuschel/Asmussen/Golla (Hrsg.), Intelligente Systeme – Intelligentes Recht.

812 Google Search Central, Formalisierung der Spezifikation des Protokolls zum Ausschluss von Robots, abrufbar unter: https://developers.google.com/search/blog/2019/07/rep-id (zuletzt abgerufen am 10. August 2023).

813 A Standard for Robot Exclusion, abrufbar unter: http://www.robotstxt.org/orig.html (zuletzt abgerufen am 10. August 2023).

im WWW und damit die Erkenntnis, dass nicht alle Bereiche einer Webseite von Maschinen besucht werden sollten; aufgrund der Zunahme der softwaregesteuerten Prozesse wollte *Koster* eine Möglichkeit entwickeln wollte, die *Server*-Zugriffe durch *Software* reduzieren zu können.[814]

Das REP ist eine Textdatei in UTF-8-Kodierung (*robots.txt*), die Regeln festlegt und damit der *Software* vorgibt, auf welche Inhalte einer Webseite diese zugreifen darf.[815] Die Datei wird in das Stammverzeichnis einer Webseite eingefügt, was den Effekt hat, dass aus der obersten Ebene der Struktur Anweisungen für jedes einzelne der darunterliegenden Dateisysteme zentral verwaltet werden können.[816] Die *Software* prüft also zuallererst, ob eine *robots.txt* vorhanden ist und was diese regelt.

Neben dem REP existieren *robots-meta-tags*, die notwendig sind, sofern der Ersteller einer Webseite nicht auch deren Verwalter (*Webmaster*) ist. In diesem Fall hat der Seitenersteller keinen Zugriff auf das Stammverzeichnis und muss die entsprechenden *Tags* manuell in den *Code* jeder einzelnen Webseite einbauen.[817] Technisch lassen sich durch die *Tags* eine Fülle an Anweisungen umsetzen, von der Nicht-Indexierung bis zur Bestimmung ob und in welchem Umfang ein einzelnes Text-*Snippet* angezeigt werden darf.[818] Da aber – wie zu Beginn dieser Arbeit aufgezeigt – der Rechtsinhaber zugleich auch als Inhaber der Webseite zu verstehen ist, ist diese Unterscheidung hier nur der Vollständigkeit halber aufgeführt.

Beim REP handelt es sich seit September 2022 um einen Internet-Standard, denn das Protokoll ist durch die Internet Engineering Task Force

---

814 *Yang/Liao*, Using the Robots.txt and Robots Meta tags to implement online copyright and a related amendment, Library Hi Tech 2010, 94 (95), abrufbar unter: https://www.researchgate.net/publication/220364295 (zuletzt abgerufen am 10. August 2023); A Standard for Robot Exclusion, abrufbar unter: http://www.robotstxt.org/orig.html (zuletzt abgerufen am 10. August 2023).

815 *Maamar*, Urheberrechtliche Fragen beim Einsatz von generativen KI-Systemen, ZUM 2023, 481 (484); Google Search Central, Wie Google die robots.txt-Spezifikation interpretiert, abrufbar unter: https://developers.google.com/search/docs/advanced/robots/robots_txt (zuletzt abgerufen am 10. August 2023).

816 *Hürlimann*, Suchmaschinenhaftung, S. 19; *Conrad/Schubert*, How to Do Things with Code, GRUR 2018, 350 (351).

817 *Yang/Liao*, Using the Robots.txt and Robots Meta tags to implement online copyright and a related amendment, Library Hi Tech 2010, 94 (97), abrufbar unter: https://www.researchgate.net/publication/220364295 (zuletzt abgerufen am 10. August 2023).

818 *Hürlimann*, Suchmaschinenhaftung, S. 20; Google Search Central, Spezifikationen für Robots-Meta-Tags, Data-Nonsnippet- und X-Robots-Tags, abrufbar unter: https://developers.google.com/search/docs/advanced/robots/robots_meta_tag#directivesv (zuletzt abgerufen am 10. August 2023).

(IETF) offiziell anerkannt.[819] Die gängigen Suchmaschinen haben das Protokoll ohnehin beachtet und Google hat 2019 eine Initiative auf den Weg gebracht, um das REP zu einem offiziellen Standard zu machen[820] und in diesem Zuge das Protokoll als *Open Source*[821] veröffentlicht. Dadurch ist Klarheit in Bezug auf die Struktur des Protokolls geschaffen worden.

1. Relevante Anweisung durch das REP

Durch entsprechende Handlungsanweisungen und deren Kombination kann einer Vielzahl von Sachverhalten begegnet werden.[822] Dabei setzt sich das REP aus der Bestimmung der adressierten *Crawlers* (*user-agent*:) und entsprechenden Anweisungen (*Directives*) in Form von *disallow*-oder *allow*-Pfaden zusammen.[823]

Wird der *User-Agent* nicht benannt, bleiben die Inhalte frei; wird ein Asterisk (*) verwendet, richtet sich die genutzte Anweisung an alle Arten verwendeter *Software*.[824]

Nachdem der Webseitenbetreiber bestimmt hat, für welche *Software* er Regeln aufstellen möchte, kann er angeben, welche digitalen Inhalte er freigeben beziehungsweise von der Nutzung ausschließen möchte.[825]

---

819 Internet Engineering Task Force, RFC 9309, Robots Exclusion Protocol, abrufbar unter: https://www.rfc-editor.org/rfc/rfc9309.pdf (zuletzt abgerufen am 10. August 2023).

820 Google Search Central, Formalisierung der Spezifikation des Protokolls zum Ausschluss von Robots, abrufbar unter: https://developers.google.com/search/blog/2019/07/rep-id (zuletzt abgerufen am 10. August 2023).

821 Google Search Central, robots.txt-Parser von Google ist jetzt Open Source, abrufbar unter: https://developers.google.com/search/blog/2019/07/repp-oss (zuletzt abgerufen am 10. August 2023).

822 *Jasiewicz*, Copyright Protection in an Opt-Out World: Implied License Doctrine and News Aggregators, Yale Law Journal 2012, 837 (844), abrufbar unter: https://ssrn.com/abstract=2207489 (zuletzt abgerufen am 10. August 2023).

823 Google Search Central, Wie Google die robots.txt-Spezifikation interpretiert, abrufbar unter: https://developers.google.com/search/docs/advanced/robots/robots_txt (zuletzt abgerufen am 10. August 2023).

824 *Sire*, Inclusion Excluded: Code Is a Leonine Contract Study on the Technical and Legal Value of the Robots.txt Protocol, Réseaux 2015, 187 (195); *Conrad/Schubert*, How to Do Things with Code, GRUR 2018, 350 (351).

825 *Rostam*, Das Erfordernis technikverständlichen Verhaltens im Urheberrecht, S. 123, in: Kuschel/Asmussen/Golla (Hrsg.), Intelligente Systeme – Intelligentes Recht.

Dabei kann die Anweisung sehr weit gefasst sein, also die gesamte Webseite mit allen Inhalten umfassen (*user-agent: *, Disallow*:) oder nur einzelne Webseiten, Dateitypen oder Bilder erlauben respektive ausschließen (*user-agent: Googlebot-Image*; *Disallow*: */images/xyz.jpg*).[826] Es gilt zu beachten, dass die *Software* stets opportun agiert, also die für sie am wenigsten restriktive Regelung ausführt.[827] Dies beinhaltet auch, dass die *Software* davon ausgeht, Seiten nutzen zu dürfen, die keine anderslautende Anweisung in der *robots.txt* enthalten.

Diese Pragmatik in der Berücksichtigung durch die *Software* weist Parallelen zu den Wertungen des BGH in den *Vorschaubilder*-Urteilen und der Bestimmung des § 44b UrhG auf. Soll ein Ausschluss in technisch dominierten Nutzungsumfeldern vorgenommen werden, muss der Rechtsinhaber tätig werden.

2. Verbreitung und Beachtung des technischen Protokolls

Einer Studie aus dem Jahr 2006 zufolge, lag der Anteil der Verwendung von *robots.txt* in den USA damals bereits bei circa 40 Prozent der untersuchten Webseiten.[828] Google spricht aktuell von circa einer Milliarde Webseiten, die das REP benutzen.[829] Neben Google bekennen sich auch Bing und OpenAI dazu, das REP zu beachten.[830] Die Datei kann über den *Browser* aufgerufen und dargestellt werden, indem man hinter die URL der Homepage */robots.txt* (*www.xyz.de/robots.txt*) hinzufügt.

---

826 *Ducato/Strowel*, Limitations to Text and Data Mining and Consumer Empowerment: Making the Case for A Right to "Machine Legibility", IIC 2019, 649 (674); Google Search Central, Anleitung zum Schreiben und Einreichen einer robots.txt-Datei unter: https://developers.google.com/search/docs/advanced/robots/create-robots-txt (zuletzt abgerufen am 10. August 2023).

827 *Conrad/Schubert*, How to Do Things with Code, GRUR 2018, 350 (351).

828 *Sun*, A Comprehensive Study Of The Regulation And Behavior Of Web Crawlers, S. 21.

829 Google Search Central, Formalisierung der Spezifikation des Protokolls zum Ausschluss von Robots, abrufbar unter: https://developers.google.com/search/blog/2019/07/rep-id (zuletzt abgerufen am 10. August 2023).

830 OpenAI, GPTBot, abrufbar unter: https://platform.openai.com/docs/gptbot (zuletzt abgerufen am 10. August 2023); Microsoft, How to create a robots.txt file, abrufbar unter: https://www.bing.com/webmasters/help/how-to-create-a-robots-txt-file-cb7c31ec (zuletzt abgerufen am 10. August 2023); Google Search Central, Einführung zu robots.txt-Dateien, abrufbar unter: https://developers.google.com/search/docs/advanced/robots/intro?hl=de (zuletzt abgerufen am 10. August 2023).

Das REP wird vereinzelt als reine „Netiquette" bezeichnet und damit als ein Stück *Code* dargestellt, den niemand beachten müsse.[831] Richtig ist, dass die *Software* darauf programmiert sein muss, das Protokoll zu beachten, es seine Bedeutung also erst durch die Berücksichtigung durch die Softwareersteller erhält.[832] Der Entwickler *Koster* selbst schreibt: „It is not enforced by anybody, and there is no guarantee that all current and future robots will use it. Consider it a common facility the majority of robot authors offer the WWW community to protect WWW server against unwanted accesses by their robots."[833] Es ist ein Einfaches, jegliche *Software*, die zur automatisierten Datenverarbeitung verwendet wird, auf die Beachtung des REP zu programmieren.

Besonders im Rahmen des Leistungsschutzrechts der Presseverleger ist die Diskussion um die *robots.txt* wieder entfacht. Im Rahmen der Anhörung der Experten und Verbände wurde auch vonseiten Googles die Flexibilität des Protokolls hervorgehoben, was es den Verlagen ermögliche, technisch selbst zu steuern, ob und wann welche Inhalte in welchem Umfang durch die Suchmaschine genutzt und angezeigt werden dürfen.[834]

---

831 *Ducato/Strowel*, Limitations to Text and Data Mining and Consumer Empowerment: Making the Case for A Right to "Machine Legibility", IIC 2019, 649 (675); *Feigin*, Architecture of consent: Internet protocols and their legal Implications, Stanford Law Review 2004, 901 (934); *Höppner*, Technisch-ökonomische Aspekte des Leistungsschutzrechts für Presseverleger; K&R 2013, 73 (77); *Yang/Liao*, Using the Robots.txt and Robots Meta tags to implement online copyright and a related amendment, Library Hi Tech 2010, 94 (99), abrufbar unter: https://www.researchgate.net/publication/220364295 (zuletzt abgerufen am 10. August 2023).

832 Bundesamt für Sicherheit in der Informationstechnik, Robots Exclusion Standard v2.0, abrufbar unter: https://www.allianz-fuer-cybersicherheit.de/SharedDocs/Downloads/Webs/ACS/DE/BSI-CS/BSI-CS_011.html (zuletzt abgerufen am 10. August 2023); *Jasiewicz*, Copyright Protection in an Opt-Out World: Implied License Doctrine and News Aggregators, Yale Law Journal 2012, 837 (844), abrufbar unter: https://ssrn.com/abstract=2207489 (zuletzt abgerufen am 10. August 2023); *Sire*, Inclusion Excluded: Code Is a Leonine Contract Study on the Technical and Legal Value of the Robots.txt Protocol, Réseaux 2015, 187 (194).

833 Robotstxt.org (zuletzt abgerufen am 10. August 2023).

834 Bundestag: Technische Fragen zum Leistungsschutzrecht erörtert, MMR-Aktuell 2013, 343343; Deutscher Bundestag, Protokoll der 116. Sitzung vom 30. Januar 2013, Entwurf eines Siebenten Gesetzes zur Änderung des Urheberrechtsgesetzes BT-Drucksache 17/11470; Google, Stellungnahme zum Referentenentwurf des BMJV für ein Gesetz zur Anpassung des Urheberrechts an die Erfordernisse des digitalen Binnenmarkts, 8. November 2020, abrufbar unter: https://www.bmj.de/SharedDocs/Downloads/DE/Gesetzgebung/Stellungnahmen/

II. Bedeutung des Protokolls für die vorliegende Arbeit

Mehr als die Hälfte der Nutzung von digitalen Inhalten im WWW erfolgt bereits durch *Software*. Dabei werden im Zuge der automatisierten Datenverarbeitung verschiedene Aufgaben erfüllt, wie Produkt- und Preisinformationen für Preisvergleichsportale zu extrahieren, Daten für TDM zu sammeln oder Bilder für Suchmaschinen zu indexieren. Die Digitalisierung und damit einhergehend auch die weitere Automatisierung von Prozessen im WWW wird weiter zunehmen und analoge Nutzungen immer stärker ersetzen.

Durch die Nicht-Rivalität der digitalen Inhalte verliert der Rechtsinhaber den Überblick über die Fremdverwertungen seiner Werke und die Nutzer erfahren keine Einbuße an Qualität mehr. In den Übergangsphasen von analog zu digital herrschte ein „Katz-und-Maus“-Spiel, bei dem die Rechtsinhaber versucht haben, technische Schutzmittel zu etablieren, um auf die neuen Verwertungsmöglichkeiten zu reagieren. Immer umfassendere Schutzsysteme wurden entwickelt (DRM-Systeme), die die wirtschaftliche Verwertung des Rechtsinhabers sicherstellen sollten.

Dabei ist die Technik mittlerweile so weit vorangeschritten, dass die DRM-Systeme nicht nur den Zugang zum Werk steuern können, sondern es softwarebasierte Nutzungsbestimmungen (*Smart Contracts*) ermöglichen, die technischen Anweisungen auch automatisiert durchzusetzen.

Umso relevanter ist die Frage nach einem effizienten Schutzmittel gegen Softwareanwendungen. Fest steht, dass – sofern der Rechtsinhaber seine urheberrechtlichen Befugnisse auch gegenüber der Nutzung durch *Software* vollziehen möchte, er maschinenlesbar kommunizieren muss. Der Rückgriff auf eine global verständliche und formale Sprache, die in der Praxis bereits hinreichend Relevanz erlangt hat – wie das REP – bietet sich besonders an.

Auch wenn andere maschinenlesbare Ansätze wie die *Creative Commons* bestehen, so regeln diese nur die Nutzungsbedingung des einzelnen Werks. Unter Verwendung von privaten Mitteln sollen öffentliche Güter geschaffen werden.[835] Dazu sagt *Zittrain*: „Creative Commons is robots.txt

---

2020/110820_Stellungnahme_Google_RefE_Urheberrecht-ges.pdf?__blob=publicationFile&v=3 (zuletzt abgerufen am 10. August 2023).

835 *Reidenberg*, The Rule of Intellectual Property Law in the Internet Economy, Houston Law Review 2007, 1073 (1083).

generalized."[836] Möchte der Rechtsinhaber also präzise über die Nutzung seiner geschützten digitalen Inhalte verfügen, bedarf es einer formalisierten und differenzierten Regelungslogik.

Wie sich das REP von den technischen Schutzmaßnahmen und DRM-Systemen abgrenzen lässt und ob das REP selbst einen *Smart Contract* darstellt beziehungsweise ob dies ein gangbarer Ansatz für den Ausgleich der Interessen der Parteien bei automatisierten Nutzungen von digitalen Inhalten im WWW darstellen kann, ist Gegenstand der folgenden Abschnitte.

III. Abgrenzung des REP zu den unterschiedlichen technischen Schutzmitteln

Um sich der rechtlichen Qualifizierung des REP besser anzunähern, bietet sich eine Abgrenzung zu den urheberrechtlichen Schutzmitteln an. Wie bereits zu Beginn dieser Arbeit aufgezeigt, können sich Einschränkungen der Nutzung von Werkstücken aus Gesetz, Technik und/oder Vertrag ergeben.

Im nächsten Teil soll auf die Schutzrichtung und Reichweite der unterschiedlichen Schutzkonzepte eingegangen werden; dabei wird mit der Abgrenzung zu den technischen Schutzmitteln begonnen.

1. Abgrenzung des REP zu technischen Schutzmaßnahmen

Die technischen Schutzmaßnahmen „flankieren" den urheberrechtlichen Schutz, stellen aber kein eigenes Leistungsschutzrecht (sui generis) dar.[837] In § 95a II 1 UrhG werden die technischen Schutzmaßnahmen definiert als „[...] Technologien, Vorrichtungen und Bestandteile, die im normalen Betrieb dazu bestimmt sind, geschützte Werke oder andere nach diesem Gesetz geschützte Schutzgegenstände betreffende Handlungen, die vom Rechtsinhaber nicht genehmigt sind, zu verhindern oder einzuschränken".

---

[836] *Zittrain*, The Future of the Internet – And How to Stop It, S. 225.

[837] *Dreier/Schulze/Specht-Riemenschneider* UrhG § 95a Rn. 1; *Wandtke/Bullinger/Wandtke/Ohst* UrhG § 95a Rn. 4; *Mittenzwei*, Informationen zur Rechtewahrnehmung im Urheberrecht, S. 155; *Specht*, Diktat der Technik, S. 217; *Arlt*, Ansprüche des Rechteinhabers bei Umgehung seiner technischen Schutzmaßnahmen, MMR 2005, 148 (149).

Der technische Schutz in § 95a II 2 UrhG sieht folgende Formen des Schutzes vor: „[...] Maßnahmen zur Zugangskontrolle, Schutzmechanismen wie Verschlüsselung, Verzerrung oder sonstige Umwandlung oder einen Mechanismus zur Kontrolle der Vervielfältigung“. Dabei können die technischen Mittel die urheberrechtliche Position verabsolutieren, sind aber selbst gegen eine Umgehung geschützt, da sie zur Stärkung des Schutzes vor Urheberrechtseingriffen beitragen.[838] Durch den Schutz der Umgehung der technischen Schutzmittel zeigt sich aber auch, dass es stets technische Möglichkeiten geben wird, diese Maßnahmen zu umgehen.[839] In Bezug auf die Reichweite ist es durch die technischen Schutzmaßnahmen möglich, die Schrankenbestimmungen auszuhebeln (§ 95b UrhG).[840]

Mit dem Hinweis auf den flankierenden Rechtsschutz durch die technischen Schutzmaßnahmen ist die Wirkung, nicht aber die rechtliche Natur des Schutzes beschrieben. *Specht* zeigt in diesem Zusammenhang auf, dass die §§ 95a ff. UrhG Verbotsrechte darstellen,[841] denn die Schutzwirkung geht über das urheberrechtliche Ausschließlichkeitsrecht hinaus und umfasst oftmals auch den Zugang zum Werk.[842] Der Rechtsinhaber kann den Interessenausgleich des Urheberrechts aushebeln und zu seinen Gunsten privatisieren.[843]

Hier zeigt sich der Unterschied von vertraglichen und technischen Regelungen, denn vertragliche Vereinbarungen über die Nutzung eines Werks begründen bei Nichtberücksichtigung Schadensersatz, lassen aber die Verwertung des Schutzguts zu, während die technischen Maßnahmen

---

838 *Mackenrodt*, Technologie statt Vertrag, S. 24; *Specht*, Diktat der Technik, S. 179.

839 *Peukert*, in: Loewenheim, Handbuch des Urheberrechts, § 39 Rn. 1; *Sucker*, Der digitale Werkgenuss im Urheberrecht, S. 201.

840 LG Hamburg, Urteil vom 03. Dezember 2015 – 308 O 375/15, in: ZUM 2916, 892 (897); *Specht*, Zum Verhältnis von (Urheber-)Recht und Technik, GRUR 2019, 253 (258).

841 *Specht*, Diktat der Technik, S. 197.

842 *Specht*, Diktat der Technik, S.197; *Hilty*, Das Urheberrecht und der Wissenschaftler, GRUR Int. 2006, 179 (180).

843 *Mackenrodt*, Technologie statt Vertrag, S. 17; *Specht*, Diktat der Technik, S.197; *Geiger*, Der urheberrechtliche Interessenausgleich in der Informationsgesellschaft – Zur Rechtsnatur der Beschränkungen des Urheberrechts, GRUR Int. 2004, 815 (820); *Hilty*, Das Urheberrecht und der Wissenschaftler, GRUR Int. 2006, 179 (180).

eine Nutzung vollumfänglich ausschließen, auch wenn der Nutzer aufgrund von Vertrag oder Gesetz dazu berechtigt wäre.[844] *Conrad/Schubert* ergänzen, dass – anders als bei den technischen Schutzmaßnahmen für das REP – Voraussetzung ist, dass es beachtet wird, also eine Kommunikation mit der *Software* durch formale Sprache notwendig ist.[845] Die *Software* muss die Regelungen in der *robots.txt* verarbeiten und die Anweisungen umsetzen.[846] Der Rechtsinhaber, der das REP in das Stammverzeichnis seiner Webseite integriert, bringt damit den Umfang der möglichen Nutzung der digitalen Inhalte zum Ausdruck und „kommuniziert durch Code".[847] Die *robots.txt* wirkt kommunikativ und stellen keine technischen Schutzmaßnahmen nach § 95a UrhG dar.

2. Abgrenzung des REP zu Informationen zur Rechtewahrnehmung

Mit § 95c UrhG hat der Gesetzgeber Art. 7 InfoSoc-RL umgesetzt und damit ein Verbot der Veränderung und Entfernung von Informationen über die digitalen Inhalte geschaffen.[848] Die von § 95c UrhG umfassten Informationen schützen insbesondere Metadaten. Nach der Legaldefinition in § 95c II UrhG umfassen diese „[...] Informationen über die Modalitäten und Bedingungen für die Nutzung der Werke oder Schutzgegenstände sowie Zahlen und Codes, durch die derartige Informationen ausgedrückt werden." Die Metadaten sind in der Regel ein Teil von DRM-Systemen, um dadurch die automatisierte Identifizierung der digitalen Inhalte zu ermöglichen.[849]

Folgt man den gesetzlichen Voraussetzungen in § 95c I UrhG zeigt sich, dass eine Verbindung mit dem Werk oder Schutzgegenstand erfolgen

---

844 *Favale*, Technological Protection Measures and Copyright Exception in EU: Towards the Harmonization, S. 3, abrufbar unter: https://law.depaul.edu/academics/centers-institutes-initiatives/center-for-intellectual-property-law-and-information-technology/programs/Documents/ipsc_2007/paper/Marcella_FavalePaper.pdf (zuletzt abgerufen am 10. August 2023); *Specht*, Zum Verhältnis von (Urheber-)Recht und Technik, GRUR 2019, 253 (259).

845 *Conrad/Schubert*, How to Do Things with Code, GRUR 2018, 350.

846 *Conrad/Schubert*, How to Do Things with Code, GRUR 2018, 350 (352).

847 *Conrad/Schubert*, How to Do Things with Code, GRUR 2018, 350 (352).

848 *Dreier/Schulze/Specht-Riemenschneider* UrhG § 95c Rn. 1; *Bechtold*, Vom Urheber- zum Informationsrecht, S. 34.

849 *Bechtold*, Vom Urheber- zum Informationsrecht, S. 34; *Mittenzwei*, Informationen zur Rechtewahrnehmung im Urheberrecht, S. 95.

muss.[850] Das REP enthält zwar maschinenverständliche Anweisungen über die Nutzung von digitalen Inhalten auf Webseiten, die – wie aufgezeigt – dem Urheberrecht unterfallen können, ist aber nicht mit dem Schutzgegenstand selbst verknüpft, sondern nur eine Textdatei im Stammverzeichnis der Webseite.[851] Auf die Informationen zur Rechtwahrnehmung wird bei der Betrachtung des DRM-Systems nachfolgend nochmals eingegangen.

3. Abgrenzung des REP zu Zugangskontrolldiensten

Im Jahre 2002 wurde das Gesetz über den Schutz von zugangskontrollierten Diensten und von Zugangskontrolldiensten eingeführt (ZKDSG). Das Gesetz möchte von seiner Schutzrichtung her entgeltliche Rundfunkdarbietungen vor unrechtmäßigen Zugriffen schützen. Durch das Gesetz soll es verboten werden, solche Mittel herzustellen, zu verbreiten oder einzuführen, die einen unerlaubten Zugriff auf den zugangskontrollierten Dienst ermöglichen. Hierbei ist besonders an Bezahlfernsehen zu denken.[852]

Das REP regelt die Nutzung von digitalen Inhalten auf (öffentlich zugänglichen) Webseiten, während das ZKDSG die Verbreitung von Umgehungsvorrichtungen verbietet. Das REP unterfällt nicht den Bestimmungen des ZKDSG.

4. Zwischenergebnis

Durch die Möglichkeit des Ausschlusses der Werkrezeption erweitern die technischen Schutzmaßnahmen den durch das Urheberrecht gewährleisteten Rechtsschutz. Mit der Einschränkung des Rechts durch Technik zeigen die technischen Mittel eine deutliche Privatisierungstendenz.[853] Die in § 95a II 1 UrhG legaldefinierten technischen Schutzmaßnahmen werden oft durch ihre Wirkungsweise beschrieben und stellen Verbotsrechte dar, die die Ausschließlichkeitsrechte des Rechtsinhabers „flankieren".[854]

---

850 *Mittenzwei*, Informationen zur Rechtewahrnehmung im Urheberrecht, S. 135, *Sesing*, Verbreitung digitaler Inhalte, S. 122.

851 *Mittenzwei*, Informationen zur Rechtewahrnehmung im Urheberrecht, S. 135.

852 *Mittenzwei*, Informationen zur Rechtewahrnehmung im Urheberrecht, S. 57.

853 *Specht*, Diktat der Technik, S. 197.

854 *Specht*, Diktat der Technik, S. 197.

Zwar sind technische Schutzmaßnahmen ein gangbarer Weg, um in automatisierten Prozessen im WWW die Nutzung des Werks zu beschränken. Dabei können, wie *Grünberger* aufzeigt, Fallgruppen gebildet werden[855], um Zugangsmodalitäten zu beschreiben. Allerdings wirken die technischen Schutzmaßnahmen pauschal, sind also zu wenig ausdifferenziert, um den spezifischen Vorstellungen der Rechtsinhaber in Bezug auf die Nutzung seiner digitalen Inhalte durch *Software* zu entsprechen.

Da das REP in das Stammverzeichnis der betreffenden Webseite eingebaut wird, ist es nicht direkt mit dem Werk verknüpft und erfüllt nicht die Schutzvoraussetzungen des § 95c UrhG.

Auch verfolgt das REP eine andere Schutzrichtung als die Zugangskontrolldienste, denn es soll die Nutzung von digitalen Inhalten durch *Software* bestimmt werden, nicht die Verbreitung von Umgehungsvorrichtungen für Rundfunkdarbietungen.

Zudem unterfällt das REP auch nicht den gesetzlichen Bestimmungen zu den (technischen) ergänzenden Schutzbestimmungen und zugangskontrollierten Diensten.

IV. Rechtliche Qualifikation der *robots.txt*

Zunächst soll untersucht werden, wie die *robots.txt* rechtlich zu qualifizieren ist. Dabei soll mit dem *allow*-Befehl, also der maschinenlesbaren Zustimmung der Nutzung von Online-Inhalten begonnen werden.

1. Zustimmende *robots.txt*

Eine zustimmende Verwendung der *robots.txt* kann sich aus zwei Richtungen ergeben. So kann der Webseitenbetreiber ein *Robots Exclusion Protocol* verwenden, das einen *allow*-Befehl für alle oder bestimmte *Crawler* enthält. Ferner kann die Nutzung für jegliche *Software* ausgeschlossen werden, dann aber für besondere *User-Agents* besonders erlaubt sein.[856] So kann die Erlaubnis nur für bestimmte digitale Inhalte erteilt werden.

---

855 *Grünberger*, Öffentliche Wiedergabe bei der Verlinkung (Framing) und der Einsatz von technischen Schutzmaßnahmen – Unsicherheiten in Karlsruhe, ZUM 2019, 573 (578).

856 *Conrad/Schubert*, How to Do Things with Code, GRUR 2018, 350 (351).

Der Webseitenbetreiber bringt mit dem *allow*-Befehl technikverständlich zum Ausdruck, den Handlungsspielraum der zur Nutzung der digitalen Inhalte verwendeten *Software* erweitern zu wollen. Dabei gewährt der Rechtsinhaber dem Softwareverwender über das Stammverzeichnis den Zutritt zur Struktur der Webseite und im Rahmen der automatisierten Verarbeitung auch zu den digitalen Inhalten.

Zu klären ist, ob der Rechtsinhaber mit der Verwendung des REP seinen Willen zur Erlaubnis der Nutzung zum Ausdruck bringt oder die Nutzungserlaubnis unabhängig von seinem Willen eintritt. Daran schließt sich die Frage nach dem rechtlichen Gehalt der *allow*-Anweisung und den anzuwendenden rechtlichen Vorschriften an.

a. Zustimmende *robots.txt* als Realakt oder geschäftsähnliche Handlung

Bei den Realakten handelt es sich um „[...] reine Tathandlungen, die keine Erklärungen sind und deren Rechtsfolgen kraft Gesetzes – unabhängig vom Willen des Handelnden.“[857] Die Wirkung des REP ergibt sich nur aus der Verarbeitung durch die *Software*, nicht aus der Handlung selbst.[858] Von einem Realakt kann nicht ausgegangen werden.

Bei einer geschäftsähnlichen Handlung liegt zwar eine Erklärung vor, doch ergibt sich die Rechtsfolge nicht allein aus der Erklärung, sondern aus dem Gesetz.[859] Für die *robots.txt* ist nicht ersichtlich, aus welcher Vorschrift sich die Rechtsfolge ergeben sollte.

Man wird sich im Zusammenhang mit dem REP also weniger auf die Suche nach einschlägigen Rechtsvorschriften machen, als es den Willen des Rechtsinhabers zu bestimmen gilt, den dieser mit Nutzung der *robots.txt* zum Ausdruck bringen will. In seiner Arbeit zeigt *von Zimmermann* auf, dass sich der Unterschied zwischen Realakt und geschäftsähnlicher Handlung zu den Willenserklärungen insbesondere durch den „abnehmenden Zusammenhang zwischen der selbstbestimmten Handlung und der Rechtswirkung“ ausmachen lasse.[860] Nur bei der Willenserklärung gründe sich der Rechtserfolg allein auf dem Willen des Erklärenden.[861]

---

857 BeckOK BGB/*Wendtland* BGB § 133 Rn. 15.

858 *Conrad/Schubert*, How to Do Things with Code, GRUR 2018, 350 (352).

859 MüKoBGB/*Spickhoff* BGB § 104 Rn. 16.

860 *von Zimmermann*, Einwilligung im Internet, S. 19.

861 *von Zimmermann*, Einwilligung im Internet, S. 19.

b. Zustimmende *robots.txt* als Willenserklärung

Durch die Einfügung der *robots.txt* in das Stammverzeichnis der Webseite kann der Rechtsinhaber Anweisungen zur Nutzung der digitalen Inhalte durch formale Sprache an die *Software* erteilen. Da das REP seine Wirkung erst mit Verarbeitung durch die *Software* erlangt, handelt es sich um eine empfangsbedürftige Willenserklärung.[862] Hier zeigt sich der Unterschied zu den technischen Schutzmitteln, deren Wirkung unabhängig von der Befolgung durch Dritte bestehe.[863]

Im Gegensatz zu den *Vorschaubilder*-Entscheidungen des BGH liegt mit Verwendung des REP ein Erklärungszeichen vor.[864] Der Rechtsinhaber verwendet das Protokoll, um der *Software*, die die automatisierte Verarbeitung der digitalen Inhalte vornimmt, Anweisungen geben zu können.

Der Umstand, dass der Rechtsinhaber hier Anweisungen an eine *Software* erteilt, ist unerheblich. Werden Willenserklärungen mit und gegenüber elektronischen Kommunikationsmitteln abgegeben, wird nicht auf die Verarbeitung durch das Computerprogramm selbst abgestellt, sondern darauf, wie der hinter der Technik stehende menschliche Empfänger die Erklärung nach Treu und Glauben und unter Berücksichtigung der Verkehrssitte verstehen durfte.[865] Es kommt vorliegend also auf den Nutzer, als Verwender der *Software*, an. Die Anweisungen durch die *robots.txt* sind mit Einfügung der Datei in das Stammverzeichnis abgegeben und gehen dem hinter der *Software* stehenden Verwender zu, sobald die Datei öffentlich ist und aufgefunden werden kann.[866]

Unter einer Willenserklärung versteht man eine Entäußerung, „[...] gerichtet auf die Hervorbringung eines rechtlichen Erfolges, der nach der Rechtsordnung eintritt, weil er gewollt ist.“[867] Diese gliedert sich in einen objektiven und subjektiven Tatbestand. Dabei muss sich der innere Wille des Äußernden nach außen zeigen, sodass die beiden Elemente des Tatbestands eine Einheit bilden.[868]

---

862 MüKoBGB/*Einsele* BGB § 130 Rn. 1.

863 *Conrad/Schubert*, How to Do Things with Code, GRUR 2018, 350 (352).

864 *Tinnefeld*, Urheberrechtliche Nutzungen im Internet, S. 83.

865 BGH, Urteil vom 16. Oktober 2012 – X ZR 37/12, Rn. 19, in: NJW 2013, 598 (599); *Pieper*, Wenn Maschinen Verträge schließen: Willenserklärungen beim Einsatz von Künstlicher Intelligenz, GRUR-Prax 2019, 298 (299).

866 *Conrad/Schubert*, How to Do Things with Code, GRUR 2018, 350 (353).

867 MüKoBGB/*Armbrüster* BGB Vor § 116 Rn. 3.

868 *Pieper*, Wenn Maschinen Verträge schließen: Willenserklärungen beim Einsatz von Künstlicher Intelligenz, GRUR-Prax 2019, 298 (300).

Mit der Erstellung der *robots.txt* und deren Einsetzung in das Stammverzeichnis lässt der Rechtsinhaber erkennen, dass er rechtserheblich eine Regelung in Bezug auf die Nutzung seiner digitalen Inhalte gegenüber automatisierter Nutzung durch *Software* treffen möchte.[869]

Der subjektive Tatbestand der Willenserklärung setzt Handlungs-, Erklärungs- und Geschäftswillen voraus. Der Handlungswille verlangt, dass die Erklärung vom Willen des Verwenders beherrschbar ist.[870] Mit Erstellung der *robots.txt* und damit dem Verständnis seiner Wirkung gegenüber der automatisierten Verarbeitung der Inhalte durch Maschinen äußert der Rechtsinhaber/Webseitenbetreiber einen Handlungswillen. Der Erklärungswille setzt voraus, dass der Rechtsinhaber durch das REP in dem Bewusstsein gehandelt hat, eine rechtserhebliche Erklärung abgegeben zu haben.[871] Der Rechtsinhaber verfolgt den Willen, mit dem REP die Nutzung seiner Online-Inhalte selbstbestimmt und maschinenlesbar zu erklären. Mit dem *allow*-Befehl möchte er der *Software* die Verarbeitung von allen oder bestimmten urheberrechtlich geschützten Inhalten der Webseite erlauben. Damit ist die Einfügung der *robots.txt* rechtserheblich und das Handeln des Rechtsinhabers erfolgt mit Erklärungsbewusstsein.

Conrad/Schubert behelfen sich in diesem Zusammenhang mit einem Hinweis auf die Zurechenbarkeit der Willenserklärungen, die ein fehlendes Erklärungsbewusstsein ausgleicht, wenn der Verwender des REP zu erkennen imstande war, dass sein Handeln als Willenserklärung aufgefasst werden durfte und der Empfänger dies auch tatsächlich so verstanden habe.[872] Doch einer solchen Berücksichtigung der Erklärungsfahrlässigkeit bedarf es nach hier vertretener Auffassung nicht, hat der Rechtsinhaber doch die *robots.txt*-Datei entsprechend seinem Willen konfiguriert und erklärt.

Als letzte Voraussetzung des subjektiven Tatbestands der Willenserklärung wird der Geschäftswille verlangt und damit, dass der Erklärende „[…] das Bewusstsein und den Willen hat, dass sein Verhalten rechtsgeschäftlich verbindliche Geltung hat […]".[873] Die Gestaltung und Verwen-

---

869 *Conrad/Schubert*, How to Do Things with Code, GRUR 2018, 350 (352).

870 *Tinnefeld*, Die Einwilligung in urheberrechtliche Nutzungen im Internet, S. 102.

871 *Pieper*, Wenn Maschinen Verträge schließen: Willenserklärungen beim Einsatz von Künstlicher Intelligenz, GRUR-Prax 2019, 298 (300).

872 *Conrad/Schubert*, How to Do Things with Code, GRUR 2018, 350 (352), mit Verweis auf: BGH, Urteil vom 02. November 1989 – IX ZR 197/88, in: NJW 1990, 454 (456).

873 MüKoBGB/*Armbrüster* BGB Vor § 116 Rn. 23.

dung der *robots.txt* erfolgt in dem Willen und Vertrauen, dass der Rechtsinhaber hierdurch die automatisierten Prozesse der Datenverarbeitung durch *Software* regulieren kann, er also die Softwareverwender durch die Befehle im Protokoll binden möchte.[874] Auch ein Rechtsbindungswille ist als gegeben zu erachten.

c. Zwischenergebnis

Der *allow*-Befehl erfüllt die objektiven und subjektiven Tatbestandsvoraussetzungen der Willenserklärung und ist aufgrund der Wirkung, die die Anweisung erst mit Verarbeitung durch die *Software* erlangt, eine einseitige empfangsbedürftige Willenserklärung.

Mit Verwendung des Erklärungszeichens kommuniziert der Rechtsinhaber technikverständlich. Dabei ist unerheblich, ob der Verwender die technischen Abläufe nachvollziehen kann und dass die Erklärung über ein elektronisches Kommunikationsmittel abgegeben wird.[875]

d. Zustimmende Anweisung als Einwilligung

Die zustimmende Anweisung an die *Software* stellt wie zuvor herausgearbeitet eine Willenserklärung unter Verwendung von formaler Sprache dar.[876] Bedeutsam ist, welche Wirkung der Verwender des REP herbeiführen wollte. Betrachtet man die Wirkung des *allow*-Befehls, so zeigt sich, dass der Verwender die Nutzung seiner (urheberrechtlich geschützten) digitalen Inhalte ganz oder teilweise freigeben wollte. Darin kann eine unrechtsausschließende Erlaubnis der Nutzung der Online-Inhalte gesehen werden und damit eine Einwilligung.

Der Begriff der Einwilligung wird keineswegs einheitlich verstanden. Zwar wird in § 183 BGB die Einwilligung als „vorherige Zustimmung" definiert, doch da es sich um eine Regelung aus dem Dreipersonenverhältnis handelt, die gerade nicht die Rechtswidrigkeit ausschließt, hilft die Heranziehung vorliegend nicht weiter.[877]

---

874 *Conrad/Schubert*, How to Do Things with Code, GRUR 2018, 350 (352).

875 *Conrad/Schubert*, How to Do Things with Code, GRUR 2018, 350 (353).

876 *Conrad/Schubert*, How to Do Things with Code, GRUR 2018, 350 (353).

877 *Ohly*, „Volenti non fit iniuria" – Die Einwilligung im Privatrecht, S. 22; *Tinnefeld*, Einwilligung in urheberrechtliche Nutzungen im Internet, S. 7; *von Zimmermann*, Einwilligung im Internet, S. 14.

Auch wenn die unrechtausschließende Einwilligung nicht positivrechtlich normiert ist, ergibt sich dessen Existenz aus dem Selbstbestimmungsrecht des Einzelnen[878] und ist spätestens durch die Arbeit von *Ohly*[879] und die Verwendung in der *Vorschaubilder*-Rechtsprechung des BGH anerkannt.

Weiterhin strittig ist jedoch, ob die Einwilligung ein Rechtsgeschäft darstellt.[880] Ein solches zeichnet sich durch den Zusammenhang von Willenserklärung und Rechtswirkung aus.[881] Relevanz erlangt der Streit in Bezug auf die Anwendung der §§ 104 ff. BGB, die unmittelbar nur für Rechtsgeschäfte gelten.[882] *Kothe* erkennt die Begründung der Einwilligung als Rechtsgeschäft in ihren gleichgelagerten Ursprüngen, nämlich der Selbstverwirklichung und Selbstbestimmung.[883] Auch *Ohly* verwehrt sich einer pauschalen Bewertung und sieht die Notwendigkeit einer Prüfung des Einzelfalls um qualifizieren zu können, ob die Vorschriften des Rechtsgeschäfts gegebenenfalls teleologisch zu reduzieren seien.[884] Von einer rechtsgeschäftsähnlichen Handlung geht *von Ungern-Sternberg* aus und legt dar, dass eine Einwilligung auch in einem tatsächlichen Einverständnis bestehen könne, doch erklärt sogleich, dass auch hierauf die Regelungen für die Willenserklärung Anwendung fänden.[885]

Es wird also entweder eine direkte Anwendung der §§ 104 ff. BGB angenommen oder diese gelangen über eine teleologische Reduktion zur Anwendung.[886] Mit der Einwilligung erlaubt der Rechtsinhaber eine ansonsten verbotene Handlung und gestaltet das Rechtsverhältnis um.[887] Vorliegend wird die Einwilligung als Ausdruck der Selbstbestimmung und als

---

878 *von Zimmermann*, Einwilligung im Internet, S. 15.

879 *Ohly*, „Volenti non fit iniuria" – Die Einwilligung im Privatrecht, S. 141 ff.

880 Ablehnend: MüKoBGB/*Wagner* BGB § 630d Rn. 26; *Ohly*, „Volenti non fit iniuria" – Die Einwilligung im Privatrecht, S. 201; *von Ungern-Sternberg*, Schlichte einseitige Einwilligung und treuwidrig widersprüchliches Verhalten des Urheberberechtigten bei Internetnutzungen, GRUR 2009, 369 (370).

881 *von Zimmermann*, Einwilligung im Internet, S. 19.

882 *von Zimmermann*, Einwilligung im Internet, S. 20.

883 *Kothe*, Die rechtfertigende Einwilligung, AcP 1985, 105 (152).

884 *Ohly*, „Volenti non fit iniuria" – Die Einwilligung im Privatrecht, S. 214.

885 *von Ungern-Sternberg*, Schlichte einseitige Einwilligung und treuwidrig widersprüchliches Verhalten des Urheberberechtigten bei Internetnutzungen, GRUR 2009, 369 (370).

886 BGH, Urteil vom 29. April 2010, I ZR 69/08, Rn. 35 – Vorschaubilder I, in: MMR 2010, 475; MüKoBGB/*Wagner* BGB § 630d Rn. 12, 13; *Ohly*, „Volenti non fit iniuria" – Die Einwilligung im Privatrecht, S. 206.

887 *Voigt*, Die datenschutzrechtliche Einwilligung, S. 64.

eine Form der Rechtsgestaltung durch den Rechtsinhaber angesehen und damit als Rechtsgeschäft begriffen.[888] Zudem handelt es sich bei den digitalen Inhalten vornehmlich um Werke und nicht um höchstpersönliche Güter, womit die Verwendung eher einem wirtschaftlichem Austauschgeschäft ähnelt, sodass die Vorschriften der §§ 104 ff. BGB (entsprechend) Anwendung finden können.[889]

Der *allow*-Befehl stellt eine ausdrückliche Erklärung des Rechtsinhabers dar, mit der er sich mit der Nutzung seiner Rechte einverstanden erklärt. Die Erlaubnis in der *robots.txt* ist als Einwilligung zu begreifen.

V. Urheberrechtliche Reichweite des *allow*-Befehls

Auch im Rahmen der Gestattung der Nutzungen von digitalen Inhalten durch *Software* unterliegt das Nutzungsrecht teleologischen Einschränkungen.[890] So soll die wirtschaftliche Verwertung des Werks möglichst umfassend dem Urheber vorbehalten sein (§ 31 V 1 UrhG) und die Einräumung des Nutzungsrechts durch den Übertragungszweck beschränkt werden.[891]

Durch Auslegung ist im Zweifel zu ermitteln, wie stark sich der Rechtsinhaber binden will. Zu berücksichtigen ist die für den Nutzer benötigte „Stufe der Gestattung“[892], also welche Rechtsposition ihm im Rahmen des automatisierten Prozesses der Nutzung der digitalen Inhalte eingeräumt werden muss.[893] Bestehen Zweifel hinsichtlich der Reichweite der Einwilligung, wird auf den Zweckübertragungsgrundsatz in § 31 V 2 UrhG zurückgegriffen.[894]

Der *allow*-Befehl stellt eine ausdrückliche Willenserklärung dar, die der Verwender-*Software* auf maschinenlesbare Weise die Erlaubnis zur Nut-

---

888 *Tinnefeld*, Die Einwilligung in urheberrechtliche Nutzungen, S. 15; *Neuner*, Die Einwilligung im Deliktsrecht, JuS 2021, 617.

889 *Osken*, Die schlichte Einwilligung im Urheberrecht, S. 180.

890 *Wandtke/Bullinger/Wandtke* UrhG § 31 Rn. 41.

891 *Heßeling*, Internetsuchmaschinen im Konflikt mit dem Urheberrecht, S. 53; *Conrad/Schubert*, How to Do Things with Code, GRUR 2018, 350 (355).

892 *Ohly*, „Volenti non fit iniuria“ – Die Einwilligung im Privatrecht, S. 143 ff.

893 *Conrad/Schubert*, How to Do Things with Code, GRUR 2018, 350 (355).

894 *Ohly*, „Volenti non fit iniuria“ – Die Einwilligung im Privatrecht, S. 342; *von Zimmermann*, Die Einwilligung im Internet, S. 140; *Conrad/Schubert*, How to Do Things with Code, GRUR 2018, 350 (355).

zung erteilt. Um Unsicherheiten auszuräumen, bietet es sich an, die anderen Gestattungsformen auszuschließen. Es wird nicht im Interesse des Verwenders der zustimmenden REP sein, dem Nutzer ein ausschließliches Nutzugsrecht einzuräumen.[895] Auch einen einklagbaren schuldrechtlichen Anspruch wird der Rechtsinhaber mit Verwendung des *allow*-Befehls nicht erteilen wollen. Ihm ist lediglich daran gelegen, dass seine digitalen Inhalte von *Software* gefunden und nach in der *robots.txt*-Datei bestimmten Maßgaben verarbeitet werden.

Kehrt man die Betrachtung um und argumentiert aus Sicht der Softwareverwender, so zeigt sich, dass sie bei der massenhaften Verarbeitung von digitalen Inhalten keiner durchsetzbaren Rechtsposition bedürfen, sondern nur auf die Nutzung der Online-Inhalte vertrauen wollen.[896] Dazu reicht die Einwilligung aus.[897]

1. *Robots.txt* und die schlichte Einwilligung

Es stellt sich die Frage, ob eine *allow*-Anweisung in der *robots.txt* überhaupt notwendig ist, wenn der BGH in der ungeschützten Einstellung von Inhalten ins Internet eine konkludente (schlichte) Einwilligung für internettypische Nutzungshandlungen erkennt.[898] Anstatt einer ausdrücklichen Erlaubnis durch die *robots.txt* wäre ein Absehen von der Verwendung des REP ausreichend, um das gleiche Ziel zu erreichen.[899] Wenn die Nutzung von REP eine Einwilligung darstellt, ist Herr des Gedankens, dass deren Unterlassen die Versagung der Nutzung bedeutet.[900]

Allerdings ist zwischen konkludenten und ausdrücklichen Erklärungen zu unterscheiden. Der BGH hat in seiner *Vorschaubilder*-Rechtsprechung auf die Gesamtumstände abgestellt und in der schutzlosen Einstellung von digitalen Inhalten auf Webseiten eine Gestattung der Nutzung erkannt.[901]

---

895 *Ohly*, „Volenti non fit iniuria" – Die Einwilligung im Privatrecht, S. 149.

896 *Conrad/Schubert*, How to Do Things with Code, GRUR 2018, 350 (355).

897 *Conrad/Schubert*, How to Do Things with Code, GRUR 2018, 350 (355).

898 BGH, Urteil vom 29.04.2010, I ZR 69/08 – Vorschaubilder I; in: MMR 2010, 475 (479).

899 *Tinnefeld*, Die Einwilligung in urheberrechtliche Nutzungen, S. 93.

900 *Leistner/Stang*, Die Bildersuche im Internet aus urheberrechtlicher Sicht, CR 2008, 499 (505).

901 BGH, Urteil vom 29. April 2010, I ZR 69/98, Rn. 36 – Vorschaubilder I, in: MMR 2010, 475.

In der Nichtverwendung einer *robots.txt* kann aber gerade kein aktives Erklärungszeichen erkannt werden.[902] Der Rechtsinhaber hat in Bezug auf die *robots.txt* und damit auf die automatisierte Nutzung seiner Rechte durch *Software* drei Möglichkeiten: Er kann eine *allow*- oder *disallow*-Anweisung erteilen oder gerade keine Form des maschinenlesbaren Befehls in das Stammverzeichnis einfügen.[903] Der letzten Option darf dann aber nicht ohne Weiteres ein Erklärungswert zugeschrieben werden.[904]

In der *Vorschaubilder*-Entscheidung hat der BGH in Ermanglung einer ausdrücklichen Erklärung auf den objektiven Empfängerhorizont der Betreiberin der Suchmaschine abgestellt und das online stellen des Rechtsinhabers ohne die Verwendung von technischen Schutzmaßnahmen in dem Verkehrsraum des WWW als ein Erklärungszeichen qualifiziert.[905]

Richtig ist, dass im Rahmen der objektiven Bewertung der Umstand berücksichtigt wurde, dass der Rechtsinhaber keine technische Sicherung verwendet hat. Doch kann darin alleine, genauso wie in „dem bloßen Einstellen“ und der „Aufnahme von bestimmten Wortlisten in den Quellcode“ zur Erleichterung des Auffindens der Webseite kein Erklärungszeichen gesehen werden.[906] Die Gesamtumstände aus Sicht des objektiven Empfängerhorizonts sind entscheidend. Werden *robots.txt*-Dateien nicht verwendet, stellt dieser Umstand alleine noch keinen eigenständigen Erklärungsgehalt dar.

2. *Robots.txt* und die Vielfalt der eingesetzten *Software*

Das REP ist 1994 entwickelt worden, um Anfragen auf Webseitenserver durch *Software* besser regulieren zu können.[907] Zu diesem Zeitpunkt hat sich die Nutzung durch *Software* verbreitet und es musste eine Lösung geschaffen werden, um technikverständliche Anweisungen an die verwendete *Software* zu erteilen. Dieser Umstand ist heute wichtiger als jemals zuvor, denn die Kenntnisse von Softwareentwicklung haben sich erheblich

---

902 *Tinnefeld*, Die Einwilligung in urheberrechtliche Nutzungen, S. 93.

903 *Rostam*, Das Erfordernis technikverständlichen Verhaltens im Urheberrecht, S. 123, in: Kuschel/Asmussen/Golla (Hrsg.), Intelligente Systeme – Intelligentes Recht.

904 *Tinnefeld*, Die Einwilligung in urheberrechtliche Nutzungen, S. 93.

905 BGH, Urteil vom 29. April 2010, I ZR 69/98, Rn. 36 – Vorschaubilder I, in: MMR 2010, 475.

906 BGH, Urteil vom 29. April 2010, I ZR 69/98, Rn. 31 – Vorschaubilder I, in: MMR 2010, 475; *Tinnefeld*, Die Einwilligung in urheberrechtliche Nutzungen, S. 94.

907 https://www.robotstxt.org/orig.html (zuletzt abgerufen am 10. August 2023).

vereinfacht und es gibt mittlerweile eine Fülle an *SaaS*-Lösungen. Das WWW stellt für viele Softwareverwender eine freie Quelle für digitale Inhalte dar.

Dabei standen im Zeitpunkt der Entwicklung des REP nicht die heute bekannten Suchmaschinen wie Yahoo, Bing oder Google im Vordergrund, sondern es sollte jegliche Art von *Software* adressiert werden können.[908]

Betrachtet man die inhaltliche Struktur der *robots.txt*-Datei, dann zeigt sich, dass auf oberster Stufe zunächst der *User-Agent* angesprochen wird.[909] Aufgrund des starken globalen Marktanteils von 84 Prozent[910] wird realiter zumeist der *Googlebot* angesprochen, wobei auch Google verschiedene *Software* verwendet, sodass das Unternehmen für diese Zwecke ein eigenes Repositorium der Adressaten angelegt hat.[911]

Für die Wirkung des Protokolls ist es aber keine Voraussetzung, dass die verwendete *Software* bekannt ist, denn über die Verwendung des Befehls *user-agent:* *, d. h. durch Verwendung des Asterisks, kann jede *Software* angesprochen werden.[912] Damit erlangt das REP nicht nur Bedeutung in Bezug auf Google oder allgemeiner auf Suchmaschinen, sondern grundsätzlich für jede *Software*, die digitale Inhalte von Webseiten automatisiert verarbeitet.

---

908 *Boonk/de Groot/Oskamp/Brazier*, Agent Exclusion on Websites, in: Oskamp/Cevenini (Hrsg.), Proceedings of the 4th Workshop on the Law and Electronic Agents, S. 13, abrufbar unter: https://research.vu.nl/ws/portalfiles/portal/2123663/Agent+Exclusion+Clauses.pdf (zuletzt abgerufen am 10. August 2023).

909 *Boonk/de Groot/Oskamp/Brazier*, Agent Exclusion on Websites, in: Oskamp/Cevenini (Hrsg.), Proceedings of the 4th Workshop on the Law and Electronic Agents, S. 15, abrufbar unter: https://research.vu.nl/ws/portalfiles/portal/2123663/Agent+Exclusion+Clauses.pdf (zuletzt abgerufen am 10. August 2023).

910 Statista, Marktanteile der meistgenutzten Suchmaschinen auf dem Desktop nach Page Views weltweit von Januar 2016 bis Juli 2023, abrufbar unter: https://de.statista.com/statistik/daten/studie/225953/umfrage/die-weltweit-meistgenutzten-suchmaschinen/ (zuletzt abgerufen am 10. August 2023).

911 Google Search Central, Google-Crawler und -Fetcher (User-Agents), abrufbar unter: https://developers.google.com/search/docs/advanced/crawling/overview-google-crawlers?hl=de (zuletzt abgerufen am 10. August 2023).

912 *Conrad/Schubert*, How to Do Things with Code, GRUR 2018, 350 (352); *Gold/Latonero*, Robots Welcome? Ethical and Legal Considerations for Web Crawling and Scraping, Washington Journal of Law, Technology & Arts 2018, 275 (281).

Im Rahmen der Stellungnahmen des Gesetzes zur Anpassung des Urheberrechts an die Erfordernisse des digitalen Binnenmarkts haben sich einige Beteiligte für die Konkretisierung des „maschinenlesbaren" Nutzungsvorbehalts ausgesprochen und das REP als taugliche Lösung vorgeschlagen.[913] Grund dafür ist insbesondere die weite Verbreitung und geübte Praxis der Nutzung des Protokolls.

Das REP hat damit einen Anwendungsbereich, der über die Suchmaschinen hinausgeht und Relevanz für jegliche automatisierte Verarbeitung von digitalen Inhalten aus dem WWW erlangt.

3. Allgemeines Zivilrecht und *robots.txt*

Der *allow*-Befehl stellt eine einseitige empfangsbedürftige Willenserklärung dar und erlaubt die Nutzung von digitalen Inhalten der Webseite des Rechtsinhabers durch *Software*. Der Rechtsinhaber willigt mit der erlaubenden formalen Anweisung in die Verarbeitung ein.

Zu untersuchen ist nun, wie sich der Rechtsinhaber von der Wirkung der erlaubenden *robots.txt* lösen kann. Dazu soll zunächst die Anwendung der §§ 119 ff. BGB für die erlaubende *robots.txt*-Datei geprüft werden, bevor auf eine Möglichkeit des Widerrufs eingegangen wird.

a. Anfechtung der *robots.txt*

Bei der Erstellung der *robots.txt* kann sich der Rechtsinhaber verschreiben, sodass die Datei eine andere Wirkung als die Gewünschte erhält (§ 119 I 2. Alt. BGB). Dieser Umstand kann dazu führen, dass andere Softwarenutzungen oder andere Teile der Webseite für die automatisierte Datenverarbeitung eröffnet werden als beabsichtig. Ein solcher Mangel kann zur Anfechtung der Erklärung berechtigen. Doch auch hier besteht Streit über die Anwendbarkeit der §§ 119 ff. BGB, die in ihrer direkten Anwendung auf Willenserklärungen abzielen, die auf eine Vermögensveränderung abzielen.[914] Ohne die Diskussion um die Einordnung der Einwilligung als Rechtsgeschäft an dieser Stelle erneut aufzubringen, sei hervorgehoben,

---

913 Bitkom, Diskussionsentwurf für ein Erstes Gesetz zur Anpassung des Urheberrechts an die Erfordernisse des digitalen Binnenmarkts, S. 3; *Reda*, Stellungnahme zum Entwurf eines Ersten Gesetzes zur Anpassung des Urheberrechts an die Erfordernisse des digitalen Binnenmarkts, S. 8.

914 *Tinnefeld*, Die Einwilligung in urheberrechtliche Nutzungen, S. 128.

dass der Interessenkonflikt zwischen Ersteller und Adressat der *robots.txt* vergleichbar einem vermögensrechtlichen Austauschverhältnis ist. Denn auch hier möchte der Ersteller der REP lediglich an seine Erklärung gebunden sein und der Adressat, also der Softwareverwender, Vertrauensschutz genießen.[915] Im Allgemeinen gilt der Vorrang der Auslegung[916] und damit der Grundsatz, dass der Verwender des REP diese so gegen sich gelten lassen muss, wie der Empfänger diese verstehen durfte. Erst ein Unterschied zwischen dem Erklärungswillen und dem objektiven Verständnis der Erklärung berechtigt zur Anfechtung.

Aufgrund der Notwendigkeit der Standardisierung der Kommunikation im WWW und so auch bei Verwendung der *robots.txt*, bleibt nur eingeschränkt Raum für die Berücksichtigung des Empfängerhorizonts.[917] Denn die Verwendung des REP bringt nicht nur den Willen des Verwenders zum Ausdruck, sondern ist zugleich Ausdruck der Förderung und Internalisierung der automatisierten Datenverarbeitung.[918] Dies bedeutet, dass die *robots.txt* des Verwenders interpretationsfrei und global verständlich sein muss und einen „Akt typisierender Willensbetätigung“ darstellt.[919] Dies gilt für die Nutzung von (Bilder-)Suchmaschinen genauso wie für die Verarbeitung von digitalen Inhalten durch *Software* im Allgemeinen.

Weiterhin ist die Anwendung der Vorschriften über die Willensmängel auf die Einwilligung umstritten. Hierzu haben sich maßgeblich drei Meinungen herausgebildet. Eine Auffassung erachtet die mängelbehaftete Einwilligungserklärung als unwirksam.[920] Andere erachten die Anwendung der §§ 119 ff. BGB auf die Einwilligung als unmittelbar anwendbar, da der Ausgleich zwischen Selbstbestimmung und Vertrauensschutz für die Einwilligung ebenso wie für die Vermögensgeschäfte gelte.[921] Im Rahmen der dritten und vermittelnden Auffassung wird die Anwendung des § 119 BGB bejaht, doch insbesondere mit Rücksicht auf die Besonderheiten des Urheberrechts die Anfechtungsfrist nach § 121 BGB in Frage gestellt. Dies wird vornehmlich mit der persönlichkeitsrechtlichen Perspektive des

---

915 *Ohly*, „Volenti non fit iniuria“ – Die Einwilligung im Privatrecht, S. 365.

916 MüKoBGB/*Armbrüster* BGB § 119 Rn. 62.

917 *Conrad/Schubert*, How to Do Things with Code, GRUR 2018, 350 (354).

918 *Conrad/Schubert*, How to Do Things with Code, GRUR 2018, 350 (353).

919 *Conrad/Schubert*, How to Do Things with Code, GRUR 2018, 350 (354) mit Verweis auf: LG Hamburg, Urteil vom 3. August 2016 – 308 O 96/13, in: ZUM 2016, 1071 (1074).

920 *Berger*, Privatrechtliche Gestaltungsmöglichkeiten zur Sicherung der Patientenautonomie am Ende des Lebens, JZ 2000, 797 (801).

921 *Kohte*, Die rechtfertigende Einwilligung, AcP 1985, 105 (140).

Urheberrechts begründet, die eine jederzeitige Anfechtung ermöglichen müsse, um untragbaren Ergebnissen vorzubeugen.[922]

Nicht übersehen werden darf, dass der Gesetzgeber mit den Anfechtungsregeln ein ausgewogenes System entwickelt hat, um die Interessen der betroffenen Parteien in Ausgleich zu bringen. Der Argumentation von *Ohly* folgend, bietet es sich an, die Vorschriften der §§ 119 ff. BGB als Grundlage zu verwenden und wie bei der Diskussion um den Rechtsgeschäftscharakter der Einwilligung allgemeine Vorschriften wo nötig teleologisch zu reduzieren.[923] Damit besteht ein bewährtes rechtliches Fundament, das gerade in Bezug auf die Frist, die in § 121 I BGB eine Unverzüglichkeit verlangt, genügend Flexibilität für die urheberrechtlichen Eigenheiten lässt.[924]

Für die Gefahr der falschen Übermittlung, die *Osken* im Zusammenspiel mit der Nutzung eines *Webhost* erkennt, bei dem die Erstellung der *robots.txt* durch den Rechtsinhaber vom Internetprovider fehlerhaft übermittelt wird, stellt der § 120 BGB eine brauchbare Regelung dar.[925]

Es lässt sich festhalten, dass es auch bei Verwendung der *allow*-Anweisung zu Fehlern kommen kann, die den Ersteller zu einer Anfechtung berechtigen. Da es sich bei der erlaubenden *robots.txt* um eine Einwilligung handelt, kann eine teleologische Reduktion erforderlich sein.[926] Die Vorschrift des § 121 I BGB räumt genügend Spielraum für eine Anpassung an die urheberrechtlichen Gegebenheiten ein.

b. Widerruf der *robots.txt*

Ferner ist zu klären, ob und wie eine Einwilligung unter Verwendung des *allow*-Befehls widerrufen werden kann. Konsequent wird auch an dieser Stelle die Diskussion um den Rechtsgeschäftscharakter der Einwilligung relevant. Die Vorschrift des § 130 I 2 BGB regelt ausdrücklich den Widerruf von Willenserklärungen, doch setzt sie voraus, dass der Widerruf vor oder gleichzeitig mit dem Empfang der Willenserklärung zugeht.[927] Auch diese Vorschrift hat ein wirtschaftliches Austauschgeschäft vor Augen und

[922] *Tinnefeld*, Die Einwilligung in urheberrechtliche Nutzungen, S. 129.
[923] *Ohly*, „Volenti non fit iniuria" – Die Einwilligung im Privatrecht, S. 366.
[924] *Tinnefeld*, Die Einwilligung in urheberrechtliche Nutzungen, S. 129.
[925] *Osken*, Die schlichte Einwilligung im Urheberrecht, S. 289.
[926] *Ohly*, „Volenti non fit iniuria" – Die Einwilligung im Privatrecht, S. 366.
[927] *Ohly*, „Volenti non fit iniuria" – Die Einwilligung im Privatrecht, S. 348.

berücksichtigt nicht die Besonderheiten der Einwilligung als einseitiges Rechtsgeschäft.

Löst man sich mit dem Verweis auf andere gesetzliche Regelungen, die ebenfalls die Zuständigkeit erweitern (wie die Vollmacht und Einwilligung, §§ 168, 183 BGB),[928] und abstrahiert wie *Ohly* die dahinterstehende Wertung, so zeige sich, dass das Einlassen auf die Einwirkung der eigenen Rechtsposition von Dritten nur hingenommen wird, wenn dieses auch zurückgenommen werden könne.[929]

Mit Verwendung der erlaubenden *robots.txt* gibt der Rechtsinhaber zu verstehen, dass auch durch automatisierte Prozesse auf seinen Rechtskreis eingewirkt werden darf. Er gestattet also die Nutzungen, doch erfolgt dies als „unterste Stufe" der Rechtseinwirkung in dem Vertrauen, dass die Verarbeitung jederzeit beendet werden kann.[930] Damit ist der Widerruf auch für die Einwilligung als einseitiges Rechtsgeschäft möglich – zumindest solange die erlaubte Handlung noch nicht erfolgt ist.[931] Der Widerruf muss als einseitige und empfangsbedürftige Willenserklärung gegenüber dem Empfänger erklärt werden; er bedarf aber nicht dieselbe Erklärungsart wie die Einwilligung.[932]

Der BGH hat in Bezug auf den Widerruf der Einwilligung in *Vorschaubilder-I* dargelegt, dass es für die Beachtlichkeit des Widerrufs eines „gegenläufigen Verhaltens" bedürfe und hat ausgeführt, dass eine Einwilligung gegenüber einem unbestimmten Personenkreis, nicht aber gegenüber einzelnen möglich ist.[933] Wichtig ist, dass der BGH von einer konkludenten Einwilligung durch das online stellen der Werke ohne technische Schutzmittel ausgegangen ist. Die Schlussfolgerung, dass die gegenüber allen erklärte (konkludente) Einwilligung auch *erga omnes* widerrufen werden muss, ist aufgrund des entsprechend weit gefassten Vertrauenstatbestands durch den Rechtsinhaber im Grundsatz nachvollziehbar.

Allerdings hat der BGH den Gedanken des *actus contrarius* überreizt, denn es wird keine Gleichheit der Erklärungen verlangt, sondern – wie sich unter Rückgriff auf die parallelen Rechtsinstitute der Vollmacht und Auslobung zeigt, muss eine Kommunikation „in derselben Weise" (§ 658 I 2

---

928 *Tinnefeld*, Die Einwilligung in urheberrechtliche Nutzungen, S. 152.

929 *Ohly*, „Volenti non fit iniuria" – Die Einwilligung im Privatrecht, S. 348.

930 *Ohly*, „Volenti non fit iniuria" – Die Einwilligung im Privatrecht, S. 348; *Tinnefeld*, Die Einwilligung in urheberrechtliche Nutzungen, S. 152.

931 *Osken*, Die schlichte Einwilligung im Urheberrecht, S. 261.

932 MüKoBGB/*Einsele* BGB § 130 Rn. 40.

933 BGH, Urteil vom 29. April 2010, I ZR 69/08, Rn. 37 – Vorschaubilder I, in: MMR 2010, 475 (479).

BGB, § 171 II BGB) ausreichen.[934] Andernfalls würde die Eigenschaft der Erklärung des Widerrufs übersehen, die ebenso wie die Erlaubnis Ausdruck der Selbstbestimmung des Rechtsinhabers ist.[935]

Mit Blick auf den Gegenstand der Untersuchung dieser Arbeit ist entscheidend, wie ein *allow*-Befehl durch die Verwendung der *robots.txt* zu widerrufen ist. Den oben erläuterten Ausführungen folgend, wird eine Erklärung *ex aequo* gefordert. Danach muss die Einwilligung durch den *allow*-Befehl durch die Verwendung eines *disallow*-Befehls widerrufen werden. Zu berücksichtigen ist aber der Regelungsumfang durch die *robots.txt*-Datei und damit konkret, ob ein *User-Agent* (*user-agent: Googlebot; user-agent: ChatGPT-User*) oder alle *User-Agents* (*user-agent:* *) angesprochen werden.[936]

Umso spezieller und damit individueller die Einwilligung erfolgt, umso weniger breit muss auch der Widerruf in seiner Umsetzung erfolgen.[937] Der Umstand, dass die Datennutzung und damit die Kommunikation im WWW erfolgt, kann nicht zu einer Erklärung *erga omnes* verpflichten. Es obliegt der Selbstbestimmung des Erklärenden, den Widerruf bei spezifischer *Software*-Anweisung auch *erga omnes* zu kommunizieren; rechtlich geboten ist dies aber nicht.[938] Die Wirkung betrifft nur den Widerrufsempfänger.[939]

c. Zwischenergebnis

Die allgemeinen Grundsätze des Zivilrechts bieten für die Einwilligung durch *Code* einen brauchbaren Rahmen. Herausgearbeitet wurde, dass die Anfechtung der Erklärung durch die *robots.txt* unter Einschränkung der Fristsetzung möglich ist. Zudem hat der Widerruf des *allow*-Befehls in derselben Weise zu erfolgen und muss sich in Bezug auf die automatisierte

---

934 *Osken*, Die schlichte Einwilligung im Urheberrecht, S. 264; *Tinnefeld*, Die Einwilligung in urheberrechtliche Nutzungen im Internet, S. 161; *Conrad*, Anmerkung zu BGH, Urteil vom 29. April 2010 – I ZR 69/08 – Vorschaubilder, ZUM 2010, 585 (586); *Ohly*, Zwölf These zur Einwilligung im Internet, GRUR 2012, 983 (990).

935 *Osken*, Die schlichte Einwilligung im Urheberrecht, S. 264.

936 *Tinnefeld*, Die Einwilligung in urheberrechtliche Nutzungen, S. 163; ChatGPT, abrufbar unter: https://platform.openai.com/docs/plugins/bot, zuletzt abgerufen am 10. August 2023).

937 *Tinnefeld*, Die Einwilligung in urheberrechtliche Nutzungen, S. 162.

938 *Osken*, Die schlichte Einwilligung im Urheberrecht, S. 268.

939 *Osken*, Die schlichte Einwilligung im Urheberrecht, S. 270.

Datenverarbeitung von digitalen Inhalten durch *Software* ebenfalls der *robots.txt* bedienen und als *disallow*-Befehl erfolgen.[940]

VI. Abgrenzung zu den Schrankenbestimmungen

Die gesetzlichen Schrankenbestimmungen sind Ausdruck der Güterabwägung des Gesetzgebers.[941] Willigt der Rechtsinhaber nun in die Verwertung seines Urheberrechts ein, so stellt sich die Frage, ob dies abseits der Schrankenbestimmungen möglich ist und wie sich die rechtgeschäftliche Gestattung in Bezug auf die Vergütung der Urheberrechtsnutzung verhält.

1. Vorrang der Einwilligung

In seinen Entscheidungen *Drucker und Plotter*[942] und *PC*[943] ist der BGH zunächst von einem Vorrang der Einwilligung ausgegangen.[944] Um zu begründen, warum manche Gerätehersteller vergütungspflichtig sind und andere nicht, bediente sich der BGH der (konkludenten) Einwilligung, die sich durch das technisch ungeschützte Einstellen ins WWW ergebe.[945]

Diese Entscheidung wurde kritisiert und so sah sich der BGH in der Folge einer Urteilsverfassungsbeschwerde vor dem BVerfG ausgesetzt. Mit dieser wurde eine Verletzung der in Art. 14 I GG verankerten Eigentumsgarantie gerügt, namentlich der Befugnis des Urhebers, über seine Rechte vermögensrelevant entscheiden zu können; gerügt wurde ferner eine nicht ausreichende Bewertung der gemeinschaftsrechtlichen Reichweite dieser Entscheidung.[946]

---

940 *Tinnefeld*, Die Einwilligung in urheberrechtliche Nutzungen, S. 163.

941 *Gräbig*, Abdingbarkeit urheberrechtlicher Schranken, GRUR 2012, 331.

942 BGH, Urteil vom 6. Dezember 2007, I ZR 94/05 – Drucker und Plotter, in: GRUR 2008, 245.

943 BGH, Urteil vom 2. Oktober 2008, I ZR 18/06 – PC, in: GRUR 2009, 53.

944 BGH, Urteil vom 2. Oktober 2008, I ZR 18/06, Rn. 19 – PC, in: GRUR 2009, 53 (55).

945 BGH, Urteil vom 6. Dezember 2007, I ZR 94/05, Rn. 27 – Drucker und Plotter, in: GRUR 2008, 245 (247); *Peifer*, Anmerkung zum Beschluss des BGH vom 21. Juli 2011 – I ZR 30/11, in: GRUR 2011, 1012 (1017).

946 BVerfG, Beschluss vom 21. Dezember 2010 – 1 BvR 2760/08; *Peifer*, Anmerkung zum Beschluss des BGH vom 21. Juli 2011 – I ZR 30/11, in: GRUR 2011, 1012 (1017).

In den darauffolgenden Beschlüssen hat der BGH seine Rechtsprechung korrigiert und ist von einem Vorrang der Schrankenbestimmung vor der Einwilligung ausgegangen.[947] Auf eine Begründung wurde in diesen Entscheidungen verzichtet.

Möchte man das Vorrangverhältnis der Schranken dogmatisch herleiten, so bieten sich verschiedene Ansätze an. Beginnend mit der Wirkung der Einwilligung wird diese von verschiedenen Vertretern, ebenso wie die Schrankenbestimmung, nicht als Rechtfertigungsgrund, sondern als tatbestandsausschließend erachtet.[948] Dabei wird auf die Privatautonomie des Einwilligenden abgestellt, der durch die Erlaubnis der Nutzung sein Selbstbestimmungsrecht verwirkliche.[949]

Andersherum wird argumentiert, sofern die Schrankenbestimmungen den Schutzumfang des Urheberrechts beschränken, so könne ein ohnehin durch die Schranke erlaubtes Verhalten nicht noch durch eine privatrechtliche Handlung erlaubt werden. Dem Rechtsinhaber fehle dann die Dispositionsbefugnis.[950]

Auch das Urheberrecht selbst lässt einen Rückschluss auf das Verhältnis von vertraglichen Regelungen und Schrankenbestimmungen zu. So ergibt sich die Möglichkeit, die Schrankenbestimmungen durch vertragliche oder technische Mittel abzubedingen.[951]

In § 95b I UrhG erkennt *Specht* einen ausdrücklichen Hinweis (§ 95b I S. 2) auf den gesetzgeberischen Willen, den aufgezählten Schrankenbestimmungen Vorrang vor den vertraglichen Vereinbarungen einzuräumen.[952] Auch der Wortlaut der einzelnen Schranken zeigt, dass es solche gibt, die zwingend ausgestaltet sind und nicht abgegolten werden können und dass damit in Konsequenz die anderen dispositiv sein müssen.[953]

---

947 BGH, Beschluss vom 21. Juli 2011 – I ZR 28/11, Rn. 49 – Drucker und Plotter II, in: GRUR 2011, 1007 (1012). BGH, Beschluss vom 21. Juli 2011 – I ZR 30/11, Rn. 53 – PC II, in: GRUR 2011, 1012 (1017).

948 *Ohly*, „Volenti non fit iniuria" – Die Einwilligung im Privatrecht, S. 197, *Tinnefeld*, Die Einwilligung in urheberrechtliche Nutzungen im Internet, S. 196.

949 *Ohly*, „Volenti non fit iniuria" – Die Einwilligung im Privatrecht, S. 197.

950 *Tinnefeld*, Die Einwilligung in urheberrechtliche Nutzungen im Internet, S. 199.

951 *Specht*, Diktat der Technik, S. 245; *Gräbig*, Abdingbarkeit urheberrechtlicher Schranken, GRUR 2013, 331 (332).

952 *Gräbig*, Abdingbarkeit und vertragliche Beschränkungen urheberrechtlicher Schranken, S. 49; *Specht*, Diktat der Technik, S. 246.

953 *Gräbig*, Abdingbarkeit und vertragliche Beschränkungen urheberrechtlicher Schranken, S. 68; *Specht*, Diktat der Technik, S. 248.

Folgt man der Auffassung von *Gräbig*, dann erkennt er ebenso wie *Stieper*[954] die Privatautonomie als Grundlage der Entscheidung zugunsten der Disponibilität der Schrankenbestimmungen. Doch differenziert *Gräbig* in einer zweistufigen Prüfung zunächst nach dem Schutzzweck der Norm, also danach, ob diese „[...] überwiegend dem Interesse der Allgemeinheit dient" und, sofern dies nicht der Fall ist, in einem zweiten Schritt, ob die Schranke „[...] soziale Anforderungen verwirklicht".[955] Nur für diese Fälle sei die Schranke verpflichtend.[956]

Dogmatisch sind alle Ansätze nachvollziehbar, stellen sie mal stärker auf die Selbstbestimmung des Rechtsinhabers, mal mehr auf die Allgemeininteressen ab. Auch wenn sich eine klare Linie der Disposition der Schrankenbestimmungen bis heute nicht finden lässt, stellt sich vorliegend doch die Frage, ob die *allow*-Anweisung überhaupt mit den hier relevanten Schrankenbestimmungen kollidiert.

Für die automatisierte Datenverarbeitung durch *Software* ist die Schrankenregelung des § 44b UrhG von Relevanz, die die Vervielfältigung von rechtmäßigen Werken im Rahmen der massenhaften Datennutzung erlaubt. Die Einwilligung durch die *allow*-Anweisung begrenzt die Schranke nicht, sondern konkretisiert diese.

Gerade in Bezug auf die tatbestandliche Voraussetzung der Rechtmäßigkeit des Zugangs zum Werk (§ 44b II 1 UrhG) begründet eine vertragliche Vereinbarung und die freie Verfügbarkeit des Inhalts im Internet die Rechtmäßigkeit.[957] Die erlaubende *robots.txt* bringt ein „Ja, du darfst" zum Ausdruck und begründet einen rechtmäßigen Zugang zum geschützten Inhalt. Damit steht die Einwilligung zumindest nicht im Konflikt mit der Schrankenbestimmung des § 44b UrhG.

Ferner räumt die Schranke des § 44b UrhG dem Rechtsinhaber eine Flexibilität ein, die die freie Nutzung (*Liability Rule*) durch Kommunikation eines Nutzungsvorbehalts wieder in eine *Property Rule* und damit in ein Verbotsrecht umkehren kann.[958]

---

954 *Stieper*, Rechtfertigung, Rechtsnatur und Disponibilität der Schranken des Urheberrechts, S. 263.

955 *Gräbig*, Abdingbarkeit urheberrechtlicher Schranken, GRUR 2013, 331 (334).

956 *Gräbig*, Abdingbarkeit urheberrechtlicher Schranken, GRUR 2013, 331 (334).

957 RL 2019/790, Erwägungsgrund 14.

958 *Rostam*, Das Erfordernis technikverständlichen Verhaltens im Urheberrecht, S. 117, in: Kuschel/Asmussen/Golla (Hrsg.), Intelligente Systeme – Intelligentes Recht.

Die Erlaubnis zur Verarbeitung der digitalen Inhalte durch die *robots.txt* entspricht der Wertung des Gesetzgebers, eine möglichst umfassende automatisierte Verarbeitung durch *Software* im WWW zu gewährleisten und so Transaktionskosten zu minimieren. Der *allow*-Befehl beachtet die Grenzen der gesetzlichen Schrankenbestimmung, überragt deren Regelungsgehalt aber nicht, sodass es zu keinen Abgrenzungsschwierigkeiten von Schranke und privatautonomer Erklärung kommt.

Sofern die *robots.txt* über die Nutzungserlaubnis hinaus geht und beispielhaft bestimmte Nutzungen von Bildern von Webseiten untersagt, muss diese Regelung als Ausdruck des Nutzungsvorbehalts nach § 44b III 2 UrhG verstanden werden, wodurch Inhalte von der Nutzung maschinenlesbar ausgeschlossen werden. Auch durch die Einschränkung und Versagung der Nutzung wird der Anwendungsbereich der Schranke nicht konterkariert, sondern es entspricht der gesetzlich intendierten Flexibilität, die die Vorschrift durch die Prozeduralisierung erlangt.[959]

2. Verzicht der Vergütung durch die Einwilligung

Neben der Frage nach dem Verhältnis von Einwilligung und Schrankenbestimmung ist zu klären, ob die Einwilligung die Vergütung für die Nutzung des Werks beeinflusst. Die Überlegung fußt auf dem Gedanken, dass die Erlaubnis zur Nutzung zugleich die Vergütung, die sich vereinzelt aus den Schrankenbestimmungen ergibt, entfallen lasse.[960] So las sich jedenfalls die frühere Rechtsprechung des BGH.[961]

Mit Blick ins Gesetz sind zahlreiche gesetzliche Bestimmungen ersichtlich, die gegen eine solche Annahme sprechen. Im Urheberrecht selbst verankert ist § 63a I UrhG, der besagt, dass der Urheber auf Vergütungsansprüche nicht verzichten kann.[962] Flankierend hierzu ist auf den Zweck-

---

959 *Rostam*, Das Erfordernis technikverständlichen Verhaltens im Urheberrecht, S. 116, in: Kuschel/Asmussen/Golla (Hrsg.), Intelligente Systeme – Intelligentes Recht.

960 *Peifer*, Anmerkung zum Beschluss des BGH vom 21. Juli 2011 – I ZR 30/11, in: GRUR 2011, 1012 (1017).

961 BGH, Urteil vom 6. Dezember 2007, I ZR 94/05, Rn. 23 – Drucker und Plotter, in: GRUR 2008, 245 (246).

962 *Dreier/Schulze/Dreier* UrhG Vor § 44a Rn. 17.

übertragungsgrundsatz zu verweisen, der als gesetzliches Leitbild sicherstellen soll, dass der Urheber an allen Erträgen aus der Verwertung seines Werkes „angemessen zu beteiligen" ist.[963]

Der *allow*-Befehl kann damit nicht als Verzicht auf eine mögliche Vergütung betrachtet werden. Die relevante Schrankenregelung des § 44b UrhG sieht keine Vergütung des Rechtsinhabers vor, was sich insbesondere aus der Vermeidung von Abgrenzungsproblematiken zu § 44a UrhG begründen lässt. Dem Rechtsinhaber steht es jedoch nach § 44b III UrhG frei, einen Nutzungsvorbehalt zu kommunizieren und hierüber eine Vergütung für die Nutzung zu verlangen.[964]

3. Zwischenergebnis

Das Verhältnis von Schranken und Einwilligung bleibt umstritten und stützt sich nicht persistent auf die gesetzlichen Bestimmungen oder die Selbstbestimmung des Einwilligenden. Für die vorliegende Bearbeitung stellt § 44b UrhG die relevante Schrankenbestimmung dar, die gerade für die automatisierte Verarbeitung von digitalen Inhalten in § 44b III UrhG einen maschinenlesbaren Vorbehalt des Rechtsinhabers vorsieht.

Die erlaubende *robots.txt* stellt eine Konkretisierung des Nutzungsvorbehalts bei Softwarenutzungen dar. Über den Nutzungsvorbehalt ist es dem Rechtsinhaber möglich, eine Vergütung für die Nutzung seiner digitalen Inhalte zu verlangen.

4. Ablehnende *robots.txt*

Der Rechtsinhaber und Webseitenbetreiber hat spiegelbildlich zum *allow*-Befehl die Möglichkeit, die Nutzung seiner auf der Webseite befindlichen digitalen Inhalte durch die *robots.txt* maschinenlesbar zu versagen.[965] Wie bei der erlaubenden Handlungsanweisung kann sich die Versagung der

---

963 *Dreier/Schulze/Schulze* UrhG § 31 Rn. 110.

964 *Raue*, Die geplanten Text und Data Mining-Schranken (§§ 44b und 60d UrhG-E), ZUM 2020, 172 (173).

965 *Hürlimann*, Suchmaschinenhaftung, S. 19.

Nutzung an alle oder spezielle *User-Agents* (*Software*) richten und alle oder spezielle Teile der Webseite sowie bestimmte Bilder und Dateien umfassen.[966]

Die *disallow*-Anweisung stellt eine ausdrückliche Versagung der Nutzung dar, die der Annahme und Wirkung einer (konkludenten) Einwilligung entgegensteht.[967] Auch hier hat der Verwender der *robots.txt* sich der Automatisierung durch *Software* im WWW anzupassen. Im Interesse der Gewährleistung der Gegebenheiten der Automatisierung wird seine Kommunikation im Interesse der Maschinenverständlichkeit begrenzt.[968]

In Bezug auf die allgemeinen Vorschriften, wie Zugang, Widerruf und Anfechtung gelten die obigen Ausführungen zu den *allow*-Befehlen.

Darüber hinaus ist die Ablehnung der Nutzung der digitalen Inhalte als Ausdruck des in § 44b III 2 UrhG vorgesehenen Nutzungsvorbehalts zu verstehen. Durch § 44b UrhG ist es dem Nutzer möglich, urheberrechtlich geschützte digitale Inhalte zu vervielfältigen, wodurch eine effiziente Lösung für die automatisierte und massenhafte Nutzung von Web-Inhalten geschaffen wurde. Der *disallow*-Befehl prozeduralisiert die Schrankenbestimmung und kommuniziert ausdrücklich und maschinenlesbar den Ausschluss der Nutzung entsprechend des konkreten Regelungsgehalts in der *robots.txt*.

VII. Relevanz des *Robots Exclusion Protocols*

Lange Zeit galt das REP als Quasi-Standard, da sich die führenden Suchmaschinen öffentlich dazu verpflichtet hatten, das Protokoll zu beachten.[969] Google hatte im Juli 2019 einen Vorschlag für die Standardisierung

---

966 Google Search Central, Anleitung zum Schreiben und Einreichen einer robots.txt-Datei, abrufbar unter: https://developers.google.com/search/docs/advanced/robots/create-robots-txt?hl=de (zuletzt abgerufen am 10. August 2023).

967 *Tinnefeld*, Die Einwilligung in urheberrechtliche Nutzungen im Internet, S. 92; *Conrad/Schubert*, How to Do Things with Code, GRUR 2018, 350 (358).

968 *Rostam*, Das Erfordernis technikverständlichen Verhaltens im Urheberrecht, S. 123, in: Kuschel/Asmussen/Golla (Hrsg.), Intelligente Systeme – Intelligentes Recht.

969 *Hürlimann*, Suchmaschinenhaftung, S. 19; *Osken*, Die schlichte Einwilligung im Urheberrecht, S. 214; *Tinnefeld*, Die Einwilligung in urheberrechtliche Nutzungen im Internet, S. 83; *Conrad/Schubert*, How to Do Things with Code, GRUR 2018, 350.

des REP an die IETF geschickt.[970] In der Folge beteiligte sich die hiesige Web-Gemeinschaft an der Diskussion des Vorschlags von Google. Seit September 2022 ist das *Robots Exclusion Protocol* ein Proposed Standard.[971]

1. Beachtung der *robots.txt* durch die verwendete *Software*

Die *Software*, die zur automatisierten Verarbeitung von digitalen Inhalten auf Webseiten genutzt wird, muss so programmiert sein, dass die *robots.txt*-Datei beachtet wird.[972] Die IETF beschreibt in ihrer Veröffentlichung zum *Robots Exclusion Protocol* ausdrücklich: „If the crawler successfully downloads the robots.txt file, the crawler MUST follow the parseable rules."[973]

Oft wird das REP als reine „Netiquette" bezeichnet.[974] Konkret ist es der *Software* nämlich möglich, die *robots.txt* nicht zu beachten und sich über die Anweisungen in der Datei hinwegzusetzen. In diesem Fall kann die *Software* trotz eines *disallow*-Befehls auf die digitalen Inhalte der Webseite zugreifen und diese verarbeiten.[975]

---

970 Google Search Central, Formalisierung der Spezifikation des Protokolls zum Ausschluss von Robots, abrufbar unter: https://developers.google.com/search/blog/2019/07/rep-id (zuletzt abgerufen am 10. August 2023).

971 Internet Engineering Task Force, RFC 9309, Robots Exclusion Protocol, abrufbar unter: https://www.rfc-editor.org/rfc/rfc9309.pdf (zuletzt abgerufen am 10. August 2023).

972 *Tinnefeld*, Die Einwilligung in urheberrechtliche Nutzungen im Internet, S. 83.

973 Internet Engineering Task Force, RFC 9309, Robots Exclusion Protocol, abrufbar unter: https://www.rfc-editor.org/rfc/rfc9309.pdf (zuletzt abgerufen am 10. August 2023).

974 *Ducato/Strowel*, Limitations to Text and Data Mining and Consumer Empowerment: Making the Case for A Right to "Machine Legibility", IIC 2019, 649 (675); *Feigin*, Architecture of consent: Internet protocols and their legal Implications, Stanford Law Review 2004, 901 (934); *Gold/Latonero*, Robots Welcome? Ethical and Legal Considerations for Web Crawling and Scraping, Washington Journal of Law, Technology & Arts, 2018, 275 (281), abrufbar unter: https://digitalcommons.law.uw.edu/wjlta/vol13/iss3/4/ (zuletzt abgerufen am 10. August 2023); *Höppner*, Technisch-ökonomische Aspekte des Leistungsschutzrechts für Presseverleger; K&R 2013, 73 (77); *Yang/Liao*, Using the Robots.txt and Robots Meta tags to implement online copyright and a related amendment, Library Hi Tech 2010, 94 (99), abrufbar unter: https://www.researchgate.net/publication/220364295 (zuletzt abgerufen am 10. August 2023).

975 *Zabriskie*, Bots, Scrapers, and Other Unwanted Visitors to Your Web Site: Can You Keep Them Out?, The Computer & Internet Lawyer, 2009, 1 (2).

Der Wirkungsunterschied von Recht und Technik wird in der Folge genauer erläutert. An dieser Stelle sei bereits erwähnt, dass das REP maschinenverständlich ist und differenzierter als die technischen Schutzmaßnahmen den Willen des Rechtsinhabers in Bezug auf die Nutzung seiner Urheberrechte abzubilden vermag. Aufgrund der Möglichkeit, jede *Software* anzusprechen, die zur Verarbeitung von digitalen Inhalten auf Webseiten genutzt wird, erlangt das REP besondere Relevanz in einer sich immer stärker automatisierenden Nutzungskultur im WWW. Ebenso zeigt sich die Stärke von formaler Sprache gegenüber Anweisungen in natürlicher Sprache, da diese global verständlich sind.

Der *allow*-Befehl bringt ausdrücklich zur Geltung, was die *Software* ohnehin macht, nämlich die digitalen Inhalte der Webseite zu vervielfältigen. Die erlaubende Anweisung ist eine Bestätigung der Nutzung, die bei rechtmäßigem Zugang von § 44b II 1 UrhG gedeckt ist. Als Einwilligung in die Nutzung rechtfertigt die *robots.txt* in diesem Fall den Eingriff.[976] Geht damit auch über den Anwendungsbereich der schlichten Einwilligung für die „üblichen Nutzungshandlungen“[977] im WWW hinaus.

Der *disallow*-Befehl versagt die Nutzung von digitalen Inhalten der Webseite. Dadurch wird die schlichte Einwilligung für die Nutzungshandlungen der Suchmaschinen entkräftet und konkretisiert die maschinenlesbare Versagung den Nutzungsvorbehalt aus § 44b III 2 UrhG.

Beachtet der Softwareverwender die Anweisung nicht, so ist die automatische Datenverarbeitung nicht von der Einwilligung[978], respektive der Schrankenbestimmung gedeckt und es können bei Vorliegen der weiteren Voraussetzungen Unterlassungs- und Schadensersatzansprüche nach § 97 UrhG statthaft sein.[979] Dabei obliegt dem Softwareverwender die Beweislast für das Bestehen des Rechtfertigungsgrundes.[980]

Softwareverwender müssen bei der automatisierten Datenverarbeitung damit rechnen, dass der Umfang der zulässigen Nutzungshandlung durch *robots.txt* kommuniziert wird. Ein fehlender Zugang durch Nichtauslesen stellt eine unrechtmäßige Zugangsverweigerung dar.[981]

---

976 *Dreier/Schulze/Specht-Riemenschneider* UrhG § 97 Rn. 15.

977 BGH, Urteil vom 29. April 2010, I ZR 69/08 – Vorschaubilder I; in: MMR 2010, 475 (479).

978 *Jasiewicz*, Copyright Protection in an Opt-Out World: Implied License Doctrine and News Aggregators, Yale Law Journal 2012, 837 (848), abrufbar unter: https://ssrn.com/abstract=2207489 (zuletzt abgerufen am 10. August 2023).

979 *Hürlimann*, Suchmaschinenhaftung, S. 155.

980 *Dreier/Schulze/Specht-Riemenschneider* UrhG § 97 Rn. 14.

981 *Conrad/Schubert*, How to Do Things with Code, GRUR 2018, 350 (358).

2. *Robots.txt* als Teil eines DRM-Systems

Wie zu Beginn dieser Arbeit aufgezeigt, nutzen Rechtsinhaber zur Sicherung ihrer Urheberrechte oftmals nicht nur ein einziges Schutzmittel, sondern eine Kombination aus verschiedenen technischen und rechtlichen Schutzvorrichtungen.[982] Aufgrund der Vielfalt der möglichen Kombinationen von Sicherungsmitteln existiert keine einheitliche Definition der DRM-Systeme.[983] Die DRM-Systeme lassen sich in enge und weite beziehungsweise in weiche und harte Systeme unterscheiden.[984] Dabei bezeichnen die engen DRM-Systeme die ausschließliche Verwendung von technischen Schutzmaßnahmen.[985] Für die folgende Bearbeitung sind die weiten DRM-Systeme von Relevanz und damit die Kombination von technischen und rechtlichen Schutzmitteln. Es ist zu untersuchen, ob auach das REP ein Teil dieses (weiten) Schutzsystems sein kann.

Die weiten DRM-Systeme geben dem Rechtsinhaber und Verwender der Sicherungsmittel die Möglichkeit, die Nutzung und wirtschaftliche Verwertung der digitalen Inhalte zu regulieren. Besonders durch das Aneinanderrücken von Rechtsinhaber und Nutzer der digitalen Inhalte und Unsicherheiten bezüglich der gesetzlichen Effektivität der Sicherung der Schutzrechte haben sich die DRM-Systeme breitflächig etabliert.[986]

Durch die Kombination der verschiedenen Schutzmittel kontrollieren die DRM-Systeme den Zugang und die Nutzung des digitalen Inhalts und legen die Nutzungsbedingungen fest.[987] Dabei können die Bestimmungen in der *robots.txt* als Nutzungsbedingung verstanden werden. Die Bestim-

982 *Bechtold*, Vom Urheber- zum Informationsrecht, S. 263; *Schulz*, Der Bedeutungswandel des Urheberrechts durch Digital Rights Management – Paradigmenwechsel im deutschen Urheberrecht?, GRUR 2006, 470 (471).

983 *Bechtold*, Vom Urheber- zum Informationsrecht, S. 19; *Arlt*, Digital Rights Management-Systeme – Begriff und rechtliche Rahmenbedingungen nach den jüngsten Änderungen des UrhG – insbesondere zum Verhältnis der §§ 95a ff. UrhG zum Zugangskontrolldiensteschutzgesetz (ZKDSG), GRUR 2004, 548.

984 *Sesing*, Verbreitung digitaler Inhalte, S. 93; *Arlt*, Digital Rights Management-Systeme – Begriff und rechtliche Rahmenbedingungen nach den jüngsten Änderungen des UrhG – insbesondere zum Verhältnis der §§ 95a ff. UrhG zum Zugangskontrolldiensteschutzgesetz (ZKDSG), GRUR 2004, 548 (549).

985 *Schulz*, Der Bedeutungswandel des Urheberrechts durch Digital Rights Management – Paradigmenwechsel im deutschen Urheberrecht?, GRUR 2006, 470 (471).

986 *Schulz*, Der Bedeutungswandel des Urheberrechts durch Digital Rights Management – Paradigmenwechsel im deutschen Urheberrecht?, GRUR 2006, 470 (471).

987 *Bechtold*, Vom Urheber- zum Informationsrecht, S. 23 ff.

mungen stellen eine rechtserhebliche Kommunikation der Nutzungsmodalitäten bei automatisierter Datenverarbeitung durch Softwareverwendungen dar. Dabei können die Bestimmungen in der *robots.txt* den technischen Komponenten im DRM-System mitteilen, ob die automatisierte Nutzung eines digitalen Inhalts von der Webseite des Rechtsinhabers erlaubt ist.[988] Den DRM-Systemen ist die Automatisierung von Nutzungsprozessen nicht fremd, sondern diese sind für eine möglichst technisch selbstständige Nutzung von (digitalen) Inhalten entwickelt worden.[989]

In der Folge soll auf die Nutzungsbedingungen innerhalb von weiten DRM-Systemen eingegangen werden und anhand von gängigen Beispielen untersucht werden, ob die *robots.txt* eine solche Nutzungsbedingung darstellen kann.

a. *Robots.txt* als Nutzungsbedingung im DRM-System

Um die Nutzungsbedingungen für digitale Inhalte in DRM-Systemen festzulegen, bedienen sich die Ersteller der Schutzsysteme in der Regel einer sogenannten *Rights Expression Language* (REL).[990] Diesen Anweisungen kommt die Aufgabe zu, innerhalb des DRM-Systems maschinenverständlich die Bedingungen für die Nutzung des digitalen Inhalts zu kommunizieren.[991] Aufgrund der Strukturiertheit ist die REL interoperabel und stellt eine „lingua franca“ für verschiedene technische Schutzmittel innerhalb eines oder in Kommunikation mit anderen DRM-Systemen dar.[992] Mit den Bestimmungen in der REL hat der Rechtsinhaber maschinenverständlich dargelegt, wie mit seinen digitalen Inhalten verfahren werden darf.[993]

---

988 *Bechtold*, Vom Urheber- zum Informationsrecht, S. 46.

989 *Bechtold*, Vom Urheber- zum Informationsrecht, S. 20.

990 *Sosnitza*, in: Berger/Wündisch, Urhebervertragsrecht, Teil 1, § 5 Rn. 9; *Ku/Chi*, Survey on the Technological Aspects of Digital Rights Management, in: Zhang/Zheng, Information Security, Lecture Notes in Computer Science 2004, 391 (397).

991 *Bechtold*, Vom Urheber- zum Informationsrecht, S. 46; *Finck/Moscon*, Copyright Law on Blockchains: Between New Forms of Rights Administration and Digital Rights Management 2.0, IIC 2019, 77 (81).

992 *Bechtold*, Vom Urheber- zum Informationsrecht, S. 52.

993 *Lucchi*, Countering the Unfair Play of DRM Technologies, New York University Public Law and Legal Theory Working Papers, 2007, 1 (7), abrufbar unter: http://papers.ssrn.com/abstract=970995 (zuletzt abgerufen am 10. August 2023).

Eine gängige REL ist die *eXtensible rights Markup Language* (XrML), die auf XML basiert.[994] Daneben gibt es noch weitere REL, wie die *Creative Commons Rights Expression Language* (CC REL). XML ist eine erweiterbare Metasprache, die sich aufgrund ihrer Menschen- und Maschinenverständlichkeit sowie ihrer Strukturiertheit zur Bestimmung von Nutzungen von digitalen Inhalten im WWW eignet.[995]

Der Rechtsinhaber, der die Nutzungsbedingungen durch die REL bestimmen möchte, muss diese entweder selbst in XML schreiben oder bedient sich Dienstleistern wie Contentguard[996], die in der Lage sind, digitale Inhalte mit Nutzungsbedingungen zu versehen, also den Prozess des Verbindens von Werk und Nutzungsbestimmung übernehmen. Die Nutzungsbestimmungen werden in einer XrML-Datei angegeben, die an den geschützten digitalen Inhalt angehängt wird.[997]

Um die XML-Syntax zu konkretisieren, kann entweder eine Dokumententypdefinition (DTD) genutzt werden oder ein XML-Schema angelegt werden.[998] Darin spezifiziert der Rechtsinhaber die Elemente der REL und kann ganz konkret den digitalen Inhalt, Nutzungsrechte und Parteien festlegen.[999]

Im Vergleich von REL und *robots.txt* zeigt sich, dass beide Dateien die Verarbeitung von digitalen Inhalten in softwarebasierten Prozessen steuern. Mit der REL kann eine granulare und komplexe Regelung der Nutzungsbedingungen gestaltet werden, die insbesondere für die automatische Kommunikation der Bedingungen innerhalb von weiten DRM-Systemen genutzt wird. Während in der *robots.txt Software* adressiert wird, die digitale Inhalte von Webseiten automatisiert verarbeitet, kommen REL zur Anwendung, um die technischen Schutzmittel innerhalb des DRM-

994 *Bechtold*, The Present and Future of Digital Rights Management – Musings on Emerging Legal Problems S. 603, in: Becker/Buhse/Günnewig/Rump (Hrsg.), Digital Rights Management – Technological, Economic and Political Aspects; *Armstrong*, Digital Rights Management and the Process of Fair Use, Harvard Journal of Law & Technology, 2006, 50 (69); *Mulligan/Burstein*, Implementing Copyright Limitations in Rights Expression Languages, in: Feigenbaum (Hrsg.), Digital Rights Management, S. 140.

995 *Guth*, Interoperability of DRM Systems, S. 75.

996 https://contentguard.com/app/ (zuletzt abgerufen am 10. August 2023).

997 Microsoft, XrML, abrufbar unter: https://learn.microsoft.com/de-de/security-updates/windowsrightsmanagementservices/18119085 (zuletzt abgerufen am 10. August 2023).

998 *Guth*, Interoperability of DRM Systems, S. 75.

999 *Guth*, Interoperability of DRM Systems, S. 76.

Systems anzuweisen, in welchem Umfang und für wie lange der digitale Inhalt genutzt werden darf.

Dabei ist zumeist der Zugang und die Nutzung von DRM-geschützten digitalen Inhalten eine andere. Wird zum Beispiel ein kopiergeschütztes digitales Video zum Werkgenuss dem Nutzer zur Verfügung gestellt, dann wird dies durch einen „digitalen Container“, also eine DRM-Hülle geschützt, die erfordert, dass der Nutzer – in der Regel gegen Vergütung – einen Schlüssel enthält, der durch die Nutzungsbedingungen in der REL beschrieben und kommuniziert wird.[1000] Die Anweisung für die Nutzung digitaler Inhalte mit REL müssen für jeden Einzelfall und Nutzer spezifiziert werden. Greift eine *Software* auf digitale Inhalte einer Webseite zu, kommt es zu einer Prüfung der Nutzungsbedingungen und, sofern der Softwareverwender keine Erlaubnis besitzt, wird die Nutzung technisch untersagt.[1001]

Die Erstellung von REL-Anweisungen ist komplexer als die standardisierten Befehle in der *robots.txt*. Dies liegt daran, dass die DRM-Systeme einen wesentlich größeren Regelungsumfang haben. In Bezug auf ihre Wirkung sind die REL und die *robots.txt* allerdings vergleichbar, denn beide Bestimmungen enthalten maschinenverständliche Anweisungen über die Nutzung von digitalen Inhalten.

Für die vorliegende Bearbeitung und damit der automatisierten Verarbeitung von digitalen Inhalten durch *Software* stellt das REP die Nutzungsbedingung dar. Wie gezeigt, sind weite DRM-Systeme offen für verschiedene rechtliche und technische Komponenten, sodass auch die *robots.txt* ein Teil des Regelungskomplexes darstellen können, sich aber erweiterbare formale Sprachen wie XML zur Kommunikation innerhalb und zwischen unterschiedlichen DRM-Systemen besonders anbieten.[1002]

b. Nutzungsverträge und Nutzungsbedingungen

Zur Erlangung eines möglichst umfassenden Schutzes von urheberrechtlich geschützten digitalen Inhalten im WWW verwenden die Rechtsinhaber eine Fülle an Schutzmechanismen. Neben den technischen Schutzmitteln machen die Rechtsinhaber vertragliche Nutzungsvereinbarungen zum

---

[1000] *Bechtold*, Vom Urheber- zum Informationsrecht, S. 26.

[1001] *Armstrong*, Digital Rights Management and the Process of Fair Use, Harvard Journal of Law & Technology, 2006, 50 (71).

[1002] *Bechtold*, Vom Urheber- zum Informationsrecht, S. 52.

Gegenstand der Nutzungsbedingung.[1003] Diese Nutzungsverträge können, müssen aber nicht Vereinbarungen im Sinne des § 31 UrhG sein[1004] und können automatisiert unter Verwendung von *Software* geschlossen werden.[1005]

Dabei sind Nutzungsvertrag und Nutzungsbedingung als Teil des DRM-Systems miteinander verzahnt. Sofern der Nutzer den Vertragsbestimmungen nicht zustimmt, wird der Zugang zum digitalen Inhalt verwehrt, was dann durch die Nutzungsbedingungen technisch ausgedrückt und vollzogen werden kann.[1006]

Möglich ist, dass die Nutzungsverträge die Voraussetzungen der §§ 305 ff. BGB erfüllen und damit der Überprüfung nach AGB-Recht unterliegen.[1007] Gerade unter Verwendung von *Click-wrap*-Vereinbarungen ist es möglich, digitale Inhalte erst nach Akzeptanz der Vertragsbedingungen zugänglich zu machen.[1008]

c. Zwischenergebnis

Weite DRM-Systeme verwenden eine Fülle an unterschiedlichen Schutzmitteln. Dabei sind vorliegend insbesondere die technisch kommunizierten Nutzungsbedingungen und die rechtlich relevanten Nutzungsverträge von Bedeutung. Über beide Maßnahmen kann der Rechtsinhaber versuchen, seine digitalen Inhalte, auch abseits eines bestehenden gesetzlichen Urheberrechtsschutzes vor automatisierter Datenverarbeitung durch *Software* zu schützen.

Die Nutzungsverträge stellen die rechtliche Grundlage für die Nutzungseinräumung der digitalen Inhalte dar, die in den Nutzungsbedingungen maschinenverständlich, zumeist unter Verwendung von XML, als die gängige REL ausgedrückt wird. Statt XML können die Nutzungsbedingungen auch in der *robots.txt* kommuniziert werden, diese also ebenfalls ein Teil eines weiten DRM-Systems sein.

1003 *Schulz*, Der Bedeutungswandel des Urheberrechts durch Digital Rights Management – Paradigmenwechsel im deutschen Urheberrecht?, GRUR 2006, 470 (474).

1004 *Kuschel*, Der Erwerb digitaler Werkexemplare zur privaten Nutzung, S. 106.

1005 *Bechtold*, Vom Urheber- zum Informationsrecht, S. 259.

1006 *Bechtold*, Vom Urheber- zum Informationsrecht, S. 259.

1007 *Bechtold*, Vom Urheber- zum Informationsrecht, S. 274.

1008 *Hugenholtz*, Code as Code, or the End of Intellectual Property as We Know It, Maastricht Journal of European and Comparative Law 1999, S. 308 (311).

VIII. Unterschied von DRM-Systemen und Urheberrecht

Die DRM-Systeme führen durch die Kombination von verschiedenen Schutzmitteln zu einem umfassenden Schutz der digitalen Inhalte.[1009] Sofern die digitalen Inhalte Werkschutz erlangen, unterfallen diese auch dem gesetzlichen Schutz des Urheberrechts. Es zeichnet sich eine verstärkte Tendenz der Nutzung von privaten Schutzmitteln ab, die es ermöglichen, sich über die gesetzlichen Bestimmungen des Urheberrechts hinwegzusetzen.[1010]

Nachfolgend werden das Verhältnis von den gesetzlichen Schrankenbestimmungen des Urheberrechts und den privaten Schutzmitteln beleuchtet sowie Grenzen der Verwendung von technischen Schutzmitteln zur Sicherung der digitalen Inhalte vor automatisierten Datenverarbeitungen diskutiert. Konkret soll auf das Verhältnis von Recht und Technik, also den Unterschieden in Bezug auf Rechtsanwendung und Rechtsdurchsetzung eingegangen werden. Diese Betrachtung schafft die nötige Perspektive für die Bewertung der technischen Schutzmittel und damit, ob eine (Rück-)Koppelung des technisch Möglichen an das rechtlich Erlaubte umsetzbar und geboten ist.[1011]

1. Gesetzliche Schrankenbestimmungen und DRM-Systeme

In Zusammenhang mit den gesetzlichen Schrankenbestimmungen des Urheberrechts und der Verwendung von DRM-Systemen stellt sich die Frage, inwieweit der Rechtsinhaber – als Verwender der technischen Schutzmittel – berechtigt ist, eigene Nutzungsbestimmungen zu schaffen, die sich über die gesetzlichen Vorschriften hinwegsetzen. Anknüpfend an die oben aufgezeigte Differenzierung von vertraglichen Nutzungsbestimmungen und technischen Nutzungsbedingungen kann sich der Konflikt

---

1009 *Lueg*, Teleologische Theorien des Urheberrechts, S. 20.

1010 *Elkin-Koren*, Copyrights in Cyberspace – Rights without Laws?, Chicago Kent Law Review 1998, 1155 (1158) abrufbar unter: https://scholarship.kentlaw.iit.edu/cklawreview/vol73/iss4/10/ (zuletzt abgerufen am 10. August 2023); *Specht*, Zum Verhältnis von (Urheber-)Recht und Technik, GRUR 2019, 253 (258).

1011 *Specht*, Zum Verhältnis von (Urheber-)Recht und Technik, GRUR 2019, 253 (258).

zwischen Schrankenbestimmung und DRM-Systeme auf zwei Ebenen ergeben.

a. Beschränkung der Schranken durch Nutzungsverträge

In Bezug auf die Beschränkung der urheberrechtlichen Schranken durch vertragliche Regelungen ist zwischen der dinglichen und der schuldrechtlichen Wirkung zu unterscheiden.[1012] Dem Rechtsinhaber ist der dingliche Ausschluss der Schranken nicht möglich, da diese dem Schutzbereich des Urhebers entzogen sind und den Nutzer begünstigen.[1013] Der Gesetzgeber hat diese Unterscheidung selbst getroffen und so finden sich im Urheberrecht Bestimmungen, die ausdrücklich eine Abdingbarkeit der Schranke mit dinglicher Wirkung vorsehen.[1014]

Die schuldrechtliche Abdingbarkeit der Schranken ist von besonderer Bedeutung, da mit der zunehmenden Digitalisierung der Rechtsinhaber und Verwender/Nutzer der digitalen Inhalte unmittelbar in Beziehung treten („tertiäres Urhebervertragsrecht“).[1015] Dabei ist unerheblich, dass die Nutzung der digitalen Inhalte durch die Verwendung von *Software* erfolgt.

In Bezug auf die schuldrechtliche Abdingbarkeit gibt es ein breites Meinungsspektrum, das sich bei Abstellen auf die Schranken als Ausgleich der Nutzerinteressen gegen eine Abdingbarkeit[1016] und bei Berücksichtigung des Wortlauts und der Systematik der Schrankenbestimmungen für eine schuldrechtliche Dispositionsbefugnis ausspricht.[1017] Differenzierter ist der Ansatz von *Hoeren*, der eine individuelle Prüfung der einzelnen Schrankenbestimmungen vorschlägt und hierbei nach dem Schwerpunkt der Schutzrichtung der jeweiligen Schranke unterscheidet.[1018]

1012 *Specht*, Diktat der Technik, S. 222.

1013 *Gräbig*, Abdingbarkeit und vertragliche Beschränkungen urheberrechtlicher Schranken, S. 59, *Specht*, Diktat der Technik, S. 233.

1014 *Gräbig*, Abdingbarkeit und vertragliche Beschränkungen urheberrechtlicher Schranken, S. 59.

1015 *Kuschel*, Der Erwerb digitaler Werkexemplare, S. 206.

1016 *Schack*, Schutz digitaler Werke vor privater Vervielfältigung – zu den Auswirkungen der Digitalisierung auf § 53 UrhG, ZUM 2002, 497 (502).

1017 M. w. N. *Specht*, Diktat der Technik, S. 253 ff.

1018 *Hoeren*, Die Schranken des Urheberrechts in Deutschland, in: Hilty/Geiger (Hrsg.), Impulse für eine europäische Harmonisierung des Urheberrechts/Perspectives d’harmonisation du droit d’auteur en Europe, S. 267; *Gräbig*, Abdingbarkeit und vertragliche Beschränkungen urheberrechtlicher Schranken, S. 97 ff.

Bei Betrachtung des § 95b UrhG zeigt sich, dass der Gesetzgeber mit Umsetzung der InfoSoc-RL eine Regelung in Bezug auf die Beschränkung der Schranken durch technische Schutzmaßnahmen eingeführt hat, die in § 95b I 2 UrhG ausdrückt, dass „Vereinbarungen zum Ausschluss der Verpflichtungen nach Satz 1 [...] unwirksam“ sind. Hierin zeigt sich, dass die technischen Schutzmaßnahmen und die vertraglichen Nutzungsbeschränkungen „funktionsäquivalent“[1019] zueinander sind, es also keinen Unterschied macht, ob technisch oder rechtlich der Ausschluss der in § 95b I UrhG genannten Schranken bestimmt wird.[1020] Eine schuldrechtliche Beschränkung ist nur in dem in § 95b I UrhG beschränkten Umfang möglich.

Einzig § 95b III UrhG sieht eine (Rück-)Ausnahme des in § 95b I UrhG genannten Grundsatzes der Beachtung der aufgezählten Schranken vor, sofern die „Schutzgegenstände aufgrund einer vertraglichen Vereinbarung nach § 19a öffentlich zugänglich gemacht“ werden.[1021] Damit bringt § 95b III UrhG in begrenztem Umfang den Vorrang der schuldrechtlichen Beschränkung zum Ausdruck.[1022]

b. Beschränkung der Schranken durch technische Nutzungsbedingungen

Durch die technischen Nutzungsbedingungen innerhalb eines DRM-Systems kann dem Softwareverwender zum Beispiel die Kopie von Bildern oder Texten von der Webseite des Rechtsinhabers verboten werden (unter Verwendung von XML oder *robots.txt*), selbst wenn eine gesetzliche Schrankenbestimmung dies erlauben würde.[1023] Unter Verwendung von REL ist es möglich, eine Fülle an Bedingungen technisch festzulegen und darin zu bestimmen, welchen digitalen Inhalt der Softwareverwender

---

1019 *Mackenrodt*, Technologie statt Vertrag?, S. 23.

1020 *Gräbig*, Abdingbarkeit und vertragliche Beschränkungen urheberrechtlicher Schranken, S. 75; *Specht*, Diktat der Technik, S. 259.

1021 *Specht*, Diktat der Technik, S. 260.

1022 *Gräbig*, Abdingbarkeit und vertragliche Beschränkungen urheberrechtlicher Schranken, S. 50; *Finck/Moscon*, Copyright Law on Blockchains: Between New Forms of Rights Administration and Digital Rights Management 2.0, IIC 2019, 77 (88).

1023 *Bechtold*, Vom Urheber- zum Informationsrecht, S. 377; *Enders*, Digital Rights Management Systeme (DRMS) als besondere Herausforderung an das Urheberrecht, ZUM 2004, 593 (601); *Schippan*, Rechtsfragen bei der Implementierung von Digital Rights Management-Systemen, ZUM 2004, 188 (194).

nutzen darf für wie lange, gegen Vergütung, etc.[1024] Auch die maschinenverständlichen Nutzungsbedingungen innerhalb eines weiten DRM-Systems verschieben die dem Urheberrecht zugrundeliegende Interessenabwägung.[1025]

Wie oben aufgezeigt, gilt auch für die technisch kommunizierten Nutzungsbedingungen eine Beschränkung der schuldrechtlichen Disposition der gesetzlichen Schrankenbestimmung in dem von § 95b UrhG abgesteckten Umfang.[1026] Dem § 95b UrhG ist nach Sinn und Zweck zu entnehmen, dass eine Beschränkung der gesetzlichen Schranken durch Technik oder Vertrag nur in dem ausdrücklich benannten Umfang möglich ist.[1027]

c. Zwischenergebnis

In weiten DRM-Systemen finden sich neben den Nutzungsverträgen auch technische Nutzungsbedingungen, die die Verarbeitung von digitalen Inhalten durch *Software* beschränken können und zwar auch über die gesetzlichen Schrankenbestimmungen des Urheberrechts hinaus.

In § 95b UrhG findet sich eine Bestimmung, die nach ihrem Zweck eine allgemeine Aussage zu den Beschränkungen der aufgeführten gesetzlichen Schranken trifft. Dabei wirken die technischen und vertraglichen Beschränkungen „funktionsäquivalent".[1028]

2. Synchronität von Urheberrecht und DRM-System

Idealerweise ist es möglich, in DRM-Systemen nicht nur den Zugriff und die Verwendung von digitalen Inhalten zu bestimmen, sondern auch die gesetzlichen Schrankenbestimmungen automatisch durchzusetzen. Die technischen Schutzmittel haben die Schutzposition der Rechtsinhaber gestärkt und dabei weniger den Ausgleich der Nutzungsinteressen berück-

---

1024 *Bechtold*, The Present and Future of Digital Rights Management, S. 604, in: Becker/Buhse/Grünnewig/Rump (Hrsg.), Digital Rights Management – Technological, Economic and Political Aspects.

1025 *Mulligan/Burstein*, Implementing Copyright Limitations in Rights Expression Languages, in: Feigenbaum (Hrsg.), Digital Rights Management, S. 138.

1026 *Specht*, Diktat der Technik, S. 260.

1027 *Specht*, Diktat der Technik, S. 246.

1028 *Mackenrodt*, Technologie statt Vertrag?, S. 23.

sichtigt. Eine automatische Berücksichtigung der Schrankenbestimmungen würde den Interessenausgleich im Urheberrecht auch bei Softwarenutzungen herstellen.

DRM-Systeme funktionieren nach einer „deny by default"-Regel.[1029] Jede Nutzung, die nicht ausdrücklich erlaubt ist, gilt als untersagt. So kommt auch die technische Gestaltung von DRM-Systemen an ihre Grenzen, da nicht für jeden Einzelfall der gesetzlichen Schrankenbestimmungen und des Drei-Stufen-Tests eine technische Regel erstellt werden kann.

Die in der Literatur entwickelten Ansätze zur Rückkoppelung der gesetzlichen Bestimmungen an die technischen Möglichkeiten werden in der Folge überblicksartig dargestellt, bevor auf die im Urheberrecht befindlichen Vorschriften eingegangen wird.

a. Bidirektionaler Austausch

Ginge es nach *Mulligan/Burstein*, so müsse die REL, wie XML, nicht nur unidirektional funktionieren, sondern unter Verwendung eines *Rights Messaging Protocols* einen bidirektionalen Austausch zwischen Nutzer und Rechtsinhaber technisch gewährleisten.[1030] In diesem Protokoll müssten dann nicht nur die Rechte der Rechtsinhaber technisch beschrieben, sondern von Beginn an auch Beschränkungen des Schutzes vorgesehen sein[1031], also konkrete Ausnahmen für die Gewährleistung der Nutzung maschinenverständlich beschrieben sein.[1032]

Doch auch bei diesem Ansatz steht man vor der Herausforderung, die Einzelfälle der erlaubten Nutzung technisch im Vorfeld zu beschreiben („judge on a chip").[1033] Praktisch wäre der Verwender des DRM-Systems auch nicht daran interessiert, die Beschränkungen für seine eigenen Rechte zu ermöglichen. Dieser Ansatz ist demnach wenig praktikabel.

1029 *Armstrong*, Digital Rights Management and the Process of Fair Use, Harvard Journal of Law & Technology, 2006, 50 (71).

1030 *Mulligan/Burstein*, Implementing Copyright Limitations in Rights Expression Languages, in: Feigenbaum (Hrsg.), Digital Rights Management, S. 141.

1031 *Armstrong*, Digital Rights Management and the Process of Fair Use, Harvard Journal of Law & Technology, 2006, 50 (92).

1032 *Bechtold*, The Present and Future of Digital Rights Management, S. 608, in: Becker/Buhse/Günnewig/Rump (Hrsg.), Digital Rights Management – Technological, Economic, Legal and Political Aspects.

1033 *Armstrong*, Digital Rights Management and the Process of Fair Use, Harvard Journal of Law & Technology, 2006, 50 (53, 84).

b. Alternative Ansätze

Um die Schwächen der Durchsetzung der gesetzlichen Schrankenbestimmungen in DRM-Systemen auszugleichen, wurden weitere Ansätze erarbeitet. In Anlehnung an den oben dargestellten Ansatz ist *LicenceScript*[1034] entwickelt worden. Auch in dieser REL werden die erlaubten Nutzungen technisch beschrieben, allerdings dem Nutzer die Möglichkeit geboten, gesetzlich erlaubte Nutzungen zu beantragen, die dann als technische Nutzungsbedingung mit dem digitalen Inhalt verbunden wird, was es dem Rechtsinhaber wiederum ermöglicht, die Einhaltung der Nutzung zu überprüfen.[1035] Doch auch bei diesem Ansatz verbleibt die Entscheidung über die Modalität der Nutzung beim Rechtsinhaber, auch wenn die Lizenz später technisch mit dem Inhalt verbunden wird.[1036]

Armstrong beschreibt einen „hybriden Ansatz", bei dem ebenfalls die technischen Nutzungsbedingungen durch REL beschrieben werden und, sofern es weitere (gesetzlich) erlaubte Nutzungshandlungen gibt, die nicht technisch berücksichtigt wurden, ist es den Nutzern möglich, die gesetzlich erlaubten Nutzungshandlungen bei einer externen Lizenzierungsstelle zu beantragen.[1037] Damit wird ein Ausgleich für die Komplexität der Gestaltung der REL geschaffen, doch der Automatisierungsvorteil der DRM-Systeme, gerade bei Nutzungen von digitalen Inhalten im WWW, wird konterkariert.[1038]

Die Einschaltung von Lizenzierungsstellen stellt eine Zäsur für den automatisierten Prozess dar, der zu hohen Transaktionskosten führt. Die alternativen Ansätze führen auch nicht zu einem brauchbaren Ausgleich der Interessen von Rechtsinhaber und Nutzer.

1034 *Chong/Etalle/Hartel/Law*, Approximating Fair Use in LicenseScript, in: Sembok/Zaman/Chen/Urs/Myaeng (Hrsg.), Digital Libraries: Technology and Management of Indigenous Knowledge for Global Access, S. 434.

1035 *Armstrong*, Digital Rights Management and the Process of Fair Use, Harvard Journal of Law & Technology, 2006, 50 (95).

1036 *Armstrong*, Digital Rights Management and the Process of Fair Use, Harvard Journal of Law & Technology, 2006, 50 (97).

1037 *Armstrong*, Digital Rights Management and the Process of Fair Use, Harvard Journal of Law & Technology, 2006, 50 (81).

1038 *Specht*, Diktat der Technik, S. 181.

c. Gesetzliche Regelung

Der deutsche Gesetzgeber hat sich in Umsetzung von Art. 6 IV InfoSoc-RL dazu entschieden, mit § 95b UrhG einen Ausgleich von technischen Schutzmitteln und den gesetzlichen Schrankenbestimmungen zu regeln.[1039] Anstatt eine Anpassung der technischen Nutzungsbedingungen vorzusehen oder externe Lizenzierungsstellen zu etablieren, sind enumerativ Schrankenbestimmungen aufgeführt, bei deren Einschränkung dem Nutzer „die notwendigen Mittel zur Verfügung zu stellen [sind], um von diesen Bestimmungen in dem erforderlichen Maße Gebrauch machen zu können.“ Konkret kann der Rechtsinhaber verpflichtet werden, dem Nutzer Zugang zu dem digitalen Inhalt zu gewähren.[1040]

Der Schrankenkatalog des § 95b I UrhG umfasst dabei nicht alle urheberrechtlichen Schrankenbestimmungen und berücksichtigt nicht den Umstand, dass technische Schutzmittel sich weiterhin über die Schutzfristen und den Erschöpfungsgrundsatz hinwegsetzen können.[1041] *Specht* spricht sich für die „Kopplung des technischen Dürfens an das rechtliche Dürfen“ aus und schlägt vor, dass auch abseits von möglichen vertraglichen Ansprüchen ein Umgehungsschutz nur dann statthaft sei, wenn die gewünschte Nutzungshandlung rechtswidrig ist.[1042]

Trotz des gesetzlichen Ausgleichs von technischen Schutzmitteln und Schranken des Urheberrechts zeigt sich, dass gerade bei automatisierten Verarbeitungen von digitalen Inhalten im WWW eine gerichtliche Geltendmachung mit Transaktionskosten verbunden ist und *Chilling Effects* provozieren kann.[1043]

d. Zwischenergebnis

Es zeigen sich unterschiedliche Ansätze, um eine Synchronität des technisch Möglichen und rechtlich Erlaubten zu erreichen. Besonders in den USA wurden rund um die *Fair Use* verschiedene Ansätze diskutiert, wie

---

1039 *Finck/Moscon*, Copyright Law on Blockchains: Between New Forms of Rights Administration and Digital Rights Management 2.0, IIC 2019, 77 (85, 86).

1040 *Wandtke/Bullinger/Wandtke/Ohst* UrhG § 95b Rn. 16.

1041 *Specht*, Zum Verhältnis von (Urheber-)Recht und Technik, GRUR 2019, 253 (258).

1042 *Specht*, Zum Verhältnis von (Urheber-)Recht und Technik, GRUR 2019, 253 (259).

1043 *Hofmann*, Kontrolle oder nachlaufender Rechtsschutz – wohin bewegt sich das Urheberrecht?, GRUR 2018, 21 (22).

man eine Berücksichtigung der Nutzerinteressen auch technisch in ein DRM-System integrieren kann. Naheliegend ist der Gedanke, die technischen Nutzungsbedingungen auch für die Nutzer zu öffnen, also aus einem unidirektionalen System ein bidirektionales zu machen. Allerdings setzt dies voraus, dass jede gesetzliche Beschränkung formal dargestellt werden muss, was rein technisch nicht zu bewerkstelligen ist.

Als Alternative sollte eine Kombination der Berücksichtigung von Nutzerrechten in den technischen Nutzungsbestimmungen und Lizenzierungsstellen umgesetzt werden, die im Zweifel eine Prüfung der Erlaubnis der Nutzungshandlung vornehmen muss.

Für das deutsche Urheberrecht findet sich in § 95b UrhG eine gesetzliche Regelung, die eine Liste an Schranken enthält, die durchsetzungsstark sind, die Rechtsinhaber für diese also gesetzlich verpflichtet werden können, die „notwendigen Mittel zur Verfügung zu stellen".

Dabei zeigt sich, dass der Nutzer in der Regel auf eine nachträgliche Prüfung oder Durchsetzung seiner Rechte angewiesen ist. Was gerade bei Nutzungen von digitalen Inhalten durch *Software*, die automatisiert erfolgen, zu hohen Transaktionskosten und möglichen *Chilling Effects* führen kann, die die Softwareverwender davon abhalten, digitale Inhalte von Webseiten zu verarbeiten.

IX. Zusammenfassung: Kapitel 6

Bereits Anfang der 1990er Jahre wurde das *Robots Exclusion Protocol* entwickelt und so eine Möglichkeit geschaffen, *Software* konkrete Anweisungen hinsichtlich der Nutzung von digitalen Inhalten von Webseiten zu erteilen. Seit September 2022 ist das REP ein *Proposed Standard* (IETF).

Anders als die technischen Schutzmaßnahmen (§ 95a II UrhG) wirkt die *robots.txt* kommunikativ und stellt eine Willenserklärung unter Verwendung von formaler Sprache dar. Da das Protokoll nicht unmittelbar mit dem Werk verknüpft ist, handelt es sich nicht um eine Information zur Rechtewahrnehmung im Sinne des § 95c UrhG. Aufgrund der unterschiedlichen Schutzrichtung unterfällt das REP auch nicht dem Gesetz über den Schutz von zugangskontrollierten Diensten und von Zugangskontrolldiensten (ZKDSG).

Mit dem *allow*-Befehl bringt der Rechtsinhaber seinen Willen zum Ausdruck, mit der Nutzung seiner digitalen Inhalte einverstanden zu sein, weshalb die maschinenverständliche Erlaubnis als Einwilligung zu verstehen ist. Kommt es bei der Verwendung der *robots.txt*-Datei im Stammverzeichnis der Webseite zu Fehlern, dann hat der Rechtsinhaber unter den Voraussetzungen der §§ 119 ff. BGB ein Anfechtungsrecht, wobei es unter Berücksichtigung der persönlichkeitsrechtlichen Perspektive des Urheberrechts angemessen scheint, die Frist nach § 121 I BGB nicht auf die Unverzüglichkeit zu begrenzen, sondern ein jederzeitiges Anfechtungsrecht zu gewährleisten. Für den Widerruf gilt, dass der Umstand, dass die Erlaubnis durch *Code* im WWW stattfindet, nicht zu einer Erklärung *erga omnes* verpflichtet. Umso spezieller und damit individueller die Einwilligung erfolgt, umso weniger breit muss auch der Widerruf in seiner Umsetzung erfolgen.[1044]

Mit der erlaubenden REP-Anweisung verzichtet der Rechtsinhaber nicht zwangsläufig auf eine Vergütung für die Nutzung seiner digitalen Inhalte. Nach § 44b III UrhG steht es ihm nämlich frei, einen Nutzungsvorbehalt zu kommunizieren und hierüber eine Vergütung für die Nutzung zu verlangen.

Obwohl in der *robots.txt* Anweisungen für die verarbeitende *Software* enthalten sind, können diese Bestimmungen übergangen werden. Die *Software* muss auf die Beachtung der Datei im Stammverzeichnis programmiert worden sein. Allerdings führt die Nichtbeachtung gegebenenfalls zu Unterlassungs- und Schadensersatzansprüchen nach § 97 UrhG und das bewusste Nichtauslesen der *robots.txt* stellt eine unrechtmäßige Zugangsverweigerung dar.[1045]

Nicht nur losgelöst und als eigenständige Datei innerhalb des Stammverzeichnisses der Webseite kann das REP Relevanz erlangen, sondern auch als Teil von weiten DRM-Systemen. Die DRM-Systeme nutzen zur Beschreibung der erlaubten Nutzungshandlungen sogenannte *Rights Expression Languages* (REL), die maschinenverständlich mit den technischen Maßnahmen innerhalb des Schutzsystems kommunizieren können. Dabei wird XML genutzt, also eine Auszeichnungssprache, die den Informationsaustausch innerhalb des DRM-Systems ermöglicht. Diese beschriebenen Nutzungsbedingungen sind meist einzelfall- und nutzerbezogen, während das REP standardisierte Anweisungen für jegliche *Software* enthalten kann. In ihrer Funktion sind das REP und die REL vergleichbar und auch die *robots.txt* kann eine Nutzungsbedingung innerhalb eines weiten DRM-Systems darstellen.

1044 *Tinnefeld*, Die Einwilligung in urheberrechtliche Nutzungen im Internet, S. 162.

1045 *Tinnefeld*, Die Einwilligung in urheberrechtliche Nutzungen im Internet, S. 115.

Durch die privaten Schutzmittel können sich die Rechtsinhaber über die gesetzlichen (Schranken-)Bestimmungen hinwegsetzen. Um auch bei Verwendung von technischen Schutzmitteln einen gerechten Interessenausgleich zwischen den Parteien zu gewährleisten, sind verschiedene Ansätze entwickelt worden, um eine Rückkopplung des technisch Möglichen an das rechtlich Erlaubte zu ermöglichen. Als Schnittstelle zur Begrenzung der technischen Schutzmittel sind besonders die Nutzungsbedingungen in den Fokus gerückt. Jedoch ist es technisch nicht möglich, die Weite des rechtlichen Auslegungsspielraums zu formalisieren. Neben der gesetzlichen Regelung in § 95b UrhG schlägt *Specht* zur Regelung des Verhältnisses von gesetzlichen Schranken und technischer Schutzmittel vor, den Schutz vor Umgehung der Schutzmittel nur dann zu gewähren, wenn die Nutzungshandlung unzulässig wäre.[1046]

1046 *Specht*, Zum Verhältnis von (Urheber-)Recht und Technik, GRUR 2019, 253 (259).

Kapitel 7: Technische Grenzen der Rechtsdurchsetzung

Stand zuvor die Rechtsausübung im Vordergrund und damit die Frage, inwieweit Recht und Technik materiell übereinstimmen müssen, um insbesondere den Interessenausgleich des Urheberrechts zu wahren, soll nun der Schwerpunkt auf der Rechtsdurchsetzung liegen. Im deutschen Recht wird zwischen der Rechtsanwendung und Rechtsdurchsetzung unterschieden.[1047] Auf beide Ebenen kann der Rechtsinhaber durch Verwendung von technischen Schutzmitteln Einfluss nehmen. *Mackenrodt* beschreibt diesen Umstand als „Privatisierung der Normsetzung" und „Privatisierung der Rechtsdurchsetzung".[1048]

In diesem Kapitel soll die Wirkung der technischen Schutzmittel in Bezug auf die Rechtsdurchsetzung aufgezeigt und auf mögliche technische Weiterentwicklungen eingegangen werden, die den Konflikt zwischen Recht und Technik zunehmend verschärfen. Gerade unter Verwendung von *Smart Contracts* bedarf es keiner gerichtlichen Durchsetzung mehr, sondern die Nutzungsbedingungen werden automatisiert vollzogen.

Nachdem ein Verständnis für die Wirkung von technischen Mitteln auf die Rechtsdurchsetzung erarbeitet worden ist, sollen diese Ergebnisse zur Bewertung des *Robots Exclusion Protocols* genutzt und geprüft werden, ob die technischen Anweisungen in der *robots.txt* eine ausreichende „Rechtssensitivität"[1049] aufweisen, also allgemeine Rechtsprinzipien in Bezug auf die Durchsetzung der Nutzungsbestimmungen berücksichtigen.

I. Unterschiedliche Intensität von Recht und Technik

Recht und Technik können in ähnlicher Weise eine Steuerungswirkung auf menschliches Verhalten darstellen, die sich jedoch in Wirkung und Intensität unterscheiden. Diese Differenzen sollen nachfolgend herausgearbeitet werden, da sie den Blick auf die Anforderungen eines adäquaten tech-

---

1047 *Beaucamp*, Rechtsdurchsetzung durch Technologie, S. 56.

1048 *Mackenrodt*, Technologie statt Vertrag?, S. 24.

1049 *Specht*, Zum Verhältnis von (Urheber-)Recht und Technik, GRUR 2019, 253 (259).

nischen Mittels im Zusammenhang mit der automatisierten Datenverarbeitung schärfen und so zu einer Annäherung von rechtlichen und technischen Befugnissen beitragen können.[1050]

Rechtsvorschriften können aus vielerlei Gründen einen Einfluss auf die Handlungen des Menschen nehmen – sei es aufgrund der eigenen Unterwerfung und Befolgung der gesetzlichen Regelung oder aus Sorge vor der möglichen Rechtsverfolgung.[1051] Dabei verbleibt dem Handelnden aber stets ein gewisser Entscheidungsspielraum, ob er die gesetzlichen oder vertraglichen Regelungen einhält.[1052] Es steht ihm also frei, sich über die rechtlichen Grenzen hinwegzusetzen.

Die technischen Mittel dagegen sind zwingend und lassen keinen Handlungsspielraum zu. Dadurch bestimmt der Rechtsinhaber über den Zugang zum Werk und Umfang der Nutzung entsprechend der Regelung in der technischen Schutzmaßnahme oder DRM-System.[1053] Dabei kann die technische Gestaltung so einschränkend wirken, dass es nur noch eine (technisch) erlaubte Handlung gibt (Impossibility Structure).[1054] Diese Art von technischen Strukturen sind keine Utopie, sondern bereits Realität und finden sich zum Beispiel in Form der *Uploadfilter*,[1055] aber auch bei *Subscription*-Modellen wie Spotify oder Netflix oder Leasingverträgen für Autobatterien.[1056] Die technische Vernetzung gibt dem Rechtsinhaber die Möglichkeit, den Zugang zum digitalen Inhalt bei fehlender Zahlung der vereinbarten Vergütung zu sperren.[1057] Der Anspruch wird also technisch

---

1050 *Specht*, Zum Verhältnis von (Urheber-)Recht und Technik, GRUR 2019, 253 (259).

1051 *Beaucamp*, Rechtsdurchsetzung durch Technologie, S. 64; *Hoffmann-Riem*, Verhaltenssteuerung durch Algorithmen – Eine Herausforderung für das Recht, AöR 2017, 2 (34).

1052 *Lessig*, Code 2.0, S. 81.

1053 *Lessig*, Code 2.0, S. 175; Mackenrodt, Technologie statt Vertrag?, S. 23, 24; *Sesing*, Verbreitung digitaler Inhalte, S. 110.

1054 *Hastedt*, Neue Herausforderungen für das Recht durch „Impossibility Structures“?, MMR 2021, 696; *Rademacher*, Wenn neue Technologien altes Recht durchsetzen: Dürfen wir es unmöglich machen, rechtswidrig zu handeln?, JZ 2019, 702 (703).

1055 *Beaucamp*, Rechtsdurchsetzung durch Technologie, S. 75 ff.; *Rademacher*, Wenn neue Technologien altes Recht durchsetzen: Dürfen wir es unmöglich machen, rechtswidrig zu handeln?, JZ 2019, 702 (704); *Specht*, Zum Verhältnis von (Urheber-)Recht und Technik, GRUR 2019, 253 (256).

1056 BGH, Urteil vom 26. Oktober 2022 – XII ZR 89/21, in: MMR 2023, 120 (121).

1057 Weitere Beispiele für Funktionssperren: *Duden*, Digitale Sachherrschaft, S. 9, 13.

unmittelbar durchgesetzt. Damit setzt eine Verlagerung von vertraglichen Nutzungsbedingungen auf technische Nutzungsbedingungen ein.[1058]

Vergegenwärtigt man sich hierzu im Vergleich die rechtsstaatlichen Mittel zur Rechtsdurchsetzung, so wären die Gerichte angehalten, eine Entscheidung basierend auf den Gesamtumständen des Einzelfalls zu treffen.[1059] Die Durchsetzung erfolgt *ex post* und nicht *ex ante* wie bei den Nutzungsbedingungen innerhalb der DRM-Systeme.[1060] Setzt man gedanklich weiter vorne an, so betrifft die Intensität von technischen Schutzmitteln nicht nur den Rechtsweg, sondern bereits die Nutzungshandlung. Recht kann gebrochen werden, aber es muss nicht zur Durchsetzung dessen kommen, während Technik diese „Freiheit zum Rechtsverstoß" nicht gewährt.[1061] Dadurch entsteht die Gefahr einer „technischen Zwangsordnung", die die Entscheidungsfreiheit des Einzelnen sensibel beschränkt.[1062] Dem Nutzer ist die Entscheidung über sein Verhalten genommen, da ein Verhalten, das dem technischen Schutzmittel nicht entspricht, automatisiert verhindert wird.[1063] Dadurch wird auch das Gewaltmonopol des Staates unterminiert, denn es gibt nun keine unabhängige Instanz mehr, die den Anspruch prüft, sondern entscheidend sind die technischen Vorgaben eines privaten Dritten.[1064] Mit der Unterscheidung von Rechtsanwendung und Rechtsdurchsetzung ermöglicht die Rechtsordnung eine Verhältnismäßigkeitsprüfung, in der Handlung und Rechtsfolge zueinander überprüft werden und so vor Härtefällen schützt.[1065] Eine automatisierte Durchsetzung hebt die Trennung der beiden Ebenen auf.

1058 *Lessig*, Code 2.0, S. 188.

1059 *Becker*, Von der Freiheit, rechtswidrig handeln zu können, ZUM 2019, 636 (642).

1060 *Beaucamp*, Rechtsdurchsetzung durch Technologie, S. 34, 37; *Mulligan/Burstein*, Implementing Copyright Limitations in Rights Expression Languages, in: Feigenbaum (Hrsg.), Digital Rights Management, S. 137.

1061 *Beaucamp*, Rechtsdurchsetzung durch Technologie, S. 35.

1062 *Hoffmann-Riem*, Verhaltenssteuerung durch Algorithmen – Eine Herausforderung für das Recht, AöR 2017, 2 (35); *Paschke*, Digitale Gerichtsöffentlichkeit und Determinierungsgesamtrechnung, MMR 2019, 563 (567).

1063 *Beaucamp*, Rechtsdurchsetzung durch Technologie, S. 39; *Hoffmann-Riem*, Verhaltenssteuerung durch Algorithmen – Eine Herausforderung für das Recht, AöR 2017, 2 (35).

1064 *Duden*, Digitale Sachherrschaft, S.320; *Exner*, Smart Contracts im Spannungsfeld zwischen Automatisierung und Verbraucherschutz, S. 100.

1065 *Beaucamp*, Rechtsdurchsetzung durch Technologie, S. 56; *Hofmann*, Kontrolle oder nachlaufender Rechtsschutz – wohin bewegt sich das Urheberrecht?, GRUR 2018, 21 (23); *Kraetzig/Lennartz*, Grundrechtsschutz durch Algorithmus?, NJW 2022, 2524 (2529).

1. Konsequenz des Determinismus von Technik

Wie zuvor aufgezeigt, gibt es einen Wirkungsunterschied von Recht und Technik, der sich vor allem daraus ergibt, dass Recht durch die Trennung von Rechtsanwendung und Rechtsdurchsetzung ein Ermessen gewährt und damit die Verhältnismäßigkeit von Handlung und Rechtsfolge prüft. Technik agiert automatisiert und folgt den Regeln des Algorithmus[1066] und kontextualisiert nicht wie der Mensch[1067]. Das kann für die Rechtsinhaber und Nutzer von Vorteil sein. Konkret erachten die Rechtsinhaber die technischen Schutzmittel in Bezug auf das Urheberrecht als vereinfachend. So sind die Verwender der technischen Schutzmittel nicht mehr angehalten, sich auf die rechtsstaatlichen Institutionen zur Durchsetzung ihrer Ansprüche zu verlassen, sondern können die DRM-Systeme so gestalten, dass die Nutzer die Werke nicht verwerten können und – je nach technischer Gestaltung – sogar ihre Ansprüche automatisiert selbst vollziehen.[1068] Die Nutzer können sich ebenfalls *Software* bedienen und die Verarbeitung von digitalen Inhalten automatisieren.

Doch wie weit darf die Technik gehen? Gilt also doch „Code is Law“?[1069] *Hofmann* zeigt auf, dass materielles Recht und Rechtsdurchsetzung die Gesamtheit „Recht“ bilden und diese beiden Ebenen im Idealfall gleichwertig sind.[1070] Sofern eine Ebene abgeschwächt wird, wie bei der Herausforderung der Durchsetzung von Urheberrechtsverletzungen durch automatisierte Verarbeitung von digitalen Inhalten im WWW, neigen die Rechtsinhaber, die die Rechtsverletzung in der Regel überhaupt nicht mitbekommen, dazu, (private) technische Mittel zu etablieren, die diese Störung ausgleichen.[1071] Dies kann als Reaktion auf die starke Durchsetzung

---

1066 *Fries*, Schadensersatz ex machina, NJW 2019, 901 (902).

1067 *Rademacher*, Wenn neue Technologien altes Recht durchsetzen: Dürfen wir es unmöglich machen, rechtswidrig zu handeln?, JZ 2019, 702 (706).

1068 *Hugenholtz*, Code as Code, or the End of Intellectual Property as We Know It, Maastricht Journal of European and Comparative Law 1999, S. 308 (318).

1069 *Lessig*, Code and Other Laws of Cyberspace, S. 6; *Finck/Moscon*, Copyright Law on Blockchains: Between New Forms of Rights Administration and Digital Rights Management 2.0, IIC 2019, 77 (87).

1070 *Hofmann*, Smart Contracts und Overenforcement, in: Fries/Paal (Hrsg.), Smart Contracts, S. 130.

1071 *Lessig*, Code 2.0, S. 172; *Hofmann*, Smart Contracts und Overenforcement, in: Fries/Paal (Hrsg.), Smart Contracts, S. 132.

zu *Chilling Effects* führen, da die Rechtsfolgen prohibitiv auf die Nutzungshandlung der Softwareverwender wirken.[1072]

Damit zeigt sich, dass ein interessengerechtes Urheberrecht in Bezug auf die automatisierte Datenverarbeitung von digitalen Inhalten sowohl auf Ebene des materiellen Rechts als auch auf der der Rechtsdurchsetzung gefunden werden muss. Wie im vorherigen Kapitel dargelegt, enthält § 95b UrhG eine Regelung, um dem Nutzer zumindest die „notwendigen Mittel“ zur Verfügung zu stellen, um von den urheberrechtlich geschützten Inhalten Gebrauch zu machen, sofern der Nutzer „rechtmäßigen Zugang“ zu den geschützten Inhalten hat. Gerade bei der automatisierten Datenverarbeitung durch *Software* hat sich gezeigt, dass die Prozeduralisierung des Rechts, die dem Rechtsinhaber eine Handlungslast auferlegt und so eine Ausnahme zur Regel der freien Nutzung darstellt, zu einem interessengerechten Ausgleich für die Verarbeitung von digitalen Inhalten durch *Software* im WWW beiträgt.

Bei einer automatisierten Durchsetzung der Rechte kann ein materiell rechtswidriges Verhalten perpetuiert werden beziehungsweise auch bei rechtmäßiger Rechtsanwendung dem von der technischen Durchsetzung Betroffenen die Möglichkeit geben, sich gegen diesen Vorgang zu wehren („Freiheit zum Rechtsverstoß“).[1073] Dadurch behält sich das Recht seine Offenheit vor, den Besonderheiten des Einzelfalls gerecht zu werden und auf neue Entwicklungen wie die automatisierte Nutzung von Urheberrechten durch *Software* zu reagieren.[1074] *Hofmann* beschreibt dies als „interessengerechte Rechtszuweisungen [und] situationsadäquate Rechtsdurchsetzung“.[1075]

Welche technischen Entwicklungen sich auf Ebene der Rechtsdurchsetzung abzeichnen und wie diese für urheberrechtliche Zwecke genutzt werden, ist Gegenstand der folgenden Darstellung, bevor auch auf die Bedeutung des *robots.txt* eingegangen werden soll.

1072 *Hofmann*, Kontrolle oder nachlaufender Rechtsschutz – wohin bewegt sich das Urheberrecht?, GRUR 2018, 21 (22).

1073 *Beaucamp*, Rechtsdurchsetzung durch Technologie, S. 63, 68.

1074 Vgl. in Bezug auf die schlichte Einwilligung: BGH, Urteil vom 29. April 2010, I ZR 69/08, Rn. 36 – Vorschaubilder I; in: MMR 2010, 475 (479).

1075 *Hofmann*, Smart Contracts und Overenforcement, in: Fries/Paal (Hrsg.), Smart Contracts, S. 140.

a. *Smart Contracts*

Zu Beginn dieser Arbeit wurden die *Smart Contracts* vorgestellt und damit die technische Entwicklung erläutert, bei der unter Verwendung von *Software* eine Konditionalbeziehung automatisch vollzogen wird.[1076] Dies kann unter Nutzung der *Blockchain*-Technologie erfolgen, muss sich der *Distributed-Ledger*-Technologie aber nicht bedienen.[1077] Präzise werden die *Smart Contracts* von den *Nodes*, also mithilfe der einzelnen Computer des *Peer-to-Peer*-Netzwerks ausgeführt.[1078]

Die *Distributed-Ledger*-Technologie ist im Gegensatz zu DRM-Systemen manipulationssicher, da eine dezentrale Speicherung der Daten erfolgt.[1079] Dabei ist die *Blockchain* sicherlich die bekannteste *Distributed-Ledger*-Technologie, die ihren Namen dem Umstand verdankt, dass bei der *Blockchain* alle Daten in einem Block gespeichert werden und ab einer bestimmten Größe mit dem bestehenden *Ledger* unter Verwendung eines *Hashing*-Verfahren als Kette (*Chain*) zusammengefasst werden.[1080] Darin werden immer neue Blöcke der Kette hinzugefügt, aber kein Block entfernt, was zu einer Nachvollziehbarkeit der Daten führt und damit als fälschungssicher gilt.[1081] Dieses öffentlich einsehbare *Peer-to-Peer*-Netzwerk wird von allen Beteiligten bestätigt und bedarf dadurch keiner Verifizierung durch Dritte.[1082]

Szabo, dem Begründer der Idee des *Smart Contract*, ging es im Kern darum, die privaten Rechtsbeziehungen von Parteien unabhängig von

---

1076 *Finck*, Grundlagen und Technologie von Smart Contracts, in: Fries/Paal (Hrsg.), Smart Contracts, S. 8; *Legner*, Smart Consumer Contracts – Die automatisierte Abwicklung von Verbraucherverträgen, VuR 2021, 10 (11); *Lindner*, Der programmierte Mietvertrag, NZM 2021, 665 (667).

1077 *Finck*, Grundlagen und Technologie von Smart Contracts, in: Fries/Paal (Hrsg.), Smart Contracts, S. 5.

1078 *Hoppe*, Blockchain Oracles – Einsatz der Blockchain-Technologie für Offline-Anwendungen, in: Hennemann/Sattler (Hrsg.), Immaterialgüter und Digitalisierung – Junge Wissenschaft zum Gewerblichen Rechtsschutz, Urheber und Medienrecht, S. 62.

1079 *Erbguth*, Transparenz von Smart Contracts, in: Fries/Paal (Hrsg.), Smart Contracts, S. 25, *Matzke*, Smart Contracts statt Zwangsvollstreckung?, in: Fries/Paal (Hrsg.), Smart Contracts, S. 110.

1080 *Finck/Moscon*, Copyright Law on Blockchains: Between New Forms of Rights Administration and Digital Rights Management 2.0, IIC 2019, 77 (90).

1081 *Finck/Moscon*, Copyright Law on Blockchains: Between New Forms of Rights Administration and Digital Rights Management 2.0, IIC 2019, 77 (90).

1082 *Savelyev*, Copyright in the blockchain era: Promises and challenges, Computer Law & Security Review 2018, 550 (551).

staatlichen Bestimmungen festzulegen.[1083] Mit Blick auf die Durchsetzung der Nutzungsbedingung ist damit der Vollzug des Rechts nicht mehr nötig und übergeht so die Funktion der Gerichte.[1084] Im Zweifel muss aber der von der Durchsetzung Betroffene darlegen, dass der Vollzug zu Unrecht erfolgte; zudem trägt er die Klagelast.[1085]

Da die *Smart Contracts* nur technisch ausführen, was vertraglich vereinbart ist, handelt es sich nicht um Verträge im eigentlichen Sinne.[1086]

Das gewonnene Maß an Rechtssicherheit durch den automatisierten Vollzug der Bedingungen bleibt hinter dem Umstand zurück, dass bei Verwendung von *Smart Contracts* kein Raum für eine Verhältnismäßigkeitsprüfung verbleibt und – um bei der Darstellung von *Hofmann* zu verbleiben – so zu einem „overenforcement" führt.[1087] Die Entscheidungsfreiheit, sich nicht an die Vertragsbedingungen zu halten, besteht nicht mehr. Dieser Umstand kann die Kosten der Rechtsverfolgung senken und zugleich einen „pädagogischen Effekt" darstellen, da die Folge der Nichteinhaltung der Übereinkunft zu einer unmittelbaren Durchsetzung führt.[1088] Dabei sind dem deutschen Zivilrecht Sicherungsmittel nicht unbekannt, doch erfolgt eine mögliche Vollstreckung nach gerichtlicher Prüfung und nicht nach Maßgabe der Bedingungen eines Privaten, hier dem Verwender des *Smart Contracts*.[1089]

Es zeigt sich, dass die Verwendung von *Smart Contracts* den Determinismus der Technik auf Ebene der Rechtsdurchsetzung perpetuiert. Es wird nicht das, was beide Parteien gewollt haben, durchgesetzt, sondern

---

1083 *Exner*, Smart Contracts im Spannungsfeld zwischen Automatisierung und Verbraucherschutz, S. 59.

1084 *Beaucamp*, Rechtsdurchsetzung durch Technologie, S. 68; *Exner*, Smart Contracts im Spannungsfeld zwischen Automatisierung und Verbraucherschutz, S. 32; *Wilhelm*, Smart Contracts im Zivilrecht – Teil I, WM 2020, 1807 (1809).

1085 *Riehm*, Smart Contracts und verbotene Eigenmacht, in: Fries/Paal (Hrsg.), Smart Contracts, S. 89.

1086 *Paulus/Matzke*, Smart Contracts und Smart Meter – Versorgungssperre per Fernzugriff, NJW 2018, 1905; *Schawe*, Blockchain und Smart Contracts in der Kreativwirtschaft – mehr Probleme als Lösungen?, MMR 2019, 218; *Specht*, Zum Verhältnis von (Urheber-)Recht und Technik, GRUR 2019, 253 (258).

1087 *Hofmann*, Smart Contracts und Overenforcement, in: Fries/Paal (Hrsg.), Smart Contracts, S. 132.

1088 *Matzke*, Smart Contracts statt Zwangsvollstreckung?, in: Fries/Paal (Hrsg.), Smart Contracts, S. 107.

1089 *Exner*, Smart Contracts im Spannungsfeld zwischen Automatisierung und Verbraucherschutz, S. 40; *Matzke*, Smart Contracts statt Zwangsvollstreckung?, in: Fries/Paal (Hrsg.), Smart Contracts, S. 102.

entscheidend ist, wie der Verwender den Algorithmus gestaltet hat.[1090] Hinzu kommt, dass die Verwendung des technisches Schutzmittels und die automatisierte Rechtsdurchsetzung selten mit Zustimmung beider Parteien erfolgt.[1091] Um die Wirkung des automatisierten Vollzugs der *Smart Contracts* einzuschränken, sind Überlegungen angestellt worden, ob in die technische Gestaltung eine „Unvollständigkeit" eingebaut werden solle[1092] oder die von der Automatisierung betroffene Partei ebenfalls Einfluss auf die technische Gestaltung nehmen könne, gegebenenfalls durch die Verwendung eigener Protokolle.[1093]

Im nächsten Schritt soll die Anwendung von *Smart Contracts* im Urheberrecht untersucht werden; geprüft wird auch, welche Konsequenz die Verwendung für den Interessenausgleich von Rechtsinhaber und Nutzer hat.

b. *Smart Contracts* und DRM-Systeme

Weite DRM-Systeme, die die technischen und rechtlichen Bedingungen der Nutzung der digitalen Inhalte bestimmen, sind in ihrer Wirkung mit den *Smart Contracts* vergleichbar.[1094] Möchte ein Softwareverwender auf digitale Inhalte auf Webseiten zugreifen, die über ein DRM-System gesichert sind, kann die technische Anweisung in der REL zu einem tatsächlichen Nutzungsausschluss der automatisierten Verarbeitung führen. Technisch ist es also möglich, ein „paracopyright" zu begründen.[1095]

Der Vorteil der *Smart Contracts* in Abgrenzung zu den DRM-Systemen ergibt sich vornehmlich aus der Verwendung von *Distributed-Ledger-*

1090 *Exner*, Smart Contracts im Spannungsfeld zwischen Automatisierung und Verbraucherschutz, S. 94.

1091 *Exner*, Smart Contracts im Spannungsfeld zwischen Automatisierung und Verbraucherschutz, S. 65.

1092 *Lessig*, Code 2.0, S. 196: „Should the architecture allow perfect control over intellectual property, or should we build into the architecture an incompleteness that guarantees a certain aspect of public use or a certain space for individual freedom?"

1093 *Finck*, Grundlagen und Technologie von Smart Contracts, in: Fries/Paal (Hrsg.), Smart Contracts, S. 11; *Paulus/Matzke*, Smart Contracts und Smart Meter – Versorgungssperre per Fernzugriff, NJW 2018, 1905.

1094 *Erbguth*, Transparenz von Smart Contracts, in: Fries/Paal (Hrsg.), Smart Contracts, S. 25.

1095 *Finck/Moscon*, Copyright Law on Blockchains: Between New Forms of Rights Administration and Digital Rights Management 2.0, IIC 2019, 77 (78).

Technologie und der Dezentralität der Speicherung von Nutzungsbedingungen, die damit unveränderlich wird und beiden Parteien mehr Schutz bieten.[1096] Ferner ergibt sich ein Unterschied auch dadurch, dass die DRM-Systeme über die Nutzungsbedingung die zulässige Form der Verwertung festlegen, die *Smart Contracts* aber auch die Durchsetzung der Bedingungen vollziehen.[1097]

Insbesondere die weiten DRM-Systeme gelten als aufwendig und kostspielig, da eine Fülle an rechtlichen und tatsächlichen Maßnahmen benötigt wird.[1098] Daran anschließend ergibt sich aus der Individualität der Gestaltung des technischen Schutzmittels auch die Herausforderung der Interoperabilität, also der Verständigung mit anderen Schutzsystemen.[1099]

Wird der urheberrechtlich geschützte digitale Inhalt auf der *Blockchain* registriert, so ist es möglich, unter Verwendung von *Smart Contracts* die Nutzungsberechtigung zu steuern, wodurch der „proprietäre Charakter" von DRM-Systemen aufgelöst wird.[1100]

c. *Smart Contracts* und ihre Bedeutung für das Urheberrecht

Nur vereinzelt gibt es bislang praktische Beispiele, die sich der *Distributed-Ledger*-Technologie bedient haben, um urheberrechtlich relevante

---

1096 *Specht*, Zum Verhältnis von (Urheber-)Recht und Technik, GRUR 2019, 253 (258); *Tresise/Goldenfein/Hunter*, What Blockchain Can and Can't Do for Copyright, Australian Intellectual Property Journal 2018, 144 (151), abrufbar unter: https://ssrn.com/abstract=3227381 (zuletzt abgerufen am 10. August 2023).

1097 *Finck/Moscon*, Copyright Law on Blockchains: Between New Forms of Rights Administration and Digital Rights Management 2.0, IIC 2019, 77 (104).

1098 *Tresise/Goldenfein/Hunter*, What Blockchain Can and Can't Do for Copyright, Australian Intellectual Property Journal 2018, 144 (151), abrufbar unter: https://ssrn.com/abstract=3227381 (zuletzt abgerufen am 10. August 2023).

1099 *Duden*, Digitale Sachherrschaft, S. 51; *Schafdecker*, Auf dem Weg zu einem europäischen One-Stop-Shop für die Vergabe von Online-Nutzungsrechten an Musikwerken?, S. 63; *Tresise/Goldenfein/Hunter*, What Blockchain Can and Can't Do for Copyright, Australian Intellectual Property Journal 2018, 144 (151), abrufbar unter: https://ssrn.com/abstract=3227381 (zuletzt abgerufen am 10. August 2023).

1100 *Tresise/Goldenfein/Hunter*, What Blockchain Can and Can't Do for Copyright, Australian Intellectual Property Journal 2018, 144 (151), abrufbar unter: https://ssrn.com/abstract=3227381 (zuletzt abgerufen am 10. August 2023).

Nutzungen zu bestimmen.[1101] Dies sei vorweg gestellt und als Hinweis zu verstehen, dass die folgenden Ausführungen zwar hypothetisch, doch mit Rücksicht auf die rasante technische Entwicklung alles andere als abwegig sind.

In Bezug auf die urheberrechtlich geschützten digitalen Inhalte kann ein *Smart Contract* unter Verwendung der *Distributed-Ledger*-Technologie genutzt werden, um die Werke in dem dezentralen Netzwerk zu speichern.[1102] Dafür wird der digitale Inhalt als *Hashdatei* in einem Block der *Blockchain* abgespeichert, bekommt einen Zeitstempel und auch die technische Nutzungsbedingungen sind darin festgelegt; dieser stellen die originale Fassung des digitalen Inhalts (Werks) dar und beschreiben, wie und von wem der digitale Inhalt genutzt werden darf.[1103] Wie so oft für neue Technologien so gilt auch hier, dass die *Smart Contracts* unter Verwendung von *Distributed-Ledger*-Technologie von einer Vielzahl von Rechtsinhabern genutzt werden müssen, um sich breitflächig etablieren zu können.[1104]

Insbesondere zwei Szenarien der Verwendung von *Smart Contracts* mit *Distributed-Ledger*-Technologie sind denkbar: Die automatisierte Vergütung der Nutzung und die Reduzierung von Transaktionskosten durch die Standardisierung von Nutzungsbedingungen.[1105]

1101 Kodak One, https://www.kodak.com/en/company/press-release/blockchain-initiative (zuletzt abgerufen am 10. August 2023); Ujo Music, https://blog.ujomusic.com/ (zuletzt abgerufen am 10. August 2023).

1102 *Specht*, Zum Verhältnis von (Urheber-)Recht und Technik, GRUR 2019, 253 (258).

1103 *Hoppe*, Blockchain Oracles – Einsatz der Blockchain-Technologie für Offline-Anwendungen, in: Hennemann/Sattler (Hrsg.), Immaterialgüter und Digitalisierung, S. 59; *Savelyev*, Copyright in the blockchain era: Promises and challenges, Computer Law & Security Review 2018, 550 (557); *Specht*, Zum Verhältnis von (Urheber-)Recht und Technik, GRUR 2019, 253 (258).

1104 *Tresise/Goldenfein/Hunter*, What Blockchain Can and Can’t Do for Copyright, Australian Intellectual Property Journal 2018, 144 (154), abrufbar unter: https://ssrn.com/abstract=3227381 (zuletzt abgerufen am 10. August 2023).

1105 *Finck/Moscon*, Copyright Law on Blockchains: Between New Forms of Rights Administration and Digital Rights Management 2.0, IIC 2019, 77 (95, 96); *Specht*, Zum Verhältnis von (Urheber-)Recht und Technik, GRUR 2019, 253 (258).

aa. Automatisierte Vergütung für die Nutzung von geschützten digitalen Inhalten

Die automatisierte Vergütung für Nutzungshandlungen unter Verwendung von *Blockchain*-Technologie setzt auf beiden Seiten – also auf der des Rechtsinhabers und der des Nutzers – deren Verwendung voraus. Hat der Rechtsinhaber seine digitalen Inhalte auf der *Blockchain* gespeichert, kann er über die Verwendung von *Smart Contracts* die Nutzungsbedingungen festsetzen, also wann und in welchem Umfang die Inhalte von Dritten genutzt werden dürfen. Erlaubt der Rechtsinhaber die Verarbeitung der digitalen Inhalte von seiner Webseite unter dem Vorbehalt einer Vergütung, so werden diese Nutzungsbedingungen festgesetzt und die Nutzungsfreigabe erfolgt erst mit Bezahlung durch den Nutzer beziehungsweise wird bei aussetzender Zahlung wieder entzogen (Durchsetzung der Nutzungsbedingungen).[1106]

Ein solches System erlaubt die Vergütung für jede Form der Nutzung, sodass selbst Kleinstbeträge geltend gemacht werden können, die direkt an die Rechtsinhaber ausgeschüttet werden.[1107] Dies ermöglicht es den Rechtsinhabern, ihre digitalen Werke im Direktvertrieb mit den Nutzern zu teilen und so – ohne notwendige Mittelsmänner – das Werk wirtschaftlich zu verwerten.[1108] Dabei werden die Nutzungsbedingungen aber nach wie vor einseitig vom Rechtsinhaber bestimmt, sodass die Verwendung der *Blockchain*-Technologie ein zweischneidiges Schwert bleibt und entweder bestehende gesetzliche Bestimmungen auch im digitalen Umfeld zur Durchsetzung verhilft oder das Urheberrecht weiter aushöhlt.

Ein Erfahrungsbericht des Versuchs der Nutzung der *Blockchain* für digitale Bilder findet sich bei dem Unternehmen ascribe.[1109] Das Unternehmen hat es sich bereits 2013 zur Aufgabe gemacht, die *Bitcoin-Blockchain* zur direkten Vergütung der Urheber zu nutzen. Primär sah sich *ascribe*

1106 *Specht*, Zum Verhältnis von (Urheber-)Recht und Technik, GRUR 2019, 253 (258).

1107 *Finck/Moscon*, Copyright Law on Blockchains: Between New Forms of Rights Administration and Digital Rights Management 2.0, IIC 2019, 77 (95).

1108 *Schafdecker*, Auf dem Weg zu einem europäischen One-Stop-Shop für die Vergabe von Online-Nutzungsrechten an Musikwerken?, S. 61; *Tresise/Goldenfein/Hunter*, What Blockchain Can and Can't Do for Copyright, Australian Intellectual Property Journal 2018, 144 (153), abrufbar unter: https://ssrn.com/abstract=3227381 (zuletzt abgerufen am 10. August 2023).

1109 https://www.ascribe.io/ (zuletzt abgerufen am 10. August 2023).

einer Herausforderung ausgesetzt: der Menge an Transaktionen. Die genutzte *Blockchain* war zum damaligen Zeitpunkt zu klein und eine Verarbeitung der Transaktionen hätte zu lange gedauert. Dabei lag die Grenze 2013 bereits bei 100.000 verarbeiteten Fotos pro Tag.[1110] Betrachtet man die Möglichkeit der globalen Skalierung eines solchen Ansatzes, muss für eine Marktetablierung die Nutzerfreundlichkeit gewährleistet sein, also die schnelle technische Verarbeitung der Transaktionen. Ähnliche Probleme beschreiben *Tresise et al.* Und erkennen auch gegenwärtig noch vergleichbare Herausforderungen.[1111]

Die Prüfung der Transaktion läuft vereinfacht wie folgt ab: Gelangt die Prüfung des Netzwerks (*Node*) zu der Erkenntnis, dass die Transaktion zulässig ist, wird diese im „Memory Pool" gespeichert und an die weiteren Knotenpunkte des Netzwerks weitergeleitet.[1112] Es ist dann Aufgabe der *Miner*, diese Transaktionen in einen Block aufzunehmen und zu bestätigen.[1113] Die *Miner* bekommen für diese Arbeit entsprechende *Bitcoin* Anteile. Diese Incentivierung ist notwendig, um die Transaktionen zu bestätigen und damit ins öffentliche (und fälschungssichere) Register der dezentralen Datenbank zu übertragen. Sammeln sich zu viele Transaktionen an, kann dies zu deutlichen Verzögerungen führen. Die *Miner* können die schiere Flut an Transaktionen nicht mehr bestätigen. Dieser Umstand ließe sich lediglich durch ein Reduzieren der Menge an Prüfungen/Bestätigungen vermeiden.

Bedenkt man die Fülle an *Smart Contracts*, die nach Etablierung eines solchen Systems entstehen, wird schnell die Herausforderung durch die technische Limitierung der Verarbeitung der notwendigen Transaktionen ersichtlich. Eine automatisierte Vergütung für die Nutzung von digitalen Inhalten im WWW unter Verwendung von *Smart Contracts* durch die *Blockchain*-Technologie ist theoretisch denkbar, doch stößt sie an die derzeitigen technischen Grenzen aufgrund der notwendigen Bestätigung innerhalb der *Blockchain*.

1110 https://www.ascribe.io/ (zuletzt abgerufen am 10. August 2023).

1111 *Tresise/Goldenfein/Hunter*, What Blockchain Can and Can't Do for Copyright, Australian Intellectual Property Journal 2018, 144 (154), abrufbar unter: https://ssrn.com/abstract=3227381 (zuletzt abgerufen am 10. August 2023).

1112 https://www.blocktrainer.de/blocktrainer-1x1/was-ist-ein-mempool/ (zuletzt abgerufen am 10. August 2023).

1113 https://bitcoin.org/de/wie-es-funktioniert (zuletzt abgerufen am 10. August 2023).

bb. Standardisierung der Nutzungsbedingungen

Die weiten DRM-Systeme bedienen sich verschiedener Schutzmittel, bestehend aus rechtlichen und technischen Maßnahmen. Dieses Konglomerat an Schutzmaßnahmen kann in Anbetracht der globalen Nutzung von geschützten digitalen Inhalten zu Herausforderungen führen, denn die rechtliche Komponente des Schutzmittels kann in anderen Rechtsordnungen anders bewertet werden, trotz bestehender internationaler Abkommen.[1114]

Initiativen wie *Creative Commons*, die sich zur Aufgabe gemacht haben, die Nutzung von Werken im digitalen Umfeld zu vereinfachen, geben auch eine maschinenlesbare Version der Lizenzbestimmungen aus, doch soll dadurch eine kostenlose Nutzung ermöglicht werden.[1115] Im Gegensatz dazu können die im *Smart Contract* festgelegten Nutzungsbestimmungen eine Vergütung vorsehen und diese zur Bedingung der Nutzung machen. In diesem Zusammenhang weist *Finck* auf die Entwicklung von *Code*-Bibliotheken hin, die helfen können, verschiedene Nutzungsbestimmungen für die Rechtsinhaber als Vorlagen anzubieten.[1116]

Durch die Verwendung von *Distributed-Ledger*-Technologie kann die Lizenzbestimmung nicht einseitig verändert werden und bietet durch die Nachvollziehbarkeit der Nutzungsbestimmung und Nutzungshandlung eine starke Transparenz, die Transaktions- und Prozesskosten deutlich verringern kann.

2. Anpassung von Recht und Technik bei der Rechtsdurchsetzung

Nachdem die Unterschiede von Recht und Technik dargestellt wurden, soll überlegt werden, wie eine Anpassung von Recht und Technik auf Ebene der Rechtsdurchsetzung erreicht werden kann.

1114 *Finck/Moscon*, Copyright Law on Blockchains: Between New Forms of Rights Administration and Digital Rights Management 2.0, IIC 2019, 77 (96); *Savelyev*, Copyright in the blockchain era: Promises and challenges, Computer Law & Security Review 2018, 550 (561).

1115 *Savelyev*, Copyright in the blockchain era: Promises and challenges, Computer Law & Security Review 2018, 550 (561).

1116 *Finck*, Grundlagen und Technologie von Smart Contracts, in: Fries/Paal (Hrsg.), Smart Contracts, S. 11.

Steckt man die unterschiedlichen Positionen ab, so können durch Technik (DRM-System oder *Smart Contract*) private Bestimmungen vollzogen werden, die sich über die rechtlichen Grenzen hinwegsetzen, wobei die Rechtsordnung auf der anderen Seite verlangt, dass eine „Freiheit zum Rechtsverstoß"[1117] gewährt wird und eine Verhältnismäßigkeitsprüfung möglich bleibt. Diese Einschränkungen muss das technische Mittel auch auf Ebene der automatisierten Rechtsdurchsetzung berücksichtigen.[1118] Auch wenn die Ausführungen zu den *Smart Contracts* (hypothetische) Anwendungsbereiche aufzeigen, die die Kosteneffizienz verbessern, die Vergütung effektiver gestalten und die Lizenzbestimmungen vereinfachen, verbleibt die Möglichkeit der Einseitigkeit der Nutzungsbestimmung und Durchsetzung durch den Rechtsinhaber. Zur Abschwächung dieses Umstands sind vielfältige Ansätze entwickelt worden, die von einer teleologischen Bewertung der Rechtsnorm[1119], einer „rechtssensitiven" Durchsetzung der Befugnisse[1120] und einem interessengerechten Ausgleich in Abhängigkeit einer holistischen Betrachtung von materiellem Recht und Rechtsdurchsetzung reichen.[1121]

Mit dem Ansatz zur „Rechtssensitivität"[1122] verlagert *Specht* die Bewertung um den Vollzug durch Technik auf die materielle Ebene des Rechts (zurück). Auch wenn *Hofmann* aufzeigt, dass materielles Recht und Durchsetzung sich gegenseitig bedingen und die materiellen Ansprüche schon „die erste Stufe der Rechtsdurchsetzung" darstellen[1123], so ist doch gerade die gerichtliche Entscheidung notwendig, um vor dem Rechtsvollzug die Besonderheiten des Einzelfalls zu bewerten.[1124] Man denke nur an

---

1117 *Beaucamp*, Rechtsdurchsetzung durch Technologie, S. 35.

1118 *Beaucamp*, Rechtsdurchsetzung durch Technologie, S. 200.

1119 *Rademacher*, Wenn neue Technologien altes Recht durchsetzen: Dürfen wir es unmöglich machen, rechtswidrig zu handeln?, JZ 2019, 702 (710).

1120 *Specht*, Zum Verhältnis von (Urheber-)Recht und Technik, GRUR 2019, 253 (259).

1121 *Hofmann*, Smart Contracts und Overenforcement, in: Fries/Paal (Hrsg.), Smart Contracts, S. 140.

1122 *Specht*, Zum Verhältnis von (Urheber-)Recht und Technik, GRUR 2019, 253 (259).

1123 *Hofmann*, Smart Contracts und Overenforcement, in: Fries/Paal (Hrsg.), Smart Contracts, S. 131, 134.

1124 *Nink*, Automatisierte Entscheidungsfindung, in: Ebers, StichwortKommentar Legal Tech, Rn. 42; Beaucamp, Rechtsdurchsetzung durch Technologie, S. 68.

die *Vorschaubilder*-Rechtsprechung[1125], in der der BGH die Rechtsfigur der schlichten Einwilligung genutzt hat, um für die internettypischen Nutzungshandlungen durch Suchmaschinen-*Software* zu einem interessengerechten Ergebnis zu gelangen.

Auch der Ansatz von *Rademacher* kann nur als ein erstes Indiz für die automatisierte Rechtsdurchsetzung herangezogen werden, denn die Fragestellung, ob „eine bestimmte Norm nach Sinn und Zweck überhaupt mit der Absicht ihres Vollvollzugs gesetzt" wurde, lässt sich für den Großteil der Vorschriften nicht beantworten, da der Gesetzgeber diese Frage nicht in den Gesetzgebungsprozess hat einfließen lassen.[1126] Erst in den letzten Jahren hat die technologische Entwicklung die Diskussion um die automatisierter Rechtsdurchsetzung erlaubt.

Geht es nach *Hofmann*, so kann ein automatisierter Vollzug statthaft sein, doch ist dies in seiner Gesamtheit des gerechten Interessenausgleichs als Idealbild der Rechtsordnung zu bewerten.[1127] Dies kann durch eine „teilweise Nichtverfolgung"[1128] geschehen oder – wie *Rademacher* es beschreibt – indem „Vollzugsdefiziten [...] kriteriengeleitet ein rechtlicher Eigenwert zugeschrieben"[1129] wird. Auch *Lessig* stellt sich in diesem Zusammenhang die Frage, ob in die (technische) „Architektur eine Unvollständigkeit" eingebaut werden müsse, die „Raum für individuelle Freiheit garantiert".[1130]

Die Nichtverfolgung bedeutet nicht, dass zum Beispiel jede x-te unerlaubte Nutzung von geschützten digitalen Inhalten nicht durchgesetzt werden soll, sondern dass dem Durchsetzungsinteresse des Rechtsinhabers die Freiheit des Nutzers zur Beachtung der Nutzungsbestimmung gleichbedeutend gegenübersteht. Dies erlaubt ein gewisses Maß an Flexibilität und

---

1125 BGH, Urteil vom 29. April 2010, I ZR 69/08 – Vorschaubilder I, in: GRUR 2010, 628; BGH, Urteil vom 19. Oktober 2011, I ZR 140/10 – Vorschaubilder II, in: ZUM 2012, 477.

1126 *Beaucamp*, Rechtsdurchsetzung durch Technologie, S. 68.

1127 *Hofmann*, Smart Contracts und Overenforcement, in: Fries/Paal (Hrsg.), Smart Contracts, S. 140.

1128 *Hofmann*, Smart Contracts und Overenforcement, in: Fries/Paal (Hrsg.), Smart Contracts, S. 140.

1129 *Rademacher*, Wenn neue Technologien altes Recht durchsetzen: Dürfen wir es unmöglich machen, rechtswidrig zu handeln?, JZ 2019, 702 (709).

1130 *Lessig*, Code 2.0, S. 196: „Should the architecture allow perfect control over intellectual property, or should we build into the architecture an incompleteness that guarantees a certain aspect of public use or a certain space for individual freedom?"

behält sich so eine Unbestimmtheit vor, die der Rechtsordnung nahekommt und der Technik die Aufgabe gibt, maschinenverständliche Regeln aufzustellen, deren Befolgung von der Entscheidung des Nutzers abhängt.[1131]

a. *Robots.txt* als interessengerechte Automatisierung der Rechtsdurchsetzung

Eine vollständige Unterbindung der Verwendung von Technik zur Durchsetzung von Nutzungsbestimmungen lässt sich staatlich und auch faktisch nicht erreichen.[1132] Das Recht soll sich dem technisch Möglichen nicht verwehren, sondern vielmehr einen interessengerechten Ausgleich für die Nutzer fördern, die durch die Verwendung von *Smart Contracts* und DRM-Systemen den privaten Schutzbestimmungen der Rechtsinhaber verstärkt ausgesetzt sind. Die technischen Mittel vollziehen die technischen Bestimmungen. Die Entscheidung und inhaltliche Gestaltung der Durchsetzung bestimmt der Rechtsinhaber.

Eine maschinenverständliche Nutzungsbestimmung, die dem Softwareverwender vorgibt, in welchem Umfang seine digitalen Inhalte verwendet werden dürfen und zugleich die Möglichkeit eröffnet, die technische Anweisung nicht zu befolgen, kommt der Wirkung von Rechtsvorschriften besonders nahe und ist dem interessengerechten Ausgleich der Parteien förderlich.

Das *Robots Exclusion Protocol* erfüllt die herausgearbeiteten Anforderungen an die Abmilderung des automatisierten Vollzugs. Mit seinen technischen *allow*- und *disallow*-Anweisungen bringt das Protokoll maschinenverständlich den Umfang der Nutzung von digitalen Inhalten von Webseiten des Rechtsinhabers zum Ausdruck.[1133] Unabhängig davon, ob die *robots.txt* als Teil eines DRM-Systems als Form der *Rights Expression Language* als eigenständiges Schutzmittel verwendet wird oder als Nutzungsbedingung die Grundlage eines *Smart Contract* bildet, ergibt sich die Verpflichtung der Befolgung nur bei Beachtung durch die verwendete

---

1131 Gutachten der Datenethikkommission, S. 217, abrufbar unter: https://www.bmi.bund.de/SharedDocs/downloads/DE/publikationen/themen/it-digitalpolitik/gutachten-datenethikkommission.pdf?__blob=publicationFile&v=6 (zuletzt abgerufen am 10. August 2023).

1132 *Exner*, Smart Contracts im Spannungsfeld zwischen Automatisierung und Verbraucherschutz, S. 247.

1133 *Hürlimann*, Suchmaschinenhaftung, S. 19.

Software. Eine (bewusste) Alternative der Nichtbeachtung der technischen Bestimmung bleibt erhalten.

Die Anweisung in der *robots.txt* ist automatisiert vollziehbar, sofern der Verwender sich der Beachtung der Bestimmung unterwirft, er also das „Ja, aber" oder „Nein" des Rechtsinhabers anerkennt. Die Beachtung des Protokolls führt automatisch zum Verhindern der Nutzung aller oder bestimmter digitaler Inhalte.

Die von *Lessig* angesprochene „Unvollständigkeit" der Technik muss also nicht technisch eingebaut werden, sondern ergibt sich aus der Entscheidung der Berücksichtigung durch die Nutzer. Hierdurch wird der Interessenausgleich gewahrt, denn der Nutzer kann sich über die maschinenverständliche *robots.txt* hinwegsetzen.

Das „Mehr an Recht"[1134], das sich durch die Verwendung von technischen Schutz- beziehungsweise Vollzugsmittel ergibt, wird durch die Möglichkeit der Nichtbeachtung des REP durch die verwendete *Software* an rechtsstaatliche Prinzipien rückgekoppelt.

b. Dokumentation der Nutzungshandlung

Ist wie aufgezeigt eine Nutzung von digitalen Inhalten auf Webseiten durch *Software* trotz entgegenstehender Anweisungen in der *robots.txt* möglich, ist zu prüfen, ob eine Dokumentation über die Nutzungshandlungen von *Software* besteht, die für die Rechtsverfolgung herangezogen werden kann. Besondere Relevanz erlangen in diesem Zusammenhang die *Log Files*. Dies sind automatisch gespeicherte Protokolle des *Webservers* über Zugriffe auf die Webseite. Die Speicherung kann eine Vielzahl von Informationen umfassen, wie benutzter *Browser*, IP-Adressen, genutzte Dateien, Zeitstempel, etc.[1135]

In den *Log Files* werden auch die Zugriffe auf die *robots.txt* gespeichert, was ein erstes Indiz für die Verwendung von *(Crawl-)Software* zur automatisierten Verarbeitung von digitalen Inhalten darstellt.[1136] Ferner wird

---

1134 *Hofmann*, Smart Contracts und Overenforcement, in: Fries/Paal (Hrsg.), Smart Contracts, S. 140.

1135 *Reichle/Perner/Althoff*, Data Preparation in Web Log Files for Marketing Aspects Analysis, in: Perner (Hrsg.), Advances in Data Mining. Applications in Medicine, Web Mining, Marketing, Image and Signal Mining, S. 132.

1136 *Geens/Huysmans/Vanthienen*, Evaluation of Web Robots Discovery Techniques: A Benchmarking Study, in: Perner (Hrsg.), Advances in Data Mining. Applications in Medicine, Web Mining, Marketing, Image and Signal Mining, S. 123.

in den *Log Files* auch der *User-Agent* aufgezeichnet und damit Informationen über das Programm, das der Nutzer verwendet, um mit dem *Server* der Webseite des Rechtsinhabers zu kommunizieren.[1137]

Auch die Übergabe der *User-Agent*-Information obliegt der Entscheidung des Softwareverwenders. Da die bekannten Suchmaschinen wie Google oder Bing ohnehin die *robots.txt* anerkennen, geben sie sich auch in den *Log Files* zu erkennen, in denen sie als *Google-bot* oder *Bing-bot* zu registrieren sind. Möchte der Softwareverwender jedoch unerkannt bleiben, so muss dieser lediglich die Information zum *User-Agent* frei lassen oder mit falschen Informationen befüllen.[1138] Aufgrund dieses Umstands brachte *Koster* mit der Entwicklung des *Robots Exclusion Protocols* bereits den Gedanken auf, die Verwendung von *Software* bei der *Webserver*-Kommunikation zu regulieren.[1139] Um dem Umstand der fehlenden Identifizierung des *User-Agents* entgegenzutreten, wollte *Koster* eine Liste aller *Robots* im WWW anlegen und sich auf die am besten gestaltete *Software* konzentrieren, um so die Menge an *Robots* einzudämmen.[1140]

Eichmann, der sich aktiv an der Diskussion von *Koster* beteiligte, stellte ethische Grundsätze für die Verwendung von *Software* auf.[1141] Dabei hat er vier ethische Prinzipien für die Verwendung von *User-Agents* zur automatisierten Nutzung von Webinhalten herausgearbeitet: *Identity*, *Moderation*, *Appropriateness*, *Vigilance*.[1142] Besonders relevant ist die Verpflichtung zur Identität und damit in der Folge der Dokumentation des Softwareverwenders in der *Log File*. Dies schafft Transparenz und Verantwortlichkeit für die automatisierte Verarbeitung von digitalen Inhalten auf Webseiten.

Unter Ausklammerung von möglichen datenschutzrechtlichen Berührungspunkten durch die Nutzung von Informationen aus den *Log Files* zur

---

1137 Seobility, abrufbar unter: https://www.seobility.net/de/wiki/User_Agent (zuletzt abgerufen am 10. August 2023).

1138 *Geens/Huysmans/Vanthienen*, Evaluation of Web Robots Discovery Techniques: A Benchmarking Study, in: Perner (Hrsg.), Advances in Data Mining. Applications in Medicine, Web Mining, Marketing, Image and Signal Mining, S. 124.

1139 https://www.robotstxt.org/robots-nexor-mbox.txt (zuletzt abgerufen am 10. August 2023).

1140 https://www.robotstxt.org/robots-nexor-mbox.txt (zuletzt abgerufen am 10. August 2023).

1141 *Eichmann*, Ethical Web agents, Computer Networks and ISDN Systems 1995, 127 (134).

1142 *Eichmann*, Ethical Web agents, Computer Networks and ISDN Systems 1995, 127 (134).

Identifizierung der Softwareverwender stellt die Verpflichtung der Softwareverwender zur Deklarierung ihrer Identität (*user-agent*) im *Log*-Format eine brauchbare Möglichkeit für die Rechtsverfolgung (ex-post) dar.

Somit ist auch bei Nichtbeachtung der technischen Anweisungen in der *robots.txt* eine Möglichkeit geschaffen worden, um die unrechtmäßige Verwendung der digitalen Inhalte von den Webseiten der Rechtsinhaber durch die Softwareverwender zu dokumentieren und gegebenenfalls gerichtlich durchzusetzen.

II. Zusammenfassung: Kapitel 7

Der Interessenausgleich von Rechtsinhaber und Nutzer unter Betrachtung von materiellem Recht und Rechtsdurchsetzung muss gemeinschaftlich bewertet werden.[1143]

Es wurde erarbeitet, dass ein bestmöglicher Ausgleich der gegensätzlichen Interessen der Parteien auf materieller Ebene des Rechts durch die Begründung einer Mitwirkungsobliegenheit des Rechtsinhaber erreicht wird, bei der die „Besonderheiten des Mediums“[1144] berücksichtigt werden. Die digitalen Inhalte von der Webseite können durch *Software* genutzt werden, es sei denn, der Rechtsinhaber erklärt maschinenverständlich seinen Vorbehalt. Diese Prozeduralisierung des Ausschließlichkeitsrechts senkt die Transaktionskosten und schafft auf Seiten der Softwareverwender Rechtssicherheit, da diese von der Erlaubnis der Nutzung ausgehen dürfen, sofern nicht die Erlaubnis maschinenverständlich in ein Verbotsrecht umgekehrt wurde.[1145]

Lessig spricht in diesem Zusammenhang von „copy-duty“ und folgert, dass der private Schutz durch die technischen Mittel zu stark sei und die Rechtsinhaber verpflichtet seien, ihre urheberrechtlich geschützten Inhalte zugänglich zu machen.[1146] Dieser Gedanke findet sich in der Schrankenbestimmung des § 44b UrhG wieder. Das *Robots Exclusion Protocol* stellt

---

1143 *Hofmann*, Smart Contracts und Overenforcement, in: Fries/Paal (Hrsg.), Smart Contracts, S. 140.

1144 *Wielsch*, Die Zugangsregeln der Intermediäre: Prozeduralisierung von Schutzrechten, GRUR 2011, 665 (672).

1145 *Rostam*, Das Erfordernis technikverständlichen Verhaltens im Urheberrecht, S. 116, in: Kuschel/Asmussen/Golla (Hrsg.), Intelligente Systeme – Intelligentes Recht.

1146 *Lessig*, Code 2.0, S. 175.

eine „Kommunikation durch Code“[1147] dar, die maschinenverständlich den Umfang der gewährten Nutzung von digitalen Inhalten durch *Software* bestimmt.

Weiterhin muss der Interessenausgleich auch auf der Ebene des Vollzugs der Nutzungsbestimmung ermöglicht werden. In diesem Zusammenhang wurde herausgearbeitet, dass Technik deterministisch wirkt und der Betroffene durch die Verwendung von *Smart Contracts* und DRM-Systemen dem privaten Schutzmittel des Rechtsinhabers ohne staatliche Kontrolle ausgesetzt ist. Dabei ließen sich vor allem zwei Punkte hervorheben, die wesentliche rechtsstaatliche Prinzipien darstellen und nicht durch Automatisierung ausgehebelt werden sollen: die Verhältnismäßigkeit und die „Freiheit zum Rechtsverstoß“.[1148]

Bei Verwendung der *robots.txt*-Datei erteilt der Rechtsinhaber eine Anweisung in Bezug auf die Nutzung von digitalen Inhalten von seiner Webseite an die Softwareverwender. Allerdings bleibt es den Softwareverwendern unbenommen, sich über die technische Anweisung hinwegzusetzen („Freiheit zum Rechtsverstoß“[1149]). Dieser Umstand darf nicht als Schwäche der eingesetzten Technik gewertet werden, sondern stellt in der umfassenden Betrachtung der Wirkung von *robots.txt* in Bezug auf die Interessen der betroffenen Parteien eine rechtsstaatlich geforderte Machtbegrenzung dar. Es muss die Vermeidbarkeit zur Befolgung der technischen Anweisung ermöglicht werden (Verhältnismäßigkeitsgrundsatz).[1150] Die Einhaltung der technisch kommunizierten Nutzungsbedingung obliegt der Eigenverantwortlichkeit der Nutzer.[1151]

In den *Log Files* wird die Kommunikation der Softwareanwendung mit dem *Webserver* protokolliert und der Rechtsinhaber kann dem Feld „*useragent*“ Informationen über den Softwareverwender entnehmen. Eine Verpflichtung der Softwareverwender zur Selbstidentifizierung würde die Rechtsverfolgung vereinfachen und hätte sicherlich eine abschreckende Wirkung für unlautere Softwareanwendungen.

Man könnte der Annahme verfallen, dass der Rechtsinhaber eine Abschwächung seines urheberrechtlichen Ausschließlichkeitsrechts hinzunehmen habe. Einerseits wird er verpflichtet, den Ausschluss der Nutzung aktiv zu kommunizieren (Abkehr vom *Opt-in*-Grundsatz)[1152] und dies

---

1147 *Conrad/Schubert*, How to Do Things with Code, GRUR 2018, 350 (352).

1148 *Beaucamp*, Rechtsdurchsetzung durch Technologie, S. 35.

1149 *Beaucamp*, Rechtsdurchsetzung durch Technologie, S. 35.

1150 *Beaucamp*, Rechtsdurchsetzung durch Technologie, S. 177.

1151 *Beaucamp*, Rechtsdurchsetzung durch Technologie, S. 181.

1152 *Tinnefeld*, Die Einwilligung in urheberrechtliche Nutzungen im Internet, S. 95.

muss zusätzlich noch in maschinenverständlicher Weise erfolgen. Selbst wenn er der Prozeduralisierung des Ausschließlichkeitsrechts nachkommt, hat er in Bezug auf die Durchsetzung seiner Nutzungsbestimmung zu akzeptieren, dass diese umgangen, also statt eines durch die Automatisierung ermöglichten ex-ante Vollzugs eine ex-post Durchsetzung des Rechts erfolgen muss.

Beginnend mit der medienspezifischen Betrachtung ist zu berücksichtigen, dass es die Entscheidung des Rechtsinhabers ist, seine digitalen Inhalte im WWW zu publizieren. Er unterwirft sich mit der Teilnahme am WWW dessen technischen Strukturen mit dem Wissen, dass es Softwareverwender gibt, die sich der digitalen Inhalte für verschiedene Zwecke bedienen. Aufgrund der dezentralen Struktur des WWW und der Fülle an verteilten digitalen Inhalten, stellt der Rechtsinhaber den „cheapest cost avoider“ dar und ist im Interesse der Wohlfahrtsmaximierung aller beteiligten Parteien im WWW angehalten, den Ausschluss der Nutzung maschinenverständlich zu kommunizieren.[1153] *Conrad/Schubert* bezeichnen die *robots.txt* in diesem Zusammenhang als „Systemerklärung“.[1154]

Der automatisierte Vollzug der Nutzungsbestimmungen birgt die Gefahr, der privaten Entscheidung des Rechtsinhabers ausgesetzt zu sein, die durch den Determinismus von Technik die gesetzlichen Bestimmungen unterminieren. Dieser Umstand erfordert eine Begrenzung der technischen Befugnisse des Rechtsinhabers.[1155] Denn Technik wird zumeist zur „Machtsteigerung“ eingesetzt und übersieht dabei grundlegende Rechtsprinzipien wie den Verhältnismäßigkeitsgrundsatz.[1156] In verschiedenen Facetten wurden Theorien entwickelt, wie eine Begrenzung der automatisierten Durchsetzung erreicht werden kann. Dabei ist es weder notwendig, dass der Rechtsinhaber einen bewussten Fehler in die *Software* programmiert[1157], noch dass eine Möglichkeit des Abstellens der Technik ermöglicht wird.[1158]

1153 *Rostam*, Das Erfordernis technikverständlichen Verhaltens im Urheberrecht, S. 125, in: Kuschel/Asmussen/Golla (Hrsg.), Intelligente Systeme – Intelligentes Recht.

1154 *Conrad/Schubert*, How to Do Things with Code, GRUR 2018, 350 (353).

1155 *Roßnagel*, Technik, Recht und Macht, MMR 2020, 222 (223).

1156 *Roßnagel*, Technik, Recht und Macht, MMR 2020, 222 (226).

1157 *Lessig*, Code 2.0, S. 196.

1158 *Beaucamp*, Rechtsdurchsetzung durch Technologie, S. 180.

Die Datenethikkommission schlägt vor, dass der automatisierte Vollzug durch den Menschen „außer Kraft“ gesetzt werden können müsse.[1159] Dies erinnert an die Diskussion zu den *Rights Expression Languages* und einer Eingabe des Nutzungsbegehrens in das technische System von außen. Es soll trotz der Automatisierung eine Einzelfallbetrachtung ermöglicht werden. Dem ist entgegenzuhalten, dass bei der Massenkommunikation im WWW kein Raum für individuelle Nutzungsbegehren bleibt.

Weiter reicht das *Robots Exclusion Protocol*, das technikverständliche Anweisungen an die *Software* erteilt, über die sich die Nutzer hinwegsetzen können. Ob berechtigt oder unberechtigt, muss gerichtlich und damit ex-post festgestellt werden. Die *robots.txt* vereint damit die technischen Vorteile der Automatisierung bei Softwarenutzungen von digitalen Inhalten im WWW und verlangt zugleich die eigenverantwortliche Befolgung durch den Softwareverwender als Prinzip der Rechtsstaatlichkeit.[1160]

Statt einer Bescheidung des Ausschließlichkeitsrechts des Rechtsinhabers gibt ihm die *robots.txt* die Möglichkeit, die Nutzungsbestimmungen maschinenverständlich zu kommunizieren und damit selbstbestimmt Anweisungen zu erteilen, die sich über die gesetzlichen Bestimmungen des Urheberrechts hinwegsetzen. In Konsequenz der Nichtbeachtung der *robots.txt*-Anweisung bleibt dem Rechtsinhaber die gerichtliche Überprüfung. Dadurch ist der Rechtsinhaber im Vergleich zu rechtlichen, nicht durch *Software* verständlichen Bestimmungen nicht schlechter gestellt.

Die Verwendung von technischen Schutzmitteln ermöglicht es, jede Verwendung von urheberrechtlich geschützten Inhalten zu verbieten, sofern diese nicht ausdrücklich erlaubt ist.[1161] In seiner technikneutralen Gestaltung zeigt sich, dass der Gesetzgeber (§ 44b UrhG) und der BGH (*Vorschaubilder*-Rechtsprechung) diesen Umstand normativ umgekehrt haben, wonach die Nutzung von digitalen Inhalten im WWW erlaubt ist, sofern sie nicht ausdrücklich verboten ist (maschinenverständlicher Nutzungsvorbehalt).

1159 Gutachten der Datenethikkommission, S. 218, abrufbar unter: https://www.bmi.bund.de/SharedDocs/downloads/DE/publikationen/themen/it-digitalpolitik/gutachten-datenethikkommission.pdf?__blob=publicationFile&v=6 (zuletzt abgerufen am 10. August 2023).

1160 *Beaucamp*, Rechtsdurchsetzung durch Technologie, S. 181.

1161 *Finck/Moscon*, Copyright Law on Blockchains: Between New Forms of Rights Administration and Digital Rights Management 2.0, IIC 2019, 77 (103).

Kapitel 8: Durchbrechung des technischen Determinismus

Die technischen Schutzmittel und insbesondere die Möglichkeit des automatisierten Vollzugs der Nutzungsbestimmungen kann unrechtmäßige Zustände perpetuieren. Statt der Möglichkeit, ex-post Rechtsschutz in Anspruch zu nehmen, werden die privaten Bestimmungen des Rechtsinhabers ex-ante durch Technik vollzogen.

In dem vorherigen Kapitel ist der Determinismus der Technik und des sich daraus entstehenden Konflikts mit dem Rechtsstaatsprinzip dargestellt worden. Wie gezeigt, stellt das *Robots Exclusion Protocol* einen brauchbaren Ausgleich der Interessen zwischen Rechtsinhaber und Nutzer dar, indem es einerseits einen maschinenverständlich kommunizierten Nutzungsvorbehalt erklärt und andererseits nur bei Berücksichtigung der technischen Anweisung durch die verwertende *Software* vollzogen werden kann. Hierdurch wird also der rechtsstaatlich gebotene Raum für die Nichtbeachtung durch die Softwareverwender gelassen.

In der Folge und als Ausblick soll untersucht werden, welche Schutzmöglichkeiten dem Nutzer des digitalen Inhalts zustehen, sollte durch den Vollzug der technischen Schutzmittel eine Zwangssituation entstehen. Dies kann zum Beispiel erfolgen, indem der Rechtsinhaber selbst *Software* nutzt (*Smart Contract*) und damit den Zugang und die Nutzung seines digitalen Inhalts entzieht. Konkret geht es um die Frage, ob dem Nutzer in diesen Situationen ein Selbsthilferecht zusteht.

Diese Art von Nutzungsbeeinträchtigungen durch technische Mittel sind nicht abwegig, denn so musste sich bereits der BGH in einer Entscheidung mit dem Umstand befassen, dass sich ein Vermieter von Autobatterien in den AGB vorbehalten hatte, bei außerordentlicher Kündigung die Auflademöglichkeit der Batterie aus der Ferne abzustellen.[1162]

In diesem Zusammenhang wird besonders die Anwendung beziehungsweise Übertragung des Rechtsgedankens der verbotenen Eigenmacht relevant, die in der Folge für die digitalen Inhalte untersucht werden soll.

Zu Beginn wird auf die Übertragungsmöglichkeit von digitalen Inhalten eingegangen, bevor der Schutzzweck und die Tatbestandsvoraussetzungen der verbotenen Eigenmacht erläutert werden und die Übertragung des

---

1162 BGH, Urteil vom 26. Oktober 2022 – XII ZR 89/21, in: MMR 2023, 120; andere Beispiele in: *Duden*, Digitale Sachherrschaft, S. 9; *Riehm*, Smart Contracts und verbotene Eigenmacht, in: Paal/Fries (Hrsg.), Smart Contracts, S. 93 ff.

Rechtsgedankens auf rein digitale Inhalte, also solche ohne Verkörperung in einem Datenträger, diskutiert wird.

I. Grundlagen der technischen Bereitstellung von digitalen Inhalten

Digitale Inhalte kann ein Nutzer auf zwei Wegen erhalten: Durch Übereignung eines körperlichen Gegenstands, auf dem die digitalen Inhalte als Datei gespeichert sind (USB-Stick, Festplatte, CD, etc.), oder die Bereitstellung erfolgt ohne Datenträger und wird als Datei auf der (zentralen oder dezentralen) Datenbank des Nutzers gespeichert.[1163] Sofern der Nutzer die digitalen Inhalte durch die Verwendung von *Software* automatisiert von der Webseite des Rechtsinhabers entnimmt (berechtigt oder unberechtigt), liegt letzteres, also die Überführung des digitalen Inhalts in eine eigene Datenbank, vor. Der Softwarenutzer erlangt dabei die Daten strukturiert in einer Datei, z. B. einer Bild-, Video- oder Textdatei.

In Art. 2 Nr. 1 der Daten Governance Verordnung werden Daten als „jede digitale Darstellung von Handlungen, Tatsachen oder Informationen sowie jede Zusammenstellung solcher Handlungen, Tatsachen oder Informationen auch in Form von Ton-, Bild- oder audiovisuellem Material“ definiert. Auf die unterschiedlichen Dimensionen des Informationsbegriffs soll nicht weiter eingegangen werden.[1164] Entscheidend ist, dass der Nutzer die digitalen Inhalte in Form von Daten erlangt und in einer Datenbank ablegt, auf die er Zugriff hat.

II. Selbsthilfe durch die technisch bedingte Nutzungsstörung

Wie in den vorherigen Kapiteln erläutert, ist es möglich, den digitalen Inhalt mit einem digitalen Schutzmittel zu verbinden, was entweder durch

---

1163 *Kuschel*, Der Erwerb digitaler Werkexemplare zur privaten Nutzung, S. 122.

1164 *Zech*, Information als Schutzgegenstand, S. 43 ff.

„digitale Container"[1165] oder die Registrierung auf einer *Blockchain* erfolgen kann.[1166] Dadurch hat der Rechtsinhaber die Möglichkeit, den Zugang oder die Nutzung des digitalen Inhalts einseitig zu bestimmen. Der Rechtsinhaber kann seine Nutzungsbestimmungen technisch selbstständig durchsetzen, was Grundprinzipien der Rechtsstaatlichkeit widerspricht und das Gewaltmonopol des Staates untergräbt. Die „digitale Eigenmacht"[1167] des Rechtsinhabers weist Parallelen zu Fallgestaltungen der verbotenen Eigenmacht (§ 858 BGB) auf.[1168]

Ob und gegebenenfalls welche vertragliche Grundlage durch die Übermittlung des digitalen Inhalts erfüllt wird, ist unerheblich, denn der Besitzschutz nach § 858 BGB unterscheidet nicht nach Rechtmäßigkeit oder Rechtswidrigkeit der Erlangung des Besitzes.[1169] Damit ergibt sich kein Ausschluss für die Anwendung des § 858 BGB für Fälle der automatisierten Verarbeitung von digitalen Inhalten durch *Software*, auch wenn kein Nutzungsvertrag[1170] zustande gekommen ist.[1171] Ferner muss für Fälle der verbotenen Eigenmacht die Beeinträchtigung nicht von „außen" erfolgen, sondern kann auch durch die in dem digitalen Inhalt „eingebaute Vorrichtung ‚von innen' heraus erfolgen".[1172]

In der Folge soll zunächst auf den Normzweck der verbotenen Eigenmacht eingegangen werden, bevor die Tatbestandsvoraussetzungen geprüft werden, die als Vorschrift des Sachenrechts von einer Körperlichkeit des Besitzes ausgehen.[1173]

1165 *Bechtold*, Vom Urheber- zum Informationsrecht, S. 26.

1166 *Jaensch*, Fernzugriff zur privaten Rechtsdurchsetzung, DAR 2023, 131; *Tresise/Goldenfein/Hunter*, What Blockchain Can and Can't Do for Copyright, Australian Intellectual Property Journal 2018, 144 (151), abrufbar unter: https://ssrn.com/abstract=3227381 (zuletzt abgerufen am 10. August 2023).

1167 *Kuschel*, Digitale Eigenmacht, AcP 2020, 98.

1168 *Beurskens*, Akkusperre aus der Ferne, RDi 2023, 1 (6).

1169 MüKoBGB/*F. Schäfer* BGB § 858 Rn. 1; *Riehm*, Smart Contracts und verbotene Eigenmacht, in: Paal/Fries (Hrsg.), Smart Contracts, S. 89, *Magnus*, Fernkontrolle im Internet der Dinge, S. 204.

1170 Ausführlich zu den Verträgen über digitale Inhalte, in: *Kuschel*, Der Erwerb digitaler Werkexemplare zur privaten Nutzung, S. 98 ff.

1171 *Duden*, Digitale Sachherrschaft, S. 124; *Laukemann*, Private Rechtsdurchsetzung zwischen (digitaler) Selbsthilfe und gerichtlichem Rechtsschutz, ZfPW 2022, 357 (363).

1172 *Jaensch*, Fernzugriff zur privaten Rechtsdurchsetzung, DAR 2023, 131 (132).

1173 *Kuschel*, Digitale Eigenmacht, AcP 2020, 100.

1. Normzweck des § 858 BGB

Die Betrachtung des Normzwecks hilft dabei, sich argumentativ den Anwendungsfällen der verbotenen Eigenmacht von digitalen Inhalten unter Verwendung von Technik zu nähern.

Durch § 858 BGB wird die Selbsthilfe gegenüber dem Besitzer untersagt und der Handelnde wird auf die gerichtliche Geltendmachung seiner Rechte verwiesen.[1174] Dieses friedenswahrende Element der verbotenen Eigenmacht ist jedoch zweifelhaft, denn einerseits schützt die Vorschrift auch den unrechtmäßigen Besitzer, der sich zur Erlangung des digitalen Inhalts über technische oder vertragliche Schutzbestimmungen hinweggesetzt hat, die wiederum gesetzlich geschützt sein können (§ 95a UrhG)[1175] und andererseits wird eine Selbsthilfe des Besitzers nach § 859 BGB erlaubt, wenn auch in engen tatbestandlichen und zeitlichen Grenzen.[1176] Damit fördert § 858 BGB vielmehr das Bewusstsein, dass der Rechtsinhaber sich keiner privaten Mittel zur Besitzstörung bedienen dürfe, da er andernfalls mit einer Gegenwehr durch den Besitzer zu rechnen hat.[1177] Wobei *Duden* kritisch hinterfragt, ob bei einem automatisierten Vollzug überhaupt ein Risiko „physischer Gewalt" bestehe.[1178]

Fokussiert man sich stärker auf den digitalen Inhalt, der in die Nutzungssphäre des Verwenders gelangt ist, so ist zu erkennen, dass durch § 858 BGB auch die tatsächliche Vermögenszuordnung geschützt wird.[1179] Mit Erlangung des Besitzes hat der Nutzer die Möglichkeit des Gebrauchs und des Zugriffs auf den digitalen Inhalt.[1180] Dieser soll dem Nutzer nicht aufgrund der individuellen Entscheidung des Rechtsinhabers (technisch) wieder entzogen werden dürfen. In diesem Zusammenhang merkt *Beurskens* an, dass, sofern der Nutzer wusste, dass der digitale Inhalt mit einem technischen Schutzmittel versehen ist, ihm keine Schutzwürdigkeit in Bezug

---

1174 MüKoBGB/*F.Schäfer* BGB § 858 Rn. 1.

1175 *Beurskens*, Akkusperre aus der Ferne, RDi 2023, 1 (6).

1176 *Laukemann*, Private Rechtsdurchsetzung zwischen (digitaler) Selbsthilfe und gerichtlichem Rechtsschutz, ZfPW 2022, 357 (366).

1177 *Kuschel*, Digitale Eigenmacht, AcP 2020, 115.

1178 *Duden*, Digitale Sachherrschaft, S. 125.

1179 *Beurskens*, Akkusperre aus der Ferne, RDi 2023, 1 (6); *Laukemann*, Private Rechtsdurchsetzung zwischen (digitaler) Selbsthilfe und gerichtlichem Rechtsschutz, ZfPW 2022, 357 (367).

1180 *Beurskens*, Akkusperre aus der Ferne, RDi 2023, 1 (6); *Laukemann*, Private Rechtsdurchsetzung zwischen (digitaler) Selbsthilfe und gerichtlichem Rechtsschutz, ZfPW 2022, 357 (367).

auf den Vollzug des technischen Mittels durch den Rechtsinhaber eingeräumt werden könne.[1181] Doch auch wenn § 858 BGB „nur“ die eingeschränkte Nutzungsmöglichkeit oder den Zugriff auf den digitalen Inhalt vorbehaltlich der technischen Sperrung schützt, bleibt dies Teil der Vermögenslage des Nutzers.

Kuschel ergänzt, dass Aufgabe des § 858 BGB auch der Ausgleich der Kräfte der Parteien im „wirtschaftlichen und [...] technischen Sinne“ sei[1182], der Nutzer also durch den Vollzug des technischen Schutzmittels nicht der Willkür des Rechtsinhabers ausgesetzt sein dürfe.[1183]

Der Zweck des § 858 BGB ist damit vielschichtig und zeigt sich offen für eine wirtschaftliche, also über die tatsächliche Sachherrschaft hinausgehende Betrachtung.

2. Tatbestandsvoraussetzungen des § 858 BGB

Die verbotene Eigenmacht nach § 858 I BGB verlangt die Besitzentziehung oder -störung ohne den Willen des Besitzers. Auf etwaige subjektive Tatbestandsvoraussetzungen kommt es nicht an.[1184]

Durch den Vollzug des technischen Mittels kann der Rechtsinhaber den Zugang und die Nutzung des digitalen Inhalts steuern, sodass die Datei nicht mehr abgespielt oder angezeigt werden kann. Es ist zu prüfen, ob dies eine Beeinträchtigung darstellt.

Zunächst soll allerdings unter Berücksichtigung des zuvor dargestellten Normzwecks die Bedeutung des § 858 BGB, der nach seinem ausdrücklichen Wortlaut von einer Beeinträchtigung des Besitzes ausgeht, auf ihre Übertragbarkeit auf digitale Inhalte hin geprüft werden.

a. Der Besitz als Schutzgut des § 858 BGB

Im Mittelpunkt des Schutzes des § 858 BGB steht der Besitz und korrespondierend dazu die Frage, was dieser inhaltlich umfasst und wem dieser rechtlich zugeordnet wird. Einen ersten Hinweis hierauf gibt § 854 I BGB,

---

1181 *Beurskens*, Akkusperre aus der Ferne, RDi 2023, 1 (7).
1182 *Kuschel*, Digitale Eigenmacht, AcP 2020, 116.
1183 *Kuschel*, Digitale Eigenmacht, AcP 2020, 116.
1184 MüKoBGB/*F. Schäfer* BGB § 858 Rn. 2.

der ausführt, dass der Besitz durch die Erlangung der „tatsächlichen Gewalt über die Sache“ entsteht. Diese Herleitung ist Grund für die Annahme der Körperlichkeit des Besitzbegriffs (§ 90 BGB).[1185]

Die Vorschriften zum Besitz befinden sich im dritten Buch des BGB und damit im Sachenrecht, was sich historisch begründen lässt, denn zum Zeitpunkt des Erlasses des BGB war die Unterscheidung in analoge und digitale Inhalte noch nicht imaginabel. Ferner verlangt das Sachenrecht als Ausdruck der Publizität und damit der Begründung des absoluten Rechts die Körperlichkeit.[1186]

Gegenstand der vorliegenden Überlegungen sind allerdings Daten, die keinen körperlichen Datenträger haben, der die Sachherrschaft und damit die Publizität begründet. Es ist zu klären, ob auch „nur“ Daten besessen werden können und Sachherrschaft bestehen kann.[1187] Alternativ ist zu prüfen, ob sich der Besitzbegriff „normativ“ erweitern und für rein digitale und unkörperliche Inhalte öffnen lässt.[1188]

Der Entwurf des *Data Act*[1189] enthält in Art. 2 Nr. 6 eine Bestimmung über den „Dateninhaber“. Danach ist es die Person, die „[...] in der Lage ist, bestimmte Daten bereitzustellen“. *Hoeren* kritisiert die Definition zu Recht, da die dem Dateninhaber normativ zugeschriebene Befugnis nicht zugleich Grundlage der Begründung der Rechtsposition sein könne.[1190] Von seiner Schutzrichtung her soll der *Data Act* den Zugang von Daten aus vernetzten Produkten in den Rechtsbeziehungen B2C, B2B und B2G erleichtern.[1191] Die Vorschriften des Entwurfs des *Data Act* helfen zur Be-

---

1185 *Hoeren*, Datenbesitz statt Dateneigentum, MMR 2019, 5 (6).

1186 *Zech*, Information als Schutzgegenstand, S. 82.

1187 *Hoeren*, Datenbesitz statt Dateneigentum, MMR 2019, 5 (6); *Martini/Kolain/Neumann/Rehorst/Wagner*, Datenhoheit, MMR-Beil. 2021, 3 (13).

1188 OLG Düsseldorf, Urteil vom 7. Oktober 2021 – I-20 U 116/20, Anmerkung von *Paulus*, in: EWiR 2021, 752 (753); *Kuschel*, Digitale Eigenmacht, AcP 2020, 108.

1189 Vorschlag für eine Verordnung des Europäischen Parlaments und des Rates über harmonisierte Vorschriften für einen fairen Datenzugang und eine faire Datennutzung (Datengesetz), COM(2022) 68 final, vom 23. Februar 2022.

1190 *Hoeren*, Alibaba und das Dateneigentum – 25 Jahre später, MMR 2023, 32 (33); ebenso: *Hartmann/McGuire/Schulte-Nölke*, Datenzugang bei smarten Produkten nach dem Entwurf für ein Datengesetz (Data Act), RDi 2023, 49 (54).

1191 Art. 1, COM (2022) 68 final, vom 23. Februar 2022; *Specht-Riemenschneider*, Der Entwurf des Data Act, MMR 2022, 809 (810).

stimmung des possessorischen Schutzes des Nutzers von digitalen Inhalten damit nicht weiter, sondern bestimmen Zugangsregeln für nutzergenerierte Daten des Herstellers des Produkts.[1192]

Hoeren greift im Rahmen der Diskussion um den Datenbesitz auf § 303a StGB zurück.[1193] Diese Vorschrift gibt Rückschluss auf den rechtlichen Schutz von Daten (§ 202a II StGB) und schützt deren unversehrte Benutzung.[1194] Das Strafrecht stellt unversehrte Daten unter Schutz, die jedoch erst skribiert werden müssen.[1195] Eine Möglichkeit der Anknüpfung der Inhaberschaft der Daten ergibt sich also im Zeitpunkt der Erstellung und kann so dem Skribenten zugeschrieben werden.[1196] Auch wenn der Weg über die strafrechtliche Norm einen brauchbaren Ansatz für die Begründung des Datenbesitzes bildet, so wird dadurch die „Sachherrschaft" für den Skribenten begründet, aber nicht für den Nutzer des digitalen Inhalts, der sich mit oder ohne Willen des Inhabers des Inhalts bemächtigt hat. Für die hier zu betrachtende Konstellation kann der Ansatz über § 303a StGB nicht weiterhelfen.

Ohne Umwege über die strafrechtliche Regelung wird die „Funktionsherrschaft"[1197] als die dem Besitz vergleichbare Einwirkungsform auf Daten in Erwägung gezogen.[1198] Damit ist entscheidend, wer „tatsächlich Einfluss [auf die Daten] ausüben kann",[1199] also „[...] wie ein unmittelbarer Besitzer eine jederzeitige Einwirkungsmöglichkeit hat".[1200] Dieser Ansatz spricht für die Wertung des Rechtsinhabers als Besitzer der Daten, denn verwendet dieser technische Schutzmittel, die es ihm erlauben, unter Vollzug durch einen *Smart Contract* den Zugang und die Nutzung des di-

---

1192 *Hartmann/McGuire/Schulte-Nölke*, Datenzugang bei smarten Produkten nach dem Entwurf für ein Datengesetz (Data Act), RDi 2023, 49 (56).

1193 *Hoeren*, Dateneigentum – Versuch einer Anwendung von § 303a StGB im Zivilrecht, MMR 2013, 486 (487).

1194 MüKoStGB/*Wieck-Noodt* StGB § 303a Rn. 2.

1195 *Martini/Kolain/Neumann/Rehorst/Wagner*, Datenhoheit, MMR-Beil. 2021, 3 (15).

1196 *Hußmann*, Contra Dateneigentum, S. 89; Hoeren, Datenbesitz statt Dateneigentum, MMR 2019, 5 (7).

1197 BGH, Urteil vom 13. Oktober 2015 – VI ZR 271/14, in: GRUR 2016, 315 (316); *Wandtke/Bullinger/Bohne* UrhG § 98 Rn. 19.

1198 *Martini/Kolain/Neumann/Rehorst/Wagner*, Datenhoheit, MMR-Beil. 2021, 3 (13).

1199 *Martini/Kolain/Neumann/Rehorst/Wagner*, Datenhoheit, MMR-Beil. 2021, 3 (13).

1200 BGH, Urteil vom 13. Oktober 2015 – VI ZR 271/14, in: GRUR 2016, 315 (316).

gitalen Inhalts aus der Ferne zu steuern, so ist von einer jederzeitigen Einwirkungsmöglichkeit auszugehen, die einseitig durch seine Bedingungen bestimmt werden kann. Damit hätte der Rechtsinhaber gemessen an der Herrschaft über den digitalen Inhalt eine dem Besitz vergleichbare Position. Der technische Schutz ermöglicht den Zugang zum Inhalt nur zu bestimmten Bedingungen und führt so zu einer Umgrenzung des digitalen Inhalts.[1201]

Auch wenn die zuvor dargestellten Ansätze zum Datenbesitz nicht unmittelbar auf Fälle der Bereitstellung der Daten ohne Datenträger Anwendung finden können, so zeigt sich, dass ein Konsens hinsichtlich des Schutzes der Daten besteht. Dabei stützt sich das Meinungsspektrum zum Teil auf Parallelen zum Sachenrecht, stellt auf die Erstellung der Daten ab oder rein auf die faktische Funktionsherrschaft und löst sich damit schlussendlich stärker vom Sachbesitz.

Dem Umstand, dass der Rechtsinhaber durch die Verwendung von technischen Schutzmitteln die Kontrolle über die Integrität der Daten behält, der Nutzer aber bereits Zugang zu dem digitalen Inhalt hat, werden die Meinungen zum Datenbesitz nicht gerecht. Dies hat *Martini et al.* dazu veranlasst, für Daten eine „Besitzschutzdogmatik" vorzuschlagen, die sich an dem Verhältnis von Eigentum und Besitz anlehnt, aber ihren Ursprung in den „technischen Funktionen" der Datenverarbeitung findet.[1202] Konkret empfehlen sie eine Unterteilung in „Datenhoheit" und „Datenzugriff", die sich an die Berechtigungen von „schreiben und lesen" bei Datenverarbeitungen anlehnt.[1203] Die „Datenhoheit" beschreibt danach die Möglichkeit, „[…] auf die Integrität eines Datums durch Veränderung oder Löschung einzuwirken und Dritten eine Einwirkungsmöglichkeit auf das Datum einzuräumen."[1204] Diese Rolle nimmt vorliegend der Rechtsinhaber ein, der den Bestand des digitalen Inhalts bestimmt und durch den Vollzug des technischen Mittels den Umfang der Nutzung vorgibt.[1205] Mit dem „Datenzugriff" wird die schwächere Stufe der Berechtigung beschrieben, die es dem Nutzer erlaubt, den digitalen Inhalt zu nutzen, zu verarbeiten

---

1201 *Adam*, Daten als Rechtsobjekte, NJW 2020, 2063 (2065).

1202 *Martini/Kolain/Neumann/Rehorst/Wagner*, Datenhoheit, MMR-Beil. 2021, 3 (16).

1203 *Duden*, Digitale Sachherrschaft, S. 59; *Martini/Kolain/Neumann/Rehorst/Wagner*, Datenhoheit, MMR-Beil. 2021, 3 (16).

1204 *Martini/Kolain/Neumann/Rehorst/Wagner*, Datenhoheit, MMR-Beil. 2021, 3 (16).

1205 M. w. N. *Michl*, „Datenbesitz" – ein grundrechtliches Schutzgut?, NJW 2019, 2729 (2730).

und zu kopieren.[1206] Der Nutzer kann den Inhalt aber nicht selbst verändern.

Eine Differenzierung anhand der Einwirkungsmöglichkeit auf die Daten lässt eine Bestimmung der Herrschaftsverhältnisse zwischen Rechtsinhaber und Nutzer bei rein digitalen Inhalten zu, also solchen, bei denen gerade keine physischen Datenträger bestehen.[1207] Eine an den technischen Grundlagen der Datenverarbeitung angelehnte Begriffsdifferenzierung stellt ein brauchbares Konzept dar[1208], dem in dieser Arbeit gefolgt wird.

b. Zwischenergebnis

Es ist festzuhalten, dass die Anwendung der besitzrechtlichen Vorschriften auf digitale Inhalte nicht an den Voraussetzungen der Körperlichkeit scheitern müssen.[1209] Das Besitzrecht selbst hat Änderungen durchlaufen und in der Vergangenheit gezeigt, dass die Besitzlehre für ein „normatives Begriffsverständnis" offen ist.[1210] Herangezogen werden wirtschaftliche Betrachtungen wie der Schutz der Vermögenslage als auch die rein faktischen Zugriffsberechtigungen.[1211]

Wie gezeigt, muss sich der faktische Herrschaftsbegriff den technischen Entwicklungen und den damit einhergehenden Herausforderungen stellen. Eine an die gängigen Berechtigungen bei Datenverarbeitung in IT-Systemen angelehnte Differenzierung in „Datenhoheit und Datenzugriff" stellt einen interessengerechten Ansatz – auch im Verhältnis des Rechtsinhabers zum Nutzer – dar.[1212]

Unter Annahme der Öffnung des Besitzrechts für den „Datenzugriff" ist dem Nutzer der digitalen Inhalte eine geschützte Position (unmittelbarer Besitz) zuzuschreiben.

1206 *Martini/Kolain/Neumann/Rehorst/Wagner*, Datenhoheit, MMR-Beil. 2021, 3 (17).

1207 *Duden*, Digitale Sachherrschaft, S. 14.

1208 *Martini/Kolain/Neumann/Rehorst/Wagner*, Datenhoheit, MMR-Beil. 2021, 3 (16).

1209 *Michl*, „Datenbesitz" – ein grundrechtliches Schutzgut?, NJW 2019, 2729 (2730).

1210 *Kuschel*, Digitale Eigenmacht, AcP 2020, 98 (108).

1211 *Laukemann*, Private Rechtsdurchsetzung zwischen (digitaler) Selbsthilfe und gerichtlichem Rechtsschutz, ZfPW 2022, 357 (367).

1212 *Martini/Kolain/Neumann/Rehorst/Wagner*, Datenhoheit, MMR-Beil. 2021, 3 (21).

c. Beeinträchtigung des Besitzes

Die Beeinträchtigung des Besitzes erfolgt durch Entziehung oder Störung. Die Entziehung stellt den „dauernden und vollständigen Ausschluss“ dar, während die Störung jede „sonstige Beeinträchtigung oder Verhinderung der tatsächlichen Sachherrschaft ohne deren Entzug“ umfasst.[1213]

In Weiterführung der vorherigen Überlegungen ist die Beeinträchtigung nun auf die Daten, also den digitalen Inhalt, zu übertragen. Hierbei geht es um die Frage, ob im Falle des Vollzugs des technischen Mittels, also durch den *Smart Contract*, eine Beeinträchtigung der Datenherrschaft vorliegt. Der Vollzug führt zum Ausschluss des Zugangs und der Nutzung des digitalen Inhalts.

In dem *Batterie*-Urteil des BGH[1214] hat die Vermieterin einer Autobatterie sich in ihren AGB vorbehalten, „ihre Leistungspflicht einzustellen und die Wiederauflademöglichkeit der Batterie zu unterbinden“.[1215] Durch die Verwendung des technischen Mittels erfolgte die Beeinträchtigung an der Sache (Besitz am Auto). Die Fernabschaltung führte dazu, dass der Kläger das Auto nicht mehr fahren konnte.[1216] Der BGH hat die Besitzstörung bestätigt und dabei auf den bestimmungsgemäßen Gebrauch des Autos (also der Sache) abgestellt, das nicht mehr gefahren werden kann, sofern die Batterie leer ist, was die „Einwirkungsmacht“ des Klägers einschränke.[1217]

Auch dem Nutzer eines digitalen Inhalts wird die Möglichkeit der Einwirkung bei Vollzug des technischen Mittels und damit der Nutzungssperrung genommen, allerdings nicht in Bezug auf die Sache (wie im BGH-Urteil das Auto), sondern auf die Daten selbst. Ein Speichermedium als körperlicher Gegenstand, in dem eine „Einwirkungsmacht auf die Sachsubstanz“[1218] gesehen werden könnte, existiert bei der vorliegenden Fallgruppe gerade nicht.

1213 MüKoBGB/*F. Schäfer* BGB § 858 Rn. 7.

1214 BGH, Urteil vom 26. Oktober 2022 – XII ZR 89/21, in: MMR 2023, 120.

1215 BGH, Urteil vom 26. Oktober 2022 – XII ZR 89/21, in: MMR 2023, 120.

1216 *Riehm*, Smart Contracts und verbotene Eigenmacht, in: Paal/Fries (Hrsg.), Smart Contracts, S. 96; *Beurskens*, Akkusperre aus der Ferne, RDi 2023, 1 (2): mit Ausführungen zum möglichen Austausch der Batterie.

1217 BGH, Urteil vom 26. Oktober 2022 – XII ZR 89/21, in: MMR 2023, 120; *Duden*, Digitale Sachherrschaft, S. 215.

1218 BGH, Urteil vom 26. Oktober 2022 – XII ZR 89/21, in: MMR 2023, 120 (121).

Der Vollzug des technischen Mittels sperrt den Zugang zum Inhalt und schließt die Benutzung aus. Die Datei kann in der Sphäre, konkret der Datenbank des Nutzers, verbleiben, ist jedoch nutzlos.

In der Entscheidung des BGH wird die Frage nach einem möglichen Mitbesitz, der in den Grenzen der jeweiligen Nutzung des digitalen Inhalts zu einer Beschränkung der verbotenen Eigenmacht führe (§ 866 BGB), diskutiert.[1219] Auch wenn der BGH die Diskussion um den Mitbesitz nicht zu Ende führt, so ist das Verhältnis von Rechtsinhaber und Nutzer in Bezug auf den digitalen Inhalt für die possessorischen Ansprüche doch von Relevanz und soll in der Folge überblicksartig dargestellt werden.[1220]

aa. Mitbesitz am digitalen Inhalt

Die Vorschrift des § 866 BGB setzt voraus, dass mehrere Personen „eine Sache gemeinschaftlich" besitzen müssen.[1221] Mitbesitz setzt einen eigenen Besitzwillen der Parteien voraus. Die bloße Mitbenutzung unter Anerkennung alleinigen fremden Besitzes genügt nicht.[1222]

Danach ist relevant, ob auch der Rechtsinhaber weiterhin die Herrschaft über den digitalen Inhalt ausüben möchte. Dies legt die Gestaltung des technischen Schutzmittels, das einen automatisierten Vollzug erlaubt, sowie die Wertung des § 95a I UrhG, nahe.[1223] Der Rechtsinhaber kann trotz des Zugriffs auf die Daten durch den Nutzer den Zugang und die Nutzung zum digitalen Inhalt technisch sperren.[1224] Ihm verbleibt die Datenhoheit und damit faktische Einwirkungsmacht auf die Datei. *Laukemann* erkennt in der Möglichkeit des automatisierten Vollzugs durch einen *Smart Contract* keine der Sachherrschaft vergleichbare Position des Rechtsinha-

---

[1219] BGH, Urteil vom 26. Oktober 2022 – XII ZR 89/21, in: MMR 2023, 120 (121).

[1220] *Duden*, Funktionssperren und digitale Sachherrschaft – AGB-Klausel zur Legitimierung einer Batteriesperre, NJW 2023, 18 (19).

[1221] *Laukemann*, Digitale Selbsthilfe im Lichte der Besitz- und Vertragsrechtsordnung, WM 2023, 554 (547).

[1222] M. w. N. MüKoBGB/*F. Schäfer* BGB § 866 Rn. 3.

[1223] *Beurskens*, Akkusperre aus der Ferne, RDi 2023, 1 (8); *Duden*, Funktionssperren und digitale Sachherrschaft – AGB-Klausel zur Legitimierung einer Batteriesperre, NJW 2023, 18 (19).

[1224] *Fries*, Possessorischer Besitzschutz im Internet der Dinge, JA 2023, 271 (272).

bers, da Mitbesitz mehr als nur die reine „Möglichkeit" der „Zugriffsmacht" voraussetze.[1225] Nach dieser Auffassung liege schon kein Mitbesitz vor, der die Herrschaft über die digitalen Inhalte beschränkt.

Doch auch den Ausführungen des BGH zufolge ist trotz eines Mitbesitzes eine Geltendmachung des Besitzschutzes möglich, sofern „eine (vollständige) Entziehung des Besitzes" vorliegt.[1226] Dies setzt voraus, dass durch den Vollzug des technischen Mittels „ein dauernder und vollständiger Ausschluss von der tatsächlichen Sachherrschaft" erfolgt.[1227] Sofern der automatisierte Vollzug dazu führt, dass der Nutzer die Datei nicht mehr nutzen kann, ihm also kein Zugang mehr gewährt wird, kann von einem dauerhaften Ausschluss der (Sach-)Herrschaft ausgegangen werden. Die Annahme einer Besitzentziehung ist hier vertretbar und schließt die Anwendung der verbotenen Eigenmacht im Verhältnis von Rechtsinhaber und Nutzer nicht aus.[1228]

Auch an dieser Stelle zeigt sich die Schwierigkeit der Übertragung der gesetzlichen Bestimmungen zum Besitz auf Fälle des automatisierten Vollzugs von Schutzmitteln bei digitalen Inhalten.[1229] Die besitzrechtlichen Vorschriften tun sich schwer, mit den Herausforderungen der modernen Datenwirtschaft Schritt zu halten. Es besteht die Gefahr, für die Bestimmung der geschützten besitzrechtlichen Positionen der Parteien auf die Wertungen der schuldrechtlichen Nutzungsbestimmungen abzustellen, die aber gerade in Bezug auf den possessorischen Schutz nicht von Belang sind.[1230]

1225 *Laukemann*, Digitale Selbsthilfe im Lichte der Besitz- und Vertragsrechtsordnung, WM 2023, 554 (547).

1226 BGH, Urteil vom 26. Oktober 2022 – XII ZR 89/21, in: MMR 2023, 120 (121); *Duden*, Digitale Sachherrschaft, S. 121.

1227 MüKoBGB/*F. Schäfer* BGB § 866 Rn. 6.

1228 *Laukemann*, Private Rechtsdurchsetzung zwischen (digitaler) Selbsthilfe und gerichtlichem Rechtsschutz, ZfPW 2022, 357 (376); a. A. *Magnus*, Fernkontrolle im Internet der Dinge, S. 208, doch geht er von einer verbleibenden „physische Kontrolle über die Sachsubstanz" aus, die es in der vorliegenden – rein digitalen Betrachtung – gerade nicht gibt; *Wilhelm*, Smart Contracts im Zivilrecht – Teil I, WM 2020, 1807 (1812).

1229 *Beurskens*, Akkusperre aus der Ferne, RDi 2023, 1 (8).

1230 *Beurskens*, Akkusperre aus der Ferne, RDi 2023, 1 (8).

d. Ohne Willen des Besitzers

Die verbotene Eigenmacht setzt weiterhin voraus, dass die Beeinträchtigung ohne den Willen des Besitzers erfolgt. Für die Beurteilung des natürlichen Willens wird auf den Zeitpunkt der Besitzstörung abgestellt.[1231] Dies bedeutet, dass eine gegebenenfalls vorher erteilte Zustimmung die Beeinträchtigung und damit die verbotene Eigenmacht nicht ausschließe.[1232]

In Bezug auf den automatisierten Vollzug und damit die Besitzstörung besteht die Möglichkeit, dass der Nutzer die Beeinträchtigung erst verspätet, also nach dem technischen Nutzungsentzug erkennt. Für diesen Fall muss auf den Willen bei Erkennen der Beeinträchtigung abgestellt werden.[1233]

Es ließe sich einwenden, der Nutzer sei an die schuldrechtliche Absprache mit dem Rechtsinhaber gebunden und wisse, dass dem digitalen Inhalt technisch die Nutzung entzogen werden könne. Doch darf der Nutzer nicht an eine vertragliche Abrede vor Beginn der Beeinträchtigung gebunden werden.[1234] Diese Aussage findet in § 863 BGB ihren gesetzlichen Ausdruck.

Vor dem Hintergrund des technischen Gesamtzusammenhangs und des Bewusstseins des Nutzers, dass der Rechtsinhaber die Möglichkeit des automatisierten Vollzugs des technischen Mittels hat, merkt *Kuschel* an, dass der geänderte Wille maschinenverständlich erfolgen müsse.[1235] Hat der Nutzer des digitalen Inhalts nach Übermittlung der Datei sein zuvor vertraglich begründetes Einverständnis in den automatisierten Vollzug nachträglich geändert, dann ist er angehalten, diesen auch für die Maschine verständlich zu kommunizieren.[1236] Diese Ansicht gründet sich darin, dass die Verwendung eines *Smart Contracts* für beide Parteien von Vorteil sein kann (Kostenersparnis, Rechtssicherheit) und in Konsequenz eine techniksensible Kommunikation zu erfolgen hat, die den Anforderungen an die

---

1231 MüKoBGB/*F. Schäfer* BGB § 858 Rn. 14.

1232 BGH, Urteil vom 26. Oktober 2022 – XII ZR 89/21, in: MMR 2023, 120 (121); *Duden*, Digitale Sachherrschaft, S. 339; *Kuschel*, Digitale Eigenmacht, AcP 2020, 98 (125).

1233 *Riehm*, Smart Contracts und verbotene Eigenmacht, in: Paal/Fries (Hrsg.), Smart Contracts, S. 92; *Kuschel*, Digitale Eigenmacht, AcP 2020, 98 (126).

1234 MüKoBGB/*F. Schäfer* BGB § 858 Rn. 15; *Magnus*, Fernkontrolle im Internet der Dinge, S. 207.

1235 *Kuschel*, Digitale Eigenmacht, AcP 2020, 98 (126).

1236 *Kuschel*, Digitale Eigenmacht, AcP 2020, 98 (126).

Automatisierung gerecht wird. Der *Software* des *Smart Contracts* ist es nämlich nicht möglich, den tatsächlichen Willen des Besitzers zu erkennen; dieser hält daher „blind“ an den Nutzungsbestimmungen fest, die technisch vollzogen werden sollen. Ändert sich der Wille, hat der Besitzer die Aufgabe, diesen maschinenverständlich zu kommunizieren.[1237]

Die Argumentation schließt sich an die zuvor ausführlich dargestellten Mitwirkungsobliegenheiten in technisch dominierten Nutzungsumfeldern an. Eine besondere Form verlangt die verbotene Eigenmacht gerade nicht und lässt sich mit dem Schutzzweck der Vorschrift auch nur schwer vereinbaren.[1238] Eine Pflicht zur maschinenverständlichen Kommunikation des Nutzers ergibt sich nicht.

e. Gesetzliche Gestattung

Neben der Einwilligung in eine Besitzbeeinträchtigung kann sich auch eine Erlaubnis aus Gesetz ergeben. So kann sich eine Berechtigung zur automatisierten Rechtsdurchsetzung aus den Vorschriften der Digitale Inhalte Richtlinie[1239] (DI-RL) ergeben. Die DI-RL sieht Verbrauchervorschriften vor „[…] über die Bereitstellung digitaler Inhalte oder digitaler Dienstleistungen“ (Art. 1 DI-RL). Für die Anwendung der §§ 327 ff. BGB muss es sich um einen Verbrauchervertrag handeln, in dem ein digitaler Inhalt oder eine digitale Dienstleistung bereitgestellt wird.[1240] Als Gegenleistung hat der Verbraucher einen Preis zu zahlen, was allerdings nicht zwangsläufig in Form eines Geldbetrages erfolgen muss, sondern auch in Kryptowährungen vorgenommen werden kann.[1241]

In Umsetzung des Art. 16 V DI-RL ist § 327p BGB ergangen, der den Umgang mit digitalen Inhalten nach der Vertragsbeendigung regelt. Aus der Norm ergibt sich die Berechtigung des Unternehmers, die Nutzung des digitalen Inhalts zu „unterbinden“ (§ 327p I 2 BGB).[1242] Dies umfasst ein Sperren der Nutzung aus der Ferne durch die Verwendung von technischen

---

1237 *Kuschel*, Digitale Eigenmacht, AcP 2020, 98 (127).

1238 MüKoBGB/*F. Schäfer* BGB § 858 Rn. 14.

1239 Richtlinie 2019/770 vom 20. Mai 2019.

1240 *Laukemann*, Digitale Selbsthilfe im Lichte der Besitz- und Vertragsrechtsordnung – Anmerkung zu BGH, Urt. v. 26.10.2022, WM 2023, 545 (548).

1241 *Wendehorst*, Die neuen Regelungen im BGB zu Verträgen über digitale Produkte, NJW 2021, 2913 (2915).

1242 *Matutis*, Der Einfluss der §§ 327 ff. BGB auf Vertragsgestaltung und AGB – nicht nur im „grünen Bereich“, GRUR-Prax 2022, 195 (197).

Mitteln (z. B. DRM-Systemen oder *Smart Contracts*).[1243] Diese Berechtigung des Unternehmers ergibt sich aufgrund der Schwierigkeit, digitale Inhalte in Form von Daten vollständig zurückzubekommen.[1244] Sofern der Anwendungsbereich der §§ 327 ff. BGB eröffnet ist und der Vertrag beendet wurde, führt dies zu einer gesetzlich erlaubten Unterbindung der weiteren Nutzung des digitalen Inhalts.[1245] In Konsequenz liegt keine verbotene Eigenmacht vor.[1246]

Der BGH erwähnt die Vorschrift des § 327p BGB in seinen Urteilsgründen, geht aber nicht auf die Implikation für den possessorischen Besitzschutz ein.[1247] Das liegt daran, dass es im Urteil des BGH um die Fernsperrung der Auflademöglichkeit der Batterie geht, die sich auf die Benutzung des Autos auswirkt und gerade nicht um digitale Inhalte oder Dienstleistungen, die nach Vertragsbeendigung noch beim Verbraucher verbleiben.[1248]

Fraglich ist, wie es sich auswirkt, dass der Nutzer einen digitalen Inhalt erhält, der durch ein technisches Schutzmittel geschützt ist, wodurch die volle Nutzung von Anfang an beschränkt ist beziehungsweise unter dem Vorbehalt des Vollzugs steht.[1249] Es finden sich verschiedene gesetzliche Vorschriften, die die Möglichkeit der technischen Einschränkung vorsehen, wie die §§ 95a, 69c UrhG und § 327p BGB belegen.[1250] Es ist nicht Aufgabe des § 858 BGB, über den possessorischen Besitzschutz ein „right to hack" für die technischen Schutzmittel zu ermöglichen.[1251] Vielmehr schützt § 858 BGB die Vermögenszuordnung und untersagt es, in die bestehende „Rechtsstellung einseitig einzugreifen".[1252]

So lässt sich eine Abgrenzung hinsichtlich der unterschiedlichen Regelungszwecke finden, doch muss die Vorschrift des § 327p I 2 BGB der

---

1243 HK-BGB/*Schulze* BGB § 327p Rn. 4.

1244 *Laukemann*, Digitale Selbsthilfe im Lichte der Besitz- und Vertragsrechtsordnung – Anmerkung zu BGH, Urt. v. 26.10.2022, WM 2023, 545 (547).

1245 *Duden*, Digitale Sachherrschaft, S. 327.

1246 *Beurskens*, Akkusperre aus der Ferne, RDi 2023, 1 (9); *Laukemann*, Digitale Selbsthilfe im Lichte der Besitz- und Vertragsrechtsordnung – Anmerkung zu BGH, Urt. v. 26.10.2022, WM 2023, 545 (547).

1247 BGH, Urteil vom 26. Oktober 2022 – XII ZR 89/21, in: MMR 2023, 120 (121); *Beurskens*, Akkusperre aus der Ferne, RDi 2023, 1 (6).

1248 *Laukemann*, Digitale Selbsthilfe im Lichte der Besitz- und Vertragsrechtsordnung – Anmerkung zu BGH, Urt. v. 26.10.2022, WM 2023, 545 (547).

1249 *Jaensch*, Fernzugriff zur privaten Rechtsdurchsetzung, DAR 2023, 131 (132).

1250 *Beurskens*, Akkusperre aus der Ferne, RDi 2023, 1 (6).

1251 *Beurskens*, Akkusperre aus der Ferne, RDi 2023, 1 (7).

1252 *Beurskens*, Akkusperre aus der Ferne, RDi 2023, 1 (6).

verbotenen Eigenmacht nach § 858 BGB vorgehen, sofern ein Verbrauchervertrag vorliegt.[1253] Der § 327p I 2 BGB kann für den Vollzug des technischen Schutzmittels nach Beendigung des Verbrauchervertrags eine gesetzliche Gestattung darstellen und insoweit die Beeinträchtigung durch den Rechtsinhaber rechtfertigen.[1254]

Auch § 95a UrhG kann eine gesetzliche Gestattung für die Beeinträchtigung der Nutzung des digitalen Inhalts darstellen.[1255] Dies sei dann der Fall, wenn die technische Gestaltung des Vollzugs eine technische Schutzmaßnahme im Sinne des § 95a II UrhG und die technisch untersagte Nutzung des digitalen Inhalts einen urheberrechtswidrigen Gebrauch darstelle.[1256]

f. Zwischenergebnis

Durch den Vollzug des technischen Mittels kann von einer Beeinträchtigung des digitalen Inhalts ausgegangen werden. Ein möglicher Mitbesitz von Rechtsinhaber und Nutzer ist unerheblich, da bei Versagung des Zugangs und Nutzung zum digitalen Inhalt durch den automatisieren Vollzug eine Besitzentziehung vorliegt.

Für die Bestimmung der Rechtmäßigkeit der Besitzstörung wird auf den tatsächlichen Willen bei Besitzstörung abgestellt. Als herausfordernd gestaltet sich der technische Vollzug, der anders als physische Einwirkungen nicht von außen zu erkennen ist. Dadurch verschiebt sich der Zeitpunkt für die Bestimmung des Willens auf die Erkenntnis des Vollzugs des technischen Mittels durch den Nutzer.

Als „cheapest cost avoider" erkennt *Kuschel* den Besitzer des digitalen Inhalts, wenn er sich vertraglich auf den automatisierten Vollzug eingelassen hat und sein Wille sich diesbezüglich nach Vertragsschluss ändere.[1257] In diesem Fall sei der Nutzer angehalten, diesen gegenüber der Partei, die die Nutzungsbestimmung vollzieht, maschinenverständlich zu kommunizieren[1258], um so dem Umstand der Automatisierung durch *Software* gerecht zu werden. Allerdings konfligiert das Formerfordernis mit dem friedenswahrenden Normzweck der verbotenen Eigenmacht.

1253 *Beurskens*, Akkusperre aus der Ferne, RDi 2023, 1 (10).

1254 *Fries*, Possessorischer Besitzschutz im Internet der Dinge, JA 2023, 271 (273).

1255 *Duden*, Digitale Sachherrschaft, S. 356.

1256 *Duden*, Digitale Sachherrschaft, S. 356.

1257 *Kuschel*, Digitale Eigenmacht, AcP 2020, 98 (127).

1258 *Kuschel*, Digitale Eigenmacht, AcP 2020, 98 (127).

Weiterhin kann die verbotene Eigenmacht aufgrund einer gesetzlichen Bestimmung ausgeschlossen sein, wenn die Vorschrift die Beeinträchtigung des Besitzes rechtfertigt. Für Verbraucherverträge über digitale Inhalte stellt § 327p I 2 BGB eine Sondervorschrift dar, die nicht durch die Anwendung des possessorischen Besitzschutzes untergraben werden sollte.[1259] Somit verbleibt es bei der Anwendung der verbotenen Eigenmacht nach § 858 BGB für Beeinträchtigungen der Nutzung oder des Zugangs des digitalen Inhalts durch den Vollzug des technischen Mittels abseits von Verbraucherverträgen nach § 327 BGB.

Auch § 95a UrhG kann eine gesetzliche Gestattung darstellen, sofern die technische Gestaltung des Vollzugs eine technische Schutzmaßnahme darstellt und die technisch untersagte Nutzung des digitalen Inhalts urheberrechtswidrig wäre.

3. Rechtsfolge der verbotenen Eigenmacht

Sofern die Voraussetzungen des § 858 BGB als erfüllt anzusehen sind und für die Besitzbeeinträchtigung keine Rechtfertigung ersichtlich ist, hat der Besitzer des digitalen Inhalts das Recht, sich gegen den automatisierten Vollzug nach § 859 I BGB zu wehren. Doch auch an dieser Stelle zeigt sich die Problematik hinsichtlich der Wertung des § 95a I UrhG, der gerade eine Umgehung der technischen Schutzmaßnahmen verbiete.[1260] Zu überlegen ist, ob § 95b I UrhG entsprechend Anwendung findet und dem Nutzer ein Anspruch auf Zurverfügungstellung der „notwendigen Mittel" zur Nutzung der digitalen Inhalte gewährt werden muss.

Als Folge der Besitzentziehung steht dem Besitzer nach § 861 I BGB ein Anspruch auf „Wiedereinräumung des Besitzes" zu. Da der digitale Inhalt nur mit der Beschränkung des möglichen Vollzugs des technischen Schutzmittels eingeräumt wurde, kann § 861 I BGB nun nicht dazu führen, diesen uneingeschränkt wieder einzuräumen. Es ist der Besitz einzuräumen, der vor Entziehung bestand.[1261] Für den Nutzer bedeutet dies konkret, dass ihm der Zugang und die Nutzung zu dem digitalen Inhalt gewährt werden muss, bei Fortführung des automatisierten Vollzugs des technischen Schutzmittels entsprechend der Nutzungsbestimmungen.

1259 *Beurskens*, Akkusperre aus der Ferne, RDi 2023, 1 (10).

1260 *Beurskens*, Akkusperre aus der Ferne, RDi 2023, 1 (10).

1261 MüKoBGB/*F. Schäfer* BGB § 861 Rn. 6; *Beurskens*, Akkusperre aus der Ferne, RDi 2023, 1 (7).

Zudem kann der Nutzer unter der Voraussetzung des § 823 II in Verbindung mit § 858 BGB Schadensersatz geltend machen.

III. Zusammenfassung: Kapitel 8

Der Nutzer, also der Verwender der *Software*, erlangt bei der automatisierten Verarbeitung von digitalen Inhalten von Webseiten Dritter nur die Daten als Video-, Bild- oder Textdatei, allerdings keinen körperlichen Datenträger.

Aufgrund der Verwendung von technischen Schutzmitteln kann der Rechtsinhaber den Zugang oder die Nutzung des digitalen Inhalts beeinträchtigen. Möchte sich der Nutzer gegen den technischen Vollzug durch den Rechtsinhaber wehren, kann § 858 BGB einschlägig sein. Der Normzweck der Vorschrift ist nicht nur auf die tatsächliche Sachherrschaft beschränkt, sondern ermöglicht auch die Erfassung digitaler Inhalte aufgrund von wirtschaftlichen und normativen Erwägungen.

Tatbestandlich gibt der Besitz als Schutzgut der verbotenen Eigenmacht Anlass für den meisten Diskussionsbedarf. Nach seinem klassischen sachenrechtlichen Verständnis verlangt der Besitz eine Körperlichkeit (§ 90 BGB), die es gerade bei digitalen Inhalten ohne körperlichen Träger nicht gibt. Auch wenn ein breites Meinungsspektrum hinsichtlich des Besitzbegriffs existiert, zeigt sich, dass die oben dargestellten Auffassungen dem Umstand wenig gerecht werden, dass der Rechtsinhaber durch die technischen Schutzmittel die Kontrolle über die Integrität der digitalen Inhalte behält. Als sachgerecht stellt sich die an die technischen Grundlagen der Datenverarbeitung angelehnte Begriffsdifferenzierung in „Datenhoheit“ und „Datenzugriff“ dar.

Der Vollzug des technischen Mittels durch den Rechtsinhaber stellt eine Besitzentziehung dar, wodurch ein potentieller Mitbesitz von Rechtsinhaber und Nutzer unbeachtlich bleibt.

Die verbotene Eigenmacht kann durch Einwilligung des Besitzers entfallen, wozu in der Regel auf den natürlichen Willen zum Zeitpunkt der Besitzstörung abgestellt wird. Da aber beim automatisierten Vollzug der Besitzer erst verspätet den Besitzentzug erkennen kann, ist vorliegend auf den Willen bei Erkennen der Beeinträchtigung abzustellen.

Kuschel spricht sich für eine maschinenverständliche Kommunikation durch den Nutzer aus, sollte er sich nicht mehr an den automatisierten Vollzug durch das technische Mittel gebunden fühlen. Andernfalls erfolgt der Vollzug „blind“ und folgt den Anweisungen in den technischen Nutzungsbestimmungen. Eine besondere Form konfligiert insbesondere mit der Friedenstheorie des possessorischen Schutzes und ist vorliegend abzulehnen.

Auch aus dem Gesetz kann sich eine Gestattung der Besitzbeeinträchtigung ergeben. Hier sieht § 327p I 2 BGB eine Regelung vor, die es bei Vorliegen eines Verbrauchervertrags erlaubt, die Nutzung des digitalen Inhalts nach Vertragsbeendigung zu unterbinden.

In Bezug auf die Rechtsfolge sind die technischen Beschränkungen des digitalen Inhalts zu beachten, sodass sich unter Berücksichtigung der Wertung des § 95a I UrhG die Zurverfügungstellung der „notwendigen Mittel“ zur Nutzung der digitalen Inhalte anbietet oder bei Besitzentziehung die „Wiedereinräumung“ des Besitzes (§ 861 I BGB) wie er vor der Einschränkung durch das technische Schutzmittel bestand.

Zusammenfassung der Erkenntnisse

I. Forschungsfrage und Verlauf der Bearbeitung

Die vorliegende Arbeit untersucht, wie Inhaber von urheberrechtlich geschützten digitalen Inhalten auf Webseiten im WWW sich gegen die zunehmende automatisierte Verarbeitung durch *Software* schützen können. Dabei wurden insbesondere die unterschiedlichen Parteiinteressen berücksichtigt, die einmal eine möglichst weitgehende Kontrolle über die Verwertung der Urheberrechte behalten und andererseits möglichst frei auf digitale Inhalte im WWW zugreifen möchten.

Das *Robots Exclusion Protocol* wird in Abgrenzung zu etablierten Schutzmitteln wie technischen Schutzmaßnahmen und DRM-Systemen als interessengerechter Lösungsansatz sowohl für die Rechtsanwendung als auch für die Rechtsdurchsetzung angesehen.

Als Reaktion auf die sich immer stärker automatisierende Durchsetzung von Nutzungsbestimmungen durch die Verwendung von *Smart Contracts* ist auf die rechtsstaatlichen Grenzen der automatisierten Rechtsanwendung eingegangen worden. Dabei hat sich gezeigt, dass die zur Verfügung stehenden technischen Mittel rechtssensibel genutzt werden sollen und diese eine „Freiheit zum Rechtsverstoß“[1262] sowie die Möglichkeit der Verhältnismäßigkeitsprüfung gewähren müssen.

Es konnte gezeigt werden, dass das *Robots Exclusion Protocol* zwar technische Anweisungen enthält, aber die Nichtbeachtung dieser Anweisung durch den Nutzer nicht verhindert. Ähnlich wie für Rechtsvorschriften basiert das *Robots Exclusion Protocol* auf der freiwilligen Unterwerfung des Nutzers.

Abschließend wurden die Vorschriften zur verbotenen Eigenmacht untersucht, die es auch Nutzern von rein digitalen Inhalten, also ohne körperlichen Träger, ermöglichen, sich gegen den technischen Vollzug durch den Rechtsinhaber zu wehren. Dabei wurde in Anlehnung an die Begriffe der Datenverarbeitung aus der Informationstechnik ein sachgerechter Ansatz für den Besitz der digitalen Inhalte entwickelt.

[1262] *Beaucamp*, Rechtsdurchsetzung durch Technologie, S. 35.

II. Erkenntnisse der einzelnen Kapitel

1. Kapitel 1

Im ersten Kapitel sind die relevanten Parteien beschrieben worden, wobei abhängig von der Berücksichtigung von Intermediären für die Datenbereitstellung von einem Zwei- oder Dreipersonenverhältnis auszugehen ist.

Als Grundlage für die weitere Bearbeitung sind die wesentlichen technischen Begriffe und ihre Funktionen erläutert worden, derer es für die Automatisierung bedarf.

Die digitalen Inhalte, die in § 327 II 1 BGB legaldefiniert sind, wurden als Objekte der Nutzung durch Softwareprozesse vorgestellt.

Da die digitalen Inhalte im WWW auf den Webseiten und in den Datenbanken der Rechtsinhaber zu finden sind, wurden auch diese Begriffe funktional erklärt.

2. Kapitel 2

Anhand des Beispiels der Indexierung von digitalen Inhalten durch die gängigen Suchmaschinen und des Prozesses des TDM sind die technischen Prozesse der automatisierten Datenverarbeitung durch *Software* veranschaulicht worden.

Als Voraussetzung für die automatisierten Prozesse wurde die Formalisierung herausgearbeitet. Grundlage der Formalisierung ist die Abstraktion, die die Lösung von Einzelfallbetrachtungen ermöglicht. Die nötigen maschinenverständlichen Anweisungen werden durch die Algorithmen bestimmt. Die Formalisierung transformiert die „[…] natürliche Sprache in maschinenlesbare Sprache“.[1263]

Die Erkenntnisse aus den erarbeiteten Voraussetzungen für die Formalisierung wurden genutzt, um zu überprüfen, ob sich auch Rechtsvorschriften formalisieren lassen. Dabei ist zwischen der Formalisierung der Rechtsanwendung und der Rechtsdurchsetzung differenziert worden. Aufgrund der Wertungsoffenheit des Rechts und der damit verbundenen Einzelfallbetrachtung lassen sich rechtlichen Entscheidungsprozesse nur in wenigen Ausnahmen vollständig formalisieren. Damit zeigt sich, dass verstärkt auf private technische Schutzmittel zurückgegriffen werden muss.

1263 *Beaucamp*, Rechtsdurchsetzung durch Technologie, S. 18.

3. Kapitel 3

Im dritten Kapitel wurde die Implikation der Automatisierung der Nutzung von digitalen Inhalten für das Urheberrecht untersucht.

Digitalen Inhalte auf Webseiten im WWW stellen eine attraktive Datengrundlage für *Big-Data*-Anwendungen dar. Allerdings kollidiert die Verwertung der digitalen Inhalte mit dem Urheberrecht.

Durch die Herabsenkung der Schutzuntergrenze, die enge Auslegung der Schrankenbestimmung und die Vertiefung des Schutzes durch die Verwendung von technischen Schutzmitteln, hat das Urheberrecht eine Ausweitung erfahren.

Als Reaktion auf die technologische Entwicklung wurden drei Tendenzen des Urheberrechts herausgearbeitet: die Techniksensibilität, Prozeduralisierung und Privatisierung.

Das Urheberrecht berücksichtigt durch seine Techniksensibilität auch technikorientierte Aspekte bei der Bewertung der Gesamtumstände. Die Prozeduralisierung des Urheberrechts führt zu einer Flexibilisierung des Rechts, wobei zwischen einer *Property Rule* und einer *Liability Rule* unterschieden werden kann. Hierdurch kann in technisch dominierten Nutzungsumfeldern eine Mitwirkungsobliegenheit für den Rechtsinhaber erkannt werden. In Reaktion auf die technische Entwicklung und die zunehmende automatisierte Datenverarbeitung nutzen mehr und mehr Rechtsinhaber technische Schutzmittel, um ihre ausschließlichen Verwertungsrechte an digitalen Inhalten im WWW zu sichern. Dabei können die technischen Schutzmittel über die rechtlichen Bestimmungen hinausgehen und so zu einer Privatisierung des Rechts führen.

Zur Förderung eines interessengerechten Ausgleichs der Interessen der Parteien sind zwei Ansätze dargestellt worden: die Formalisierung des Urheberrechts und die (Rück-)Bindung des technisch Möglichen an das rechtlich Erlaubte.[1264]

Die Formalisierung des Rechts lässt sich aufgrund des Wesensunterschieds von Recht und Technik nicht erreichen, da Recht eine Kontextualisierung erfordert, die im Konflikt mit der für die Automatisierung erforderlichen Formalisierung steht. Um die Verwendung seiner geschützten digitalen Ingalte im Rahmen der automatisierten Verarbeitung durch *Software* effektiv zu steuern, muss der Rechtsinhaber technikverständliche Schutzmittel einsetzen.

1264 *Specht*, Zum Verhältnis von (Urheber-)Recht und Technik, GRUR 2019, 253 (258).

4. Kapitel 4

Für den urheberrechtlichen Schutz digitaler Inhalte im WWW ist es entscheidend, ob diese die Schutzvoraussetzungen des Urheberrechts erfüllen. Neben der freien Verwertung von gemeinfreien Gütern kann es zwischen Rechtsinhaber und Nutzer auch zu Lizenzvereinbarungen kommen, die die Nutzung geschützter Daten erlaubt.

Unter Verwendung von *Creative Commons*-Lizenzen können Rechtsinhaber die kostenfreie Nutzung der digitalen Inhalte im WWW kundtun, insbesondere da die *Creative Commons* auch eine maschinenlesbare Lizenz ausgibt.

Da die Verarbeitung digitalen Inhalte durch *Software* automatisiert erfolgt, wird diskutiert, inwieweit die Maschine den schöpferischen und ästhetischen Gehalt des Werks verwertet. Denn die Verarbeitung durch *Software* führt dazu, dass die geschützten Werke in andere Repräsentationsformen wie Pixel oder RGB-Werte umgewandelt werden. Nach europäischem Urheberrecht und damit unter Ausschluss der *Fair-Use*-Doktrin, ist eine künstliche Trennung des Werks in einen geschützten und ungeschützten Teil nicht tragbar.

5. Kapitel 5

Das fünfte Kapitel befasst sich mit der Prüfung der urheberrechtlichen Vorschriften für das TDM und stellt die Urheberrechtsrelevanz der unterschiedlichen Prozessphasen von Zugang zur Webseite und Extraktion der Daten dar.

Auf den Webseiten und in Datenbanken von Rechtsinhabern befinden sich Bilder, Texte und Videos, die als Lichtbildwerke, Sprachwerke oder Datenbankwerke urheberrechtlich geschützt sein können. Auch ein Schutz einer Datenbank nach § 87a UrhG aufgrund einer getätigten Investition in die „[…] Beschaffung, Überprüfung oder Darstellung“ der Inhalte ist möglich.

Mit Nutzung der digitalen Inhalte durch die Softwareverwendungen liegt zumeist eine Vervielfältigung (§ 16 UrhG) vor. Bearbeitungen digitaler Inhalte (§ 23 UrhG) sind aufgrund der „[…] technisch bedingten Änderungen“ nach § 23 III UrhG freigestellt.

Mit Blick auf die gesetzliche Erlaubnis der Verwertung wird die erlaubende Wirkung des § 44a UrhG geprüft, die von der eigenständigen wirtschaftlichen Bedeutung der digitalen Inhalte selbst abhängt.

Von besonderer Relevanz ist § 44b UrhG, der eine techniksensible und prozeduralisierte Regelung darstellt. Der Rechtsinhaber kann durch die Kommunikation eines maschinenlesbaren Nutzungsvorbehalts die gesetzlich erlaubte Datenverarbeitung versagen.

Dem Rechtsinhaber kommt insoweit die Rolle des „cheapest cost avoider“ zu. Ihm wird eine Handlungslast auferlegt, die die aktive Kommunikation eines maschinenverständlichen Nutzungsvorbehalts erfordert. Dadurch werden die Transaktionskosten in Fällen der automatisierten Datenverarbeitung gesenkt.

Die Erlaubnis der Datennutzung kann sich neben den gesetzlichen Bestimmungen auch aus einer Bewertung der technischen Gesamtumstände ergeben. Insbesondere der BGH hat in seiner *Vorschaubilder*-Rechtsprechung die schlichte Einwilligung genutzt, bei der in der ungesicherten Einstellung von digitalen Inhalten im WWW ein Erklärungszeichen erkannt wird, das unter Auslegung nach §§ 133, 157 BGB als konkludente Einwilligung in internetübliche Verwertungshandlungen angesehen werden kann.

Die schlichte Einwilligung führt nicht zu Wertungswidersprüchen mit den gesetzlichen Schrankenbestimmungen, da die Einwilligung in die automatisierte Datennutzung als Ausdruck der Selbstbestimmung des Rechtsinhabers zu verstehen ist.

Die Prüfung des virtuellen Hausrechts hat ergeben, dass dieses Rechtsinstitut dazu dient, Nutzer vom Zugang und Nutzung der Webseite auszuschließen. Das virtuelle Hausrecht stellt allerdings kein granular steuerbares Schutzmittel dar, das zur Erlangung eines interessengerechten Ausgleichs der Parteien beiträgt.

Auch in der *Client-Server*-Kommunikation, als Grundlage des Datenaustauschs im WWW, ist keine Einwilligung zu erkennen. Die Internetprotokolle dienen der sicheren Datenübertragung im WWW. Eine Einwilligung in die dauerhafte Nutzung der Daten durch Dritte abseits der Darstellung im *Browser* lässt sich daraus nicht ableiten.

6. Kapitel 6

Der Rechtsinhaber möchte seine digitalen Inhalte auf seinen Webseiten öffentlich zugänglich machen und gleichzeitig die Kontrolle darüber behalten, wie diese Inhalte von Softwareverwendungen durch Dritte genutzt werden. Um die technische Kommunikation mit der verarbeitenden *Software* zu ermöglichen, muss der Rechtsinhaber den Umfang der zulässigen Nutzung maschinenverständlich erklären.

Im Mittelpunkt des sechsten Kapitels steht insoweit das *Robots Exclusion Protocol* und dessen rechtliche Bewertung, bei der auch eine Abgrenzung zu den gängigen technischen Schutzmitteln wie den technischen Schutzmaßnahmen und DRM-Systemen vorgenommen wird.

Das REP ist keine neue Erfindung, sondern existiert bereits seit 1994. Es ermöglicht durch die Kombination unterschiedlicher technischer Anweisungen eine granulare Steuerung der Nutzungsbedingungen für die automatisierte Verarbeitung von digitalen Inhalten.

Die *Software* liest als erste Handlung die maschinenlesbaren Direktiven aus, die als Textdatei (*robots.txt*) im Stammverzeichnis der Webseite eingebaut werden.

Im Gegensatz zu den technischen Schutzmaßnahmen wirken die REP kommunikativ. Aufgrund der fehlenden direkten Verbindung mit dem zu schützenden Werk handelt es sich nicht um Informationen zur Rechtewahrnehmung im Sinne des § 95c UrhG.[1265]

In der Erstellung und Verwendung der *robots.txt* wird durch den *allow*-Befehl ein ausdrückliches Erklärungszeichen unter Verwendung von formaler Sprache gesetzt, das die objektiven und subjektiven Voraussetzungen einer Willenserklärung erfüllt. Da der Rechtsinhaber durch den *allow*-Befehl der Nutzung von digitalen Inhalten zustimmt, ist diese Nutzungsbestimmung als Einwilligung zu verstehen. Damit finden die allgemeinen Vorschriften des Zivilrechts auf die erlaubende Anweisung (entsprechend) Anwendung.

Das Verhältnis der *robots.txt* zu den Schrankenbestimmungen ist strittig; die Ansichten stützten sich hierbei mal mehr, mal weniger auf den Vorrang der Selbstbestimmung des Einwilligenden.

Für die vorliegende Arbeit erlangt § 44b UrhG als Schrankenbestimmung besondere Relevanz. Der *allow*-Befehl bestätigt den Regelungsgehalt des § 44b UrhG, der die Verwertung von digitalen Inhalten durch automatisierte Verarbeitung ohnehin erlaubt. Die ablehnende Anweisung in der *robots.txt* ist als Konkretisierung des maschinenlesbaren Nutzungsvorbehalts aus § 44b III 2 UrhG zu verstehen.

Neben der Verwendung der *robots.txt* im Stammverzeichnis der Webseite wurde auch die Verwendung des REP innerhalb von weiten DRM-Systemen geprüft. DRM-Systeme bedienen sich einer Vielzahl technischer

---

1265 *Mittenzwei*, Informationen zur Rechtewahrnehmung im Urheberrecht, S. 135.

und rechtlicher Schutzmittel und beinhalten Nutzungsbedingungen, die innerhalb der Schutzsysteme festlegen, wann der Zugang zu den und die Nutzung der geschützten Inhalte gewährt werden kann.

Neben XML ist auch die *robots.txt* mit ihren formalisierten Anweisungen als *Rights Expression Language* geeignet, um als Teil von weiten DRM-Systemen eingesetzt zu werden.

Bei der Ausgestaltung von Nutzungsbestimmungen innerhalb von DRM-Systemen ist zu berücksichtigen, dass technische Schutzsysteme urheberrechtliche Vorschriften umgehen können. Es wurde versucht, über die *Rights Expression Languages* eine Rückbindung von Technik an das geltende Urheberrecht zu ermöglichen, doch ist auch hier die Wertungsoffenheit des Rechts eine Grenze für die Formalisierung der Nutzungsbestimmungen.[1266] Eine Alternative wäre die Einrichtung von Lizenzierungsstellen, bei denen eine Nutzung beantragt werden muss. Dies würde jedoch den automatisierten Prozess der Datenverarbeitung unterbrechen und zusätzliche Transaktionskosten verursachen.

7. Kapitel 7

Die Gesamtheit des Rechts lässt sich in Rechtsanwendung und Rechtsdurchsetzung unterteilen.[1267] Die Stärkung oder Schwächung einer Ebene führt zu einer Änderung des Rechts, sofern die Stärkung oder Schwächung der anderen Ebene dies nicht kompensiert.[1268]

Im siebten Kapitel wird geprüft, ob das *Robots Exclusion Protocol* geeignet ist, allgemeine Rechtsprinzipien wie die rechtsstaatlich gewährleistete „Freiheit zum Rechtsverstoß"[1269] und den Verhältnismäßigkeitsgrundsatz als Beschränkung des Rechtsvollzugs zu berücksichtigen.

Besondere Relevanz erlangen hier die *Smart Contracts*, die es dem Verwender ermöglichen, die Nutzungsbedingungen automatisiert, also ohne Rückgriff auf die Gerichte durchzusetzen.

Aufgrund der Schwächen der Durchsetzung des Urheberrechts im WWW gewinnen *Smart Contracts* an Bedeutung. Mithilfe von *Software*

1266 *Beaucamp*, Rechtsdurchsetzung durch Technologie, S. 192.

1267 *Hofmann*, Smart Contracts und Overenforcement, in: Fries/Paal, Smart Contracts, S. 130.

1268 *Hofmann*, Smart Contracts und Overenforcement, in: Fries/Paal, Smart Contracts, S. 131.

1269 *Beaucamp*, Rechtsdurchsetzung durch Technologie, S. 35.

können einzelne Werke auf der *Blockchain* zu registriert und bei deren Nutzung die entsprechenden Lizenzbeträge ausgeschüttet werden.[1270]

Smart Contracts verstärken den Determinismus von Technik und bewirken damit ein Ungleichgewicht für das Recht. Es wurden Überlegungen angestellt, wie man trotz des technischen Fortschritts auf Ebene der Rechtsdurchsetzung eine Lösung erreichen kann, die der Wirkung des Rechts vergleichbar ist. In diesem Zusammenhang ist eine Art „Obsoleszenz der Automatisierung“ angeregt worden. Dieser Gedanke zielt darauf ab, bewusste Defizite der automatisierten Rechtsdurchsetzung zu etablieren.

Beim *Robots Exclusion Protocol* ergibt sich die Verpflichtung zur Beachtung der technischen Anweisungen erst mit deren Befolgung. Ähnlich wie bei Rechtsvorschriften muss sich der Softwareverwender dem Protokoll freiwillig unterwerfen. Es verbleibt die Möglichkeit, sich über die maschinenverständlichen Anweisungen in der *robots.txt* hinwegzusetzen.

8. Kapitel 8

Durch den Vollzug der technischen Mittel können rechtswidrige Zustände perpetuiert werden. Es ist der Verwender, hier also der Rechtsinhaber, der die Nutzungsbedingungen des *Smart Contract* bestimmen und selbstständig vollziehen kann.

Ist der digitale Inhalt – also ohne körperlichen Träger – in den Herrschaftsbereich des Nutzers übergegangen und in der Folge durch den Vollzug des technischen Mittels in Zugang und Nutzung für den Nutzer gestört, kann eine Form der „digitalen Eigenmacht“[1271] vorliegen, die zur Anwendung von possessorischen Besitzschutzansprüchen berechtigt.

Eine Analyse des Normzwecks des § 858 BGB zeigt, dass die Vorschrift nicht nur ein friedenswahrender Charakter hat, sondern auch wirtschaftliche Aspekte berücksichtigt.

Aufgrund der systematischen Stellung der verbotenen Eigenmacht als Vorschrift des Sachenrechts ist zu überlegen, ob sie auch auf den Besitz an digitalen Inhalten anwendbar ist. Dabei hat sich gezeigt, dass sich die

---

1270 *Specht*, Zum Verhältnis von (Urheber-)Recht und Technik, GRUR 2019, 253 (258).

1271 *Kuschel*, Digitale Eigenmacht, AcP 2020, 98.

possessorischen Besitzschutzvorschriften als offen für die technische Entwicklung erweisen, die durch die moderne Datenwirtschaft um eine Vielzahl an neuen Schutzgütern angewachsen ist.

Die Unterscheidung in „Datenhoheit“ und „Datenherrschaft“ hat sich als praktikabel erwiesen. Sie beruht auf der Unterscheidung der gängigen Berechtigungen bei Datenverarbeitungen in IT-Systemen und führt in der vorliegenden Arbeit zu statthaften Ergebnissen.

Mit Vollzug des technischen Mittels sperrt der Rechtsinhaber den Zugang oder die Benutzung des digitalen Inhalts für den Nutzer, was zu einem dauerhaften Ausschluss der Herrschaft und damit zu einer Besitzentziehung führt.

Hat sich der Nutzer auf die Bedingungen des *Smart Contract* eingelassen und im Bewusstsein eines automatisierten Vollzugs den digitalen Inhalt erlangt, regt *Kuschel* an, dass eine Pflicht zur maschinenverständlichen Kommunikation auf Seiten des Nutzers bestehe, sofern dieser sich nachträglich nicht mehr an den automatisierten Vollzug gebunden fühle.[1272] Dies hätte Auswirkungen auf den tatbestandlichen Erfolg der verbotenen Eigenmacht, der eine Beeinträchtigung des Besitzes ohne den Willen des Besitzers voraussetzt. Da der Besitzschutz jedoch keine besondere Form verlangt und auch nicht mit dem Schutzzweck der Vorschrift zu vereinbaren ist, kann keine Pflicht zur maschinenverständlichen Kommunikation für den Fall des Besitzschutzes angenommen werden.

Neben dem Willen des Besitzers kann sich die Erlaubnis zur Beeinträchtigung des digitalen Inhalts auch aus dem Gesetz ergeben. In diesem Zusammenhang ist § 327p I 2 BGB von besonderer Bedeutung. Diese Vorschrift erlaubt es dem Unternehmer im Falle eines Verbrauchervertrags, die Nutzung des digitalen Inhalts nach Beendigung des Vertrags zu „unterbinden“.

Auch § 95a II UrhG kann eine Erlaubnis zur Untersagung der Nutzung des digitalen Inhalts begründen, sofern dieser durch eine technische Schutzmaßnahme geschützt ist. In diesem Fall ist zu überlegen, ob § 95b I UrhG entsprechend Anwendung findet und dem Nutzer einen Anspruch auf Zurverfügungstellung der „notwendigen Mittel“ zur Nutzung des digitalen Inhalts gewährt.

1272 *Kuschel*, Digitale Eigenmacht, AcP 2020, 98 (126).

III. Abschließende Betrachtung

Mit der vorliegenden Arbeit wurde zunächst die Relevanz der automatisierten Verarbeitung von digitalen Inhalten durch *Software* im WWW aufgezeigt. Neben der Nutzung durch die (horizontalen und vertikalen) Suchmaschinen kommen mit ChatGPT und Googles Bard immer neue Dienstleister auf den Markt, die sich zur Erstellung ihrer Datenbanken und Modelle „frei“ verfügbarer Daten im WWW bedienen.

Rechtsinhaber erfahren von der Nutzung ihrer urheberrechtlich geschützten Inhalte durch *Software* oft erst im Nachgang und stehen vor der Herausforderung, einen wirksamen Schutz der digitalen Inhalte zu etablieren, der den Zugang zum Werk für Dritte nicht vollständig blockiert.

Dieser Umstand hat zu einer Privatisierung des Urheberrechtsschutzes geführt, da mehr und mehr Rechtsinhaber dazu übergegangen sind, ihre Inhalte mit technischen Mitteln wie Schutzmaßnehmen und DRM-Systemen zu schützen.

Auf materieller Ebene wurde festgestellt, dass der Schutzrechtsinhaber in technisch dominierten Nutzungsumfeldern verpflichtet ist tätig zu werden, wenn er der automatisierten Nutzung seiner digitalen Inhalte durch *Software* widersprechen möchte. Aus ökonomischen, pragmatischen und techniksensitiven Gründen muss der Rechtsinhaber seine Ablehnung der Softwarenutzung maschinenverständlich erklären.

In Abgrenzung von der Wirkung von Recht und Technik hat sich gezeigt, dass Technik deterministisch wirkt und, anders als das Recht, nur begrenzten Raum für die Nichtbeachtung der Nutzungsbedingungen lässt.

Ein interessengerechter Schutz der digitalen Inhalte erfordert eine Berücksichtigung der widerstreitenden Interessen von Rechtsinhaber und Nutzer sowohl auf Ebene des materiellen Rechts als auch auf Ebene des Vollzugs.

Das *Robots Exclusion Protocol* kann zu einem interessengerechten Ausgleich der widerstreitenden Interessen beitragen. Es konkretisiert den Nutzungsvorbehalts aus § 44b III 2 UrhG und erfüllt damit die Vorgaben der Schrankenbestimmung. Außerdem reagiert es techniksensibel auf die Gesamtzusammenhänge der automatisierten Datenverarbeitung. Durch die Möglichkeit der Nichtbeachtung des Protokolls auf Ebene der Durchsetzung bleibt es trotz der Technikverständlichkeit dem Nutzer überlassen, sich der technischen Anweisung zu unterwerfen.

Wird die Nutzung eines digitalen Inhalts durch den technischen Vollzug der Nutzungsbestimmung eines Schutzmittels beeinträchtig, kann der Nutzer possessorische Besitzansprüche geltend machen.

Literaturverzeichnis

Adam, Daten als Rechtsobjekte, NJW 2020, 2063–2068.

Angstwurm, Kreativität vs. Urheberrecht im digitalen Bereich: Chancen und Grenzen vorhandener Selbstregulierung, München 2019.

Arlt, Digital Rights Management-Systeme. Begriff, Funktion und rechtliche Rahmenbedingungen nach den jüngsten Änderungen des UrhG – insbesondere zum Verhältnis der §§ 95a ff. UrhG zum Zugangskontrolldiensteschutzgesetz (ZKDSG), 2004 GRUR, 548–554.

Arlt, Ansprüche des Rechteinhabers bei Umgehung seiner technischen Schutzmaßnahmen, MMR 2005, 148–155.

Arlt, Digital Rights Management Systeme, München 2006.

Amini, Digitale Kultur zum Pauschaltarif? Anlass, Inhalt und Grenzen einer Vision für das Urheberrecht der Zukunft, Baden-Baden 2017.

Armstrong, Digital Rights Management and the Process of Fair Use. Harvard Journal of Law & Technology 2006, 50–121.

Auer-Reinsdorff/Conrad, Handbuch IT- und Datenschutzrecht, 3. Auflage, München 2019.

Bauer, Die Aneignung von Bildern, Baden-Baden 2020.

Beaucamp, Rechtsdurchsetzung durch Technologie, Tübingen 2022.

Bechtold, Vom Urheber- zum Informationsrecht, München 2002.

Bechtold, The Present and Future of Digital Rights Management – Musings on Emerging Legal Problems, in: *Becker/Buhse/Günnewig/Rump*, Digital Rights Management – Technological, Economic and Political Aspects (S. 597–654), Berlin 2003.

Becker, Ein modernes Urheberrecht. Von der Nutzungshandlung zum digitalen Lebensbereich, ZGE 2016, 239–288.

Becker, Von der Freiheit, rechtswidrig handeln zu können, ZUM 2019, 636–648.

Bell/Parchomovsky, Pliability Rules, Michigan Law Review 2002, 1–79.

Bellia, Defending Cyberproperty, N.Y.U. Law Review 2004, 2166–2273.

Benoliel, Have Disclosures Kept Up With The Big Data Revolution? An Empirical Test, Boston College Law Review 2022, 1914–1946.

Berger, Privatrechtliche Gestaltungsmöglichkeiten zur Sicherung der Patientenautonomie am Ende des Lebens, JZ 2000, 797–805.

Berger/Wündisch, Urhebervertragsrecht, 3. Auflage, Baden-Baden 2022.

Berners-Lee/Fischetti, Der Web-Report, Berlin 1999.

Bettinger, Deep Link unter Umgehung technischer Schutzmaßnahmen ist unzulässig – „Session-ID“, GRUR-Prax 2012, 534–535.

Beurskens, Akkusperre aus der Ferne, RDi 2023, 1–11.

Bodó/Gervais/Quintais, Blockchain and Smart Contracts: The Missing Link in Copyright Licensing?, International Journal of Law and Information Technology 2018, 311–336.

Boonk/de Groot/Oskamp/Brazier, Agent Exclusion on Websites, in: Oskamp/Cevnini, Proceedings of the 4th Workshop on the Law and Electronic Agents, S. 13–20, Nijmegen 2005.

Bullinger/Garbers-von Boehm, Google-Bildersuche: Schlichte Einwilligung des Urhebers als Lösung?, GRUR-Prax 2010, 257–260.

Boehme-Neßler, Die Macht der Algorithmen und die Ohnmacht des Rechts. NJW 2017, 3031–3037.

Brockmeyer, Text und Data Mining, München 2022.

Brunn, Cache me if you can. Verfassungsrechtliche Aspekte der urheberrechtlichen Einordnung von Suchmaschinen, Baden-Baden 2013.

Buchholtz, Legal Tech. Chancen und Risiken der digitalen Rechtsanwendung, JuS 2017, 955–960.

Bünemann, Regulierung von Suchmaschinen. Eine Untersuchung des kartellrechtlichen status quo, sowie der Notwendigkeit und der Verfassungsmäßigkeit potentieller Maßnahmen de lege ferenda, Münster 2018.

Burk, Muddy Rules For Cyberspace, Cardozo Law Review 1999, 121–179.

Calabresi/Melamed, Property Rules, Liability Rules, and Inalienability: One View of the Cathedral, Harvard Law Review 1972, 1089–1128.

Chong/Etalle/Hartel/Law, Approximating Fair Use in LicenseScript. In Sembok/Zaman/Chen/Urs/Myaeng, Digital Libraries: Technology and Management of Indigenous Knowledge for Global Access, S. 432–443, Berlin 2003.

Christian/Griffiths, Algorithmen für den Alltag, München 2019.

Clark, The Answer to the Machine Is in the Machine, in: Hugenholtz, The Future Of Copyright In A Digital Environment, S. 139–145, Den Haag 1995.

Conrad, Anmerkung zu BGH, Urteil vom 29. April 2010 – I ZR 69/08 – Vorschaubilder, ZUM, 2010, 585–587.

Conrad/Schubert, How to Do Things with Code. Zur Erklärung urheberrechtlicher Einwilligungen durch robots.txt, GRUR 2018, 350–358.

Conrad/Schubert, Vom Paperboy zum Thumbnail und wieder zurück – Anmerkung zu BGH, Urteil vom 21.9.2017 – I ZR 11/16 – Vorschaubilder III (ZUM 2018, 123), ZUM 2018, 132–135.

Cornish, The Expansion of Intellectual Property Rights, in: Schricker/Dreier/Kur, Geistiges Eigentum im Dienst der Innovation, S. 9–22, Baden-Baden 2001.

De Filippi/Hassan, Blockchain Technology as a Regulatory Technology: From Code is Law to Law is Code, First Monday 2016.

De Filippi/Hassan, The Expansion of Algorithmic Governance: From Code is Law to Law is Code, Field Actions Science Report 2017, 88–90.

De la Durantaye, Back to Basics – European Copyright Law after the DSM Directive, IIC 2022, 1–4.

De la Durantaye/Hofmann, Regulierungsansätze, -defizite und -trends im Urheberrecht 2021, ZUM 2021, 873–881.

Dreier, Die Umsetzung der Urheberrechtsrichtlinie 2001/29/EG in deutsches Rech, ZUM 2002, 28–43.

Dreier, Überlegungen zur Revision des Schrankenkatalogs der Richtlinie 2001/29/EG, GRUR Int. 2015, 648–657.

Dreier/Leistner, Urheberrecht im Internet: die Forschungsherausforderungen, GRUR 2013, 881–897.

Dreier/Schulze, UrhG, 7. Auflage, München 2022.

Ducato/Strowel, Limitations to Text and Data Mining and Consumer Empowerment: Making the Case for A Right to "Machine Legibility", IIC 2019, 649–684.

Duden, Digitale Sachherrschaft, Tübingen 2023.

Duden, Funktionssperren und digitale Sachherrschaft – AGB-Klausel zur Legitimierung einer Batteriesperre, NJW 2023, 18–21.

Duppelfeld, Das Urheberrecht der Bibliotheken im Informationszeitalter, Tübingen 2014.

Dusollier, (Re)introducing Formalities in Copyright as a Strategy for the Public Domain, in: Guibault/Angelopoulos, Open Content Licensing, S. 75–105, Amsterdam 2018.

Ebers, StichwortKommentar Legal Tech, Baden-Baden 2023.

Eichmann, Ethical Web Agents, Computer Networks and ISDN Systems 1995, 127–136.

Eidenmüller, Effizienz als Rechtsprinzip, 4. Auflage, Tübingen 2015.

Elkin-Koren, Copyrights in Cyberspace – Rights without Laws?, Chicago Kent Law Review 1998, 1155–1201.

Elkin-Koren, What Contracts Cannot Do: The Limits of Private Ordering in Facilitating a Creative Commons, Fordham Law Review 2005, 375–422.

Engisch, Logische Studien zur Gesetzesanwendung, 3. Auflage, Heidelberg 1963.

Erb/Schäfer, Münchener Kommentar zum StGB, 4. Auflage, München 2022.

Erbguth, Transparenz von Smart Contracts, in: Fries/Paal, Smart Contracts, S. 25–32, Tübingen 2019.

Eschholz/Djabbarpour, Scoring in der Finanzbranche, in: Hoeren/Kolany-Raiser, Big Data zwischen Kausalität und Korrelation, S. 72–83, Münster 2016.

Exner, Smart Contracts im Spannungsfeld zwischen Automatisierung und Verbraucherschutz, Berlin 2022.

Fahl, Die Bilder- und Nachrichtensuche im Internet, Göttingen 2010.

Favale, Technological Protection Measures and Copyright Exception in EU: Towards the Harmonization, 2007 Paper for the Intellectual Property Scholar Conference.

Feigin, Architecture of Consent: Internet Protocols and Their Legal Implications, Stanford Law Review 2004, 901–941.

Finck, Grundlagen und Technologie von Smart Contracts, in: Fries/Paal, Smart Contracts, Tübingen 2019.

Finck/Moscon, Copyright Law on Blockchains: Between New Forms of Rights Administration and Digital Rights Management 2.0, IIC 2018, 77–108.

Förster, Fair Use, Tübingen 2008.

Fries, Schadensersatz ex machina, NJW 2019, 901–905.

Fries, Possessorischer Besitzschutz im Internet der Dinge, JA 2023, 271–276.

Fromm/Nordemann, Urheberrecht, 12. Auflage, Stuttgart 2018.

Gantner, „Code Is Law“ aber „Is Law Code“?, Jusletter IT 2018, 1–8.

Gausling, Kommerzialisierung öffentlich-zugänglicher Informationen im Wege des Data Scraping, CR 2021, 609–614.

Geens/Huysmans/Vanthienen, Evaluation of Web Robot Discovery Techniques: A Benchmarking Study, in: Perner, Advances in Data Mining. Applications in Medicine, Web Mining, Marketing, Image and Signal Mining, S. 121–130, Berlin 2006.

Geiger, Der urheberrechtliche Interessenausgleich in der Informationsgesellschaft – Zur Rechtsnatur der Beschränkungen des Urheberrechts, GRUR Int. 2004, 815–821.

Geiger/Frosio/Bulayenko, Text and Data Mining in the Proposed Copyright Reform: Making the EU Ready for an Age of Big Data? – Legal Analysis and Policy Recommendations, Intellectual Property and Competition Law 2018, 814–844.

Gervais, Exploring the Interfaces Between Big Data and Intellectual Property Law, JIPITEC 2019, 3–19.

Gold/Latonero, Robots Welcome? Ethical and Legal Considerations for Web Crawling and Scraping, Washington Journal of Law, Technology & Arts 2018, 275–312.

Golla/von Schönfeld, Kratzen und Schürfen im Datenmilieu – Web Scraping in sozialen Netzwerken zu wissenschaftlichen Forschungszwecken, K&R 209, 15–21.

Gräbig, Abdingbarkeit und vertragliche Beschränkungen urheberrechtlicher Schranken, Baden-Baden 2011.

Grages, Verwaiste Werke, Tübingen 2013.

Grisse, Nutzbarmachung urheberrechtlich geschützter Textbestände für die Forschung durch Dritte, RuZ 2020, 143–159.

Grünberger, Zugangsregeln bei Verlinkungen auf rechtswidrig zugänglich gemachte Werke, ZUM 2016, 905–919.

Grünberger, Vergütungsansprüche im Urheberrecht, ZGE 2017, 188–209.

Grünberger, Öffentliche Wiedergabe bei der Verlinkung (Framing) und der Einsatz von technischen Schutzmaßnahmen – Unsicherheiten in Karlsruhe, ZUM 2019, 573–580.

Grünberger, Medienspezifische Zugangsregeln im Internet: Framing/Embedding, ZUM 2021, 395–400.

Gruneberg, Informationsquelle Internet versus Urheberrecht?, in: Goerlich, Rechtsfragen der Nutzung und Regulierung des Internet, Berlin 2010.

Grynberg, Property is a Two-Way Street: Personal Copyright Use and Implied Authorization, Fordham Law Review 2010, 435–498.

Guth, Interoperability of DRM Systems, Frankfurt am Main 2006.

Hacker, Digitale Marktordnung durch Urheber- und Datenschutzrecht, in: Grundmann/Merkt/Mülbert, Festschrift für Klaus J. Hopt zum 80. Geburtstag, S. 351–380, Berlin 2020.

Hacker, Immaterialgüterrechtlicher Schutz von KI-Trainingsdaten, GRUR 2020, 1025–1033.

Hagreaves, Digital Opportunity. A Review of Intellectual Property and Growth, Newport 2011.

Hähnchen/Schrader/Weiler/Wischmeyer, Legal Tech. Rechtsanwendung durch Menschen als Auslaufmodell?, JuS 2020, 625–635.

Hansen/Schmidt-Bischoffshausen, Ökonomische Funktionen von Verwertungsgesellschaften – Kollektive Wahrnehmung im Lichte von Transaktionskosten- und Informationsökonomik, GRUR Int. 2007, 461–481.

Hardy, Property (and Copyright) in Cyberspace, University of Chicago Legal Forum 1996, 217–260.

Hartmann/McGuire/Schulte-Nölke, Datenzugang bei smarten Produkten nach dem Entwurf für ein Datengesetz (Data Act), RDi 2023, 49–59.

Hastedt, Neue Herausforderungen für das Recht durch „Impossibility Structures"?, MMR 2021, 696–700.

Hau/Poseck, BeckOK BGB, 66. Edition, München 2024.

Herrmann, Das Recht der Suchmaschinen – Ausgewählte Rechtsprobleme der Suchmaschine Google, Wien 2010.

Heßeling, Internetsuchmaschinen im Konflikt mit dem Urheberrecht, Weil im Schönbuch 2014.

Hilty, Das Urheberrecht und der Wissenschaftler, GRUR Int. 2006, 179–190.

Hilty, Intellectual Property and Private Ordering, in: Dreyfuss/Pila, The Oxford Handbook of Intellectual Property Law, S. 898–930, Oxford 2018.

Hilty, Urheberrecht, 2. Auflage, Bern 2020.

Hoeren, Urheberrecht in der Informationsgesellschaft – Überlegungen zu einem Rechtsgutachten von Gerhard Schricker et al, GRUR 1997, 866–875.

Hoeren, Suchmaschinen, Navigationssysteme und das Wettbewerbsrecht, MMR 1999, 649–652.

Hoeren, Entwurf einer EU-Richtlinie zum Urheberrecht in der Informationsgesellschaft Überlegungen zum Zwischenstand der Diskussion, MMR 2000, 515–521.

Hoeren, Urheberrecht 2000 – Thesen für eine Reform des Urheberrechts, MMR 2003, 3–7.

Hoeren, Urheberrecht und Internet – eine Einführung für Hochschulen, in: Gesellschaft für Informatik e. V., Security, E-learning, E-Services, 17. DFN-Arbeitstagung über Kommunikationsnetze, Bonn 2003.

Hoeren, Dateneigentum – Versuch einer Anwendung von § 303a StGB im Zivilrecht, MMR 2013, 486–491.

Hoeren, Anmerkung zum Urteil des BGH vom 13. November 2013 – I ZR 143/12, MMR 2014, 333–338.

Hoeren, Do not get gentle into that good night – Literatur an der Schnittstelle von Internet und Recht, in: Weber, Das Recht als Rahmen für Literatur und Kunst, S. 47–64, Berlin 2017.

Hoeren, Datenbesitz statt Dateneigentum, MMR 2019, 5–8.

Hoeren, „Geistiges Eigentum" ist tot – lang lebe ChatGPT, MMR 2023, 81–82.

Hoeren, Alibaba und das Dateneigentum – 25 Jahre später, MMR 2023, 32–36.

Hoeren, Die Schranken des Urheberrechts in Deutschland, in: Hilty/Geiger, Impulse für eine europäische Harmonisierung des Urheberrechts/Perspectives d'harmonisation du droit d'auteur en Europe, S. 265–318, Berlin 2007.

Hoeren/Sieber/Holznagel, Handbuch Multimedia-Recht, Werkstand: 59. Ergänzungslieferung Juni 2023, München 2023.

Hoeren/Uphues, Annäherung an den Begriff Big Data, in: Frenz, Handbuch Industrie 4.0: Recht, Technik, Gesellschaft, Berlin 2020.

Hoffmann-Riem, Neue Kollektivität im World Wide Web als Herausforderung für das Recht, JZ 2012, 1081–1087.

Hoffmann-Riem, Verhaltenssteuerung durch Algorithmen – Eine Herausforderung für das Recht, AöR 2017, 2–42.

Hofmann, Grundsatz der Technikneutralität im Urheberrecht?, ZGE 2016, 482–512.

Hofmann, Kontrolle oder nachlaufender Rechtsschutz – wohin bewegt sich das Urheberrecht? Rechtsdurchsetzung in der EU zwischen Kompensation und Bestrafung, GRUR 2018, 21–29.

Hofmann, Smart Contracts und Overenforcement, in: Fries/Paal, Smart Contracts, Tübingen 2019.

Hofmann, Update für das Urheberrecht. Einführung in das Gesetz zur Anpassung des Urheberrechts an die Erfordernisse des digitalen Binnenmarktes, GRUR 2021, 895–903.

Honsell/Mayer-Maly, Rechtswissenschaft, 7. Auflage, Baden-Baden 2018.

Hoppe, Blockchain Oracles – Einsatz der Blockchain-Technologie für Offline-Anwendungen, in: Hennemann/Sattler, Immaterialgüter und Digitalisierung – Junge Wissenschaft zum Gewerblichen Rechtsschutz, Urheber- und Medienrecht, S. 59–72, Baden-Baden 2017.

Höppner, Technisch-ökonomische Aspekte des Leistungsschutzrechts für Presseverleger, K&R 2013, 73–82.

Höppner/Rieger, Moving Towards a World of Selfies? – A Critical View of the European Legal Framework for the Online Use of Third Party Images, GRUR Int. 2016, 633–639.

Höppner/Schaper, Frame sucht Einwilligung: Die neue Google-Bildersuche auf dem Prüfstand. Untersuchung der technischen Funktionsweise und urheberrechtliche Würdigung, MMR 2017, 512–518.

Hugenholtz, Code as Code, Or the End of Intellectual Property as We Know It, Maastricht Journal of European and Comparative Law 1999, 308–318.

Hugenholtz, Flexible Copyright, in: Okediji, Copyright Law in an Age of Limitations and Exceptions, S. 275–291, New York 2017.

Hugenholtz, Against "Data Property", in: Ullrich/Drahos/Ghidini, Kritikia: Essays on Intellectual Property (S. 48–71), Northampton 2018.

Hürlimann, Suchmaschinenhaftung, Bern 2012.

Hürlimann/Zech, Rechte an Daten, sui generis 2016, 89–95.

Hußmann, Contra Dateneigentum. Analyse der Diskussion um Eigentumsrechte an Daten unter besonderer Betrachtung des Insolvenzrechts, Münster 2021.

Introna/Nissenbaum, Shaping the Web: Why the Politics of Search Engines Matters, The Information Society 2006, 169–185.

Jacob, Ausschließlichkeitsrechte an immateriellen Gütern, Tübingen 2010.

Jacobsen, „Maschinenlesbarkeit" des Rechtevorbehalts im neuen § 44b UrhG, MMR-Aktuell 2021, 441332.

Jaensch, Fernzugriff zur privaten Rechtsdurchsetzung, DAR 2023, 131–135.

Jasiewicz, Copyright Protection in an Opt-Out World: Implied License Doctrine and News Aggregators, Yale Law Journal 2012, 837–850.

Jones, Die urheberrechtliche Haftung von Intermediären im Rechtsvergleich, Tübingen 2020.

Jotzo, Der Schutz großer Textbestände nach dem UrhG – Die Nutzbarmachung fremder Textbestände für die Forschung, RuZ 2020, 128–142.

Käde, Kreative Maschinen und Urheberrecht, Baden-Baden 2021.

Kastl, Algorithmen – Fluch oder Segen? Eine Analyse der Autocomplete-Funktion der Google-Suchmaschine, GRUR 2015, 136–141.

Kastl, Automatisierung im Internet, Baden-Baden 2016.

Kaulartz, Smart Contract Dispute Resolution, in Fries/Paal, Smart Contracts, Tübingen 2019.

Kaularzt/Heckmann, Smart Contracts – Anwendungen der Blockchain-Technologie, CR 2016, 618–624.

Kirmse, Die zivilrechtlichen Rechtsfolgen der Umgehung technischer Schutzmaßnahmen nach § 95a UrhG, Hamburg 2010.

Kleinemenke, Google Books und Fair Use – Lehren für eine flexiblere Ausgestaltung und Anwendung urheberrechtlicher Schrankenbestimmungen (auch) im deutschen und europäischen Recht, GRUR Int. 2014, 892–901.

Kleiner, Die urheberrechtliche Wirksamkeit von Nutzungsbedingungen sozialer Netzwerke, Baden-Baden 2019.

Kleinkopf/Pflüger, Digitale Bildung, Wissenschaft und Kultur – Welcher urheberrechtliche Reformbedarf verbleibt nach Umsetzung der DSM-RL durch das Gesetz zum Urheberrecht im digitalen Binnenmarkt?, ZUM 2021, 643–655.

Köhler, Der Schutz von Websites gemäß §§ 87 a ff. UrhG, ZUM 1999, 548–555.

König, Der Werkbegriff in Europa, Tübingen 2015.

Kop, AI & Intellectual Property: Towards an Articulated Public Domain, Texas Intellectual Property Law Journal 2020, 297–341.

Kop, Machine Learning & EU Data Sharing Practices, Vienna Transatlantic Technology Law Forum 2020.

Kopp, Die Freiheit der Idee und der Schutz von Schriftwerken, Tübingen 2014.

Koroch, Das Leistungsschutzrecht des Presseverlegers, Tübingen 2016.

Kothe, Die rechtfertigende Einwilligung, AcP 1985, 105–161.

Kraetzig/Lennartz, Grundrechtsschutz durch Algorithmus? Das Urheberrecht als Menetekel automatisierter Rechtsdurchsetzung, NJW 2022, 2524–2530.

Kreile, Mode, Möbel und Mobile: Gebrauchsobjekte als urheberrechtlich geschützte Werke, ZUM 2023, 1–8.

Kreutz, Der Webseitennutzungsvertrag – Fiktion oder unbekanntes Rechtsgeschäft?, ZUM 2018, 162–168.

Kreutzer, Das Modell des deutschen Urheberrechts und Regelungsalternativen, Baden-Baden 2008.

Krujatz, Open Access, Tübingen 2012.

Ku/Chi, Survey on the Technological Aspects of Digital Rights Management, in: Zhang/Zheng, Information Security, S. 391–403, Berlin 2004.

Kuschel, Der Erwerb digitaler Werkexemplare, Tübingen 2019.

Kuschel, Digitale Eigenmacht, AcP 2020, 98–128.

Kuschel, Digitalisierung – Umbruch oder Fortentwicklung im Recht des geistigen Eigentums, in: Eifert, Digitale Disruption und Recht, S. 93–126, Baden-Baden 2020.

Kuschel, Urheberrecht und Forschungsdaten, OdW 2020, 43–52.

Laukemann, Private Rechtsdurchsetzung zwischen (digitaler) Selbsthilfe und gerichtlichem Rechtsschutz, ZfPW 2022, 357–384.

Laukemann, Digitale Selbsthilfe im Lichte der Besitz- und Vertragsrechtsordnung – Anmerkung zu BGH, Urt. v. 26.10.2022, WM 2023, 545–552.

Legner, Smart Consumer Contracts – Die automatisierte Abwicklung von Verbraucherverträgen, VuR 2021, 10–18.

Leistner, Richtiger Vertrag und lauterer Wettbewerb, Tübingen 2007.

Leistner, Der europäische Werkbegriff, ZGE 2013, 4–45.

Leistner, European Copyright Licensing and Infringement Liability Under Art. 17 DSM-Directive, ZGE 2020, 123–214.

Leistner/Antoine/Sagstetter, Big Data, Tübingen 2021.

Leistner/Stang, Die Bildersuche im Internet aus urheberrechtlicher Sicht, CR 2008, 499–507.

Lemley/Casey, Fair Learning. Texas Law Review, 2020, 101–181.

Lemley/Weiser, Should Property or Liability Rules Govern Information?, Texas Law Review 2007, 783–841.

Lenk, Die neuen Instrumente der weltweiten digitalen Governance, VM 2016, 227–240.

Lessig, Code and Other Laws of Cyberspace, New York 1999.

Lessig, Code 2.0, 2. Auflage, New York 2006.

Lessig, The Creative Commons, Montana Law Review 2004, 1–13.

Leventer, Google Book Search und vergleichendes Urheberrecht, Baden-Baden 2012.

Lewandowski, Suchmaschinen verstehen, 3. Auflage, Berlin 2021.

Lindner, Der programmierte Mietvertrag, NZM 2021, 665–672.

Linke, „Künstliche Intelligenz“ und Urheberrecht – Quo vadis?, Baden-Baden 2021.

Lobe, Speichern und Strafen, München 2019.

Loewenheim, Handbuch des Urheberrechts, 3. Auflage, München 2021.

Lucchi, Countering the Unfair Play of DRM Technologies, NYU Law School. Public Law Research Paper, 2007, 1–75.

Lueg, Teleologische Theorien des Urheberrechts, Tübingen 2022.

Lundblad, Is The Answer to the Machine Really in the Machine?, in: Monteiro/Swatman/Tavares, Towards The Knowledge Society, S. 733–747, Amsterdam 2003.

Maamar, Urheberrechtliche Fragen beim Einsatz von generativen KI-Systemen, ZUM 2023, 481–491.

Mackaay, The Economics of Emergent Property Rights on the Internet, in: Hugenholtz, The Future of Copyright In A Digital Environment, S. 13–25, Den Haag 1996.

Mackenrodt, Technologie statt Vertrag?, Tübingen 2015.

Magnus, Fernkontrolle im Internet der Dinge, Trier 2000.

Maierhofer, Die schlichte Einwilligung in urheberrechtliche Onlinenutzungen im Internationalen Privatrecht, Göttingen 2021.

Martini, Algorithmen als Herausforderung für die Rechtsordnung, JZ 2021, 1017–1028.

Martini, Blackbox Algorithmus – Grundfragen einer Regulierung Künstlicher Intelligenz, Berlin 2019.

Martini/Kolain/Neumann/Rehorst/Wagner, Datenhoheit, MMR-Beil. 2021, 3–23.

Matutis, Der Einfluss der §§ 327 ff. BGB auf Vertragsgestaltung und AGB – nicht nur im „grünen Bereich“, GRUR-Prax 2022, 195–198.

Matzke, Smart Contracts statt Zwangsvollstreckung?, in: Fries/Paal, Smart Contracts, S. 99–116, Tübingen 2019.

Mauelshagen, Online-Inhalte, Internet-Suchmaschinen und Vergütungsansprüche, Baden-Baden 2018.

Mayer, Selbstregulierung im Internet: Institutionen und Verfahren zur Setzung technischer Standards, K&R 2000, 13–19.

McGowan, Website Access: The Case for Consent, Loyola University Chicago Law Journal 2003, 341–387.

Mendis, A Copyright Gambit, Berlin 2019.

Metzger, Urheberrechtsschranken in der Wissensgesellschaft: „Fair use“ oder enge Einzeltatbestände?, in: Leistner, Europäische Perspektiven des Geistigen Eigentums, S. 101–122, Tübingen 2010.

Metzger, Der Einfluss des EuGH auf die gegenwärtige Entwicklung des Urheberrechts, GRUR 2012, 118–126.

Mezger, Die Schutzschwelle für Werke der angewandten Kunst nach deutschem und europäischem Recht, Göttingen 2017.

Michl, „Datenbesitz“ – ein grundrechtliches Schutzgut?, NJW 2019, 2729–2733.

Micklitz/Schirmbacher, § 4 UWG. In Spindler/Schuster, Recht der elektronischen Medien, 4. Auflage, München 2019.

Mislove/Wilson, A Practitioner's Guide to Ethical Web Data Collection, in: Foucault Welles/González-Bailón, The Oxford Handbook of Networked Communication, S. 539–558, New York 2020.

Mittenzwei, Informationen zur Rechtewahrnehmung im Urheberrecht, München 2006.

Mulligan/Burstein, Implementing Copyright Limitations in Rights Expression Languages, in: Feigenbaum, Digital Rights Management, S. 137–154, Berlin 2002.

Nazari-Khanachayi, Rechtfertigungsnarrative des Urheberrechts im Praxistest, Tübingen 2016.

Netanel, Why Has Copyright Expanded? Analysis and Critique, in: Macmillan, New Directions in Copyright Law, S. 1–34, Northampton 2007.

Neuner, Die Einwilligung im Deliktsrecht, JuS 2021, 617–626.

Nolte, Informationsmehrwertdienste und Urheberrecht, Baden-Baden 2009.

Ohly, „Volenti non fit inuira“. Die Einwilligung im Privatrecht, Tübingen 2002.

Ohly, Zwölf Thesen zur Einwilligung im Internet, GRUR 2021, 983–992.

Ohly, Anmerkung zum Urteil des EuGH vom 8. September 2016 – C-160/15. Keine „öffentliche Wiedergabe“ durch Hyperlinksetzen ohne Gewinnerzielungsabsicht – GS Media/Sanoma ua, GRUR 2016, 1152–1157.

Ohly, Anmerkung zum Urteil des BGH vom 21. September 2017 – I ZR 11/16. Keine Urheberrechtsverletzung bei Bildersuche durch Suchmaschinen – Vorschaubilder III, GRUR 2018, 178–189.

Ohly, Anmerkung zum Urteil des EuGH vom 9. März 2021. Öffentliche Wiedergabe durch Framing bei Umgehung von technischen Schutzmaßnahmen – VG Bild-Kunst/SPK [Deutsche Digitale Bibliothek], GRUR 2021, 706–711.

Osken, Die schlichte Einwilligung im Urheberrecht, Frankfurt am Main 2014.

Ott, Zulässigkeit der Erstellung von Thumbnails durch Bilder- und Nachrichtensuchmaschinen?, ZUM 2007, 119–128.

Ott, Anmerkung zum Beschluss des BGH vom 16. Mai 2013 – I ZR 46/12. BGH: Framing – Die Realität, MMR 2012, 596–600.

Paschke, Digitale Gerichtsöffentlichkeit und Determinierungsgesamtrechnung, MMR 2019, 563–567.

Paulus, Anmerkung zum OLG Düsseldorf Urteil vom 7. Oktober 2021 – I-20 U 116/20, EWiR 2021, 752–754.

Paulus/Matzke, Smart Contracts und Smart Meter – Versorgungssperre per Fernzugriff, NJW 2018, 1905–1911.

Pech, Werkgenuss und Werknutzung in der digitalen Welt, ZUM 2015, 319–325.

Peifer, Individualität im Zivilrecht, Tübingen 2001.

Peifer, Anmerkung zum Beschluss des BGH vom 21. Juli 2011 – I ZR 30/11. EuGH-Vorlage zur Vergütungspflicht von PCs, GRUR 2011, 1012–1018.

Peifer, Kleine Münze oder Snippets? – Der urheberrechtliche Werkbegriff und das Leistungsschutzrecht, AfP 2015, 6–11.

Pesch, Blockchain, Smart Contracts und Datenschutz, in: Fries/Paal, Smart Contracts, Tübingen 2019.

Peukert, Die Gemeinfreiheit, Tübingen 2012.

Peukert, Das Urheberrecht und die zwei Kulturen der Online-Kommunikation, GRUR-Beilage 2014, 77–93.

Pieper, Wenn Maschinen Verträge schließen: Willenserklärungen beim Einsatz von Künstlicher Intelligenz, GRUR-Prax 2019, 298–300.

Piras, Virtuelles Hausrecht?, Tübingen 2016.

Rademacher, Wenn neue Technologien altes Recht durchsetzen: Dürfen wir es unmöglich machen, rechtswidrig zu handeln?, JZ 2019, 702–710.

Raue, Das subjektive Vervielfältigungsrecht – eine Lösung für den digitalen Werkgenuss?, ZGE 2017, 514–538.

Raue, Das Urheberrecht der digitalen Wissen(schaft)sgesellschaft, GRUR 2017, 11–19.

Raue, Free Flow of Data? The Friction Between the Commission's European Data Economy Initiative and the Proposed Directive on Copyright in the Digital Single Market, IIC 2018, 379–383.

Raue, Kein öffentliches Zugänglichmachen eines urheberrechtlich geschützten Gegenstands durch Vorhalten auf dem eigenen Server? – Anmerkung zu GA Sánchez-Bordona, Schlussanträge vom 25.4.2018 – C-161/17 – Cordoba (ZUM 2018, 506), ZUM 2018, 517–519.

Raue, Rechtssicherheit für datengestützte Forschung, ZUM 2019, 684–693.

Raue, Die Freistellung von Datenanalysen durch die neuen Text und Data Mining-Schranken (§§ 44b, 60d UrhG), ZUM 2021, 793–802.

Reichle/Perner/Althoff, Data Preparation of Web Log Files for Marketing Aspects Analyses, in: Perner, Advances in Data Mining. Applications in Medicine, Web Mining, Marketing, Image and Signal Mining, S. 131–145, Berlin 2006.

Reidenberg, Lex Informatica: The Formulation of Information Policy Rules through Technology, Texas Law Review 1997, 553–593.

Reinbothe, Die EG-Richtlinie zum Urheberrecht in der Informationsgesellschaft, GRUR Int. 2001, 733–745.

Riehm, Smart Contracts und verbotene Eigenmacht, in: Fries/Paal, Smart Contracts, Tübingen 2019.

Rigamonti, Schutz gegen Umgehung technischer Maßnahmen im Urheberrecht aus internationaler und rechtsvergleichender Perspektive, GRUR Int. 2005, 1–14.

Rollberg, Algorithmen in der Justiz, Baden-Baden 2020.

Roßnagel, Technik, Recht und Macht. Aufgabe des Freiheitsschutzes in Rechtsetzung und -anwendung im Technikrecht, MMR 2020, 222–228.

Rostam, Das Erfordernis technikverständlichen Verhaltens im Urheberrecht, in: Kuschel/Asmussen/Golla, Intelligente Systeme – Intelligentes Recht, Baden-Baden 2021.

Runge, Die Vereinbarkeit einer Content-Flatrate für Musik mit dem Drei-Stufen-Test, GRUR Int. 2007, 130–137.

Säcker/Rixecker/Oetker/Limperg, Münchener Kommentar zum Bürgerlichen Gesetzbuch, 9. Auflage, München 2021.

Sag, The New Legal Landscape for Text Mining and Machine Learning, Journal of the Copyright Society of the USA 2019, 291–365.

Savelyev, Copyright in the Blockchain Era: Promises and Challenges, Computer Law & Security Review 2018, 550–561.

Schack, Urheberrechtliche Gestaltung von Webseiten unter Einsatz von Links und Frames, MMR 2001, 9–17.

Schack, Schutz digitaler Werke vor privater Vervielfältigung – zu den Auswirkungen der Digitalisierung auf § 53 UrhG, ZUM 2002, 497–511.

Schafdecker, Auf dem Weg zu einem europäischen One-Stop-Shop für die Vergabe von Online-Nutzungsrechten an Musikwerken?, Baden-Baden 2020.

Schawe, Blockchain und Smart Contracts in der Kreativwirtschaft – mehr Probleme als Lösungen?, MMR 2019, 218–223.

Schiessel, Reichweite und Rechtfertigung des einfachen Lichtbildschutzes gem. § 72 UrhG, Baden-Baden 2020.

Schippan, Rechtsfragen bei der Implementierung von Digital Rights Management-Systemen, ZUM 2004, 188–198.

Schmidt, Urheberrechtsverletzungen in der digitalen Netzökonomie, Wiesbaden 2019.

Schnell/Schwaab, Vertragsgestaltung beim Einsatz von Smart Contracts zur Automatisierung von Lieferbeziehungen, BB 2021, 1091–1098.

Schöch/Döhl/Rettinger/Gius/Trilcke/Leinen/Jannidis/Hinzmann/Röpke, Abgeleitete Textformate: Text und Data Mining mit urheberrechtlich geschützten Textbeständen, ZfdG 2020, 1–27.

Schönberger, Deep Copyright: Up- and Downstream Questions Related to Artificial Intelligence (AI) and Machine Learning (ML), ZGE 2018, 35–58.

Schrenk, Webbots, Spiders and Screen Scrapers, 2. Auflage, San Francisco 2012.

Schubert, Anmerkung zum Beschluss des BGH vom 25. April 2019 – I ZR 113/18. Urheberrechtliche Einordnung von „embedded" Links unter Umgehung technischer Schutzmaßnahmen gegen Framing, MMR 2019, 436–440.

Schulz, Der Bedeutungswandel des Urheberrechts durch Digital Rights Management – Paradigmenwechsel im deutschen Urheberrecht?, GRUR 2006, 470–477.

Schulze, Schleichende Harmonisierung des urheberrechtlichen Werkbegriffs? Anmerkung zu EuGH „Infopaq/DDF", GRUR 2009, 1019–1022.

Schulze/Dörner/Ebert/Hoeren/Kemper/Saenger/Scheuch/Schreiber/Schulte-Nölke/Staudinger/Wiese, Bürgerliches Gesetzbuch, Handkommentar, 11. Auflage, Baden-Baden 2022.

Schur, Die Lizenzierung von Daten, Tübingen 2020.

Schwarz, Die Beendigung urheberrechtlicher Nutzungsrechte, Baden-Baden 2018.

Senftleben, Grundprobleme des urheberrechtlichen Dreistufentests, GRUR Int. 2004, 200–211.

Sesing, Verbreitung digitaler Inhalte, Tübingen 2021.

Shapiro/Varian, Information Rules, Brighton 1998.

Sheplyakova, Prozeduralisierung des Rechts, Tübingen 2018.

Sire, Inclusion Excluded: Code Is a Leonine Contract Study on the Technical and Legal Value of the Robots.txt Protocol, Réseaux 2015, 187–214.

Sobel, A Taxonomy of Training Data: Disentangling the Mismatched Rights, Remedies, and Rationales for Restricting Machine Learning, in: Lee/Hilty/Liu, Artificial Intelligence and Intellectual Property, S. 221–242, New York 2021.

Specht, Diktat der Technik, Baden-Baden 2017.

Specht, Die neue Schrankenregelung für Text und Data Mining und ihre Bedeutung für die Wissenschaft, OdW 2018, 285–290.

Specht, Zum Verhältnis von (Urheber-)Recht und Technik. Erfordernis eines Dualismus von techniksensitivem Recht und rechtssensitiven technischen Durchsetzungsbefugnissen, GRUR 2019, 253–259.

Specht-Riemenschneider, Der Entwurf des Data Act, MMR 2022, 809–826.

Spindler, Bildersuchmaschinen, Schranken und konkludente Einwilligung im Urheberrecht – Besprechung der BGH-Entscheidung „Vorschaubilder“, GRUR 2010, 785–792.

Spindler, Text und Data Mining – urheber- und datenschutzrechtliche Fragen, GRUR 2016, 1112–1120.

Starcke, Der Schutz der Gestaltung von Gebrauchsgegenständen, Tübingen 2019.

Stieper, Rechtfertigung, Rechtsnatur und Disponibilität der Schranken des Urheberrechts, Tübingen 2009.

Stötzel/Wille, Der Urheberschutz sui generis für Datenbanken. Europäisches Wirtschafts- und Steuerrecht, EWS 2004, 490–493.

Suchacka/Iwański, Identifying Legitimate Web Users and Bots with Different Traffic Profiles – an Information Bottleneck Approach, Knowledge-Based Systems 2020, 1–18.

Sucker, Der digitale Werkgenuss im Urheberrecht, Tübingen 2014.

Sun, A Comprehensive Study of The Regulation and Behavior of Web Crawlers, Pennsylvania State 2008.

Tinnefeld, Die Einwilligung in urheberrechtliche Nutzungen im Internet, Tübingen 2012.

Topal, Die Umsetzung der InfoSoc-Richtlinie in Deutschland und in der Türkei Göttingen 2014.

Trayer, Technische Schutzmaßnahmen und elektronische Rechtewahrnehmungssysteme, Baden-Baden 2003.

Tresise/Goldenfein/Hunter, What Blockchain Can and Can't Do for Copyright, Australian Intellectual Property Journal 2018, 144–158.

Turing, Computing Machinery and Intelligence, MIND 1950, 433–460.

Ulmer, Urheber- und Verlagsrecht, 3. Auflage, Berlin 2011.

Voigt, Die datenschutzrechtliche Einwilligung, Baden-Baden 2020.

Von Schönfeld, Screen Scraping und Informationsfreiheit, Baden-Baden 2018.

Von Ungern-Sternberg, Schlichte einseitige Einwilligung und treuwidrig widersprüchliches Verhalten des Urheberberechtigten bei Internetnutzungen, GRUR 2009, 369–375.

von Welser, ChatGPT und Urheberrecht, GRUR-Prax 2023, 57–59.

von Zimmermann, Die Einwilligung im Internet, Berlin 2014.

Wachter/Mittelstadt, A Right to Reasonable Inferences: Re-Thinking Data Protection Law in the Age of Big Data and AI, Columbia Business Law Review 2019, 1–130.

Wand, Technische Schutzmaßnahmen und Urheberrecht, München 2001.

Wandtke/Bullinger, Praxiskommentar Urheberrecht, 6. Auflage, München 2022.

Weber, Die urheberrechtliche Zwangslizenz, Baden-Baden 2018.

Wendehorst, Die neuen Regelungen im BGB zu Verträgen über digitale Produkte, NJW 2021, 2913–2919.

Wiebe, Schutz von Maschinendaten durch das sui-generis-Schutzrecht für Datenbanken, GRUR 2017, 338–345.

Wiebe, Schutz von Daten im Immaterialgüterrecht, in: Hornung, Rechtsfragen der Industrie 4.0, S. 97–118, Baden-Baden 2018.

Wielsch, Die Zugangsregeln der Intermediäre: Prozeduralisierung von Schutzrechten, GRUR 2011, 665–673.

Wilhelm, Smart Contracts im Zivilrecht – Teil I, WM 2020, 1807–1813.
Winterhalter, Licence to Mine? Ein Überblick über Rahmenbedingungen von Text and Data Mining und den aktuellen Stand der Diskussion, Zeitschrift für Bibliothekskultur 2016, 48–59.

Wolf, Lösungen von Rechtsfällen mit Hilfe von Computern? Bisher ungenutzte Chancen der Rechtsinformatik, in: Graul/Wolf, Gedächtnisschrift für Dieter Meurer, Berlin 2002.

Wolff, Algorithmen als Richter, Trier 2022.

Yang/Liao, Using the Robots.txt and Robots Meta tags to implement online copyright and a related amendment, Library Hi Tech 2010, 94–106.

Zabriskie, Bots, Scraper, and Other Unwanted Visitors to you Web Site: Can You Keep Them Out?, The Computer & Internet Lawyer 2009, 1–7.

Zech, Information als Schutzgegenstand, Tübingen 2012.

Zech, Daten als Wirtschaftsgut – Überlegungen zu einem „Recht des Datenerzeugers", CR 2015, 137–146.

Zech, Data as a Tradeable Commodity, in: Drexl, Proceedings of the 18th EIPIN Congress: The New Data Economy between Data Ownership, Privacy and Safeguarding Competition, S. 1–15, Cheltenham Glos, 2017.

Zieger/Smirra, Fallstricke bei Big Data-Anwendungen – Rechtliche Gesichtspunkte bei der Analyse fremder Datenbestände, MMR 2013, 418–421.

Ziegler, Urheberrechtsverletzungen durch Social Sharing, Tübingen 2016.

Zittrain, The Future of the Internet and How to Stop It, New Haven 2008.

Zurth, Rechtsgeschäftliche und gesetzliche Nutzungsrechte im Urheberrecht, Tübingen 2016.

Weitere Materialien amtlicher und nicht-amtlicher Institutionen

Letztmaliger Abruf der Internetquellen: siehe Fußnoten.

A Standard for Robot Exclusion, abrufbar unter: http://www.robotstxt.org/orig.html.

BITKOM e. V., Stellungnahme zur Umsetzung der TDM-Schranke in der DSM-RL, abrufbar unter: https://www.bitkom.org/sites/default/files/2020-11/20201106_bitkom-stellungnahme_refe-urheberrecht_tdm-schranke.pdf.

Bot Traffic Report 2016, abrufbar unter: https://www.imperva.com/blog/bot-traffic-report-2016/.

Bundesamt für Sicherheit in der Informationstechnik, Robots Exclusion Standard v2.0, abrufbar unter: https://www.allianz-fuer-cybersicherheit.de/SharedDocs/Downloads/Webs/ACS/DE/BSI-CS/BSI-CS_011.html.

Bundesverband professioneller Bildanbieter (BVPA), Stellungnahme des BVPA zum Diskussionsentwurf des BMJV vom 15.01.2020 für ein erstes Gesetz zur Anpassung des Urheberrechts an die Erfordernisse des digitalen Binnenmarkts, abrufbar unter: https://bvpa.org/wp-content/uploads/2020/02/DSM-RL_Diskussionsentwurf_Stellungnahme_BVPA_final_2020-01-31.pdf.

Die Linke, Das Urheberrecht in der Richtlinie über den digitalen Binnenmarkt bestmöglich nutzen: Ein Überblick über die Chancen und Risiken bei der Umsetzung, abrufbar unter: https://eu-copyright-implementation.info/studie/das-urheberrecht-in-der-richtlinie-ueber-den-digitalen-binnenmarkt-bestmoeglich-nutzen-ein-ueberblick-ueber-die-chancen-und-risiken-bei-der-umsetzung/.

Facebook (Meta), Nutzungsbedingungen, https://de-de.facebook.com/terms.

Frystyk, The Internet Protocol Stack, abrufbar unter: https://www.w3.org/People/Frystyk/thesis/TcpIp.html.

Google Blog, Wie funktioniert die Google-Suche?, abrufbar unter: https://www.google.com/intl/de/search/howsearchworks/.

Google Search Central, Anleitung zum Schreiben und Einreichen einer robots.txt-Datei unter: https://developers.google.com/search/docs/advanced/robots/create-robots-txt?hl=de.

Google Search Central, Einführung zu robots.txt-Dateien, abrufbar unter: https://developers.google.com/search/docs/advanced/robots/intro?hl=de.

Google Search Central, Formalisierung der Spezifikation des Protokolls zum Ausschluss von Robots, abrufbar unter: https://developers.google.com/search/blog/2019/07/rep-id.

Google Search Central, Google-Crawler und -Fetcher (User-Agents), abrufbar unter: https://developers.google.com/search/docs/advanced/crawling/overview-google-crawlers?hl=de.

Google Search Central, robots.txt-Parser von Google ist jetzt Open Source, abrufbar unter: https://developers.google.com/search/blog/2019/07/repp-oss.

Google Search Central, Spezifikationen für Robots-Meta-Tags, Data-Nonsnippet- und X-Robots-Tags, abrufbar unter: https://developers.google.com/search/docs/advanced/robots/robots_meta_tag#directivesv.

Google Search Central, Übersicht über Google-Crawler und -Fetcher (User Agents), abrufbar unter: https://developers.google.com/search/docs/advanced/crawling/overview-google-crawlers.

Google Search Central, Wie Google die robots.txt-Spezifikation interpretiert, abrufbar unter: https://developers.google.com/search/docs/advanced/robots/robots_txt.

Google Search, How Search Works, abrufbar unter: https://www.google.com/search/howsearchworks/how-search-works/ranking-results/.

Google, Datenschutzerklärung & Nutzungsbedingungen, abrufbar unter: https://policies.google.com/terms?hl=de.

Google, Stellungnahme zum Referentenentwurf des BMJV für ein Gesetz zur Anpassung des Urheberrechts an die Erfordernisse des digitalen Binnenmarkts, 8. November 2020, abrufbar unter: https://www.bmj.de/SharedDocs/Downloads/DE/Gesetzgebung/

Stellungnahmen/2020/110820_Stellungnahme_Google_RefE_Urheberrecht-ges.pdf?__blob=publicationFile&v=3.

Google, YouTube, Was ist ein Content ID-Anspruch?, abrufbar unter: https://support.google.com/youtube/answer/6013276.

Internet Engineering Task Force, RFC 9309, Robots Exclusion Protocol, abrufbar unter: https://www.rfc-editor.org/rfc/rfc9309.pdf.

Microsoft, How to create a robots.txt file, abrufbar unter: https://www.bing.com/webmasters/help/how-to-create-a-robots-txt-file-cb7c31ec.

National Research Council, The Digital Dilemma, Washington D.C. 2000, abrufbar unter: https://doi.org/10.17226/9601

Reda, Stellungnahme zum Entwurf eines Ersten Gesetzes zur Anpassung des Urheberrechts an die Erfordernisse des digitalen Binnenmarkts, 2020.

Statista, Anzahl der Webseiten weltweit in den Jahren 1992 bis 2023, abrufbar unter: https://de.statista.com/statistik/daten/studie/290274/umfrage/anzahl-der-webseiten-weltweit/.

Statista, Marktanteile der meistgenutzten Suchmaschinen auf dem Desktop nach Page Views weltweit von Januar 2016 bis Juli 2023, abrufbar unter: https://de.statista.com/statistik/daten/studie/225953/umfrage/die-weltweit-meistgenutzten-suchmaschinen/.

Statista, Schätzung zur Anzahl der Internetnutzer weltweit für die Jahre 2005 bis 2022, abrufbar unter: https://de.statista.com/statistik/daten/studie/805920/umfrage/anzahl-der-internetnutzer-weltweit/.

World Wide Web Consortium (W3C), Internet Protocol Stack, abrufbar unter: https://www.w3.org/People/Frystyk/thesis/TcpIp.html.

Schriften zum Informations-, Telekommunikations- und Medienrecht
hrsg. von Thomas Hoeren und Bernd Holznagel (Universität Münster)

Thorsten Kreckel
Die öffentlich-rechtlichen Rundfunkanstalten im Geltungsbereich des Kartellrechts
Die Doppelnatur des Rundfunks als ein Medium mit hoher wirtschaftlicher und verfassungsrechtlicher Relevanz ist bereits seit Jahrzehnten Gegenstand der juristischen Forschung. Noch immer unbeantwortet sind hierbei die zahlreichen Fragestellungen, die sich bei der Anwendung der kartellrechtlichen Regelungen auf die Tätigkeiten der öffentlich-rechtlichen Rundfunkanstalten ergeben. Die vorliegende Arbeit erörtert diese Themen umfassend anhand neuester Entwicklungen in der Gesetzgebung, Rechtsprechung und Forschung und entwickelt Lösungsansätze für die praktische Anwendung.
Bd. 55, 2024, 280 S., 44,90 €, br., ISBN 978-3-643-15508-5

Lisa Schultze
Die Gewährleistung der Unabhängigkeit der Rundfunkaufsicht durch staats- und gruppenferne Kriterien
Die verfassungsgemäße Bestimmung der Gremien und des Leitungspersonals vor dem Hintergrund der historischen und funktionalen Bedeutung des Rundfunks als demokratische Infrastruktur
Der Rundfunk als demokratische Infrastruktur steht vor besonderen politischen und gesellschaftlichen Herausforderungen. Um diesen wirksam begegnen zu können, ist die Sicherstellung einer unabhängigen Aufsichtsstruktur von größter Relevanz.
Das vorliegende Werk beschäftigt sich mit der Frage, wie die Unabhängigkeit der Aufsichtsorgane und des Leitungspersonals von Rundfunk- und Landesmedienanstalten effektiv gewährleistet und im Sinne der Gebote der Staats- und Gruppenferne umgesetzt werden kann. Dazu werden die bestehenden rechtlichen Rahmenbedingungen analysiert und potenzieller Handlungsbedarf identifiziert.
Bd. 54, 2023, 332 S., 44,90 €, br., ISBN 978-3-643-15410-1

Daniel Hußmann
Contra Dateneigentum
Analyse der Diskussion um Eigentumsrechte an Daten unter besonderer Betrachtung des Insolvenzrechts
Wem gehören Daten? Bestehen Rechtslücken und braucht es ein abstraktes Dateneigentum? Als Argument für ein solches Recht wird oft das Problem der Insolvenz von Cloudbetreibern zitiert. Verweigert der Insolvenzverwalter die Herausgabe, fragt sich, ob und auf welcher Grundlage Nutzer ihre Daten aussondern können. Das vorliegende Werk beschäftigt sich neben der Ausgangsfrage, ob es *de lege lata* bereits ein Dateneigentum gibt, damit, ob neue Zuordnungsrechte – besonders vor dem Hintergrund insolvenzrechtlicher Herausforderungen – geschaffen werden müssen.
Bd. 53, 2021, 286 S., 44,90 €, br., ISBN 978-3-643-14960-2

LIT Verlag Berlin – Münster – Wien – Zürich – London
Auslieferung Deutschland / Österreich / Schweiz: siehe Impressumsseite

David Emmerich
Die Auswirkungen künstlicher Intellligenz auf die erfinderische Tätigkeit und das Erfinderprinzip
Der Einsatz künstlicher Intelligenz in der Forschung und Entwicklung hat weitreichende Folgen für die Art und Weise des Erfindens und stellt damit zwei zentrale Bereiche des Patentrechts vor neue Herausforderungen: Die Patentierungsvoraussetzung der erfinderischen Tätigkeit und das Erfinderprinzip. Diese Arbeit geht aus rechtlicher und ökonomischer Perspektive der Frage nach, unter welchen Voraussetzungen eine Erfindung, die unter Einsatz künstlicher Intelligenz zustande gekommen ist, einem Patentschutz zugänglich sein sollte und wer als (Mit-)Erfinder solcher Erfindungen in Betracht kommt.
Bd. 52, 2021, 202 S., 39,90 €, br., ISBN 978-3-643-14931-2

Jakob Bünemann
Regulierung von Suchmaschinen
Eine Untersuchung des kartellrechtlichen *status quo*, sowie der Notwendigkeit und der Verfassungsmäßigkeit potentieller Maßnahmen *de lege ferenda*
Horizontale Suchmaschinen sind für eine Vielzahl von Menschen der Ausgangspunkt bei der Nutzung des *world wide web*. Durch die ökonomisch bedingte Machtkonzentration bei einigen wenigen Anbietern erwachsen Missbrauchspotentiale, vor allem in Bezug auf nachgelagerte Marktteilnehmer. Den Fragen, ob eine über das Kartellrecht hinausgehende Regulierung von Suchmaschinen notwendig ist und ob entsprechende Regelungen im Einklang mit den verfassungsmäßigen Rechten der Suchmaschinenbetreiber stünden, wird in dem vorliegenden Werk nachgegangen.
Bd. 51, 2018, 290 S., 54,90 €, br., ISBN 978-3-643-14167-5

Benjamin Wanning
Direktmarketing im Licht der Europäischen Datenschutzgrundverordnung
Das Thema Direktmarketing ist für Unternehmen von erheblicher wirtschaftlicher Bedeutung. Gleichzeitig ist es durch neue europäische Regelwerke wie der Europäischen Datenschutzgrundverordnung und der ePrivacy-Verordnung einer rechtlichen Neubewertung ausgesetzt. Das vorliegende Werk beschäftigt sich mit der Frage, wie sich die genannten Verordnungen auf das Recht des Direktmarketing auswirken.
Bd. 50, 2018, 168 S., 34,90 €, br., ISBN 978-3-643-13978-8

Nils Lölfing
Die App-Ökonomie des Schenkens
Eine rechtsökonomische Analyse zur Haftung von App-Marktplätzen
Apps sind ein boomender Wirtschaftsfaktor, obwohl sie regelmäßig unentgeltlich vertrieben und damit verschenkt werden. Diese Arbeit geht der Frage nach, ob und wie die App-Marktplätze als „Gatekeeper" und Initiatoren des Geschäftsmodells in der App-Ökonomie des Schenkens für bösartige oder unsichere Apps der Anbieter haften müssen. Dies erfolgt am Maßstab der ökonomischen Analyse des Rechts, die das Recht mittels wirtschaftswissenschaftlicher Methoden so gestalten möchte, dass es die Gesamtwohlfahrt maximiert und die knappen Ressourcen optimal ausnutzt.
Bd. 49, 2017, 256 S., 39,90 €, br., ISBN 978-3-643-13711-1

Leonie Dißmann
Das virtuelle Sit-in als grundrechtlich geschützte Protestform?
Betrachtung der verfassungsrechtlichen Rechtslage und deren Einfluss auf das Privatrecht
Neben klassischen Versammlungen auf öffentlichen Straßen und Plätzen wird vermehrt auch im Internet protestiert und politische Meinungskundgabe betrieben. Eine Form des Online-Protests stellen sogenannte virtuelle Sit-ins dar. Die Teilnehmer sehen darin häufig eine legale Protestform und berufen sich auf ihre „Demonstrationsfreiheit". Andere stellen diese Proteste hingegen mit Vandalismus gleich. Die Autorin untersucht daher, auf welche Grundrechte sich die Teilnehmer berufen können, wie Grundrechtskonflikte zu lösen sind und welche Auswirkungen dies auf privatrechtliche Auseinandersetzungen hat.
Bd. 48, 2017, 316 S., 34,90 €, br., ISBN 978-3-643-13308-3

Arbeitsberichte zum Informations-, Telekommunikations- und Medienrecht

hrsg. von Thomas Hoeren und Bernd Holznagel (Universität Münster)

Thomas Hoeren (Hrsg..)
Rechtsfragen digitaler Lehre – unter besonderer Berücksichtigung der Erstellung und Verwendung von Open Educational Resources
Mit Beiträgen von Julian Albrecht, Yannik Borutta, Nele Klostermeyer, Roman Weiser
Offen lizenzierte Bildungsmaterialien (Open Educational Resources, kurz OER) können die Qualität der Hochschullehre auf eine neue Stufe heben. Größtes Hemmnis beim Zurverfügungstellen eigener Bildungsmaterialien ist für viele Lehrende die Angst vor Rechtsverstößen. Als erstes Angebot zur Selbsthilfe werden in diesem Buch typische Rechtsfragen rund um OER am konkreten Fall beantwortet: Welche Urheberrechte sind zu beachten? Wie weit reichen die Lizenzen? Was ist mit dem Datenschutz? Wer ist verantwortlich, wenn doch etwas schief geht?
Bd. 23, 2024, 246 S., 49,90 €, br., ISBN 978-3-643-15468-2

Thomas Hoeren
Zahlungsauslösedienstleister und Datenbankrecht
Zahlungsauslösedienstleister wie *Klarna* erfreuen sich im Rahmen des Internethandels zunehmender Beliebtheit. Dennoch sind diese Dienste zahlreichen Beschwerden im Zusammenhang mit dem Umgang von sensiblen Daten der Kunden ausgesetzt. Neben diesen datenschutzrechtlichen Bedenken bleibt bisher völlig außer Acht, dass die Zahlungsauslösedienstleister mit ihrem Dienst in bestehende Datenbankrechte der Kreditinstitute eingreifen. Der vorliegende Band ist der Analyse dieser immaterialgüterrechtlichen Problematik gewidmet.
Bd. 22, 2022, 100 S., 49,90 €, br., ISBN 978-3-643-15194-0

Thomas Hoeren (Hrsg.)
Digitale Lehre an der Hochschule – Rechtsprobleme und Rechtsinformationen
Mit Beiträgen von Julian Albrecht, Yannik Borutta, Malin Fischer, Nicolas John, Nele Klostermeyer, Owen McGrath, Merlin Rombach, Marten Tiessen und Maximilian Wellmann
Die Digitalisierung ist auch an Hochschulen ein omnipräsentes Thema und wirft mitunter komplexe Rechtsfragen auf. Bei der Beantwortung dieser Fragen werden die Hochschulen in NRW durch die Rechtsinformationsstelle im Online-Landesportal NRW unter dem Dach des Instituts für Informations-, Telekommunikations- und Medienrecht (ITM) unterstützt. Gemeinsam mit der am ITM angesiedelten Forschungsstelle Recht im Deutschen Forschungsnetz (DFN) hat das Projekt Gutachten zu verschiedenen Fragen der Digitalisierung an Hochschulen erstellt. Die wichtigsten Gutachten werden in diesem Buch zusammengefasst.
Bd. 21, 2021, 288 S., 59,90 €, br., ISBN 978-3-643-14951-0

Nikolas Guggenberger (Hrsg.)
NetzDG: Im Zweifel gegen die Meinungsfreiheit
Eine Verfassungsbeschwerde gegen das Netzwerkdurchsetzungsgesetz
Um der „Verrohung“ der Kommunikation im Internet entgegenzuwirken, ist 2017 das Netzwerkdurchsetzungsgesetz in Kraft getreten. Das Gesetz unterwirft soziale Netzwerke Regelungen, die erhebliche Bedenken mit Blick auf die Meinungsfreiheit vorgebracht haben. Die adressierten Netzwerke gingen gegen das Gesetz aber nicht vor. Daher erhob ein Team am Institut für Informations-, Telekommunikations- und Medienrecht (ITM) eine Verfassungsbeschwerde, welche in diesem Buch dargestellt wird.
Bd. 20, 2020, 120 S., 49,90 €, br., ISBN 978-3-643-14769-1

Thomas Hoeren; Barbara Kolany-Raiser (Hrsg.)
Big Data zwischen Kausalität und Korrelation
Wirtschaftliche und rechtliche Fragen der Digitalisierung 4.0
Big Data ist ein Phänomen der Digitalisierung, bei dem sehr große Datenmengen zu Wahrscheinlichkeitsaussagen genutzt werden. Die Nutzungsmöglichkeiten reichen von der Verbrechensprävention über die Autoindustrie bis hin zur Gesundheitsforschung. Das von der Bundesregierung geförderte Großforschungsprojekt ABIDA (Assessing Big Data) hat es sich zur Aufgabe gemacht, den diversen Problemen von Big Data aus der Sicht verschiedenster Wissenschaftsdisziplinen nachzugehen. Erste Forschungsergebnisse finden sich in den hier erstmals veröffentlichten Dossiers.
Bd. 19, 2016, 154 S., 44,90 €, br., ISBN 978-3-643-13577-3

LIT Verlag Berlin – Münster – Wien – Zürich – London
Auslieferung Deutschland / Österreich / Schweiz: siehe Impressumsseite